U0544240

科学出版社
北京

首都博物馆　书库

庚种　第捌部

《千文万华待胜识——明赵谅墓出土彩绘漆棺保护研究》

首都博物馆编纂委员会

主　　任	韩战明					
委　　员	彭　艺	谭晓玲	徐中煜	焦丽丹	彭　颖	龙霄飞
编　　辑	章文永	杨　洋	张　靓	裴亚静	杜　翔	张　明
	任　和	龚向军	李吉光	李兰芳		

图书在版编目（CIP）数据

千文万华待胜识：明赵谅墓出土彩绘漆棺保护研究 / 首都博物馆编著. —北京：科学出版社，2024.10
ISBN 978-7-03-077352-4

Ⅰ.①千⋯ Ⅱ.①首⋯ Ⅲ.①墓葬（考古）–文物保护–研究–石景山区–明代 Ⅳ.①K878.84

中国国家版本馆CIP数据核字（2024）第001691号

责任编辑：张亚娜　周艺欣／责任校对：张亚丹
责任印制：张　伟／书籍设计：北京美光设计制版有限公司

科学出版社 出版
北京东黄城根北街16号
邮政编码：100717
http://www.sciencep.com

北京汇瑞嘉合文化发展有限公司印刷
科学出版社发行　各地新华书店经销

*

2024年10月第　一　版　开本：889×1194　1/16
2024年10月第一次印刷　印张：26 3/4　插页：4
字数：778 000

定价：428.00元

（如有印装质量问题，我社负责调换）

《千文万华待胜识——明赵谅墓出土彩绘漆棺保护研究》

编 委 会

主　　编	韩战明
执行主编	何秋菊　赵瑞廷　李　健　傅　萌
特邀撰稿	扬之水　郑　岩
撰 稿 人	何秋菊　李　健　张雪鸽　王颖竹　许　璇　杨丽丽 李吉光

致　　谢

舒小峰　于　平　白　杰　白　岩　王有泉　郭京宁　冯双元　刘乃涛
刘浩洋　孙　峥　胡东波

鸣谢单位

北京市文物局、北京市考古研究院（北京市文化遗产研究院）、清华大学美术学院、北京城市学院工艺美术系、故宫博物院文保科技部、荆州文物保护中心、北京大学考古文博学院、北京科技大学科技史与文化遗产研究院、北京林业大学生物科学与技术学院、中国林业科学研究院、北京联合大学应用文理学院、上海大学文化遗产保护基础科学研究院、浙江大学艺术与考古学院、北京化工大学材料科学与工程学院、北京工业大学艺术设计学院、京作榫卯艺术馆

序一

　　首都博物馆是一座收藏、研究、阐释、展示北京古代历史、艺术、科技成就以及北京城市发展史的大型综合类博物馆。自建馆以来，首都博物馆在文物收藏、保护、研究、陈列和社会教育、文化交流等方面全方位发展，尤其是在进入 21 世纪，伴随新馆的改扩建，举办了多项在国内外产生极大社会反响的展览和文化活动，也培养和拥有了一批文物保护与研究、展览策划与传播的高水平中青年专家学者，建成了馆藏与考古出土文物保护修复实验室，荣获多项市级科技成果和国家专利。是功能齐全、条件优越、设备先进的首都现代化博物馆。

　　2017 年 9 月，北京市考古研究院（原北京市文物研究所）考古队员在北京石景山南宫净德寺遗址考古发掘时欣喜地发现了一座没有被盗扰的石室墓葬，墓室内存有描金彩绘漆棺。由于地势较高，没有受到地下水的侵蚀，漆棺整体保存较为完整。通常，能够完整保留下来的考古出土漆器文物多见于我国南方地区的湖北、湖南、四川等地，而在北方地区较为少见，北方考古出土漆器也多是仅存漆皮碎片附着在土壤表面。因此，明代赵谅墓描金彩绘漆棺的完整出土是十分罕见的，漆棺表面绘有十分精彩的漆画，使漆棺本身具有非常高的历史、技艺、美学等研究价值和考古科技保护探索与实践意义。

　　根据北京市文物局的工作安排，漆棺运至首都博物馆进行文物提取及保护修复。然而，漆棺从潮湿少氧的地下环境提取到干燥富氧的博物馆室内环境，极有可能引起漆棺漆画迅速产生变化甚至面临损坏的风险。首都博物馆首先为其量身定制搭建了一个可调节管控温湿度及微生物的文物保护仓，同时配备实时监测、全过程录制以及一批专用工具和设备。迅速成立了由文物保护修复、传统漆艺传承保养、科技检测分析等多学科人员组成的漆棺保护工作组。2017 年 11 月，面对漆棺出现的漆皮脆化、起翘、脱落、霉变等多种持续发展的病害，工作组与时间赛跑，联合攻关。在缺乏可资参考的国内外成功案例的背景下，通过充分采用现代科技分析、检验、监测技术，采取传统漆艺养护与预防性保护、抢救性保护技术相结合的方法，积极谨慎地开展保护材料筛选及预实验、控湿防霉除虫等修复工作，攻克了诸多难题，使濒危文物得以妥善保存。除了可见的修复成果外，工作组还对中国明代漆棺的考古发现、考古出土漆木器保护现状、漆棺制作材料及髹漆技艺、病害种类及成因、保护修复流程规范化、漆画数字化、计算机模拟修复等内容进行了研究与实验，同步归纳形成了一系列研究成果。同时还邀请了从事历史文化、美术、考古领域的权威专家与工作组对漆棺彩绘、纹饰进行了深入探讨和解读，诠释它的真与美，并力求揭示其背后所承载的文化内涵与社会风俗。这项工作不仅是国内首次针对中国考古出土非饱水漆木器系统性保护研究工作，更是一次对出土非饱水类型漆木器保护技术与保护路径全新探索的首个成功案例，具有理论和实践的创新性，填补了业内的研究空白，对于未来这类漆木器文物的保护修复工作具有普适性的技术推广价值，在文博界也获得了较多的关注与赞誉。

《千文万华待胜识——明赵谅墓出土彩绘漆棺保护研究》一书是首都博物馆"明赵谅墓彩绘漆棺保护工作组"在对出土彩绘漆棺修复实践经验及保护科研成果全面总结基础上形成的专著，全面呈现了研究人员运用现代科学新技术、新方法，结合传统漆艺、预防性保护、抢救性保护技术，探奥抉微、辨识析异、保护修复的全过程。所录图版与文字内容丰富、图文并茂，真实具象地揭示、展现、阐释出极为罕见的中国北方地区极具代表性的出土木质漆器文物的意蕴华章。该专著亦可视为我国同类文物保护研究最新成果与典型事例的生动教材。

在新形势下，科技创新成为文物事业高质量、可持续发展的第一动力。首都博物馆的该项文物抢救性保护工作，还鲜明地体现出文物保护修复工作越来越需要多学科、多领域跨界交流合作的特点和发展趋势。漆棺保护工作组博采众长，汇集了传统漆艺、文物保护、植物学、微生物学、材料学、美术史、考古学、数字媒体技术应用等多学科研究人员的集体智慧和当代最新科学技术的应用。同时，博物馆专业人员也在项目推进全过程中得到了培养锻炼，增长了专业技能，拓宽了工作视野。也实现了北京市文物局当初将该漆棺保护项目下达给首都博物馆，期望首博不断依托文物保护项目的实践，培养和打造北京市文物保护科学研究高地，培养锻造一批具有创新活力、敢于拼搏进取的文物保护专业人才的初心。

由衷祝贺首博在文物保护与研究中取得丰硕成果！诚挚希望这部集资料性、研究性、可读性于一体的专著出版，推介给社会，在我国文物保护事业创造性转化、创新性发展中发挥出应有作用，贡献出微薄力量。

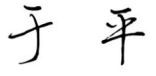

于 平

2024 年 8 月

序二

漆器是中华文明具有代表性的历史见证物之一，与瓷器、丝绸、玉器并重于古代中国。中国的考古工作者在距今 8000 年的跨湖桥遗址中出土的漆弓上便发现了大漆使用痕迹，足证中国是世界上最早创造并使用漆器的国家。众所周知，古代漆器文物较多出土于湖北、湖南、四川等南方地区，由于气候条件和埋藏环境等原因，在北方地区的墓葬或遗址中发现完整漆器实物的情况十分罕见。然而北京地区产漆、用漆的历史却源远流长，从文献来看，秦代至今，在北京西南部房山、门头沟地区均有漆树种植。北京地区考古出土的漆器亦不乏其例，其中著名的例如北京房山琉璃河西周遗址考古出土的漆豆、漆觚、漆罍等，以及北京大葆台汉墓和老山汉墓出土漆木器、房山金陵金代漆棺、元大都遗址出土的元代嵌螺钿"广寒宫"黑漆盘残件等。首都博物馆收藏有二百余件（套）漆木器文物，包括元代广寒宫图嵌螺钿黑漆盘残件、石景山老山汉墓出土漆案等，虽然数量不多，但部分珍贵漆器实物却在中国漆器发展史上占有一席之地。

2017 年 9 月，为配合城市基建，北京市考古研究院（原北京市文物研究所）在石景山区五里坨街道南宫地区净德寺遗址周边的考古发掘中发现一座未被盗扰的明代太监石室墓，墓葬中一具出土时尚光鲜亮丽的彩绘漆棺，尤为引人关注。为了妥善保护文物，漆棺被运至首都博物馆进行实验室考古提取并开展应急性保护修复。在进一步考古及保护工作中了解到，该具漆棺整体采用髹漆彩绘为饰，尤其在左右两侧描绘大型人物场景，其中人物、马匹、轿辇、屋宇、山石、树木等形象生动精彩，故事情节完整，是能够直观再现并反映明代中晚期市井百态、丧葬习俗、民间服饰和宗教文化生活的珍贵的"历史画卷"，具有极高的艺术、历史、考古研究价值。然而，此类非饱水状态的地下漆棺文物，其本体及表面存在数十种病害，一经出土，病害发展迅速，若不及时采取保护措施，表面的漆画将面临毁坏消失殆尽的危险。更加揪心的是，由于出土后保护修复难度极大，目前国内北方地区考古发现的同类明代漆棺，没有可参考的成功修复案例。为了完成文物保护任务，将漆棺表面珍贵的历史信息完整保留，首都博物馆一方面积极"问计"于国内各方文保专家，同时第一时间紧急成立了漆棺保护修复团队，在保护工作中始终最大程度上坚守、秉持着传统修复技艺与现代科技手段相结合的方法路径，踏上了长达数年的漆棺文物保护探索、攻关之路。

令人欣慰的是，漆棺保护修复团队逐个攻克了诸如植物根系覆盖与穿蚀、霉菌与虫害滋生、漆皮起翘脱落等难关，也克服了因大漆过敏对团队成员个人身体造成的不适等问题，经过先后七年的摸索实践，漆棺本体与表面的主要病害问题得到清除或抑制，漆棺的保存状态逐步趋于健康稳定，漆画的原始面貌较为完整地得以保留，珍贵的"历史画卷"得到重生！并有机会在不远的将来进一步向世人呈现！

除了可见的修复成果，项目组边保护、边研究，认真总结经验，形成了这本沉甸甸的书稿，希望能够为今后我国北方地区出土非饱水漆木器的保护修复提供一份可行的参考方案。此外，书中利用三维扫描等先进的高清数字化技术，对彩绘漆棺表面图像、纹样进行了全方位的信息采集，为艺术史、美术史以及宗教、民俗等学科方向的研究学者提供了非常宝贵的图像资料。更加难得的是，在漆棺保护修复过程中，部分国内著名专家学者从名物学、艺术史、北京史地、民俗学等不同角度对内涵丰富的漆画内容进行了初步解读，为首博漆棺保护修复团队开展全面、深入、跨学科的保护研究工作提供了坚实有力的支撑。为此，部分专家学者对漆棺画的精彩解读，也将在本书中呈现。本书内容丰富，涉及面宽，体现了当下博物馆研究更加注重跨领域、多学科协作的特色。

殷切希望本书的出版能为新时代文物保护利用和文化遗产保护传承贡献绵薄之力。

韩战明

2024 年 8 月

前言

一、项目缘起

2017年9月，为配合城市基建工作，北京市考古研究院（原北京市文物研究所）在北京石景山南宫净德寺遗址的考古发掘中发现一座明代石室墓葬。根据墓志铭记载，墓主人为明代内官监太监赵谅，葬于明嘉靖三十八年（1559年）。墓葬中出土了一具保存相对完好的彩绘漆棺，在漆棺四周及盖板上，以多种颜色描绘出各类人物、马匹、轿辇、山石、树木等图像，绘制细致精美。漆棺漆画系在朱褐色底漆上，以金线勾勒出线条轮廓，其绘制技法可与明代著名漆工黄成所著《髹饰录》中提及的"描金罩漆"工艺相对应。漆棺的绘画技法精湛，人物形象生动，内容丰富饱满，故事情节完整，直观再现了明代中晚期社会市井文化、葬俗、服饰和宗教信仰等。由于明清墓葬中发现的、保存基本完整的漆木器类文物极为罕见，因此该具漆棺的出土对于明代漆器的制作工艺研究具有极高的考古科研价值。然而，北方"不干不湿"的地下环境，极不适于古代墓葬中漆木器的保存，漆棺出土后面临着环境突变引起的脆化、起翘、脱落、霉变等多种紧迫性病害，保护问题显得尤为迫切、紧急。为了妥善保护好珍贵的漆棺文物，首都博物馆专门成立了漆棺保护工作组，开展了前期调查、病害科技分析及应急性保护等一系列工作，保护中充分将现代科技分析技术与传统漆艺相结合，攻克了诸多漆木器保护难题，取得显著效果，使濒危的出土漆棺得以妥善保存，并且在最大程度上保护、保留了漆棺的原始资料信息。通过长达七年时间的不断努力，目前漆棺保护工作已近尾声。首博漆棺保护工作小组不仅成功遏制了出土文物病害的蔓延，亦摸索总结出一整套适用于地下考古出土非饱水漆木器保护的流程经验，可为国内同类出土文物的抢救性保护提供参考借鉴；同时利用三维扫描等先进的高清数字化技术，对彩绘漆棺表面图像、纹样进行了全方位信息采集，在文物数字化保护领域进行了一次有益尝试；漆棺保护工作还充分调动馆内外专家学者力量，从历史人文角度对内涵丰富的漆画内容进行了初步解读。

截至目前，在开展漆棺保护修复的七年间，本项目持续受到北京市文物局的支持以及"中央地方共建国家级博物馆"项目的资助，使漆棺的抢救性保护修复这一实践工作得以顺利实施，并取得可喜成果。文物保护修复不仅是一项手段技艺、一次工作过程，更是一门科学；文物保护修复的成果取得，亦不仅仅体现在文物修复个案的成功，更侧重于科学有效的某类文物普适性修复方法的归纳总结与推广应用。对于文物保护工作者而言，需要在文物保护修复的实践过程中始终秉承科学精神，不断进行学术创新，理性分析和科学总结成功经验，将文物保护修复工作的流程科学化、规范化，以此促进传统文物保护修复技艺的提升与飞跃。本书旨在将以往修复项目中已经获取的成功实践经验加以归纳总结，凝练、提升为科学方法，为今后我国考古出土漆器的保护与修复提供技术和理论支撑，切实发挥科学、有效、务实的指导作用。

二、本书主要内容与写作分工

本书共分为上、中、下三篇。上篇为漆棺保护修复的前期调查与病害分析，主要分为石景山南宫净德寺遗址出土彩绘漆棺的考古发现及研究背景、彩绘漆棺的制作材料及成型工艺分析、彩绘漆棺的病害分析及成因调查三个章节，中篇为漆棺保护修复工作实施及相关研究，主要包括应急性保护方案的确定及预试验研究、保护修复实施情况、考古出土非饱水漆木器修复保护流程探索、彩绘漆棺图像的数字化采集与研究四个章节，下篇为漆棺纹饰纹样解读及相关问题思考。上篇第一章由李健、何秋菊、王颖竹、杨丽丽执笔，上篇第二章由何秋菊、王颖竹、张雪鸽执笔，上篇第三章和中篇第一章由何秋菊、张雪鸽、许璇执笔，中篇第二章由何秋菊、张雪鸽、许璇、李健、杨丽丽执笔，中篇第三章由何秋菊、张雪鸽、许璇、杨丽丽执笔，中篇第四章由张雪鸽执笔；下篇汇集了中国社会科学院扬之水研究员、北京大学郑岩教授和首都博物馆李吉光副研究馆员的专业论文，附录由李健、何秋菊执笔。

三、项目组成员与分工

本项目由韩战明统筹指导。设漆棺保护组：赵瑞廷、李健、何秋菊、张雪鸽、王颖竹、许璇、张航、杨丽丽；漆画历史文化研究组：扬之水、郑岩、李吉光。测绘组：张雪鸽、惠鹏宇。李健、何秋菊负责全书内容的统稿工作。

目 录

上篇
漆棺保护修复的前期调查与病害分析

第一章　南宫净德寺遗址出土彩绘漆棺的考古发现及研究背景　　1

第一节　考古发现概况　　2
第二节　漆棺保存现状　　9
第三节　漆棺髹饰技艺研究　　11
第四节　中国明代漆棺的考古发现　　33
第五节　国内考古出土漆木器保护研究概况　　39

第二章　彩绘漆棺的制作材料及成型工艺分析　　47

第一节　棺木树种鉴定　　48
第二节　纤维素含量及 pH 值分析　　50
第三节　棺体结构分析　　51
第四节　漆棺彩绘髹漆工艺及制作材料分析　　54
第五节　棺钉及棺口密封材料分析　　81

第三章　彩绘漆棺的病害分析及成因调查　　89

第一节　主要病害及示意图　　90
第二节　漆膜起翘脱落　　101
第三节　霉菌虫害　　103
第四节　木胎降解及裂隙　　113
第五节　植物根系繁衍　　114

中篇
漆棺保护修复工作实施及相关研究

第一章　应急性保护方案的确定及预试验研究 —— 119

第一节　漆棺应急性保护修复流程的制定　　120
第二节　环境影响因素与预防性保护措施　　122
第三节　潮湿而非饱水状态漆棺的保湿方法　　129
第四节　漆皮回软材料筛选　　137
第五节　漆皮回贴材料筛选　　148
第六节　漆器修复中漆膜回贴用漆糊制备的科学化研究　　158
第七节　漆木器文物修复用胶黏剂筛选研究　　165
第八节　糟朽漆膜回贴用背衬材料筛选研究　　174
第九节　几种考古出土漆木器用防霉剂的筛选与评估　　181
第十节　高湿环境下的漆膜彩绘加固材料筛选　　188
第十一节　薄荷醇揭取破碎漆皮模拟试验　　203
第十二节　考古出土漆器修复用长效漆膜回软材料的研发　　209

第二章　保护修复实施情况 —— 233

第一节　环境控制——高湿可控气密帐的建立　　234
第二节　环境控制——恒温恒湿洁净玻璃房的建立　　244
第三节　污染物及植物根系清理　　248
第四节　霉菌治理　　250
第五节　虫害治理　　252
第六节　漆皮回软与平整　　255
第七节　漆皮回贴　　259
第八节　胎体加固与修补　　263
第九节　棺底漆皮的薄荷醇整体提取　　267
第十节　脱水过程中的防护固定及形变监测　　269
第十一节　断裂棺盖板的修复　　272
第十二节　更换糟朽底樽板　　281

| 第三章 | 考古出土非饱水漆木器修复保护流程探索 | 285 |

第一节	漆皮回软流程	287
第二节	漆皮回贴流程	289
第三节	漆木器临时包裹材料的筛选与原则	292
第四节	用于绘画文物修复的支护结构	295

| 第四章 | 彩绘漆棺图像的数字化采集与研究 | 305 |

第一节	文物三维数字化方法的选取	307
第二节	赵谅墓漆棺数字化保护具体实施过程	308
第三节	三维数字化信息在漆棺修复保护中的应用	310
第四节	总结与展望	312

下篇
漆棺纹饰纹样解读及相关问题思考

明赵谅墓出土漆棺画解读	315
眼目之荣——明赵谅彩绘描金漆棺初论	329
一场葬礼的预演——首都博物馆藏赵谅彩绘漆棺初探	359

| 附录 | 379 |

附录1	彩绘漆棺高清扫描图与考古线图	380
附录2	棺内出土文物的科学分析	390
附录3	授权相关专利及获奖	404

| 后记 | 409 |

上篇

漆棺保护修复的前期调查与病害分析

第一章
南宫净德寺遗址出土彩绘漆棺的
考古发现及研究背景

图 1-1-3 赵谅墓俯视图

化十六年（1480年），卒于嘉靖三十八年（1559年），享年80岁。可见，赵谅本人的生平经历，跨越了成化、弘治、正德、嘉靖四朝。内官监是南京内府衙门的"十二监"之一，内官监太监主要执掌留都宫室、陵墓的修理，上供器皿、竹器等物品的生产及冰窖诸事[1]。据文献记载[2]，明朝迁都北京以后，内府衙门设官"每监各太监一员，正四品，左、右少监各一员，从四品，左、右监丞各一员，正五品，典簿一员，正六品，长随、奉御无定员，从六品"。由此证明，墓主人赵谅的官职为正四品。

赵谅墓墓葬通长9.7米，宽4米，深5.5米，由墓道、封门、两重石门、墓室等部分组成。墓道为长方形，墓顶部为拱券结构，墓道和墓室均用条石砌成，墓道内有石踏道直达墓门。墓门为两重，上方雕门楼。第一重墓门向墓室外开启，墓门上隐刻圆形门钉与门铍，门外有纵向门关。第二重石门向墓室内开启，正面雕兽面衔环，门内有"自来石"顶门。墓室中央为须弥座式棺床，棺床中部为金井，其上葬具为一棺一椁。墓内出土了石供桌、石"五供"、墓志、青瓷罐、铜钱、铜腰带以及纺织品等随葬品。赵谅墓墓室情况及考古出土文物见图1-1-3～图1-1-10。

---

[1] 王慧明：《明留都南京宫廷内府管理制度初探》，《故宫学刊》2016年第2期，第98页。
[2] 邵磊：《明代宦官杨庆墓的考古发掘与初步认识》，《东南文化》2010年第2期，第56页。

图 1-1-4 赵谅墓墓道及墓门

图 1-1-5 墓室内棺椁及石"五供"

图 1-1-6 描金彩绘漆棺

图 1-1-7 青瓷罐

图 1-1-8 铭旌

图 1-1-9 铜钱

图 1-1-10 铜腰带

赵谅墓出土一棺一椁，椁板最长处为2.65米，最宽处为1.18米，最高处为1.14米，由4块木板拼接而成，整体髹涂朱漆，椁两侧各有2个铁质吊环，通身出现多处糟朽、裂纹，朱漆脱落严重。彩绘漆棺呈现梯形，前高后低、前宽后窄，榫卯插合，最长处为2.43米，最宽处为1.02米，最高处为0.9米，体量较大，具体尺寸情况见表1-1-1。棺盖板上覆盖着铭旌，棺内出土了纺织品、铜钱、铜带扣等文物。棺盖和四周棺板上有描金彩画，主要绘制了墓主人理想中热闹的送葬场景。漆画整体情况保存较好，共绘制官员、仆役、僧人、道士、杂耍者等人物形象达317人，画面漆色光亮、色彩鲜艳，绘画技艺精湛，人物衣饰、五官、动态描绘生动传神，内容丰富饱满，故事情节完整，具有较高的艺术价值。画面直观反映了当时的社会生活情况，包括衣着式样、建筑结构、殡葬习俗、水陆神仙等，是研究明代风俗习惯的重要物证。此漆棺体量巨大，保存完整，工艺精湛，是目前我国考古出土漆器中保存下来的人物场景最为庞大的大型漆木器文物，在目前国内出土的同时期同类型文物中具有代表性和独特性，具有极高的研究价值。

北京"不干不湿"的地下环境，极不适于古代墓葬中有机质地文物的保存，因此在北方地区墓葬中发现保存相对完好的、历经几百年而未糟朽腐烂成泥的漆木器，十分难得。

表1-1-1　赵谅墓棺木尺寸情况

测量位置		尺寸（厘米）
通体	长	243
	宽	102
	高	90
盖板	长	231
	宽	70~77
	厚	10.5~11
左右帮板	长	243
	高	60.3~66.9
	厚	9.9
头挡板	宽	57.2~64.6
	高	67.3
	厚	6
足挡板	宽	52.5~60.8
	高	61.1
	厚	6.2
底板	长	225.4
	宽	82.1
	厚	5
支脚板	长	225.4~232.3
	宽	82.7~88.4
	高	15

赵谅墓漆棺的完整出土，向五百年后的世人直观展现了明代漆艺工匠高超的髹漆技艺，具有极高的历史、艺术与工艺研究价值。

第二节

漆棺保存现状

漆棺深埋于地下5米多深,处于密封环境长达458年,受夹杂泥土的地下水酸碱盐浸泡、植物根系生长等因素影响,漆棺病害丛生。当在首都博物馆地下一层考古实验室打开外椁板后,漆棺呈现在大家眼前。漆棺整体受植物根系侵害严重,棺内侧漆层与木胎之间布满植物根系,漆皮被分解成小块并附着于植物根系上,植物根系带着漆皮大面积从木胎上脱落,最大脱落面积50厘米×30厘米;棺材口沿植物根系深入漆皮裂缝中。外侧漆层局部起泡,部分漆皮开裂、卷曲。漆棺木胎局部及底部椁板存在糟朽及霉变,影响漆皮及棺木的安全。区别于南方饱水漆木器,M2彩绘漆棺是一件典型的非饱水类型漆木器。非饱水漆木器是相对饱水漆木器而言的,特指潮湿而缺饱水状态的一类漆木器,也可称亚浸水漆木器或者半饱水漆木器。北京在冬天平均湿度为30%左右,夏天平均湿度50%左右,空气干燥。漆棺放置于首都博物馆地下一层考古实验室进行提取保护过程中,放置了三台加湿器,由于室内空间较大、密封性不好,相对湿度起伏较大,仅能控制在60%左右。对于糟朽状态的漆木器安全存放来说湿度过低,容易引起彩绘漆皮脱水、起翘。同时,由于室内空气不洁净(存在大量灰尘、霉菌孢子、虫卵等),采用保鲜膜等密封导致漆棺局部空气不流通、温度及湿度较高,以及人员流动带来的灰尘等原因,霉菌在漆棺内棺及外棺迅速繁殖。菌丝多从木胎内部长出,交织形成白色、绿色、黄色绒毛状或絮状,严重影响漆棺外观,危及胎体和彩绘漆皮的稳定。

此外,在漆棺水分缓慢释放过程中,不同密度及含水率的木构件收缩应力会导致漆棺变形。在环境湿度不达标的情况下,为了避免漆皮起翘,临时性采用向漆棺本体喷水方式对漆皮保湿,但同时,水分散失的表面张力也给漆膜带来了应力伤害,导致开裂、起翘。生长于漆棺内部、两端及彩绘面裂缝的植物根系吸水后膨胀、重力增加,水分挥发过程中收缩,加重了漆皮的脱落。

综上所述,该彩绘漆棺的保存情况不容乐观,出土后面临着外界环境突变引起的漆皮脆化、起翘、脱落、霉变等多种紧迫性病害,保护问题显得尤为迫切、紧急,营造一个适宜的保存环境,采取积极保护措施控制病害蔓延迫在眉睫。赵谅墓彩绘漆棺作为典型的非饱水类型漆木器,病害表现形式与饱水漆木器差别很大,呈现出胎体发生降解,极度糟朽,木材有一定的含水率,漆皮强度不高,漆皮与胎体脱离，存在脆化、起翘、脱落等现象，因而并不适合于出土后立刻浸泡于水中，采用乙二醛等其他材料填充、置换、交联的饱水漆木器脱水流程及保护方式。非饱水漆木器入水浸泡，一方面，使非饱水的木质胎体细胞壁重新充满饱和水，使木材胎体溶胀、纤维素降解；另一方面，易造成漆皮脱离胎体、分崩离析，为下一步的修复带来困难。此类出土文物没有成功的保护修复先例可循，亟须针对考古出土非饱水漆器典型性病害进行研究，建立一套适合于非饱水漆器的保护修复方案及流程。

为了妥善保护好漆棺，根据专家组意见，保护工作组制定了详细的保护方案。主要包括四个方面：首先是保健，即环境控制，建立类似于地下埋藏环境的保存环境；其次是体检，即病害诊断；再次是开出药方，并进行临床试验；最后是按照轻重缓急，展开一系列修复。该方案主要针对彩绘漆棺存在的突出、迫切待修病害进行抢救性保护。对彩绘漆棺进行精确、稳定控湿，漆棺缓慢脱水的同时采用防霉杀虫剂进行有效的微生物及虫害杀灭，物理去除漆棺内部、两端及裂缝危害性植物根系，收集整理脱落漆片回软后用有机玻璃夹板定型，对局部起翘漆皮回软后回贴，糟朽漆灰层修补加固等。通过以上保护措施实现漆棺缓慢、稳定脱水，保证了漆棺稳定、安全的保存。

第三节

漆棺髹饰技艺研究

3.1 中国古代漆器工艺发展概况

漆器是由胎体、天然大漆、颜料、漆灰地仗或干性油等有机无机复合材料组成的一类特殊的器物，是我国文化遗产的重要组成部分。中国作为最早认识并使用大漆的国家，漆器的创造肇始于新石器时代。古籍文献记载着我国先民对于生漆的利用就有四千年以上的悠久历史。据《韩非子·十过》中记载："尧禅天下，虞舜受之，作为食器，斩山而财之，削锯修之迹，流漆墨其上，输之于宫，以为食器……舜禅天下而传之于禹，禹作为祭器，墨染其外，而朱画其内。"自新石器时代的井头山遗址、跨湖桥遗址、河姆渡遗址、良渚遗址直至元明清时期都有大量考古出土和传世漆器的实物例证。其中，年代距今约 8000～7000 年前的浙江跨湖桥遗址出土一件漆弓，此前一直被视为中国"漆之源"[1]。而 8000 多年前的浙江井头山遗址中的发现，则再次将中国最早漆器出现的年代提早到 8000 多年前，该遗址中两件带有人工黑色痕迹的木器，黑色涂层经分析为天然漆，这是目前最早的漆木器[2、3]。在距今 7000～6500 年的浙江河姆渡遗址出土髹漆木筒和朱漆木碗，特别是朱漆木碗的颜色漆，标志着生漆的使用从单纯髹漆于器表到掌握调和颜料的技术发展，见图 1-1-11[4]。距今 5300～4300 年的良渚文化遗址发掘出陶胎、石胎漆器和彩绘、嵌玉漆器[5]，显示出新石器时代髹漆工艺的拓展和进步。山西陶寺龙山文化大型墓葬中也出土了彩绘漆木器，虽然它们不是我国最早的彩绘漆木器，却是北方地区迄今最早的实例[6、7]。

---

[1] 何振纪：《跨湖桥：华夏漆器文化的发源》，《中国生漆》2018 年第 2 期，第 6～9、54 页。

[2] 宋瑞雪：《浙江井头山遗址 8000 多年前的木漆器出土》，《中国生漆》2021 年第 2 期，第 12 页。

[3] Zhai K, Sun G, Zheng Y, et al. The earliest lacquerwares of China were discovered at Jingtoushan site in the Yangtze River Delta. Archaeometry, 2021.

[4] 张飞龙、赵晔：《中国史前漆器文化源与流——中国史前生漆文化研究》，《中国生漆》2014 年第 2 期，第 1～7 页。

[5] 张飞龙、赵晔：《良渚文化的髹漆艺术》，《中国生漆》2013 年第 4 期，第 6～12 页。

[6] 中国社会科学院考古研究所山西工作队、临汾地区文化局：《1978—1980 年山西襄汾陶寺墓地发掘简报》，《考古》1983 年第 1 期，第 30～42 页。

[7] 刘阳：《陶寺文化彩绘木器研究》，西北民族大学硕士学位论文，2014 年。

图 1-1-11
浙江河姆渡遗址出土朱漆木碗 [1]

图 1-1-12
西周琉璃河燕国墓地螺钿漆罍（复原品）[5]

陈振裕先生将夏商周时期视为漆器工艺的缓进期[2]。夏代的漆器数量不多，主要出自二里头遗址[3]。源自新石器时代的漆器镶嵌工艺在商周时期发扬光大，并形成了后者的代表性漆器工艺——螺钿漆器。蚌泡或蚌片镶嵌在漆器表面，蚌泡孔内嵌绿松石，蚌饰与彩绘组合构成华美的装饰。商周螺钿的代表性文物有河南安阳殷墟西北冈王陵区 M1001 出土螺钿漆豆和北京琉璃河西周燕国墓地出土螺钿漆罍，前者雕刻纹饰，外髹红漆，刻纹槽内嵌蚌饰；后者用光滑平整的蚌片组成纹饰，接缝严密，见图 1-1-12[4]。

后世一些重要的漆工艺在商周初现端倪。河南台西商代遗址 M14 出土一件半圆形金饰片，厚度不足 0.1 厘米，正面阴刻云雷纹，显然是原来贴在漆器上的金箔[6]。有学者认为汉代流行的嵌贴金银箔花纹漆器，以及唐代的"金银平脱"，其肇始都可远溯到商代[7]。河南罗山天湖墓地 M12 有一件缠丝黑漆木柲，以五层丝线构成方格云雷纹，通体髹黑漆，似堆漆，有学者将其视为堆漆工艺之源[8]。该墓中还出土有青铜器纹饰阴填髹黑漆的实例，漆器的胎

---

[1] 《朱漆木碗》，《中华文化论坛》2017 年第 2 期，第 2 页。
[2] 陈振裕主编：《中国漆器全集》第一卷，福建美术出版社，1997 年。
[3] 洪石：《古代漆器的考古发现与研究》，《中国考古学百年史（1921—2021）》第四卷，中国社会科学出版社，2021 年，第 739～785 页。
[4] 洪石：《商周螺钿漆器研究》，《中原文物》2018 年第 2 期，第 77～90 页。
[5] 北京考古遗址博物馆官方微信公众号推文：《"文物里的北京"第六集"藏礼于器——贝类与漆的缠绵"》。
[6] 河北省文物管理处台西考古队：《河北藁城台西村商代遗址发掘简报》，《文物》1979 年第 6 期，第 33～43 页。
[7] 王世襄：《中国古代漆器》，生活·读书·新知三联书店，2013 年。
[8] 张飞龙、吴昊：《先秦漆器的重要考古发现 I 夏商至西周时期》，《中国生漆》2017 年第 4 期，第 1～8 页。

图 1-1-13
湖北随州曾侯乙墓战国早期彩绘龙凤纹盖豆[7]

体材质进一步延伸到青铜器。陕西宝鸡竹园沟西周墓地出土一批珍贵漆器,其中有部分漆器使用了漆灰。刷灰可以填平木胎的节眼缝隙,让胎体表面平整,髹漆后的器物更美观。

春秋战国时,漆器制造业发达,形成了一门专业的手艺。春秋时期的漆器多有贴金箔的案例,如湖北襄阳山湾东周墓 M27 中有髹黑漆贴金的漆棺和鹿角[1],而且镶嵌饰件还出现了金属材料,如河北行唐县故郡东周遗址 2 号车马坑 5 号车的车厢外表既有髹漆彩绘图案,还镶嵌有成组对称的金属兽形牌饰,其表层也粘贴有刻画纹饰的金箔饰片[2]。

王世襄先生认为,战国是漆工史上一个有重大发展和极为繁盛的时期,漆器品种之繁、数量之多、幅员之广,都远超前代[3]。无论是漆器制胎还是装饰,都出现了一些新的技术。战国时期在木胎上先刷灰再涂漆的技法上承西周时期,而这一阶段新出现在木胎上贴纺织品的做法,典型代表如四川成都羊子山第 172 号墓出土的一件大方扣漆器,就是在木胎上贴编织物再涂漆[4]。王世襄指出,粘贴编织物能防止木胎开裂,这项技术还促使了夹纻胎的出现[5]。战国时期出现的夹纻脱胎漆器是漆工史上的一个创举,夹纻胎用漆与编织物构成的胎骨,体质比木胎更轻,适宜做造型复杂而且不规则的器物。湖北江陵马山砖厂战国中晚期墓、湖南长沙左家塘战国中期 M3、常德德山战国晚期墓就出土过夹纻胎漆器[6]。雕刻技法商代已有,战国时期出现高浮雕、透雕、圆雕等新的雕刻技法。新的技法与漆艺结合是漆器制胎技术和装饰技术的一次融合与超越,它们极大丰富了漆器的造型,如湖北曾侯乙墓高浮雕彩绘描漆豆（图1-1-13）[7]、湖南长沙仰天湖楚墓透雕苓床、湖北望山楚墓立体圆雕彩绘描漆虎座双鸟鼓,均为前代未曾有过的精美漆器[8]。此外,战国时期还有卷制薄木胎、竹胎、皮胎漆器,其中卷木胎为这一时期新出现的木胎制作技法。

在装饰技法上,战国时期新出现针刻工艺,如长沙出土的针刻凤纹奁,以针刻划痕勾勒鸟兽形象,王世襄认为这一技法为汉代出现戗金

---

[1] 湖北省博物馆:《襄阳山湾东周墓葬发掘报告》,《江汉考古》1983 年第 2 期,第 1～35 页。

[2]《河北行唐故郡东周时期"豪车"展露真容》,《文物鉴定与鉴赏》2018 年第 11 期,第 23 页。

[3、5、8] 王世襄:《中国古代漆器》,生活·读书·新知三联书店,2013 年。

[4] 四川省文物管理委员会:《成都羊子山第 172 号墓发掘报告》,《考古学报》1956 年第 4 期,第 1～20 页。

[6] 湖南省博物馆:《湖南常德德山楚墓发掘报告》,《考古》1963 年第 9 期,第 461～479 页。

[7] 湖北省博物馆:《彩绘龙凤纹盖豆》,https://www.hbww.org.cn/qmq/p/4975.html。

准备了条件[1]。战国时期出土漆木器中还有装饰金属扣器的，前述成都羊子山墓第172号墓就发现了铜扣漆奁。扣器就是沿漆器口沿或底部粘贴金属箍，起加固防护作用。这也是在这一阶段新出现的漆器工艺。漆器彩绘用色比以往更为丰富，特别是使用金、银的技法尤为引人注意。河南信阳长台关楚墓出土彩绘锦瑟，虽已残缺，但仍能从残片中看到彩绘祭祀、宴乐、狩猎、作乐等场景和人物，用色多达九种，还熟练使用浓金和淡金作装饰[2]。如此丰富和庞大的图案，不仅反映了战国时代楚人生活的侧面，而且说明战国时期漆艺工匠在彩绘技法和表现力上都上了一个新的台阶。

秦汉时期是中国古代漆器的一个繁荣时期，成立了工官监造的官办漆器制作工艺中心。陈振裕系统考察了秦代中小型墓葬所出漆器，提出秦代漆器技术继承战国时期漆器工艺又有进一步发展，一些漆器上有"素""包""上""告"等烙印文字，反映了秦代漆器制作存在多道工序，且已有"物勒工名"的产品责任制。在战国中晚期出现的扣器新工艺基础上，秦代还在漆器上使用金属箍、环、铺首衔环和蹄足等构件[3]。

王世襄指出，汉代漆器产量多、规模大、传播广，远超战国时期[4]。汉代漆器在承袭前代技法的基础上，一方面将已有技术发扬光大，另一方面也自有技术创新。汉代漆器胎骨与战国一样，主要有木胎、竹胎、夹纻胎、陶胎和铜胎，这一阶段木胎的制作工艺有所创新。新石器时代，木胎为挖制和斫制两种，商代出现雕刻工艺，战国时期出现卷制薄木胎，及至西汉又出现镟制新工艺[5]。

漆器镶嵌技法在汉代有了更为丰富的表现力，多种不同材质的装饰品杂嵌于一件漆器上，如河北满城一号汉墓有一件圆形漆奁，漆木碎片中夹杂珍珠、金箔片、镶玛瑙的银质和骨质动物形饰片，发掘者推测它们应是镶嵌或贴附于漆器上的装饰品[6]；北京大葆台汉墓出土漆木器仅17件，而铜器、鎏金铜器、玛瑙、琥珀等漆器嵌件数量就多达155件[7]。有学者认为后世的"百宝嵌"在装饰风格上与其有直接渊源[8]。漆器上贴金箔片最早于商代出现，至西汉开始流行，镂刻更为精细，与金、银、描漆彩绘结合，装饰上更为华贵，该技法至东汉前期式微。战国时期出现的针刻技法，在西汉时期被赋予"锥画"的专称，图1-1-14为湖南省马王堆一号汉墓出土针刻漆奁。汉代发展出戗金工艺，即在针划纹中填金彩，如湖北光化西汉墓的漆卮就使用了戗金工艺，使得漆器

[1、4] 王世襄：《中国古代漆器》，生活·读书·新知三联书店，2013年。
[2] 河南省文物研究所：《信阳楚墓》，文物出版社，1986年。
[3] 陈振裕：《秦代漆器群研究》，《考古学研究（六）：庆祝高明先生八十寿辰暨从事考古研究五十年论文集》，科学出版社，2006年，第217～262页。
[5、8] 张飞龙：《中国漆工艺的传承与发展研究》，《中国生漆》2007年第2期，第10～31、35页。
[6] 中国社会科学院考古研究所、河北省文物管理处编：《满城汉墓发掘报告》，文物出版社，1980年。
[7] 大葆台汉墓发掘组：《北京大葆台汉墓》，文物出版社，1989年。

图 1-1-14
湖南省马王堆一号汉墓出土针刻漆奁[1]

灿烂生辉[2]。堆漆是用漆或油调灰堆出花纹的一种漆艺，是西汉时期出现的装饰技法，该方法可以让漆器呈现浅浮雕的效果。张飞龙提出，堆漆工艺的兴起与油漆的发明、漆灰的使用及夹纻胎的出现有直接关系[3]。汉代创新性的漆艺实例恰好说明，一项创新性的技术得以产生仰赖于以往技术经验的积累与沉淀。

目前已出土的魏晋南北朝时期漆器数量远不及战国、汉代，但这一时期的漆器工艺仍有技术进步，也出土了具有时代特点的漆器精品。魏晋南北朝时期最具代表性的漆器工艺有夹纻造像、密陀僧入漆油、绿沉漆和犀皮工艺的发明[4,5]。夹纻造像是夹纻胎技术的发展高峰，以麻布、漆灰作胎骨，不仅可以制作外形不规则的佛像，而且胎骨比其他材质更轻便。夹纻造像技术流行于魏晋南北朝时期，至后世唐代更是规模空前。密陀僧即一氧化铅，它既是一种黄色颜料，又可入油调色起催干作用。绿沉漆是一种暗绿色的漆，如物沉在水中，其色深沉静穆，故名"绿沉"。犀皮是在漆面上做出高低错落的地子，再交替髹多层色漆，干后磨光就呈现分层斑驳的花纹[6,7]。安徽马鞍山东晋朱然墓出土的2件犀皮羽觞就是目前犀皮工艺最早的实例，表面光滑，花纹流畅，如行云流水。该墓还出土有约80件漆器，其中不少漆器上有精美的漆画图案，涉及多类人物形象和生活场景[8]。

唐宋元时期的漆器，实物资料相对较少，从现存的资料和文献看，这一阶段的漆器工艺依然持续发展着。唐代最引人注目的漆艺是金银平脱工艺，将捶打得薄如纸的金银片采用漆贴于胎骨上，刻出花纹后剔除多余的片屑，髹漆后磨出纹样。河南郑州二里岗和杏园唐墓都出土过银平脱漆盒[9,10]，陕西扶风法门寺唐代

[1] 湖南省博物馆：《针刻纹漆奁》，http://61.187.53.122/collection.aspx?id=1407&lang=zh-CN。
[2] 王世襄：《中国古代漆器》，生活·读书·新知三联书店，2013年。
[3、4] 张飞龙：《中国漆工艺的传承与发展研究》，《中国生漆》2007年第2期，第10～31、35页。
[5] 陈振裕：《中国历代漆器工艺的继承与发展》，《江汉考古》2000年第1期，第80、81～83页。
[6] 张飞龙：《六朝髹漆工艺研究（上）》，《中国生漆》2015年第4期，第22～25、32页。
[7] 张飞龙：《六朝髹漆工艺研究（下）》，《中国生漆》2016年第2期，第11～15页。
[8] 安徽省文物考古研究所、马鞍山市文化局：《安徽马鞍山东吴朱然墓发掘简报》，《文物》1986年第3期，第1～15页。
[9] 中国社会科学院考古研究所河南第二工作队：《河南偃师杏园村的六座纪年唐墓》，《考古》1986年第5期，第429～457页。
[10] 郑州市博物馆：《郑州二里岗唐墓出土平脱漆器的银饰片》，《中原文物》1982年第4期，第36～38页。

地宫还出土过罕见的平脱银扣秘瓷碗[1]。唐代在金银平脱工艺的基础上还发展出推光技术[2]。商周时期的螺钿镶嵌、战国时期的夹纻胎、汉代的堆漆在唐代都有新的进展，特别是螺钿镶嵌与平脱工艺结合的漆器更富表现力。

张飞龙提出，宋代的生漆精制工艺推动了漆的表现力，不仅让漆更为晶莹剔透，而且把黑色漆运用到炉火纯青的高度，促进了宋代工艺特色的素髹漆器和雕漆工艺的兴起[3]。宋代最具特色的是素髹漆器，这类漆器少纹饰，漆膜莹润透明，古朴秀雅。湖北监利北宋墓[4]、浙江杭州老和山南宋墓[5]均出土有器形多样的素髹漆器，风格淡雅。宋代的雕漆工艺也有很高的成就，江苏南宋武进墓出土执镜盒（见图1-1-15）和金坛周瑀墓发现团扇柄，二者均为黑面，前者刀口见朱、黄、黑三色漆层，后者更是有朱漆十余层，每层朱漆又以黑漆相间，堪为雕漆精品[7]。宋代还创新性发展出了圈叠胎的制法，圈叠利用木头固有的弹性，先将器皿的最外沿定型，而后逐层向内圈叠，每个接口相互错开分散应力，随圈随粘，干燥后修去梯形棱角。圈叠胎制作的漆器胎骨轻薄、强度极高、造型可塑性强、不易变形[8]。

元代漆器的品种已基本齐备，代表性漆艺包括嵌螺钿、戗金，而成就最高的是雕漆工艺。螺钿镶嵌漆器虽早在商周时期已经出现，但直至唐宋时期才渐趋兴盛，元代则更加完善[9]。现藏于首都博物馆的北京元大都遗址发现的广寒宫图嵌螺钿漆盘残片（图1-1-16）就是元代螺钿镶嵌的精品。元代戗金漆器以流入日本的为多，1977年日本东京国立博物馆曾展出过延祐年款的戗金漆器[10]。雕漆工艺始于南宋时期，至元代达到顶峰，出现了雕漆名匠张成、杨茂，二人均有传世雕漆作品藏

图1-1-15
江苏南宋武进墓出土执镜盒[6]

于博物馆[11]。

明清是我国漆工艺的巅峰时期，官办的工艺作坊促进了民间漆艺制作技术的发展，漆器工艺多样化，出现了宝石镶嵌、错金银、螺钿与剔红等技艺，历代漆器工艺至此而大备，工艺之精又青出于蓝。我国仅存的古代漆艺著作《髹饰录》即为明代著名髹漆工匠黄成所著，

---

[1] 陕西省法门寺考古队：《扶风法门寺塔唐代地宫发掘简报》，《文物》1988年第10期，第1～28页。

[2] 王琥：《中国传统漆器的"经典之作"》，《东南文化》1999年第4期，第126～128页。

[3, 9] 张飞龙：《中国漆工艺的传承与发展研究》，《中国生漆》2007年第2期，第10～31、35页。

[4] 湖北荆州地区博物馆保管组：《湖北监利县出土一批唐代漆器》，《文物》1982年第2期，第93页。

[5] 蒋缵初：《谈杭州老和山宋墓出土的漆器》，《文物参考资料》1957年第7期，第28～31页。

[6] 常州博物馆：《剔犀执镜盒》，http://www.czmuseum.com/topNewsList?tname=gcjp。

[7, 10, 11] 王世襄：《中国古代漆器》，生活·读书·新知三联书店，2013年。

[8] 吴福宝、张岚、陈晶：《关于宋代漆器圈叠胎制作工艺的研究》，《上海博物馆文物保护科学论文集》，上海科学技术文献出版社，1996年，第460～466页。

第一章　南宫净德寺遗址出土彩绘漆棺的考古发现及研究背景　　　　　　　　　　　　　　　　　　　　　17

图 1-1-16
北京元大都遗址出土广寒宫图嵌螺钿漆盘残片[1]

图 1-1-17
故宫博物院藏明代剔红花卉纹盏托[3]

3.2 漆棺绘画纹饰与髹饰技艺

3.2.1 漆画纹饰

我国各个地区、各个民族都有其独特的丧葬葬具和丧葬习俗。对于漆棺的研究涉及考古学、美术学、历史学、民俗学等多个学科的不同领域。《礼记》载："衣足以饰身，棺周于衣，椁周于棺，土周于椁。"棺椁是丧礼事死如事生的象征，也是身份等级的标识。彩绘漆棺是在木胎上通过通体髹漆、施画彩绘等一系列工艺流程制作而成的高级葬具。从考古资料来看，在新石器时代大汶口墓地的133座墓葬中，有14座使用了木质棺[4]。至少在商代可能已经将漆器制作技术应用于木棺上，例如在殷墟商文化的墓葬中，发现在木棺上髹涂红黄色漆，有的髹涂数层，并饰以各色彩绘[5]。

赵谅墓彩绘漆棺内外均髹涂大漆，棺外侧漆面有较强的反光感。漆棺采用朱漆打底，

该书分门别类地叙述了漆艺的名称和技法。雕漆经过元代的辉煌，至明代永乐年间达到巅峰，分出剔红、剔黑、剔黄、剔绿、剔彩、剔犀多个门类。图1-1-17为故宫博物院藏明代剔红花卉纹盏托。百宝嵌是商周以来镶嵌技术的延伸，它改变了以往单一地使用贝壳或玉石镶嵌的传统，利用金银、珍珠、珊瑚、翡翠、玛瑙、玳瑁、绿松石、螺钿等材料的自然色泽和纹理表现题材。虽然明代也出现了新的工艺"款彩"，但也有学者提出元代以后中国漆艺已没有了重大的技术发明[2]。

---

[1] 澎湃新闻：《唯一元代螺钿漆器领衔，元大都文物扬州将展》，https://www.thepaper.cn/newsDetail_forward_23046514。

[2] 王琥：《中国传统漆器的"经典之作"》，《东南文化》1999年第4期，第126～128页。

[3] 故宫博物院藏品明永乐剔红花卉纹盏托（编号：故00107809），https://www.dpm.org.cn/collection/lacquerware/232879。

[4] 山东省文物管理处、济南市博物馆编：《大汶口——新石器时代墓葬发掘报告》，文物出版社，1974年。

[5] 中国社会科学院考古研究所安阳工作队：《1969—1977年殷墟西区墓葬发掘报告》，《考古学报》1979年第1期，第27～146页。

以朱、黄、黑、绿、金等色漆描绘而成。棺盖板上绘明代典型的纹饰——缠枝莲纹，四个侧边为朱红色璎珞纹饰。其中，缠枝莲纹局部见图 1-1-18。棺体主画面两侧有完整的描金漆画，绘制了场景庞大的送葬图，共出现人物形象 317 人，包括官员、仆役、僧人、道士、小贩、乐队、杂耍者、接引仙人、拉棺材的挽郎等，另有马匹、树木、轿辇、房屋、流云、山峦等景物，还有纸扎、抬阁、经幡、灯笼、鼓、木偶戏、登天梯。在漆棺四周及盖板上，以各种颜色描绘出各类人物、马匹、轿辇、山石、树木等图像，绘制细致精美。亲人朋友从四面八方赶来送别，人群摩肩接踵，僧人诵经、道士祈福，还有各种鼓乐马术表演和八仙等仙人引路（见图 1-1-19～图 1-1-25）。以上图像表现了墓主人理想中热闹非凡的送葬场景。其中，乐器有法螺、鼓、拍板（檀板）等，鼓又分胯鼓、背鼓等，基本上都是行乐，说明他们是一边走一边表演。登天梯是死者灵魂上天用的，引魂幡出现在宋代，上立朱鸟，代表官职。马分两种，一种是中东马，一种是蒙古马。画面漆色光亮、色彩鲜艳，绘画技艺精湛，人物衣饰、五官、动态均描绘精微，生动传神。头挡绘有牌位、仙人和八宝图案，牌位上书"已故内官监太监赵公讳谅之柩"。足挡绘制覆钵式佛塔。

图 1-1-18 棺盖板局部图案

图 1-1-19 棺板接引仙人局部图案

图 1-1-20 棺板马术和行乐表演局部图案

图 1-1-21 棺板送葬场景局部图案

图 1-1-22 棺板房屋局部图案

图 1-1-23 送葬图纸扎局部图案

图 1-1-24 头挡图案

图1-1-25 足挡图案

3.2.2 髹饰技艺

明代是中国漆工艺发展到非常成熟的一个时期，隆庆年间（1567～1572年）著名的漆工黄成撰写的《髹饰录》，详细地记录了明代的漆器制作工艺，包括制作原料、制作技法、制作工具、漆工禁忌，以及漆器的分类和各个品种的形态特点，后来另一位漆工杨明逐条作注，并撰写了序言，该书是后人学习和研究古代漆工艺的重要文献资料。多位学者对《髹饰录》进行研究，引经据典，并以现存文物或现有工艺加以举证、阐释，使得这本文字艰深的传世经典简明易读、广泛流传。其中，以王世襄的《〈髹饰录〉解说》、长北的《〈髹饰录〉析解》为杰出代表。除了《髹饰录》之外，还有一些其他方面的古籍也或多或少地记载了髹漆材料和髹漆工艺，如《琴经》《太音大全集》等，这些古籍以宋元明清时期为主。根据《髹饰录》对漆器种类的划分，又依照古代漆器存留的实际情况，王世襄的《〈髹饰录〉解说》将明清漆器大体分为十四类：一色漆器、罩漆、描漆、描金、堆漆、填漆、雕填、螺钿、犀皮、剔红、剔犀、款彩、戗金、百宝嵌[1]。

赵谅墓漆棺恰为明嘉靖年间（1522～1566年）所制，二者相去仅仅数十年，这使我们在判定和研究赵谅墓漆棺的制作工艺时，就有了非常有力的文献参考。

---

[1] 王世襄：《〈髹饰录〉解说》，生活·读书·新知三联书店，2013年。

我们看到一件漆器，通常会把胎体和装饰两部分分别来看待，分析它们各自的制作工艺，这就是《髹饰录》中提到的"质"与"文"。"文"是外表的装饰，如镶嵌、描金、彩绘等，是我们能够直观看到的，而"质"则是指漆器的胎骨，即麻布、漆灰和底漆等，这些部分隐藏于纹饰之下，虽然看不见，但胎体的制作工艺却往往更能够体现一件漆器的价值。

赵谅墓漆棺胎体为杉木，合缝处裱布、刮灰，内部朱漆素髹，外部为描金彩绘罩漆装饰。在对漆棺进行修复的过程中，我们发现了几处较为特别的做法，于是也产生了一些有趣的猜测。

（一）漆际和罗域

赵谅墓漆棺底座部分整体裱布，但在棺体上，只有棺口和四角处裱布，并在四周沿边缘做出略略凸起的边框（图1-1-26），高约2毫米，将整个漆棺自然分成了四幅完整的画面，这四幅画面的画心部分并未裱布，而是在木胎表面上糙漆之后，直接进行彩绘描金。棺体两侧上下边框，以及头挡、足挡处的边框，宽度均为

漆棺裱布区域

堆高形成边框的区域
上下边缘处为描金卷草纹

图 1-1-26 裱布区域与堆高边框区域示意图

1.5 厘米左右，绘制简易的描金卷草纹条带装饰。棺体两侧靠近头挡与足挡垂直方向沿侧板轮廓做出弧形边框，中间最宽处约为 4 厘米。与侧板上下边缘衔接处最窄，宽度为 3 厘米左右，绘以描金彩绘缠枝花装饰带（图 1-1-27）。

观察边框破损处，可以看到显露出来的下层漆灰和麻布的痕迹。以此可以推测出此边框大致的制作工序（图 1-1-28），由下向上次序如下：

① 将网孔约 2 毫米的麻织物，裱在棺体接缝处和漆棺口沿。

② 其上做漆灰层，目测为 1~2 层中粗灰和 1 层细灰。

③ 髹涂灰白色底漆 3 层，使漆面平滑，且有一定厚度。

④ 绘制彩绘描金纹饰。

⑤ 罩笼罩漆 2 层。

在《髹饰录》一书中，对裱布的记载可以分为"布漆"和"裹衣"两类。"布漆"是"质法第十七"中的第四条，就是现在通常说的裱布，在木胎合缝或填补缝隙之后，用法漆将布贴到胎体上。法漆是指混合了骨胶的漆，现代多用漆糊，常用做法是将熬制好的糨糊按 1∶1 的比例加生漆混合均匀。裱布用的材料可以用皮革、麻布、绢、罗、纸等，不一而足。这是为了让做好的漆器不显露胎体上的木筋，同时也可以增加胎体的强度，使胎体不容易变形，拼合处不易松脱。裱过布之后，再经过上漆灰、髹涂底漆等工序，最终使胎体光滑平整，达到可以制作各种纹饰的要求。所以这里的布漆属于"质"，是胎体制作工序的一部分。比较完整的做法是通体裱布、刮灰，使漆器胎体的强度和漆面的整体性都更好，但较为费工费料。也有一些更为简易的做法，只在口沿、合缝处等易损部位裱布，目的只是增加强度，让这些部位结实耐用。这属于更为经济、简便的做法，同时也显示出漆器的不同价值等级。如《酉阳杂俎》："五品以上漆棺，六品以下但得漆际。"这里的"漆际"指的就是只在棱角接缝处上漆，虽然《酉阳杂俎》成书于唐代，但也可说明在不同的等级要求下，漆棺的制作方法是有所区别的。

另一种裱布的形式叫作"裹衣"。《髹饰录》坤集"裹衣第十五"中特别指出："以物衣器

图 1-1-27 头挡处边框与主画面局部

图 1-1-28 灰域漆工艺局部图

而为质，不用漆灰者，列在于此。"[1]说明这里的裹衣并不是胎体制作中的裱布的工序，而是一种漆面装饰的方法。以皮、布或纸等直接贴裹于器物表面，不再覆以漆灰，而是直接以其作为装饰的底纹，上面也可以再绘制纹饰，或者也可以反复叠加多层色漆，再磨平，呈现出斑驳的纹理。日本有一种漆工艺技法叫作"布目涂"，应属于此类。图1-1-29中左侧的漆器，上半部分整体用布纹作为装饰，右侧的漆面则以布纹为底纹，其上再进行其他纹饰的绘制，二者均与《髹饰录》中记载相符。

在"裹衣"这一类目中，有"罗衣"一条，其中提到"灰緎平直为善"，又说"罗与緎必为异色"，在黄成的注释中也提到"灰緎以灰漆压器之棱，缘罗之边端而为界緎者"[2]。"罗"在此的含义并不是绫罗绸缎的罗，而是泛指一些网孔很大的织物，在漆器制作中多用麻。"緎"字的本意为羊羔皮革的缝接处，在这里则是指胎体的接合处。可见"灰緎"是指用漆灰压在"罗"的边缘处，或器物棱角和胎体的接合处，并沿着边沿形成一条如同缝合的边。结合"罗衣"的描述，可以推测这种装饰方法的效果应该是，用麻等织物裱在木胎上，中间为织物纹理的底纹（也许上边还绘有其他纹饰），四周边缘处有漆灰堆出的边框，且边框与中间的部分必须用不同颜色加以区分。一些明清时期的捧盒、漆盘等器物中确有一种相似的做法，内层多为木胎，木胎外侧覆以竹编，竹编中间形成类似于瓷器开光一样的窗，上单色漆，外侧则用漆灰堆出方形、扇形、海棠形等样式的边框，倒与"灰緎"的做法相似（图1-1-30、图1-1-31）。

赵谅墓漆棺主体上裱布的做法，与《髹饰录》中所述的两种做法都不完全一致。它在漆棺接缝处裱布，借此增加漆棺接缝处的强度，属于简单加固胎体的处理方法。又在这些裱布处压灰，来形成具有很强装饰效果的边框，且无论哪一面的边框，在色彩和纹饰上都与画芯部分有明显的区别，这又与"灰緎"的做法相似。这种做法在其他漆器上未曾见过，虽然与"灰緎"的做法不完全一致，但猜测这应属于

---

[1] 王世襄：《〈髹饰录〉解说》，生活·读书·新知三联书店，2013年，第129～130页。
[2] 王世襄：《〈髹饰录〉解说》，生活·读书·新知三联书店，2013年，第130页。

图1-1-29 日本布目涂漆器二例

图1-1-30 描彩漆携琴会友图长方盒

图1-1-31 明 堆漆双龙八方盒

图1-1-32 裱布方向示意

简易的"漆布"与"灰縹"结合的一种做法，是漆工视具体的情况而进行的调整。

在观察赵谅墓漆棺底胎的情况时，还发现了一个有趣的细节，所有裱布区域的麻布纱线，都是与漆棺木料纵向纹理呈45度角交叉覆盖（图1-1-32）。我们知道木材的收缩，是纵向变形的程度最小，径向的变形程度较大。麻布如果只是沿木料的纵向纹理覆盖，经线或纬线的其中一个方向的纱线就会与木纹平行，这个方向木料变形率小，纱线承受的拉力也就小。另一方向的纱线与木纹方向垂直，这个方向木材的变形率最大，纱线需要承受的拉力也最强。经纬线的两个方向受力的程度不一致，相当于能够起到加强作用的麻布纤维数量减少了一半，木料变形的应力甚至会把麻布的纱线拉断。而布纹在斜向45度角的时候，经线和纬线的拉力对木材的各个方向都可以起到作用，纱线受力均匀，就可以达到拉力的最大强度。

（二）彩绘描金罩漆

赵谅墓漆棺的装饰工艺，被定名为"彩绘描金罩漆"。在《髹饰录》一书中，描金与描漆、

图 1-1-33
明晚期 红漆描金山水长方盒

图 1-1-34 描彩漆鹤鹿同春八方盒

图 1-1-35 描漆双凤长方盒

图 1-1-36 罩金漆花卉诗句盘

描金罩漆等工艺同属于坤集"描饰"门，这类装饰工艺的主要做法是用漆或油调色，在器物上绘制纹饰。因为用于调色、绘画的材料不同，又细分为"描金""描漆""漆画""描油""描金罩漆"几个大类，在其下又按具体做法的区别细分为若干小类[1]。简单来说，"描金"顾名思义就是纹饰是由金色描画的（图 1-1-33）；描漆，即描画所用的颜料是由漆和色料调制而成的（图 1-1-34）；漆画，是用比较单纯的色漆描画的纹样，一般多是红黑两色或单色（图 1-1-35）；描油，是指所用的颜料是油与色料调制的；描金罩漆则是在描金之后再罩上透明度比较高的笼罩漆（图 1-1-36）。这里说的描金、描漆等虽然都是独立的工艺，但实际在漆器中，经常可以看到多种装饰工艺综合运用的情况出现，《髹饰录》中的"斑斓""复饰"等门记载的就是此类。

[1] 王世襄：《〈髹饰录〉解说》，生活·读书·新知三联书店，2013年，第60～69页。

赵谅墓漆棺上的描金工艺即属于描金罩漆。"描金罩漆，黑、赤、黄三糙皆有之，其文与描金相似。又写意则不用黑理。又如白描亦好。"[1]这里所说的"糙"即糙漆，是传统漆器制作中一道打底的工序。漆器在做完漆灰层之后，做装饰纹样之前，需要做底漆，起到隔离漆灰层，让表面更加光滑，为装饰工艺打底的作用。《髹饰录》中记载的糙漆做法是分为三次，第一次为灰糙，要艮厚；第二次为生漆糙，要薄而均匀；第三次为煎糙，要光滑无皱[2]。最后一道煎糙也被称为垫光漆，有一种做法是用鸡蛋清与生漆调和，用以增加漆膜厚度，叫作"曜糙"。现在的漆工艺中一般直接称为"底漆"或"下涂"的做法是：在上完漆灰之后，一般会再上一道漆泥，是用生漆和极细的水飞灰（水飞灰是用水飞法制取的极细灰，一般用细瓦灰置入水中，反复多次取悬浮在水中的灰浆，再去水晾干而成，可用于抛光、制作漆泥或补抿等），或砥粉等材料调制而成，比之细灰更加细腻。漆泥之后是一道生漆，渗透到漆泥层中，填充漆泥的孔隙。最后一道用黑漆或红推光漆髹涂，漆膜有一定厚度，可以使漆面"有肉"。现代漆工艺的这种做法与《髹饰录》中记载的做法虽有差别，但基本要完成的目的是一致的，即利用灰层盖住胎体上的木纹或布纹，再用细灰填补粗糙的漆灰，最后利用有一定厚度的漆进一步填补漆灰表面的微小孔隙，最终令漆面平滑。

对于描金罩漆工艺而言，可以用黑、红、黄三种颜色的糙漆来打底，糙漆的颜色也决定了彩绘描金的底色，由此又可以把描金罩漆分为黑糙描金罩漆、赤糙描金罩漆和黄糙描金罩漆。底色不同，再加之绘制方法的不同，所呈现的装饰效果则各有千秋。

《髹饰录》中记载的描金罩漆的画法是"……与描金相似。又写意则不用黑理。又如白描亦好"[3]。这是说描金罩漆的画法与描金的画法较为相似，黑理即黑漆理，是在金色纹饰上用黑漆钩出纹理的做法。由此可看出描金罩漆大致的几种画法：①与描金相似的黑理钩描金，在金色的纹饰上用黑色勾画纹理；②用写意的笔法绘制，金色纹饰有线有面，其上不再勾画纹理；③用白描的笔法绘制，以线条为主，勾画出金色的花纹轮廓。

赵谅墓漆棺的描金彩绘则属于另一种常见的画法，色彩点染加线描勾勒，且在不同区域的处理方法是不同的。

棺体四周的主画面部分，彩绘描金罩漆的下层几乎看不到糙漆，也没有裱布和漆灰，推测木胎表面应为相对比较薄且透明的"生漆糙"或"曜糙"。在糙漆之后，用各色彩漆进行绘制，彩色漆画好后上金，山石树木、人物建筑，都用兼工带写的画法描画，写意笔法皴擦点染、勾勒边缘，同时白描人物颇具风俗画的趣味。人物的面部用墨线细勾五官，情态生动。整个棺体和底座的彩绘描金全部完成之后，通体罩笼罩漆两层。笼罩漆，即为生漆或透明漆与桐油调和制成，颜色偏黄，透明度较高，罩的层数多了颜色也会呈现出红褐色（图1-1-37）。

棺体边框部分，也就是前文所述"灰缄"部分，在裱布上漆灰之后，又有三层灰白色底

---

[1] 王世襄：《〈髹饰录〉解说》，生活·读书·新知三联书店，2013年，第68～69页。
[2，3] 王世襄：《〈髹饰录〉解说》，生活·读书·新知三联书店，2013年，第142～143页。

漆层,漆层很厚,呈灰白偏黄色,有胶质光泽,推测其也应属于一种打底的糙漆。这层之后为褐色漆,应属于"生漆糙"或"耀糙"。其上为彩绘缠枝花纹样,并以金线勾勒纹理轮廓,属于典型的"金理钩描漆"。其外也是两层笼罩漆(图1-1-38)。

棺体底座部分纹饰分为三层(图1-1-39),上层为俯莲瓣纹。为木胎裱布上漆灰,做法与棺体灰缄部分做法相同,有三层较厚的糙漆和两层生漆糙。莲瓣纹用褐色、红色、橙色、土

图1-1-37 棺体主画面彩绘描金漆皮分层示意图

图1-1-38 灰域漆工艺局部图

图 1-1-39 棺体底座描金局部

黄色色漆绘制，并以"红、褐、红、橙、红、褐、红、橙……"的规律顺序排列。金线勾画莲瓣的边缘和纹理，同为金理钩描漆。中层有类似石雕须弥座底层的圭角的装饰，又像是家具案几的腿足。圭角处为雕刻如意云纹，底灰、漆胎与上两层做法相同，绘制金理钩描漆卷草花与草龙纹。不同的是，圭角之间的区域，糙漆为大红色，即"赤糙"，以红绿二色彩漆画方胜纹和飘带纹，抬棺用的穿杠的圆孔位于方胜纹的正中，所有纹样均为金理钩描漆。最下层又是一层覆莲瓣纹，以棺两侧的中间位置为中心，中间为橙色，以"红、褐、橙、褐"的规律顺序向前后两端倾斜铺开，同样为金理钩描漆，但笔法比上两层潦草很多。底座与漆棺整体一致，外罩两层笼罩漆，应为漆棺通体彩绘描金完成后，整体罩漆制作。棺体底座描金纹样线图见图 1-1-40。

棺盖板通体裱布刮灰，同样也是三层糙

漆，两层褐色的生漆糙，彩绘缠枝莲纹，侧面为朱红、橙黄、褐色三色彩漆绘制的璎珞纹，均为金理勾描金罩漆（图1-1-41、图1-1-42）。棺盖板头宽尾窄，但由头至尾的造型并非简单的直线，而是一条曲线，且曲线的最高点不在棺盖板的中间，而是在中间偏前的位置，由此可见明代人对于器物造型的重视。

常见的传统描金方法是用红色漆描画，线条略凸起，在金磨损脱落之后可以看到下层朱红色的金脚漆。但赵谅墓漆棺的金非常薄，且线条平滑，脱落处未见红色漆。在漆工艺中上色可以分为干、湿两种方法，干傅色是在描画好的漆将干未干之时，把色粉擦上去。湿设色就是用油或漆调和色粉，制成油彩或色漆，再进行描画。描漆扫金的做法同属于干傅色，由此推断，金粉也可以通过调油或调胶，直接用

图 1-1-40 棺体底座描金纹样线图

图 1-1-41 棺盖板顶面彩绘描金缠枝莲纹

图 1-1-42 棺盖板侧面彩绘描金璎珞纹

于描画，这样画出来的金层之下就不会有朱漆的痕迹，薄厚浓淡也可以随着油或胶的多少来调节。观察赵谅墓漆棺主画面的描金，人物、建筑及前景景物的描金清晰匀称，而远景的景物中，尤其是远山、云雾这些，描金的线条就比较宽，金色也偏于浅淡，可见是为了画面效果而有意做的弱化的处理。金下未见朱漆痕迹，因此应属第二种做法。

（三）小结

这件漆棺的工艺制作精良，整体虽为较暗的赤褐色，但主画面中大量的红色、黄色彩绘让画面不沉闷，描金于彩绘之中若隐若现，浑然一体。棺体灰缄形成的边框、棺体底部的多层底座、头挡与足挡的曲线造型，甚至盖板从宽到窄的微妙曲线变化，都体现了明代的审美特点，简中有繁、造型严谨、层次分明。

净德寺遗址出土的这件漆棺，有着多重的重要意义。直观来看，它的画面中人物众多，且都生动传神，画面的故事性也非常强，对于明代风俗的考证具有一定的意义。同时，如果我们把它当作一件漆器，从漆工艺的角度来看，可以说它同时也是一件制作精良的明代漆器。裱布、刮灰、灰糙、漆糙、髹漆、彩绘、描金、罩明等，工艺繁杂且精细，反映了当时工匠制作此类漆器的工艺技术和常规做法。在漆器的传统制作工艺的研究方面，也具有很强的参考意义。

第四节

中国明代漆棺的考古发现

漆是一种采自漆树的纯天然树汁，主要成分漆酚经氧化后会硬化，可用作胶黏剂、涂料[1]。漆器是指采用生漆或经过精制的生漆所髹漆的器物，其胎骨包括木胎、夹纻胎、布胎、竹胎、金属胎、皮革胎、石胎等，既可以是单独一种胎骨，也可以是两种或多种材料组成的复合胎骨[2]。我国是世界漆手工艺的发源地[3]，早在新石器时代我国已有漆器制品，漆器的使用源远流长。根据考古出土漆器的使用功能，洪石[4]将漆器分为八大类：①日常生活用品类；②丧葬用品类；③兵器类；④乐器类；⑤交通工具类；⑥文娱用品类；⑦计量及天文仪器类；⑧服饰类。漆器类型和功能多样，足见其在古代生产生活中的重要地位。

漆棺是丧葬用品类最主要的漆器，自新石器时代即有发现，上海福泉山吴家场墓地新石器时代两座墓葬内的棺木位置有红色髹漆痕迹[5]。二里头文化时期，漆棺的发现较新石器时代明显增多，此后经历战国秦汉时期直至元明时期，考古发现的漆棺愈见其多。考虑到历代漆棺出土数量较多，本章节难以一一列举，故选择搜集明代出土漆棺的出土资料，考察赵谅墓描金彩绘漆棺在其时的地位。

一、明代漆棺出土情况

1. 北京市朝阳区明墓[6]

北京市朝阳区王四营乡发现两座明代高级武官家族墓。M1的墓主人为明代高级武官，内有两棺，其中东棺已被施工破坏，仅剩棺木残痕和红色漆皮碎片。

2. 甘肃省兰州市上西园明墓[7]

主室顺置木棺2具，均已腐朽，棺盖塌下。东为男棺，西为女棺。两棺所绘花相同，均用

---

[1] 〔日〕十时启悦、〔日〕工藤茂喜、〔日〕西川荣明著，吴珍珍译：《漆器髹涂·装饰·修缮技法全书》，化学工业出版社，2018年。

[2, 4] 洪石：《古代漆器的考古发现与研究》，《中国考古学百年史（1921—2021）》第四卷，中国社会科学出版社，2021年，第739～785页。

[3] 刘芳芳：《战国秦汉髹漆妆奁研究》，文物出版社，2021年。

[5] 上海博物馆：《上海福泉山遗址吴家场墓地2010年发掘简报》，《考古》2015年第10期，第46～65页。

[6] 北京市文物研究所：《北京华能热电厂明墓发掘简报》，《文物春秋》2006年第6期，第47～50页。

[7] 甘肃省博物馆：《兰州市上西园明墓清理简报》，《考古》1960年第3期，第42～44页。

红漆涂地，左右两帮绘二龙戏珠花纹，龙身施金，棺前后挡亦绘赤金龙宝珠，颇为富丽。

3. 陕西省铜川市明内官太监成敬墓[1]

该墓葬具为木棺，共3具，其中2具确定为漆棺。1号棺棺外髹红漆，2号棺已腐朽散乱，仅余棺底局部，个别朽木上残存有绿漆彩绘和雕刻残迹。

4. 陕西省铜川市新区未来城小区明墓[2]

M9葬具为木棺，共2具。东侧为黑漆木棺，已朽，但外轮廓尚存。西侧为红漆木棺，已朽乱。

5. 陕西省西安财政管理干部培训中心明墓[3]

M2葬具为木棺，共3具。从朽痕看，均为榫卯结构，残留漆皮。

M21后室并列棺椁2副，东侧棺外髹朱漆，描金图案，头挡、西侧棺板壁饰龙纹，足挡饰一束折枝花，东侧棺板漆皮已脱落，纹饰不清。棺椁主人可能是明郜阳安僖王朱秉檄。

M29棺盖似覆瓦，两侧弧形，外髹朱漆。墓主人为明郜阳惠恭王夫人钱洲慧。

6. 山西省太原市风峪口明墓[4]

该墓后室内，并列棺椁2副，为夫妻合葬。棺上施黑漆并彩绘红绿牡丹、莲荷花卉，颜色鲜艳如新。头挡正中朱书"明故奉训大夫醇庵李公灵柩"，左右各绘一执幡侍女。

7. 河南省洛阳市东郊明墓[5]

该墓墓室后半部设砖砌棺床，棺床上顺放黑漆木棺2具。

8. 河南省开封市杞县高高山明墓[6]

高高山南坡上发现两座明墓，其中M2有东、西二室，东室有黑色棺椁，椁的木板保存很好，棺椁油漆尚存光泽。

9. 四川省邛崃市羊安工业区明墓[7]

F30M7葬具为木棺，现残存棺钉及棺表漆皮痕迹。

10. 四川省成都市白马寺第六号明墓[8]

白马寺第六号明墓是一座明代太监墓，在后室棺台上放置红漆棺椁，椁已朽坏，棺保存尚好。

11. 重庆市巴南区石马湾明墓[9]

重庆市巴南区在明代为重庆府巴县，石马湾明墓是明代嘉靖年间官至总督、都御史的官员李文进及其夫人合葬墓，墓室为双室并列，其中右室墓中有漆棺。棺木糟朽严重，木棺前后挡及左右两帮均为整块木板，外表面可见残留的红色漆皮和生锈的棺钉。底板由上下两块木板组成，上层保存较好，表面红色漆皮保存

---

[1] 铜川市考古研究所：《陕西铜川明内官监太监成敬墓发掘简报》，《考古与文物》2017年第5期，第26～36页。

[2] 铜川市考古研究所：《陕西铜川新区未来城明墓发掘简报》，《考古与文物》2016年第2期，第31～39页。

[3] 西安市文物保护考古所：《西安财政管理干部培训中心明墓发掘简报》，《文博》2002年第6期，第3～20页。

[4] 代尊德、冯应梦：《太原风峪口明墓清理》，《考古》1965年第9期，第486页。

[5] 洛阳市文物工作队：《洛阳东郊明墓》，《中原文物》1985年第4期，第24～26页。

[6] 赵世纲：《杞县高高山明墓清理简报》，《文物参考资料》1957年第8期，第67～70页。

[7] 成都文物考古研究所、邛崃市文物局：《邛崃市羊安工业区墓群明墓发掘简报》，《成都考古发现·2011》，科学出版社，2013年，第569～594页。

[8] 四川省文物管理委员会：《成都白马寺第六号明墓清理简报》，《文物参考资料》1956年第10期，第42～49页。

[9] 重庆市文化遗产研究院、重庆文化遗产保护中心：《重庆市巴南区石马湾明墓发掘简报》，《四川文物》2013年第6期，第16～21页。

较为完整；下层底板腐朽严重，仅保留少部分，表面髹红漆。

12. 湖北省孝感市孝昌县石板地明墓[1]

石板地墓地位于孝感市孝昌县小河镇，共清理墓葬5座，其中M1南室可能有髹漆木棺。M1长方形双室券顶砖墓，南、北二室皆发现锈蚀铁棺钉，棺木已朽。在南室一棺钉附近还发现一小块红色漆片，推测棺木髹红漆。

13. 湖南省长沙市望城区蚂蚁山明墓[2]

东、西侧室各有1具木棺，均为弧形棺，外髹黑漆，内髹红漆，漆大多已脱落。后室葬具为一椁一棺。棺为弧形木棺，外髹黑漆，内髹红漆，漆质保存较好。椁呈长方体，外髹黑漆，内髹红漆。

14. 江苏省南京林业大学明墓[3]

南京林业大学校园东南部发现六朝至明清时期墓葬46座，其中4座明代墓葬，发掘人员推测该明墓与徐达家族之间关系密切。其中，M46墓底残留一棺，局部可见红色漆皮。

15. 江苏省常州火车站明墓[4]

常州火车站抢救性发掘古代墓葬13座，其中2座为明代砖室墓，其中一座砖室石顶合葬墓M13，其西侧室发现漆棺。西侧室木棺保存较好，表面髹黑漆，漆皮多已脱落。

16. 江苏省江阴市叶家宕明墓[5]

江阴市长泾镇南发现一处明代墓葬7座，其中M3和M4保存较好，两墓均有漆棺出土。

M3葬具为1具楠木棺，棺外髹黑漆。棺盖与棺以榫卯相套，并用4个铁钉将其钉牢。揭开棺盖后，发现棺室顶部还放置3块木板，拼合而成，上面髹黑漆，下面髹红漆，棺内侧髹红漆。

M4石室内置楠木棺1具，外髹黑漆，木棺形制与M3相同，揭开棺盖后，发现棺室顶部放置5块木板，拼合而成，上面髹黑漆，下面髹红漆，棺内侧髹红漆。

17. 江苏省南京市南郊明墓[6]

SM1墓葬位于江宁区东山镇，墓主为长兴侯夫人陈氏，木棺大部已残朽，其上髹红漆。

18. 江苏省泰州市森森庄明墓[7]

森森庄墓为一座明代浇浆夫妻合葬墓，椁内双棺并列，棺内通体髹红漆。

19. 江苏省常州市五星乡明墓[8]

墓葬位于常州市五星乡，是一座石椁墓。椁内置1具朱漆木棺。棺内有铜钱，钱文为"嘉靖通宝"。

20. 江苏省常州市雕庄乡明墓[9]

雕庄乡共清理发掘了11座墓葬，编号为

---

[1] 湖北省文物考古研究所：《湖北孝昌石板地明墓发掘简报》，《江汉考古》2003年第4期，第25～29页。

[2] 长沙市文物考古研究所、望城县文物管理局：《湖南望城蚂蚁山明墓发掘简报》，《文物》2007年第12期，第42～55页。

[3] 南京市考古研究院：《南京林业大学四座明墓的发掘》，《中国国家博物馆馆刊》2020年第4期，第68～81页。

[4] 常州博物馆：《江苏常州火车站南广场明墓发掘简报》，《东方博物》2020年第3期，第15～20页。

[5] 江阴博物馆：《江苏江阴叶家宕明墓发掘简报》，《文物》2009年第8期，第30～45页。

[6] 南京市博物馆：《江苏南京市南郊两座大型明墓的清理》，《考古》1999年第10期，第31～38页。

[7] 泰州市博物馆：《江苏泰州森森庄明墓发掘简报》，《文物》2013年第11期，第36～49页。

[8] 吴剑：《常州市郊发现一明墓》，《东南文化》1986年第1期，第128页。

[9] 常州市博物馆：《常州市区明墓群的发掘》，《东南文化》2003年第11期，第43～45页。

DM1—DM11，发掘简报中刊布了其中2座墓葬的基本信息。DM1仅见木棺残片及棺外朱漆残片。DM11木棺及棺外朱漆保存情况与DM1相似。

21. 江苏省常熟市虞山东麓明墓[1]

该墓为明代宣德年间墓葬，墓主为陆妙清，女性。葬具和尸骨皆无存，仅在墓中部位置见有略许朱红色漆皮。我们推测漆皮为木棺残留余下的，木棺应髹红漆。

22. 上海市松江区明墓[2]

诸纯臣夫妻合葬墓位于松江区，其中诸纯臣墓穴内有楠木葬具，木椁外涂黑漆，内涂朱漆。

23. 上海市松江区明墓[3]

96SGMX3棺、椁外涂黑漆，内为朱红色，椁材杉木，棺为楠木。

24. 浙江省嘉兴市王店李家坟明墓[4]

M1墓室中部置棺木1具，朱红漆，保存较完整，素面。

25. 江西省德兴市万村乡明墓[5]

该墓为砖室券顶单室墓，墓主人为孺人邵腾真，墓穴内残存一些漆棺皮和锈蚀铁钉。

26. 江西省南昌市江联小区明墓[6]

该墓为夫妻合葬墓，南北两室分别放有1具木棺，两棺棺外均髹红漆，棺盖与棺均为榫卯相套，并用4个铜钉钉牢。

27. 江西省南城明墓[7]

该墓分左右二室，右室内置1具描金木棺。

28. 江西省南昌市青云谱明墓[8]

该墓分前后二室，棺椁、尸体均腐。从地面上的铁棺钉和残漆片观察，推测当时棺木上涂朱漆。

29. 福建省南平市延平区明墓[9]

南平市大横镇和西芹镇分别发现一座古代墓葬，编号分别为大横M1和西芹M1。大横M1墓室分东、西二室，葬具仅西室保存较好，内部还可见髹红漆。西芹M1墓室分南、北二室，墓室内棺床位置残存少量棺木漆皮。

30. 福建省晋江市紫帽明墓[10]

紫帽镇铁灶山发现宋至明清古墓群，其中明墓5座。其中编号为M2的墓室内葬具无存，但可见1个铁棺钉和若干鲜红色的棺木漆皮，上有彩绘花卉等图案。

---

[1] 常熟博物馆：《江苏常熟虞山东麓明墓发掘简报》，《苏州文博论丛·2019年》（总第10辑），文物出版社，2020年，第84～87页。

[2] 上海市文物保管委员会：《上海市郊明墓清理简报》，《考古》1963年第11期，第620～622页。

[3] 上海博物馆考古研究部、上海市松江博物馆：《上海市松江区明墓发掘简报》，《文物》2003年第2期，第35～48、62页。

[4] 吴海红：《嘉兴王店李家坟明墓清理报告》，《东南文化》2009年第2期，第53～62页。

[5] 孙以刚：《江西德兴市两座明墓》，《南方文物》1998年第2期，第120～122、125页。

[6] 江西南昌市博物馆：《江西南昌市江联小区明墓发掘简报》，《南方文物》2013年第4期，第36～39页。

[7] 薛尧：《江西南城明墓出土文物》，《考古》1965年第6期，第318～320页。

[8] 陈文华：《南昌市青云谱清理大型明墓一座》，《文物工作资料》1962年第2期，第4页。

[9] 南平市博物馆、南平市延平区文化体育新闻出版局：《南平市延平区明墓清理简报》，《福建文博》2018年第3期，第9～16页。

[10] 福建博物院、泉州市博物馆、晋江市博物馆：《福建晋江紫帽明墓发掘报告》，《东南文化》2007年第5期，第33～38页。

31. 福建省福州市吉祥山明墓[1]

福州市台江区发现一座五圹砖室明墓，每圹皆有棺床，上置棺木，除中间第三圹的棺木残存外，其他均已腐朽。棺木外层漆皮保存较好，棺后部的漆皮外侧用朱砂书写"明显考后园魏公柩"。

32. 福建省泉州市江南街道明墓[2]

棺室内棺木已腐朽，仅存部分墓主骨骸和棺钉，从遗留漆片可知棺木施有红漆。

33. 广东省陆丰市碣石镇明墓[3]

碣石镇明墓具体年代为明代成化年间，木椁内有棺，用子母榫钉钻，细腰榫封盖。表面涂桐油灰一层，外缠漆布一周，上用红朱颜料加抹，并在四面塑出对称假铺首，左右各5个，前后各1个。

34. 云南省昆明市虹山明墓[4]

昆明市西郊黄土坡近虹山山顶发现两座明墓，为夫妻异穴合葬砖室墓。M1棺已朽，仅存少许骨骸、棺钉及红、黑漆皮。M2棺已朽，残留少量红、黑漆皮及棺钉。

通过对明代出土漆棺墓葬的不完全统计，全国至少有34处明代墓葬出土漆棺，这34处明墓漆棺出土数量为51具。

根据上文的不完全统计，全国34个省级行政区中有16个省级行政区的明代墓葬发现漆棺，分布范围遍及黄河、长江和珠江流域的多个省级行政区，此外还有沿海和西南地区。其中，长江下游的江苏数量最多，共有8处遗址；其次为江西和福建，各有4处遗址。黄河流域的北方各省，除陕西有3处遗址发现明代漆棺外，其余各省各有1～2处不等的遗址出土明代漆棺。从漆棺数量上看，江苏发现的明代漆棺最多，共出土11件。其次为陕西，发现9具漆棺。江西和福建共同位

表1-1-2 明代墓葬出土漆棺情况统计表

地区	遗址数量	漆棺总量	无彩绘漆棺	有彩绘漆棺	仅剩漆皮或棺钉
北京	1	1	1		
甘肃	1	2		2	
陕西	3	9	4	2	3
山西	1	2		2	
河南	2	3	3		
四川	2	2			1
重庆	1	1	1		
湖北	1	1			1
湖南	1	3	3		
江苏	8	11	10		1
上海	2	2	2		
浙江	1	1	1		
江西	4	5	2	1	2
福建	4	5	2	1	2
广东	1	1	1		
云南	1	2			2
合计	34	51	31	8	12

---

[1] 福州市文物考古工作队：《福州市吉祥山明墓发掘简报》，《福建文博》2011年第2期，第8～11页。

[2] 泉州市博物馆：《泉州市江南街道明墓清理简报》，《福建文博》2012年第1期，第39～43页。

[3] 杨豪：《广东碣石明墓清理简介》，《考古》1962年第7期，第394页。

[4] 云南省博物馆文物工作队：《云南昆明虹山明墓发掘简报》，《文物》1983年第2期，第81～84页。

列第三，各有 5 具漆棺。余下 12 个省级行政区各有 1～3 具漆棺出土。从明墓分布范围和漆棺数量来看，北方地区仅陕西出土较多漆棺，整体来看，漆棺的发现依然以我国南方为主。

根据发掘报告的描述，明代漆棺均有程度不一的朽坏，其中 31 具漆棺为无彩绘漆棺；8 具为有彩绘漆棺，报告简单提及了棺体上的彩绘图案；12 具完全糟朽仅剩漆皮或棺钉。需要说明的是，31 具无彩绘漆棺和 12 具完全糟朽的漆棺中，可能有部分原本为彩绘漆棺，只因大部分漆皮剥落而无法窥见其彩绘。这固然会造成我们统计的偏差，但在没有更多材料的情况下依据现有资料进行初步统计是较为适宜和切实的方式。彩绘漆棺的主要地域分布与漆棺数量并不一致，北方地区的彩绘漆棺数量明显多于我国南方地区。基于前文明代漆棺的出土情况，无论是其主要分布范围，还是漆棺的数量，北京都不属于重点区域。现有资料仅在北京朝阳区一处明代武官墓中发现漆棺痕迹，且只发现了红色漆皮碎片。

根据文献记载，北京漆树的种植源远流长，从秦代至今，在北京西南部房山、西部门头沟地区均有漆树种植。大葆台汉墓出土了漆器 12 件，器型有漆床、卷云纹漆板、云龙纹漆器等，大多已残损，不少仅留有漆皮。老山汉墓早期虽然曾被盗掘，但仍出土了漆器、陶器、铁器、玉器等重要文物。考古专家在前室发现了两个大漆案面，一块长 2.38 米，宽 1 米，厚 0.025 米；另一块长 2.3 米，宽 0.5 米，厚约 0.02 米；此外还发现了大量漆器残片。元代工部所属的"油漆局"、明代皇室设立的"果园厂"、清代的"内务府造办处"说明当时北京地区漆器的制作规模非常宏大。随着北京房山区金陵、长沟峪石椁墓，海淀区南辛庄墓葬、先农坛金墓，通州区三间房墓葬、磁器口墓葬，石景山区净德寺遗址等各处漆木器的大量出土和科学研究，北京的漆器制作发展脉络将逐渐清晰。

第五节

国内考古出土漆木器保护研究概况

漆器由胎骨和漆层组成，漆器的胎骨种类很多，有木胎、陶胎、竹胎、石胎、夹纻胎、皮胎、金属胎，其中木胎是常见的漆器胎骨，本书的研究对象明代描金彩绘漆棺亦属于木胎漆器。无论是木胎还是漆膜，埋藏过程中受地下水、多种盐类及微生物侵蚀，漆木器会有不同程度的糟朽和降解。木胎的主要病害有饱水、残缺、断裂、裂隙、变形、变色、糟朽、动物损害、微生物损害、盐类病害等，漆膜的主要病害有残缺、脱落、裂隙、卷曲、起泡等[1]。除了残缺、断裂、裂隙外，其他病害会自发或在一定条件诱导下对漆木器稳定性产生不利影响。为了让漆木器文物尽可能长久地保持原状，就需要文物保护修复手段的介入。在国内，故宫博物院主要采用传统漆艺对传世漆器进行修复。关于南方考古出土饱水漆木器文物的保护研究成果较多，保护方法逐渐趋于成熟，主要以荆州文物保护中心、湖北省博物馆为代表，采用乙二醛法、聚乙二醇复合液脱水法，结合传统漆艺对饱水漆木器文物进行脱水、修复。在国外，东京国立博物馆、保罗·盖蒂博物馆、大都会艺术博物馆侧重于采用动物胶（牛皮胶、兔胶）、合成树脂、亚洲漆等对东亚外销漆器或传世漆器进行修复，没有做过考古出土漆器保护。

区别于南方保存较好的饱水漆木器，中国北方或者部分南方地区还存在大量考古出土的非饱水漆木器。非饱水漆木器是相对饱水漆木器而言的，特指潮湿而缺饱水状态的一类漆木器，也可称亚浸水漆木器或者半饱水漆木器。目前，非饱水漆木器在出土时和出土后缺乏有效的科学保护手段，导致此类文物保留下来的很少。

5.1 饱水漆木器保护现状

根据考古资料可知，我国的漆器在湖北、湖南、安徽、江苏等南方地区出土较多，且保存状况大都比较好。南方地区地下水源丰富，水位高，墓室中的器物常被水淹没，出土漆木器多呈现饱水状态。饱水漆木器的绝对含水率一般都在200%以上，最高甚至可达1000%以上。长期浸泡在水环境中，由于酸碱盐及生物因素的影响，原木质中的纤维素、半纤维素

---

[1] 国家文物局：《可移动文物病害评估技术规程 竹木漆器类文物》（WW/T 0060—2014），文物出版社，2014年。

和木质素等化学成分发生了显著的变化，部分纤维组织结构断裂，木材发生糟朽。但木材内部水分子的渗入，及外部水的浮力作用，使得器物受力较均匀，所以大量精美的饱水漆木器得以保存。饱水状态的漆木器木材对水分的敏感性要远远大于正常木材，水分的些许散失，都会引起木材外形尺寸的收缩。饱水漆木器中所含的过多水分，一方面不仅不能很好地展现漆木器的原始形貌，使原始信息完整再现，而且还会造成漆木器的腐朽、霉变进一步加剧。对于南方饱水漆木器来说，脱水定形是最重要的环节，国内外学者已经做了大量的工作，取得了多项研究成果，其中经国家文物局鉴定的已有三四项。出现了多种漆木器脱水定型方法，如自然干燥法、冷冻干燥法、醇醚连浸法、聚乙二醇填充脱水法、乙二醛脱水填充法、乙醇—高级醇脱水填充法、蔗糖法、明矾法等。

5.2 非饱水漆木器保护现状

根据考古资料可知，在甘肃武威雷台汉墓、吐谷浑王族墓葬群，陕西西安张安世家族墓、新丰镇秦代墓葬、汉阳陵陪葬墓园，山西翼城大河口墓地、大同北魏司马金龙墓，北京房山金陵、长沟峪石椁墓、海淀南辛庄墓葬、先农坛金墓、通州三间房墓葬、磁器口墓葬、石景山南宫净德寺遗址明墓、朝阳东坝乡固伦和敬公主与额驸色布腾巴尔珠尔合葬墓等地均出土了大量非饱水漆木器文物。俗话说"干千年，湿万年，不干不湿只半年"，北方"不干不湿"的地下环境，极不适于古代墓葬中漆木器文物的保存，出土时漆器极少完整，保存状况不佳。主要病害表现形式与饱水漆木器差别很大。北方地区漆器由于处于潮湿的埋藏环境中，在地下水位反复升降变化过程中，木胎处于干湿交错状态，木胎缺乏饱和水的支撑，器物由于内外应力差别而坍塌，也常存在胎木腐蚀殆尽，漆皮依附于泥质土壤支撑体上，器物已支离破碎的情况。漆膜仅以水的氢键作用附着于胎体支撑体表面，易受环境温湿度影响而起翘、脱落。胎体保留下来的漆器，胎木、纤维及底灰等多发生降解，极度糟朽。木材有一定的含水率、漆皮发生降解老化，颜料层中的黏结物也已经老化、流失，漆皮与胎体脱离，存在脆化、起翘、脱落等现象。对于这种含水率较低且漆皮与胎体已经脱离的漆木器，并不适合于南方饱水漆木器出土后立刻浸泡于水中，采用乙二醛等其他材料填充、置换、交联的脱水流程及保护方式。非饱水漆木器入水浸泡，一方面，会使非饱水的木制胎体细胞壁重新充满饱和水，使木材胎体溶胀、纤维素降解；另一方面，易造成漆皮脱离胎体、分崩离析，为下一步的修复带来困难。相较于饱水漆木器来说，文物工作者对中国考古出土的糟朽非饱水漆木器也进行了一些保护探索，主要集中在材质、工艺检测等方面，修复保护研究相对较少。

5.3 考古出土漆木器保护方法概况

漆木器文物保护是系统工程，最重要的两个环节是木胎的脱水定型和漆皮的回软回贴，故本小节以梳理国内对这两点的研究成果和应用案例为主。

1. 木胎脱水定型

古代漆器在埋葬过程中，木胎中的纤维素、半纤维素及木质素降解流失，使得木胎强度大为减弱。木材中的纤维素是其骨骼，而出土木材中的纤维素往往显著减少，说明木材已经高度腐蚀。饱水漆木器文物是靠着水的充填作用才保持了形态的，一旦从相对稳定的埋藏环境起取，水分的急剧丧失会导致木材收缩变形、开裂乃至损毁[1, 2]。即便出土后饱水保存，漆木器也可能生霉、泡散[3]。因此饱水漆木器的脱水定型是保护的关键环节。樊娟[4]、张岚[5]、胡继高和马菁毓[6]、王菊琳和钱光凝等[7]、方北松和吴顺清[8]、李玲[9]先后对漆木器脱水定型方法进行了总结，并且也指出了不同方法的优势及局限。总的来说，饱水漆木器脱水定型方法可分为物理脱水法和化学试剂脱水法两大类。下文将在这些学者综述基础上，结合其他学者的相关论述，将木胎脱水定型的主要方法及其局限汇总整理如下。

（1）物理脱水定型法

物理脱水定型法主要指自然干燥法、真空加热干燥法、冷冻干燥法。

自然干燥法是将漆木器放在特定环境中有控制地缓慢脱水，李文英[10]采用硅胶吸水对一批安徽出土的汉代漆木器进行脱水定型，取得良好效果。

真空加热干燥法是将漆木器放置于干燥箱中，通过逐步提高温度和真空度的方式有控制地脱水，吴顺清[11]采用此法成功地对湖北荆州出土的西汉漆木器进行了脱水处理。该方法对漆木器胎体强度有很高要求，糟朽过甚则应慎重使用。

冷冻干燥法是根据水在低温下与木材细胞冻成一体，当木材内部冰的饱和蒸气压大于外界气压时，表层冰直接升华，在蒸气压差作用下，逐层深入升华脱水。此法可有效避免木材干缩开裂，缺点是冰冻时水的膨胀可能会造成木材冻裂。在冷冻干燥前辅以叔丁醇或聚乙二醇等化学试剂对木胎进行预处理，防冻裂效果良好。卢燕玲等人[12]就曾对一件青海出土的汉代漆奁进行冷冻干燥前，用聚乙二醇对漆奁进行了加固预处理，效果良好（聚乙二醇脱水加固法将在下文介绍）。

---

[1] 陈进良：《出土饱水漆木器的保护》，《文物修复与研究》，国际文化出版公司，1995年，第100～103页。

[2] 陈进良、崔战华：《河南信阳长台关出土的饱水漆木器脱水定型研究报告》，《文物保护与考古科学》1994年第2期，第1～6页。

[3] 金普军、赵树中、吕春林，等：《四川绵阳出土的西汉饱水漆木器的前期保护工作》，《文物保护与考古科学》2004年第1期，第39～42页。

[4] 樊娟：《饱水木器脱水定形方法类比》，《文物保护与考古科学》1993年第1期，第40～44页。

[5] 张岚：《浸饱水漆木器脱水保存的原理及方法》，《上海博物馆文物保护科学论文集》，上海科学技术文献出版社，1996年，第475～486页。

[6] 胡继高、马菁毓：《考古出土饱水竹、木、漆器脱水保护》，《中国文化遗产》2004年第3期，第59～60页。

[7] 王菊琳、钱光凝、袁传勋：《出土漆木器的保护研究进展》，《中国文物保护技术协会第五次学术年会论文集》，科学出版社，2008年，第167～174页。

[8] 方北松、吴顺清：《饱水竹木漆器保护修复的历史、现状与展望》，《文物保护与考古科学》2008年第S1期，第122～130页。

[9] 李玲：《漆木器保护关键问题分析》，《中国文物科学研究》2010年第4期，第23～26页。

[10] 李文英：《对九件汉代饱水漆木器脱水定型实验报告——"硅胶漆器脱水法"简介》，《考古》1992年第11期，第1044、1045～1046页。

[11] 吴顺清：《荆州高台西汉漆、木器清理脱水保护》，《荆州高台秦汉墓：宜黄公路荆州段田野考古报告之一》，科学出版社，2000年，第272～280页。

[12] 卢燕玲、陈庚龄、马清林，等：《青海汉代漆奁的脱水报告》，《文物保护与考古科学》1998年第2期，第1～5页。

除以上三种物理脱水定型法外，超临界CO_2脱水干燥也是一项新的技术。该法是将冷却后变成液态的CO_2压缩成超临界流体，与饱水漆木器接触，漆木器中的水分溶于超临界CO_2从而达到脱水干燥的目的。梁永煌等人[1]用漆木器残片进行过试验，脱水干燥后的漆木器形状和漆皮均完好。但目前暂未见大规模用于饱水漆木器脱水实践中。

（2）化学脱水定型法

化学试剂置换脱水法是利用能与水混溶的、高挥发性、低表面张力的有机试剂逐步替换出木材中的水，然后有机试剂挥发从而达到脱水的目的。醇—醚联浸法是典型代表，先用乙醇置换饱水漆木器中的水分，再用乙醚彻底置换乙醇后再挥发，进而达到脱水效果。除乙醇外，还可用甲醇、乙腈、叔丁醇、十六醇等低醇试剂。此法的局限在于有机试剂的高挥发性和易燃性，且对漆膜会产生溶胀作用，对于胎体糟朽严重的漆木器，还会在醚液中添加天然树脂填充木胎。李琳[2]采用醇—醚联浸法对湖北阳新出土商代黑漆木柄进行脱水处理，效果良好。韦荃、金普军等人[3]采用甲醇-18硬脂醇方法对一批四川出土的西汉漆木器进行脱水加固，木胎变形小、色泽还原逼真，脱水效果良好，该方法具有可逆性，不过也出现了漆皮轻微起皱现象。

化学试剂置换填充法是利用某些含有极性官能团、能够与木材纤维形成氢键结合、化学性质稳定溶于水的物质，将其溶液浓度由低到高渗透到木材的细胞腔和细胞壁中，逐步替换出木材中的水分，从而有效阻止木材收缩，消除各种干燥应力，达到脱水定型的目的。聚乙二醇法（PEG）、聚糖法都属于此类方法。

聚乙二醇（PEG）作为饱水木器的脱水填充材料，在国外和国内都有充分的研究和应用。用PEG喷涂或浸泡漆木器，待水分被替换完后，残留的PEG在木材的细胞壁上起加固作用。卢燕玲等人[4]采用PEG滴渗、喷涂方法对一件汉代漆奁进行冷冻干燥前的加固，配制的PEG溶液中还添加了少量防霉剂，加固取得良好效果。但该方法处理过的木胎容易变黑，而且有吸湿返潮现象。陈中行[5]采用PEG+脲+二甲基脲复合液、周健林[6]采用PEG+乙醇+甘油复合配方处理木质文物，改善了单一使用PEG溶液的局限，不仅使木材不易发生变形、开裂，而且也降低了PEG在木材表面的吸湿返潮现象。

糖在水溶液中的溶解性大，能够较容易进入饱水木材中，代替原来的水分支撑木材外形，所用材料主要是蔗糖，而且蔗糖中存在大量羟基能够与木材的纤维素分子以氢键形式结合，从而提高饱水木材强度，也有用甘露醇、山梨

---

[1] 梁永煌、满瑞林、王宜飞，等：《饱水竹木漆器的超临界CO_2脱水干燥研究》，《应用化工》2011年第5期，第839～843页。

[2] 李琳：《阳新出土商代黑漆木柄的保护处理》，《文物保护与考古科学》1994年第1期，第22～25页。

[3] 韦荃、金普军、〔日〕冈田文男，等：《四川省绵阳市永兴双包山西汉墓出土漆、木器文物保护研究》，《文物保护与考古科学》2004年第2期，第39～44页。

[4] 卢燕玲、陈庚龄、马清林，等：《青海汉代漆奁的脱水报告》，《文物保护与考古科学》1998年第2期，第1～5页。

[5] 陈中行：《遗址大型饱水木构件原址保护技术研究》，《文物保护与科技考古》，三秦出版社，2006年，第149～153页。

[6] 周健林：《用聚乙二醇来控制木质文物尺寸的变化》，《文物保护技术（1981～1991）》，科学出版社，2010年，第349～354页。

醇、乳糖醇等。陈进良[1]曾采用蔗糖法对河南信阳长台关出土的一批战国漆木器进行脱水加固，取得良好效果。此法具有可逆性，对漆皮无影响，对环境和人体几乎无危害，其局限在于难以适应高湿环境，糖类的自然降解也有待时间考验，经糖法处理的文物容易遭受昆虫破坏，需要添加生物杀灭剂。

化学试剂置换聚合法是将低分子量的聚合物或单体溶液渗入漆木器，然后通过催化剂交联等手段引发交联聚合反应，使单体或低聚物聚合填充于漆木器的空隙中，阻止漆木器收缩和应力的产生，从而起到脱水、定型、加固的作用。目前常用的是乙二醛法，乙二醛不仅能与水混溶，而且其羟基很容易聚合，在水溶液中能生成稳定的水合物，在碱性条件下还能防止纤维收缩。湖北省博物馆陈中行研究员最早使用此法，其后罗曦芸[2]、吴顺清[3]、方北松[4]都使用乙二醛法对汉代漆木器进行过脱水加固，陈中行和程丽臻等人[5]还发明了乙二醛复合液法对湖北曾侯乙墓和包山楚墓的彩绘漆棺进行脱水，取得良好效果。陈家昌等人[6]采用水溶性丙烯酸树脂对河南信阳长台关战国时期漆木器进行脱水加固，同样取得了良好的效果。

（3）微生物法

陈中行[7]曾在文章中提到，某些特殊的醋酸杆菌（或其他特殊菌类）能将葡萄糖转化成纤维素，这种纤维素与天然植物纤维素有相同的分子结构。根据这一原理，经组织分离或其他途径获得的某种醋酸杆菌接种在饱水木构件中，在葡萄糖介质中，醋酸杆菌可将葡萄糖转化成纤维素，从而修复木构件中已降解断裂的纤维素，同时补充木构件中损失的纤维素，使这类文物得到加固定型。

2. 漆膜的回软、加固、回贴

大漆又称生漆、国漆，是经人工切割从漆树韧皮层分泌出来的天然乳胶漆，其主要成分是漆酚、漆酶、树胶质和水分。漆酚是生漆成膜的有效成分，漆酶对漆酚的氧化聚合起催化作用，是生漆常温下干燥不可缺少的高分子催化剂。前文已述，漆膜的主要病害有残缺、脱落、裂隙、卷曲、起泡。胡继高和胡东波[8, 9]对古代漆膜降解劣化的影响因素进行过讨论，指出漆膜的降解程度与绝对年代没有绝对关系，而与漆器自身的工艺和外部环境关系更密切。例

---

[1] 陈进良、崔战华：《河南信阳长台关出土的饱水漆木器脱水定型研究报告》，《文物保护与考古科学》1994年第2期，第1~6页。

[2] 罗曦芸：《对两件汉代浸饱水漆耳杯的脱水加固》，《上海博物馆集刊》（第八期），上海书画出版社，2000年，第647~652页。

[3] 吴顺清：《荆州高台西汉漆、木器清理脱水保护》，《荆州高台秦汉墓：宜黄公路荆州段田野考古报告之一》，科学出版社，2000年，第272~280页。

[4] 方北松：《饱水漆器脱水方法选用及高台M28漆器脱水实例》，《荆州高台秦汉墓：宜黄公路荆州段田野考古报告之一》，科学出版社，2000年，第281~289页。

[5] 陈中行、程丽臻、李澜：《乙二醛脱水加固定型曾侯乙墓和包山楚墓彩漆主棺》，《文博》2009年第6期，第463~467页。

[6] 陈家昌、郑元锁：《水溶性丙烯酸树脂在出土饱水漆木器脱水定型中的应用研究》，《文物保护与考古科学》2005年第3期，第28~34页。

[7] 陈中行：《遗址大型饱水木构件原址保护技术研究》，《文物保护与科技考古》，三秦出版社，2006年，第149~153页。

[8] 胡继高、胡东波：《出土中国古代漆膜干缩翘曲分析及在修复粘接中问题的讨论》，《文物保护与考古科学》2000年第2期，第19~25页。

[9] 胡东波：《出土古代漆膜老化因素的探讨》，《文物世界》2003年第2期，第32~34页。

如，漆膜厚、边缘未破裂、胎体含水量低的漆膜要比漆膜薄、边缘破裂、胎体含水量多的漆膜起翘程度低；埋葬环境和起取后保存环境中的光照、含氧量、水分、含盐量等都会对漆膜老化产生影响。为了阻止漆膜的进一步劣化、尽可能保持漆器的原有信息，目前漆膜保护重点在回软、加固和回贴方面，很多学者进行了相关理论和案例研究。

（1）漆膜回软

漆膜作为一种有机高分子聚合物，一般具有热塑性，在不改变漆膜化学性质的前提下，可通过直接加热或水溶液加热的方式使漆皮回软。蒋成光等人[1]就采用此法对湖南长沙风篷岭汉墓出土的漆膜进行了软化。但温度下降后，漆皮又会恢复翘曲状态，因此很多学者尝试采用化学回软试剂对漆膜进行软化平整处理。

马清林等人[2]对回软剂的作用机理进行了阐释，指出漆膜表面和内层存在许多微孔道和孔洞，回软剂小分子材料可通过渗透进入孔洞并起一定的填充支撑作用，并且能与漆膜中的酚羟基形成氢键，提高漆膜的可塑性并维持一定的时期，分散漆膜内外表面的应力。在此基础上，马清林等人选择水、乙醇、丙三醇作为漆膜回软剂，配合物理加温法，成功回软了一批北方出土汉代漆皮。范陶峰[3]选择SC-1回软剂（水性环氧、508、有机锡）对汉代彩绘生漆进行软化，效果良好。李存信和张红燕[4]采用乙醇作为北方半干旱环境糟朽漆膜的回软材料。乙醇在回软剂中既有软化作用，也有防霉作用[5]。重庆大足千手观音像表层的金胶层采用了大漆中加入硫化汞的传统贴金工艺，孙红燕[6]以水蒸气和醇类试剂相结合的方法软化金胶层，较好地解决了造像表面金胶层的起翘、卷曲、脱落问题。

（2）漆膜加固与回贴

贺思予[7]指出，回软后的漆膜具有柔性和弹性，但这种状态不是永久性的，因此需要对回软过的漆膜进行加固以提高其强度，而且需要用粘接剂将其回贴至胎体表面。如果胎体糟朽严重，不具备回贴条件，那么需要重新选择胎体或绢、帛等衬底，将回软加固后的漆膜粘贴到新胎或衬底上，以便漆膜在自然环境下长久保存。

对于漆膜的加固粘贴材料，很多学者已经进行过相关研究。卢燕玲等人[8]研究发现聚醋酸乙烯、聚醋酸乙烯酯丙酮溶液和聚丙烯酸等乳液型胶黏剂加固漆皮效果较好。

---

[1] 蒋成光、莫泽、佘玲珠，等：《长沙风篷岭汉墓出土木漆器保护修复》，《江汉考古》2019年第S1期，第21～25页。

[2] 马清林、卢燕玲、胡之德，等：《中国北方干燥地区出土漆器漆皮回软方法研究》，《文物保护与考古科学》2000年第2期，第31～35页。

[3] 范陶峰：《汉代文物彩绘的保护与回贴修复研究》，陕西师范大学硕士学位论文，2006年，第14～30页。

[4] 李存信、张红燕：《半干旱环境糟朽漆木器的检测分析与处理保护》，《中国文物科学研究》2010年第4期，第1～8页。

[5] 吴秀玲：《腐坏天然生漆膜的化学修复》，福建师范大学硕士学位论文，2008年，第13页。

[6] 孙红燕：《重庆大足千手观音贴金软化与回贴修复研究》，中国科学技术大学硕士学位论文，2010年，第38～50页。

[7] 贺思予：《考古出土漆器表面漆膜的劣化分析与加固保护——以城阳城址出土彩漆竹席为例》，郑州大学硕士学位论文，2020年，第8～9页。

[8] 卢燕玲、韩鉴卿、张岚，等：《中国北方干燥地区出土糟朽漆器加固材料及修复方法》，《文物保护与考古科学》2003年第3期，第31～34页。

范陶峰[1]采用水性氟作为加固剂、环氧树脂+聚酰胺+508作为粘接剂，取得良好效果。李存信等人[2]采用了水溶性阿拉伯胶加固漆膜，BA-154粘贴回软漆皮。蒋成光等人[3, 4]用虫胶漆作为粘合剂回贴湖南长沙风篷岭汉墓的漆膜，效果良好。孙红燕[5]选用鱼鳔胶、海藻酸钠、填料以及防霉剂组成的混合凝胶回贴起翘、卷曲、脱落的重庆大足千手观音造像的金胶层，粘接性能良好。贺思予[6]比较了丙烯酸盐配合物凝胶-AMC、Paraloid B72、硅酸乙酯三种加固材料的性能，提出丙烯酸盐配合物凝胶-AMC加固剂对劣化漆膜的加固效果最明显，提高了漆膜的抗崩解性能，使饱水漆膜在失水干燥过程中易发生的皱缩起翘现象消失，能较好地保持漆器出土时的状态。

3. 小结

通过上文梳理漆木器保护研究成果，可以看到大部分木胎保护研究针对的是南方地区出土的浸水饱水漆木器，对于北方糟朽的非饱水漆木器保护研究还非常有限，大量漆木器依旧采用南方饱水漆器的脱水方法进行处理。对于漆皮软化和加固回贴的有关研究，南北方出土漆木器均以化学法为主，相对而言缺乏针对性。南北方由于埋藏环境和气候条件的差异，出土漆木器的保护方法也不相同。北方地区考古出土漆木器保护技术研究是一项系统工程，需要考虑到漆木器的埋藏环境、出土后的外界环境、本身的材质和工艺、保存状况；保护材料的作用机理、对器物的影响、自身老化以及材料的使用技术；保护处理前、处理时及处理后的环境条件，温湿度、紫外线等对器物保存的影响等，涉及的内容多且复杂。但由于南方饱水和北方非饱水漆木器在出土时状态存在很大的差异，这种状况导致了南方饱水漆木器文物的相关针对性保护研究开展很多，研究成果和保护方法也较为成熟，而北方出土的残损漆器难以引起足够的关注，该领域的研究工作也极少全面系统地涉及。

由于北方地区出土非饱水漆器在出土时和出土后均缺乏有效的科学保护手段，导致损毁现象加剧，现存的该类型文物基本没有保存特别完好的。此外，这种类型的漆木器出土时有些木质已经完全土质化，即使残存下来也已糟朽不堪，其上的漆膜也会因为环境的剧变而发生起翘、开裂甚至脱落等现象，并且脆性很大、非常容易折断。现在对北方漆器修复保护要么采用南方饱水漆器的处理方法，要么简单地将漆膜回软再回贴加固，缺乏系统科学的研究，没有形成一套适合于北方地区非饱水状态漆器的保护修复方法流程。因此，亟须探索适合于非饱水类型漆木器的应急性保护方法。

[1, 6] 范陶峰：《汉代文物彩绘的保护与回贴修复研究》，陕西师范大学硕士学位论文，2006年，第14~30页。

[2] 李存信、张红燕：《半干旱环境糟朽漆木器的检测分析与处理保护》，《中国文物科学研究》2010年第4期，第1~8页。

[3] 蒋成光、莫泽、佘玲珠，等：《长沙风篷岭汉墓出土木漆器保护修复》，《江汉考古》2019年第S1期，第21~25页。

[4] 蒋成光：《饱水平整漆膜保护方法在风篷岭汉墓出土漆器中的应用》，《文物保护与考古科学》2017年第5期，第77~81页。

[5] 孙红燕：《重庆大足千手观音贴金软化与回贴修复研究》，中国科学技术大学硕士学位论文，2010年。

目前，非饱和漆木器病害预判不准确，病害程度诊断不清晰；没有在病害风险评估、预判的前提下采取主动性防护措施；提取至室内后，缺乏有效的应急性保护材料及装备；对不同地域、不同埋藏环境、不同制作材料工艺、不同劣变状况的出土漆木器采取类似的修复方式，缺乏因地制宜、因病施药的有效治疗；非饱和漆木器修复完成后，缺乏保存保管环境的影响和温湿度设置阈值等基础性研究等。基础研究的缺失及不适当的处理方法导致考古出土非饱和漆木器文物损毁现象加剧，现存的这类型文物基本很难保留下来，即使最后保留下来，也没有保存特别完好的。

鉴于此，本研究将在以往学者的研究基础上，计划以明赵谅墓彩绘漆棺为研究对象，对漆器的材料组成、髹漆工艺进行分析；研究不同大漆调和组成、配比、方法方式对大漆作为胶黏剂、补缝剂等的影响；研究漆膜回软、回贴材料、回贴支撑体制作及回贴工艺流程；针对北方地区非饱和漆器的典型病害，开展病害防治及脱水定型保护。本研究将填补北方地区非饱和类型漆木器的保护研究的空白，探索适合于北方地区非饱和类型漆木器的应急性保护方法，为北方地区漆木器保护提供技术支持。

第二章
彩绘漆棺的制作材料及成型工艺分析

第一节

棺木树种鉴定

中国古代木棺常见的木材有：松木、柏木、杉木、楠木、樟木、梓木、榉木、桐木、柳木、杨木等[1]。木棺的选材极为考究，一般会从两个方面考虑：其一，关注木材本身的防腐性、防虫性；其二，出于对木材赋予的文化层面（如身份、等级等）的考量。根据国家标准《木材鉴别方法通则》（GB/T 29894—2013）、国家标准《中国主要木材名称》（GB/T 16734—1997）及国家标准《中国主要进口木材名称》（GB/T 18513—2001），本研究采用光学显微镜对赵谅墓漆棺端侧下部、棺内部脱落棺木及棺材底部樟板切片样品进行木材种类鉴定，鉴定结果见表1-2-1。棺木样品主要特征为：生长轮明显，木材早材至晚材渐变。纹理直，轴向管胞径壁具缘纹孔1列。单列射线。属于交叉场纹孔杉木型（见图1-2-1），可见赵谅墓漆棺的棺木为杉木。杉木，古代称"𣏌"，是我国南方典型的亚热带树种，分布于秦岭淮河以南及西南地区，属于杉科杉木属，为乔木，高达30米，胸径可达2.5～3米，具有纹理直、容易加工、耐腐朽、质地轻软、干缩小、干后不翘不裂等特点[2]。《明会典》记载："品官棺用油杉、朱漆，椁用土杉。"[3]可见明代用杉木做葬具是身份的象征。考古发掘中常出现杉木材质的棺椁出土。例如：江西靖安李洲坳东周墓[4]、长沙马王堆汉墓[5]、郑州荥阳明代周懿王墓[6]的木质葬具均为杉木。

棺材底樟板样品经过切片分析（见图1-2-2），主要特征为：生长轮明显，早晚材急变，轴向管胞径壁具缘纹孔1列。单列及纺锤形射线，具射线管胞，内壁齿状加厚。交叉场纹孔窗格状，具轴向及径向树脂道，应为硬木松。

---

[1] 战丽芳：《中国传统木棺形制及制作工艺研究》，广西民族大学硕士学位论文，2022年，第37页。

[2] 成俊卿、杨家驹、刘鹏：《中国木材志》，中国林业出版社，1992年。

[3] （明）徐溥：《明会典》，台湾商务印书馆影印文渊阁《四库全书》本，第0617册，第0874c页。

[4] 潘彪、翟胜丞、樊昌生：《李洲坳东周古墓棺木用材树种鉴定及材性分析》，《南京林业大学学报》（自然科学版）2013年第3期，第87～91页。

[5] a. 江西木材工业研究所：《长沙马王堆一号汉墓棺椁木材的鉴定》，《考古》1973年第2期，第127、128～129页；b. 湖南省博物馆、湖南省文物考古研究所：《长沙马王堆二、三号汉墓·第一卷：田野考古发掘报告》，文物出版社，2004年，第256～264页。

[6] 王树芝、孙凯：《明代周懿王墓及祔葬墓出土木质葬具鉴定及相关问题》，《华夏考古》2019年第2期，第44～48页。

表1-2-1　赵谅墓棺椁脱落棺木及椁板样品木材种类

样品编号	样品名称	取样位置	规格尺寸（毫米）	检测项目	结果
①	棺木	端侧下部	20×12×6	树种鉴定	杉木
②	棺木	侧板拼接处	71×18×2	树种鉴定&含水率&干缩率	杉木，含水率59.248%，体积干缩率16.466%
③	棺木	棺内部	169×44×18	树种鉴定	杉木
④	椁板	外椁底板	90×44×15	树种鉴定&含水率&干缩率	腐朽严重未检出；含水率132.656%，体积干缩率33.905%
⑤	椁板	底椁板	115×75×45	树种鉴定	硬木松
⑥	椁板	底椁板	330×50×40	树种鉴定	硬木松

注：不规则样品尺寸按照最长、最宽和最厚处测量。

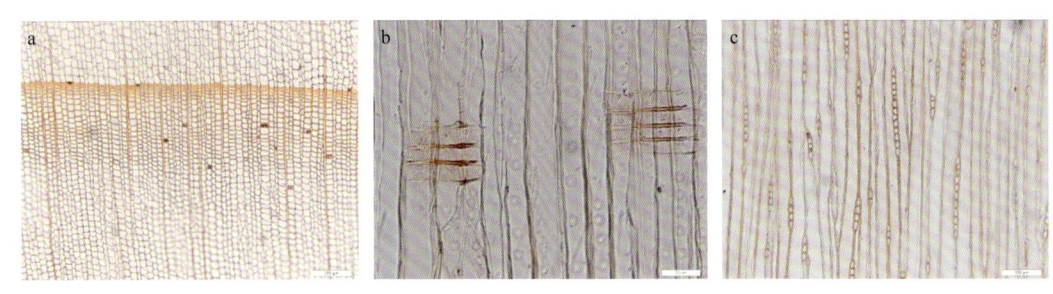

图1-2-1 棺木切片样品微观结构特征（a.横切面，b.径切面，c.弦切面）

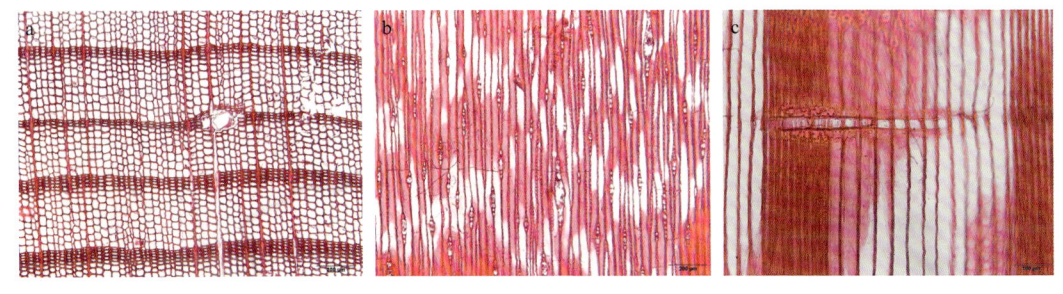

图1-2-2 椁木切片样品微观结构特征（a.横切面，b.径切面，c.弦切面）

松木树干高大，材质轻软，纹理直，易加工，耐腐力强。由于松木耐腐，所以在中国古代，松木也常被选作棺椁的用材[1]。北京大葆台汉墓铺地板、垫木、棺床等均为松木[2]。

为了评估棺木和椁板用材的保存状况，采用称重法对比样品加热前后的重量并测量体积变化，对木材含水率及体积干缩率进行分析可知，棺木含水率平均为59.248%，体积干缩率为16.466%，底部椁板含水率为132.656%，体积干缩率33.905%。可见，棺木保存状况好于椁板木材。

---

[1] 王树芝、崔圣宽、王世宾：《山东定陶灵圣湖西汉墓M 2出土木材分析与研究》，《东方考古》（第11集），科学出版社，2014年，第407～418页。

[2] 大葆台汉墓发掘组：《北京大葆台汉墓》，文物出版社，1989年，第111～114页。

第二节

纤维素含量及 pH 值分析

根据 GB/T 2677.8、GB/T 2677.10、GB/T 744 和 GB/T 2677.3，采用湿法化学分析方法测定了棺木和椁板木材的纤维素、木质素含量和 pH 值，表 1-2-2 为木材化学成分测试分析结果。采用传统的化学分析法测定，漆棺棺木的纤维素含量为 44.32%，木质素含量为 33.79%，pH 值为 5.12。椁板木材的纤维素含量为 37.9%，木质素含量为 43.65%，pH 值为 5.20。可见，棺木和椁板均呈现弱酸性。木材已经发生降解，棺木保存情况稍好于椁板，木材纤维素发生分解，纤维素含量减少，木质素、灰分增加，椁板木材腐朽呈现孔洞状、海绵状，保存情况较差。

表1-2-2　棺木椁板木材化学成分测试分析结果

样品	纤维素（%）	木质素（%）	灰分（%）	木材pH值
棺木	44.32	33.79	5.39	5.12
椁板	37.90	43.65	10.47	5.20

第三节

棺体结构分析

采用便携式 X 射线探伤机（德国 YXLON，测试电压 260kV）检测漆棺内部结构及保存状况。由于棺木物质组成、腐朽程度等的差异，对 X 射线的穿透能力的不同，可在感光胶片上形成灰度不同的 X 射线影像，可以揭示棺木板的内部组成情况和保存状况。图 1-2-3 为漆棺主画面 X 射线透视照片，图 1-2-4 及图 1-2-5 分别为漆棺头挡和足挡 X 射线透视照片。由图 1-2-3 可知，棺板为上下两块木板拼接而成，有两根金属棺钉拼接痕迹。顶部与底部有盖板

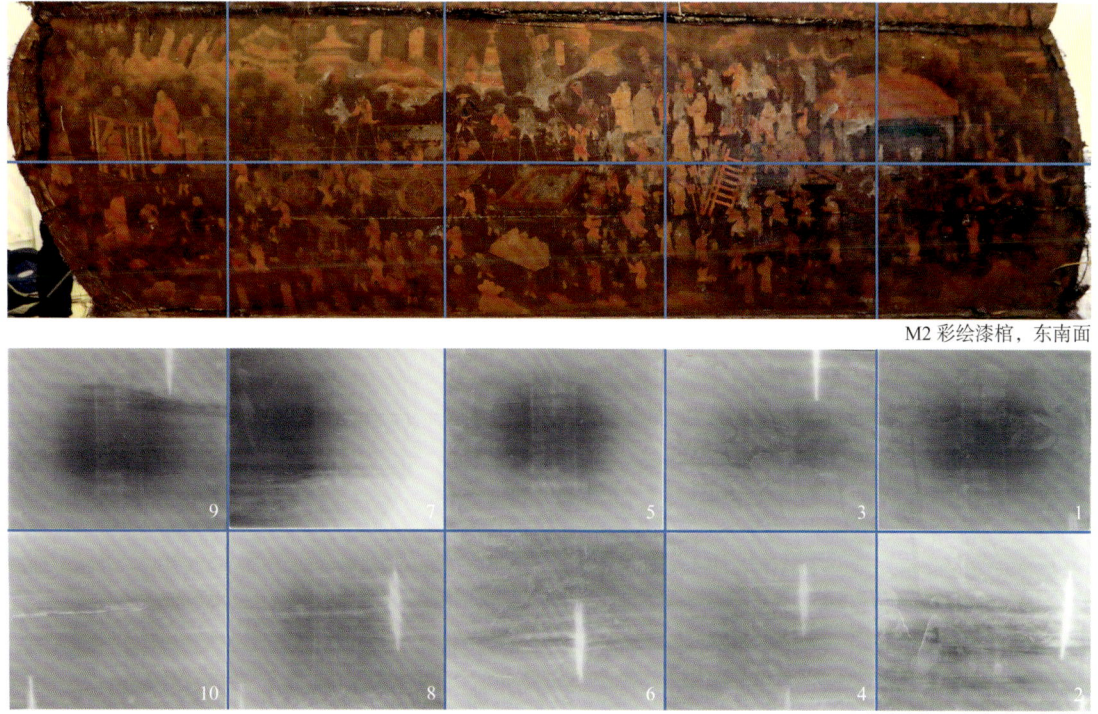

M2 彩绘漆棺，东南面

M2 彩绘漆棺，东南面，X 射线

图 1-2-3 漆棺主画面 X 射线透视照片

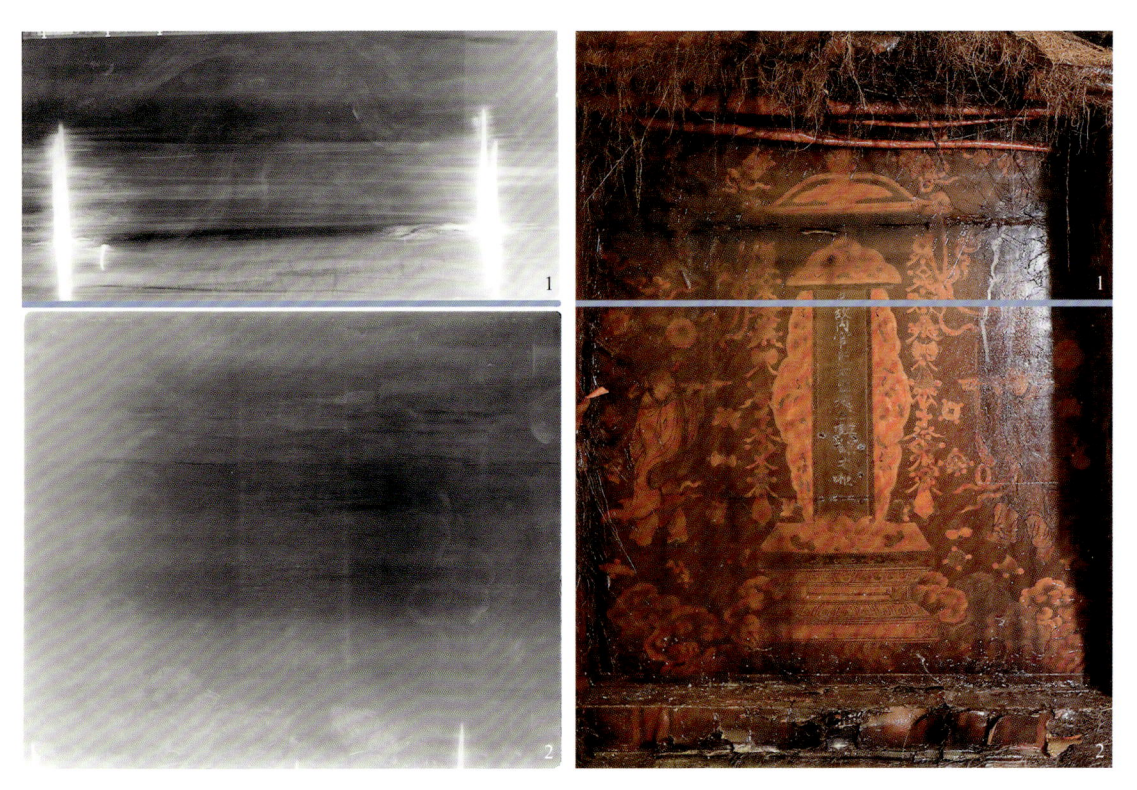

图 1-2-4 漆棺头挡 X 射线透视照片

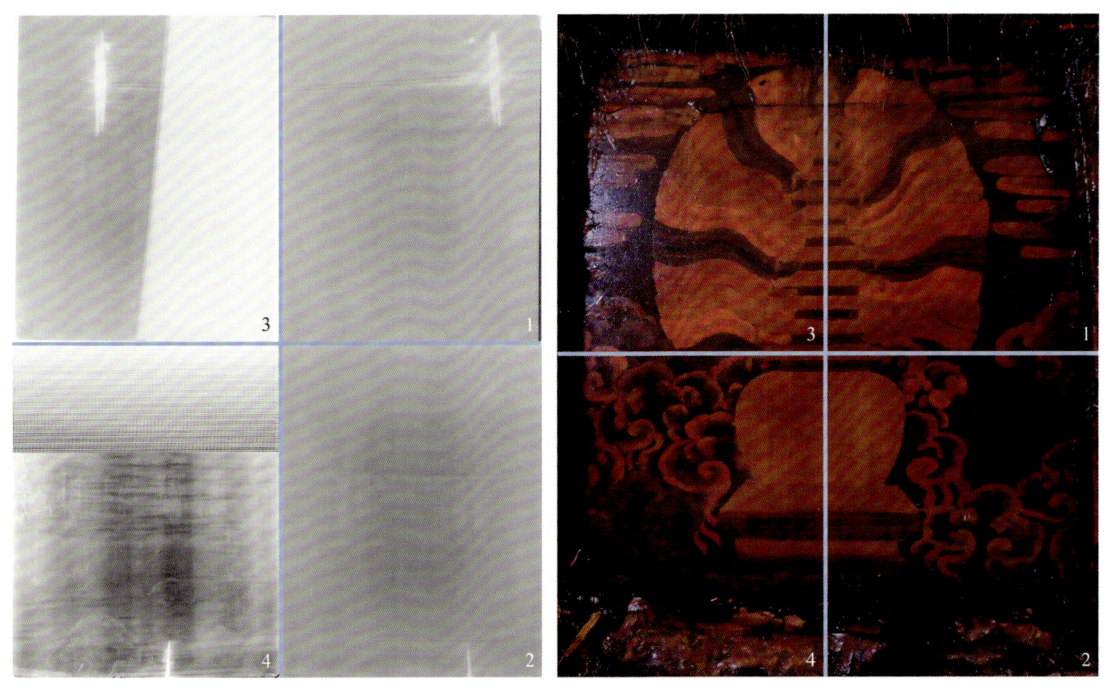

图 1-2-5 漆棺足挡 X 射线透视照片

图 1-2-6 漆棺两侧壁板连接方式

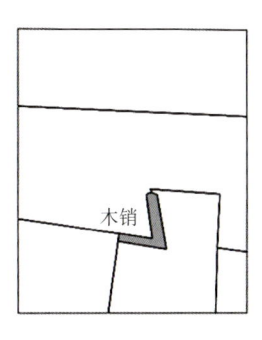

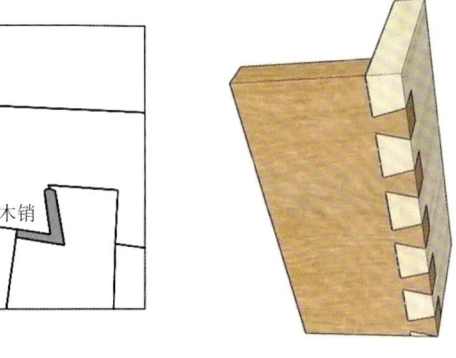

图 1-2-7 燕尾榫示意图（张航绘制）

钉和底板钉，棺钉发生锈蚀，木板局部存在由于深埋地下的重力而产生的变形，图中编号 8、10 区域可见木材存在局部糟朽和虫洞。图 1-2-4 漆棺头挡木板比侧板薄 2 厘米左右。同时可见上下两块棺板拼接，由两根金属棺钉连接。棺底部有盖板钉和底板钉，棺钉存在锈蚀。图 1-2-5 漆棺足挡可见存在木板拼接痕迹，由两个金属钉固定，图中编号 4 区域可见木材存在局部糟朽，拼接处木材也有糟朽现象。整体上看，漆棺板虽然局部糟朽，但整体结构较为完整，保存情况较好。

漆棺前高后低、前宽后窄，榫卯插合。经观察可知，棺前足挡板、左右两侧壁板的连接及棺身与木棺底板的连接均采用燕尾榫的方式（图 1-2-6、图 1-2-7）。榫被做成一个梯形，形似燕尾，因此得名"燕尾榫"。它可以防止木构件在力的作用下脱离，也有利于在不同环境中保持形状的稳定。棺盖板与棺体上沿以子母扣接的方式相结合（图 1-2-8）。

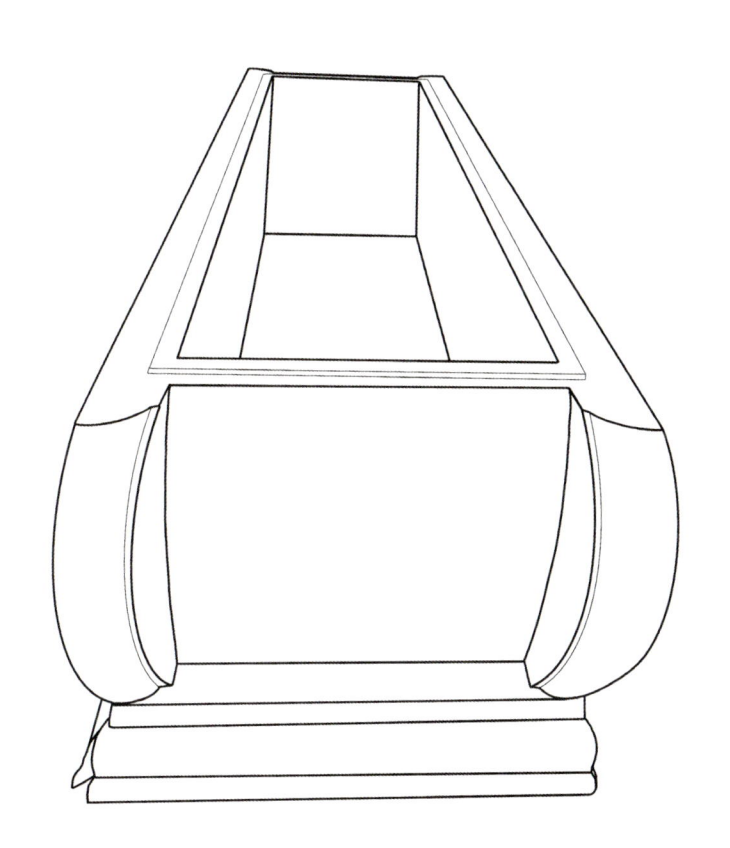

图 1-2-8 棺盖板与棺体上沿子母扣接方式（张航绘制）

第四节

漆棺彩绘髹漆工艺及制作材料分析

本研究采用光学显微镜（OM）和扫描电子显微镜（SEM）分析漆棺的髹漆工艺，利用衰减全反射红外光谱（ATR-FTIR）、激光拉曼光谱（LRS）、能量色散X射线荧光光谱（EDXRF）、扫描电子显微镜能谱（SEM-EDS）、X射线衍射仪（XRD）及热裂解气相色谱质谱仪（PY-GC-MS）等方法测试漆棺髹漆漆膜、彩绘颜料及漆灰层的材料组成。

4.1 漆棺髹漆工艺分析

利用超景深光学显微镜、光学显微三维（3D）图像扫描系统、万能显微镜及扫描电子显微镜对漆棺整体髹漆工艺进行分析。三维视频显微镜为日本Hirox KH-3000VD，本次拍照采用三维旋转变焦物镜MX-5040RZ镜头非接触式平面卡口，放大倍率50～400倍。德国徕卡MZ16M十字大悬臂体视显微镜采用MicroScan500高速3D显微图像扫描系统，放大倍率7.1～100倍。万能显微镜为德国徕卡DM4000，放大倍率50～1000倍。在实际拍照中根据样品大小和需求选择不同光学显微镜观察。扫描电子显微镜分析中取少量样品喷铂金后置于样品仓中进行观察，测试电压15～20kV，二次电子及背散射成像，放大倍率为200～2000倍。

从平面和剖面显微拍照分析主画面漆彩绘的髹漆技艺（见图1-2-9、图1-2-10）可知，从下而上依次由木胎、底漆、朱漆素髹、描金彩绘、罩漆组成，其中罩漆为两层，髹漆层每层厚度为0.012～0.06mm。主画面漆彩绘共五层，最厚才仅仅0.3mm。

经显微剖面分析漆棺边角髹漆工艺（见图1-2-11、图1-2-12）可知，从下至上分别为木胎、裱布刮灰、底漆、朱漆、描金彩绘、罩漆。由图1-2-13和图1-2-14可见，漆棺边角白色底漆共三层，位于漆灰之上，从显微结构可以看出，该漆膜属于多层涂刷底漆结构，最底层稍厚，厚度约0.1mm，中间层和最上层稍薄，约0.05mm，对应于《髹饰录》记载的糙漆工艺。图1-2-15中漆棺底座从下至上分别为木胎、裱布刮灰、朱漆、描金彩绘、罩漆。棺口沿和棺内漆皮（见图1-2-16～图1-2-18）均可见麻布使用痕迹，麻纤维均已降解，可见纤维纵向表面较为粗糙，推测应为苎麻纤维。经对棺口沿和内壁肉眼观察可知髹漆工艺从下至上分别为木胎、裱布刮灰、底漆、朱漆素髹。

第二章　彩绘漆棺的制作材料及成型工艺分析

图 1-2-9　主画面正面显微照片

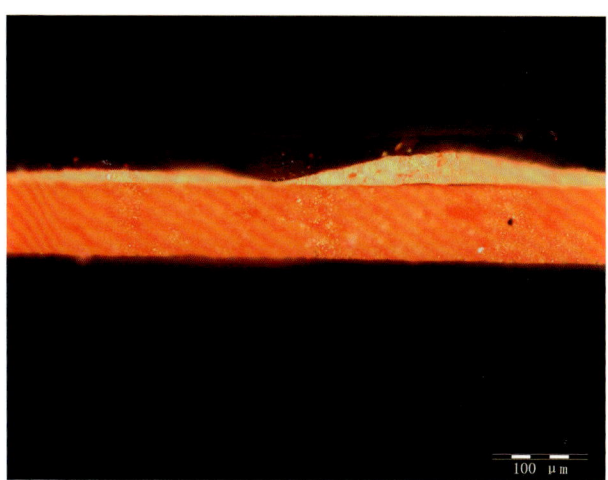

图 1-2-10　主画面剖面显微照片

图 1-2-11　边角漆皮剖面结构

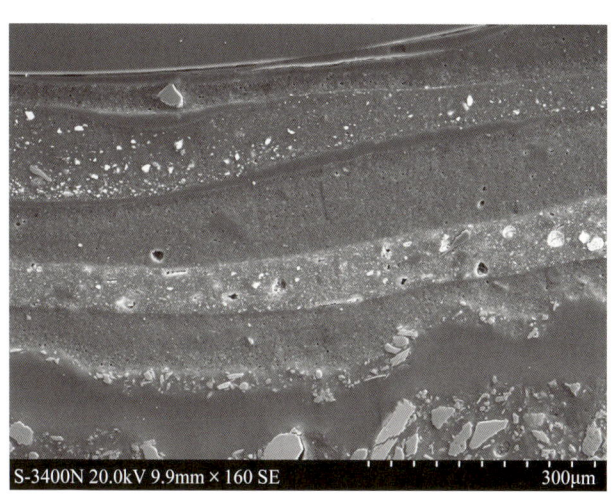

图 1-2-12　边角漆皮剖面扫描电子显微镜图

图 1-2-13　边角白色底漆剖面结构

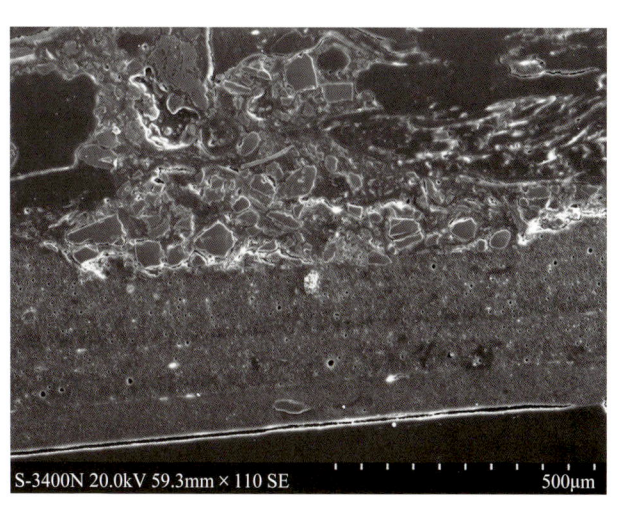

图 1-2-14　白色底漆剖面扫描电子显微镜图

图 1-2-15 底座漆皮剖面结构

图 1-2-16 漆棺口沿

图 1-2-17 漆棺口沿麻布痕迹

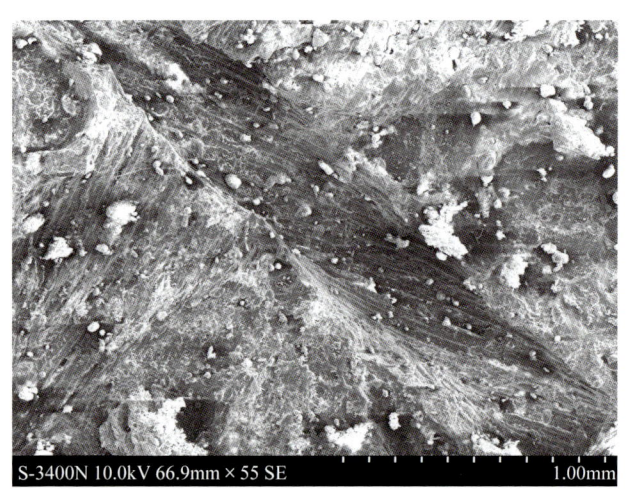

图 1-2-18 漆棺地仗纤维残留痕迹

分析棺盖板髹漆工艺（见图 1-2-19）可知，棺盖板从下而上结构依次为：木胎、裱布、漆灰、底漆、红漆、描金彩绘、罩漆。图 1-2-20～图 1-2-22 为棺盖板剖面扫描电子显微镜二次电子像和背散射电子像，其中，白色底漆为五层，背散射电子像中最上面显示白色的为红色漆层，最后采用了罩漆工艺。在漆灰的背散射电子像可以看到大量的矿物颗粒加填。

图 1-2-23 总结了漆棺不同部位的髹漆工艺，可知该漆棺不同部位髹漆工艺各异，综合运用了《髹饰录》中记载的中国传统漆艺中的描金、描漆、罩漆、糙漆、布漆、垸漆等技艺。

通过对现代漆膜和考古出土漆膜进行扫描电镜表面分析对比（图 1-2-24～图 1-2-31），可明显看到考古出土漆膜表面存在微孔、裂纹以及裂缝。漆膜作为生漆形成的天然高分子涂层，防水防霉、耐酸防腐性能都较为突出，但在长时间埋藏环境的影响下，也会发生一定程度不可逆的降解反应，微观表现为漆膜分子链的断裂和交联。漆膜老化降解后，内部孔洞和

第二章　彩绘漆棺的制作材料及成型工艺分析

图 1-2-19　棺盖板剖面结构

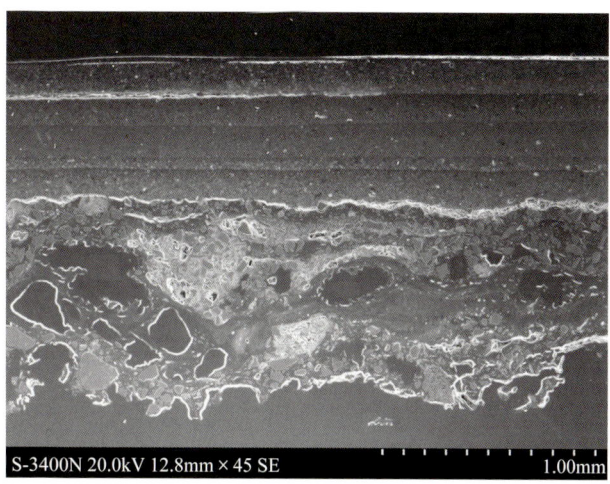

图 1-2-20　棺盖板剖面二次电子像

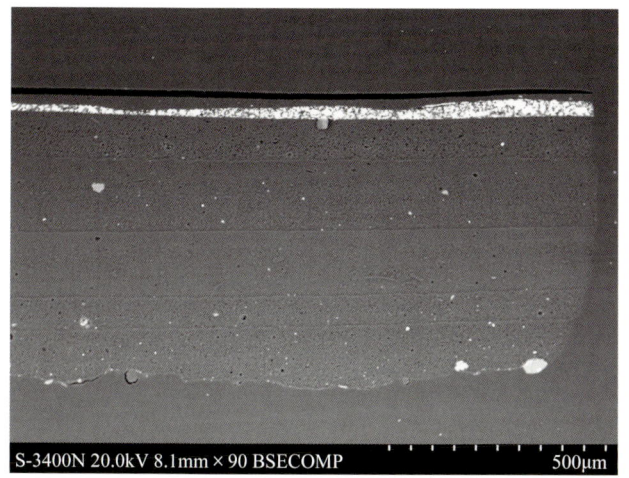

图 1-2-21　棺盖板剖面背散射电子像

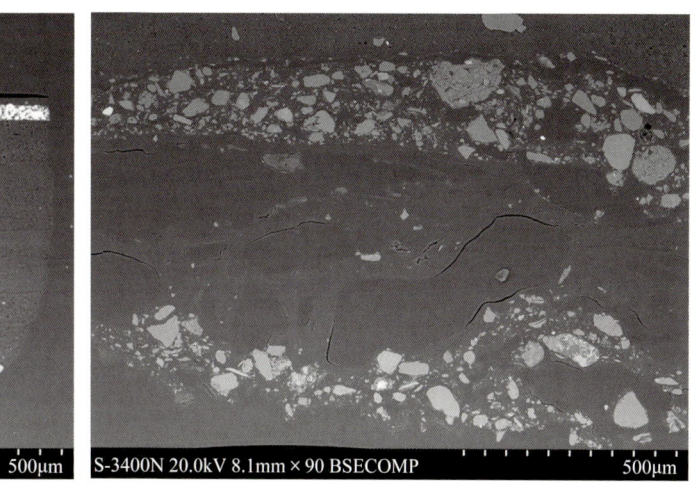

图 1-2-22　棺盖板漆灰背散射电子像

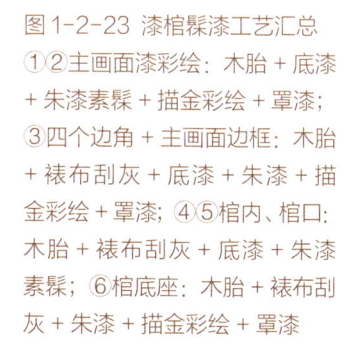

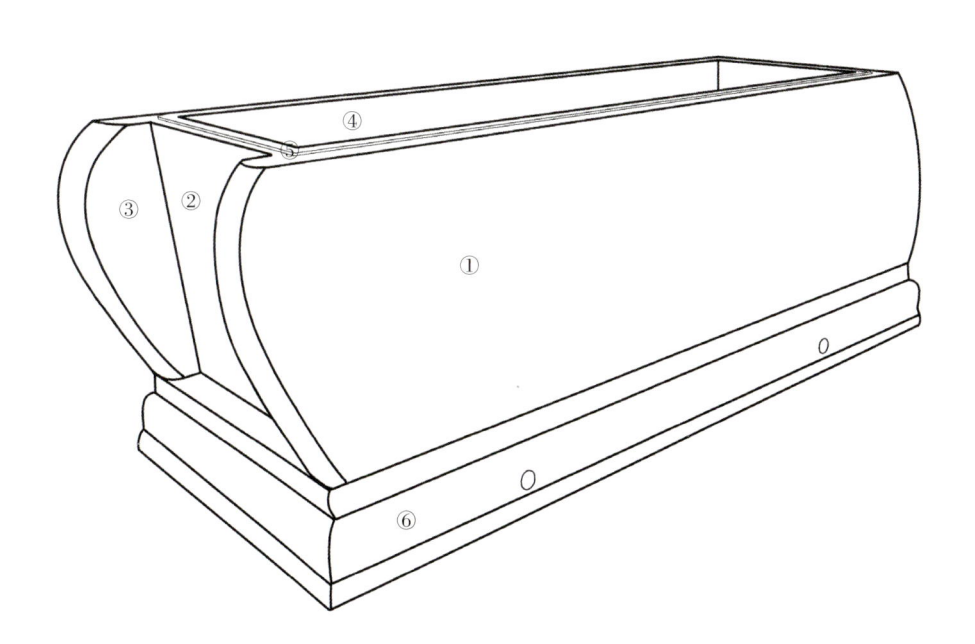

图 1-2-23　漆棺髹漆工艺汇总
①②主画面漆彩绘：木胎＋底漆＋朱漆素髹＋描金彩绘＋罩漆；
③四个边角＋主画面边框：木胎＋裱布刮灰＋底漆＋朱漆＋描金彩绘＋罩漆；④⑤棺内、棺口：木胎＋裱布刮灰＋底漆＋朱漆素髹；⑥棺底座：木胎＋裱布刮灰＋朱漆＋描金彩绘＋罩漆

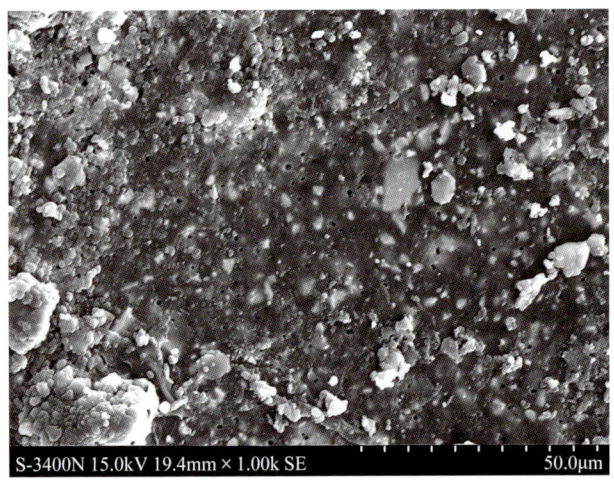

图1-2-24 棕色漆

图1-2-25 红色漆

图1-2-26 绿色漆

图1-2-27 红色底漆

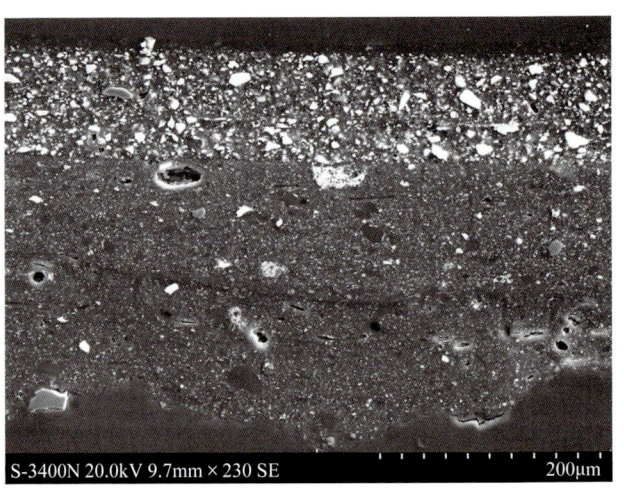

图1-2-28 白色底漆

图1-2-29 边角红色漆剖面

图 1-2-30 白色底漆层剖面

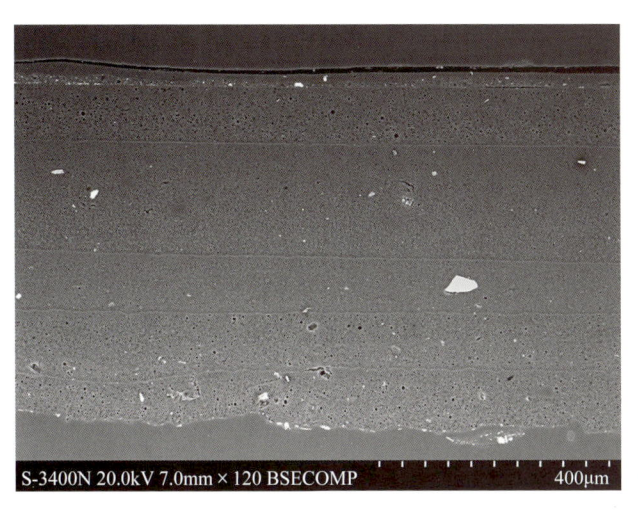

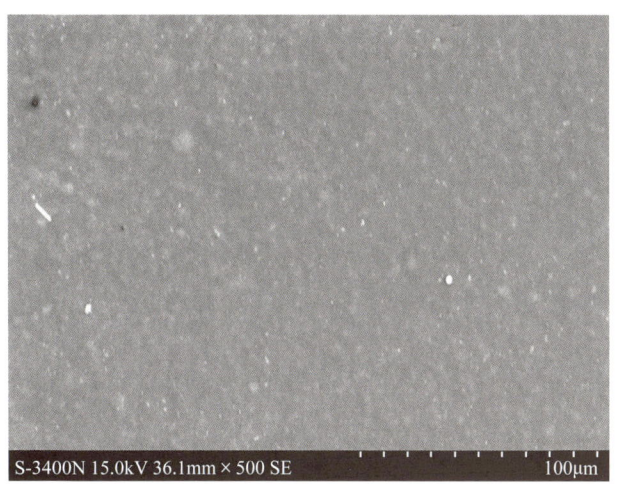

图 1-2-31 现代红漆

裂隙随之增加，漆皮脆化、易碎、光泽变差，利于漆膜的大量吸水，当处于一个饱水环境时漆膜的吸水量可与自身质量相当，甚至超过自身质量，但当土壤环境中没有充足的地下水，漆膜则更容易失水干燥出现脆化、易折的问题。因此漆皮在干燥过程中易于粉碎，但也便于修复保护过程中加固材料的渗透。

4.2 制作材料分析

4.2.1 漆膜原料种类及添加物分析

4.2.1.1 红外光谱分析

利用红外光谱检测棺盖板两层红色漆膜、漆棺主画面罩漆漆膜及白色底漆，采用衰减全反射 ATR 附件测试，将样品置于样品台，施加固定压力后测试，检测范围 4000～540cm^{-1}，分辨率 4cm^{-1}，波数精度 0.01cm^{-1}，扫描次数 64 次，环境温度 25℃。结果见图 1-2-32～图 1-2-35。可见，棺盖板、主画面漆膜及底漆在 3300cm^{-1} 和 1600cm^{-1} 附近均具有漆酚、漆酶的特征峰。3300cm^{-1} 附近的峰属于漆酚苯环上的 –OH 的对称伸缩振动吸收峰，1600cm^{-1} 处的吸收峰为苯环骨架的对称伸缩振动峰。外层罩漆在 1704cm^{-1} 左右的峰意味着不饱和双键的存在，比 1629cm^{-1} 处的峰值强度高，说明可能存在干性油[1]。干性油一般指干性植物油，添加到大漆中可以增加漆膜的光泽度和弹性。常见的古代植物油有紫苏籽油、亚麻籽油、桐油、芝麻油、核桃油、罂粟籽油、蓖麻籽油等。王世襄先生对我国各个时期漆中用油的种类做过推测："商、周、战国时期调油色很可能用的荏油（也称紫苏籽油），而魏晋南北朝以后，麻油、核桃油也逐渐被使用，自宋代起则主要用桐油了。"[2]

因此，推断漆棺盖两层红漆为大漆加颜料朱砂绘制。漆棺两侧彩绘罩漆为两层，大漆均掺杂干性油，且干性油含量较高，漆皮薄。故脱水过程中易于卷曲、老化褪色。通过对比黑

---

[1] 郑佳宝、单伟芳、张炜，等：《古代漆器的红外光谱》，《复旦学报》（自然科学版）1992 年第 3 期，第 345～349 页。

[2] 王世襄：《〈髹饰录〉解说》，生活·读书·新知三联书店，2013 年。

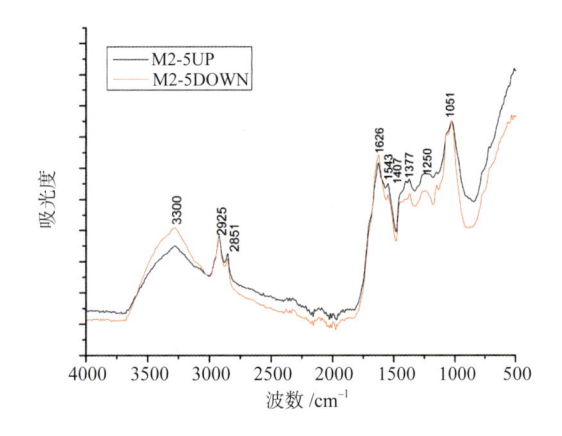

图 1-2-32 红色漆膜红外光谱

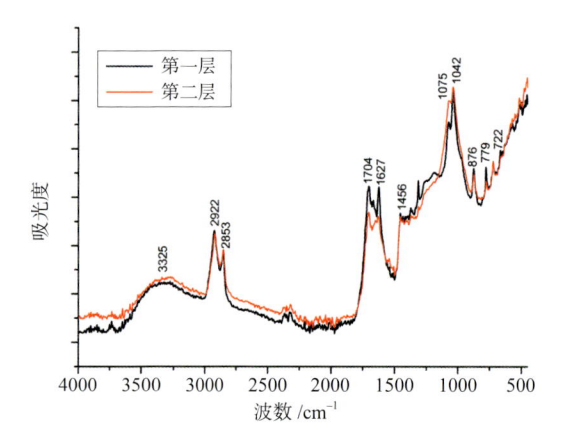

图 1-2-33 主画面罩漆红外光谱

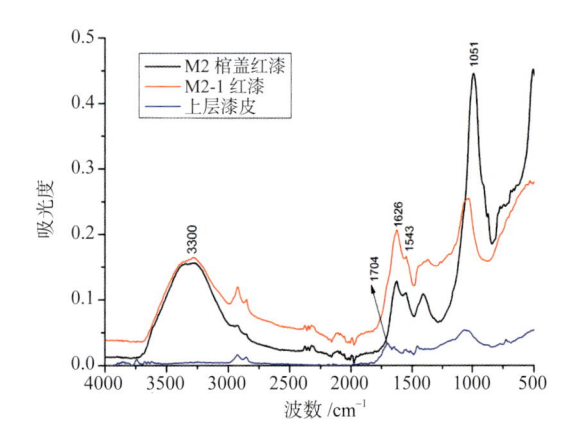

图 1-2-34 棺盖板红漆与主画面罩漆漆膜红外光谱对比

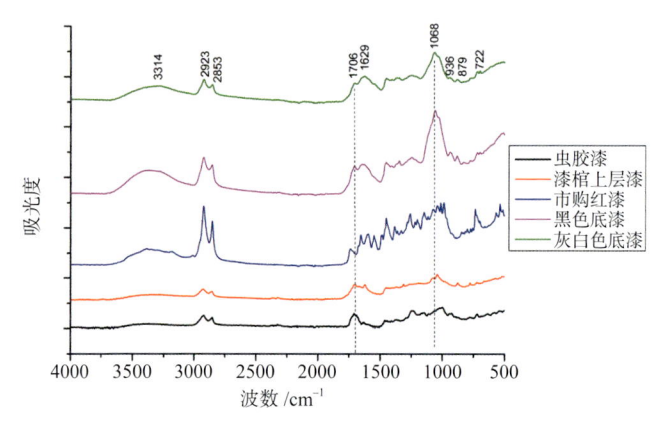

图 1-2-35 黑白色底漆的红外光谱图

色、白色底漆和市购生漆、虫胶漆可知，漆棺均为生漆打底。

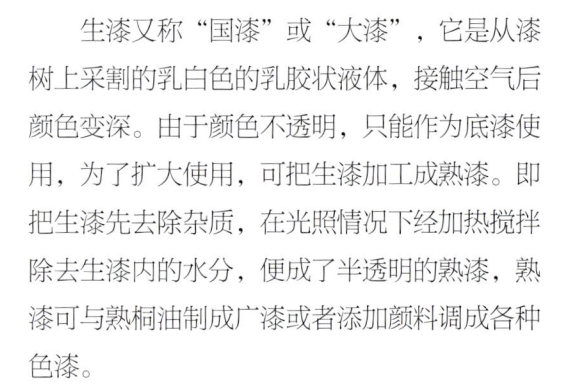

生漆又称"国漆"或"大漆"，它是从漆树上采割的乳白色的乳胶状液体，接触空气后颜色变深。由于颜色不透明，只能作为底漆使用，为了扩大使用，可把生漆加工成熟漆。即把生漆先去除杂质，在光照情况下经加热搅拌除去生漆内的水分，便成了半透明的熟漆，熟漆可与熟桐油制成广漆或者添加颜料调成各种色漆。

4.2.1.2 热裂解气相色谱质谱分析

生漆中含有漆酚、漆酶、树胶质、水和其他物质，其中漆酚是生漆的主要成分。在漆酶的作用下，漆酚经过一系列生物化学反应聚合成具有耐久性、抗溶剂性、抗氧化性等特性的漆膜。根据漆酚的不同，漆树可以分为三大类：漆酚为 urushiol 的 *Rhus vernicifera* 漆树，主要生长在中国、日本、韩国；漆酚为 laccol 的 *Rhus succedanea* 漆树，主要生长在越南北部、中国台湾；漆酚为 thitsiol 的 *Melanorrhoea usitata* 漆树，主要生长在缅甸和泰国，它是漆树中唯一一种不属于漆树属仍被用来采集生漆的树种[1]。

---

[1] 付迎春：《东周秦汉时期髹漆材料和工艺研究》，北京科技大学博士学位论文，2022 年。

表1-2-3 几种常见干性油的P/S与A/P值

干性油种类	P/S	A/P	标志物
桐油	1~1.2	高	
熟桐油	1~1.2	高	烷基苯基烷酸酯（APAs）
亚麻籽油	1.2~2.5	高	
蓖麻籽油	1.5~2	低	含有芝麻素（芝麻油特有）
紫苏籽油	2~4	高	
乌桕树油	≈3	高	

生漆或熟漆固化后形成的漆膜是一种不溶性的复杂高分子聚合物，需要采用热裂解气相色谱质谱联用仪（PY-GC/MS）的高温裂解器将漆膜裂解成气相小分子物质，通过色谱进行分离，随后在质谱仪中鉴定漆膜的裂解产物及相对含量，从而判断大漆的种类和添加物组成（添加物主要包括干性油、面粉、血料、蛋清和动植物胶等）。分析漆膜中漆和油的配比是漆工艺的研究重点之一。桐油、紫苏籽油等干性油作为大漆中常见的一种添加剂，可以提高漆膜的光泽度和弹性。因为干性油的饱和脂肪酸（如棕榈酸和硬脂酸）不参与氧化聚合过程，在埋藏环境的老化过程中棕榈酸和硬脂酸的比值P/S基本保持不变，可以用来鉴别干性油的种类。但其他有机成分如漆、鸡蛋、动物胶、蜡等也含有棕榈酸和硬脂酸，需要结合干性油在氧化降解过程中产生的壬二酸（A）和甘油，将其区分开来。学术界常用棕榈酸和硬脂酸的比值（P/S）与壬二酸和饱和脂肪酸（如棕榈酸）的比值（A/P）结合来鉴别干性油的种类，表1-2-3为几种常见干性油的P/S与A/P值[1]。

本次热裂解气相色谱质谱法检测使用热裂解仪PY-3030D（日本Frontier Lab）和质谱仪GCMS-QP2010Ultra（日本岛津）进行，毛细管柱选择DB-5MSUI（5%二苯基/95%二甲基硅氧烷），其内径为0.18mm，膜厚为0.18μm，长度为20m（Agilent，美国）。热裂解在550℃下进行，界面温度设置为290℃，GC进样器温度设置为290℃，采用分流进样模式。柱温箱的初始温度为35℃，以60℃/min的速度升至100℃，然后以14℃/min的速度升至250℃，然后以6℃/min的速度升至315℃保持1.5min。载气为氦气，入口压力为145.3kPa，分流比为1∶20。将流量控制设置为线速度模式。使用70eV的电子电离将质谱仪从 m/z 35扫描到500。界面保持在250℃，离子源保持在200℃。因为漆酚中的酚羟基、干性油和蛋白质中的羧基具有较大的极性，而色谱柱的极性较低，分析结果容易不准确，色谱的再现性比较低。因此，在热裂解前加入了四甲基氢氧化铵（TMAM）对样品进行衍生化试验，将羟基转化为甲基化衍生物。甲基衍生化热裂解气相色谱质谱

---

[1] Schilling MR, Heginbotham A, Keulen H van, et al.Beyond the basics:A systematic approach for comprehensive analysis of organic materials in asian lacquers.Studies in Conservation,2016,61(sup3):3-27.

（THM-Py-GC/MS）技术极大地提高了漆器材料分析的准确度，扩大了检测范围。取约0.2mg样品置于样品杯中，用移液枪加入3μL 25%四甲基氢氧化铵甲醇溶液，将样品杯置入热裂解仪，启动仪器。

采用美国国家标准技术研究所（NIST）开发的自动质谱反褶积和识别系统（AMDIS），使GCMS数据分析系统化，该系统可输出一份简单的报告，列出样品中所有化合物的名称、保留指数和峰面积。将该报告输入到盖蒂保护研究所的科学家Michael Schilling和盖蒂博物馆的保护人员开发的RAdICAL系统。该系统根据对生漆或熟漆与添加剂混合而成的参考样品进行研究而成，并辅以其他研究人员发表的研究成果。按材料类别对化合物分类，并执行自动计算，以在专用诊断图中显示每种材料的分类信息。

对漆棺上脱落的主画面褐色底漆、描金层、罩漆，底座红色漆皮、白色底漆，棺盖板红色漆皮6个样品碎片进行分析。图1-2-36～图1-2-41为利用AMDIS和RAdICAL系统对各漆膜样品的PY-GC/MS数据进行分析和归类的结果。可以看到，各样品大漆的裂解成分包括：邻苯二酚、酸性邻苯二酚、苯酚、烷基苯和碳氢化合物（烷烃和烯烃）等。图1-2-36～图1-2-39中，最大碳原子数的侧链邻苯二酚是C15（3-十五烷基邻苯二酚），与中国漆urushiol的裂解行为一致，来源均为中国漆树。图1-2-40和图1-2-41同时检测到3-十五烷基邻苯二酚和3-十七烷基邻苯二酚，且3-十七烷基邻苯二酚的含量较高，则样品中的大漆可能为其他产地的中国漆，但也不排除越南漆的可能性。此外，主画面褐色底漆中检测到了含砷化合物，表明主画面褐色底漆中可能含有雌黄。

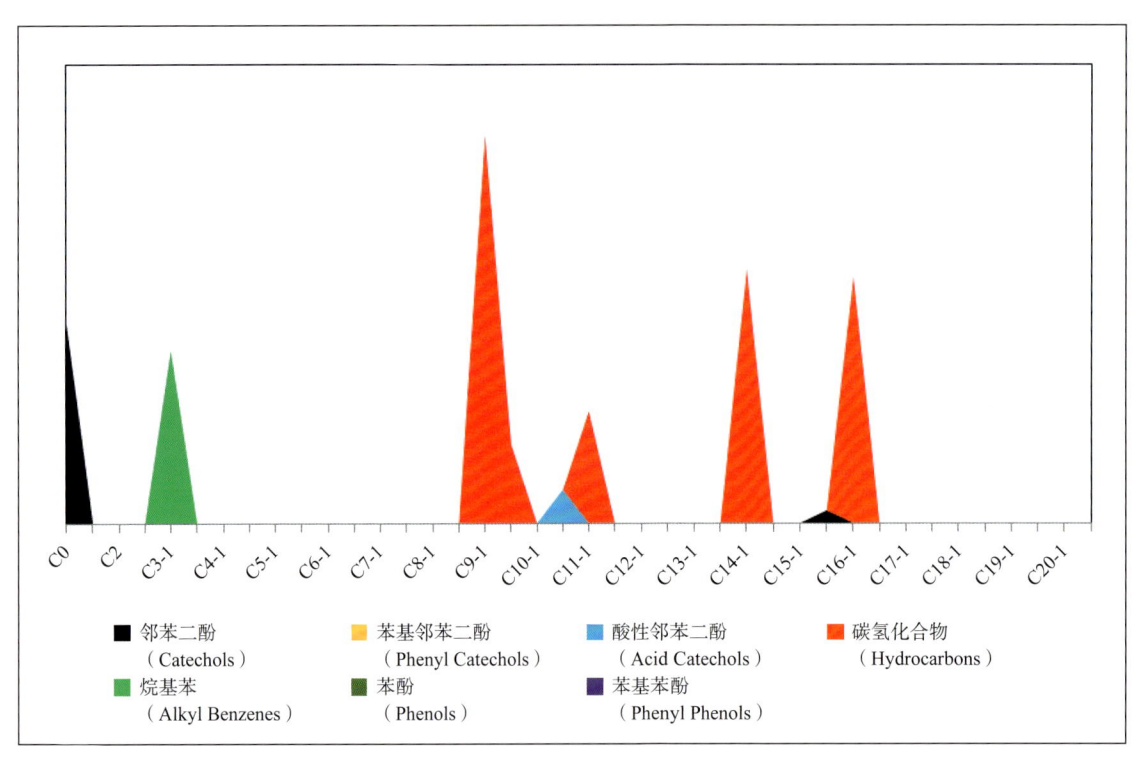

图1-2-36 主画面褐色底漆大漆的裂解产物

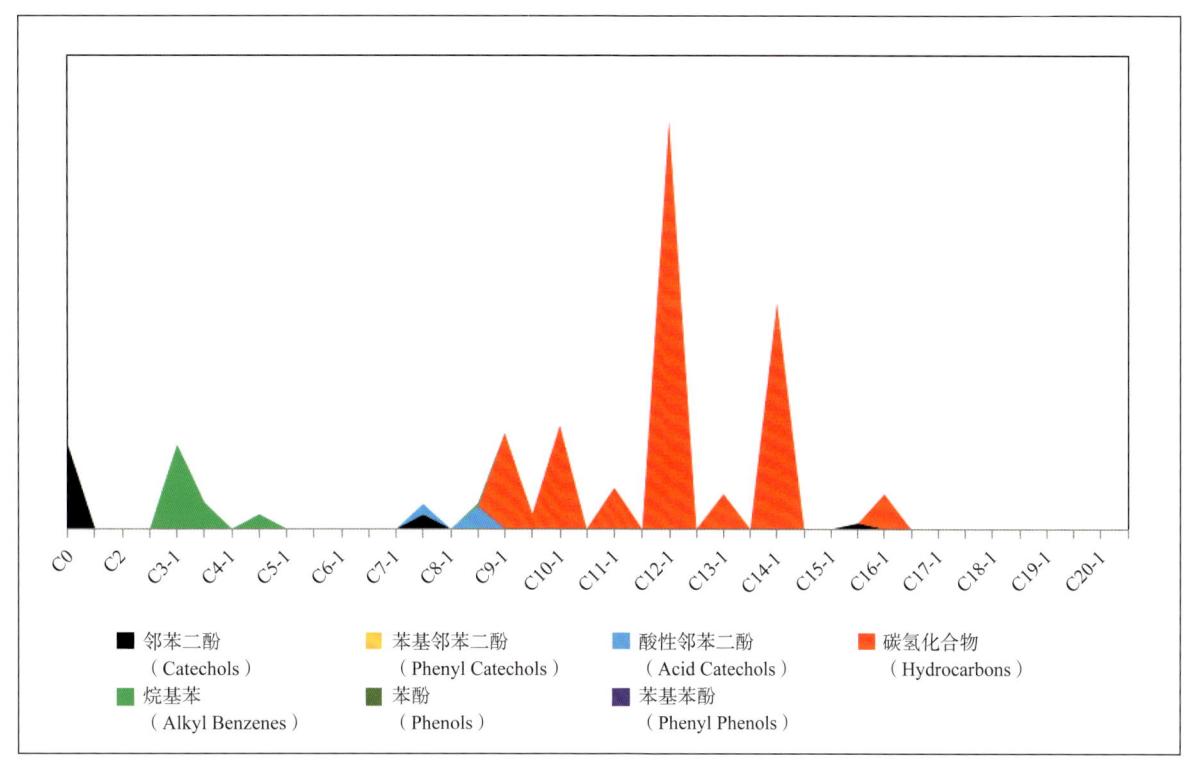

图 1-2-37 描金层大漆的裂解产物

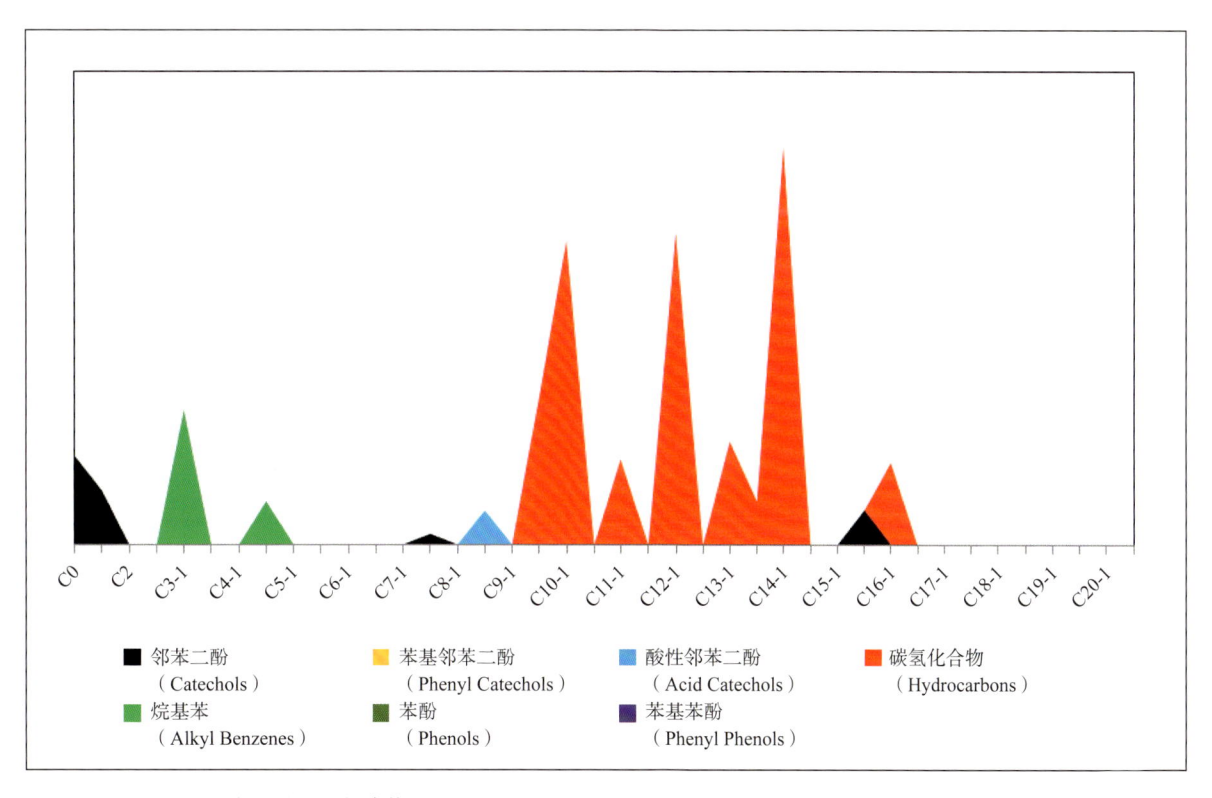

图 1-2-38 上层浅褐色罩漆的裂解产物

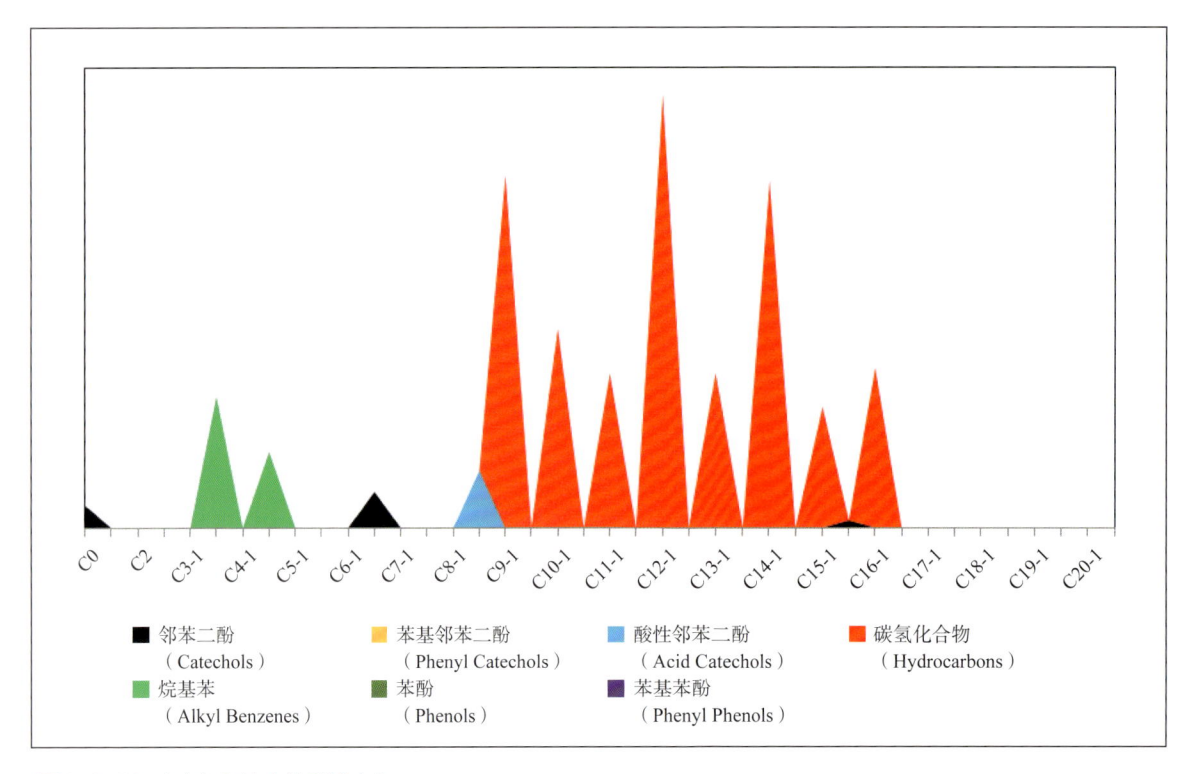

图 1-2-39 底座红色漆皮的裂解产物

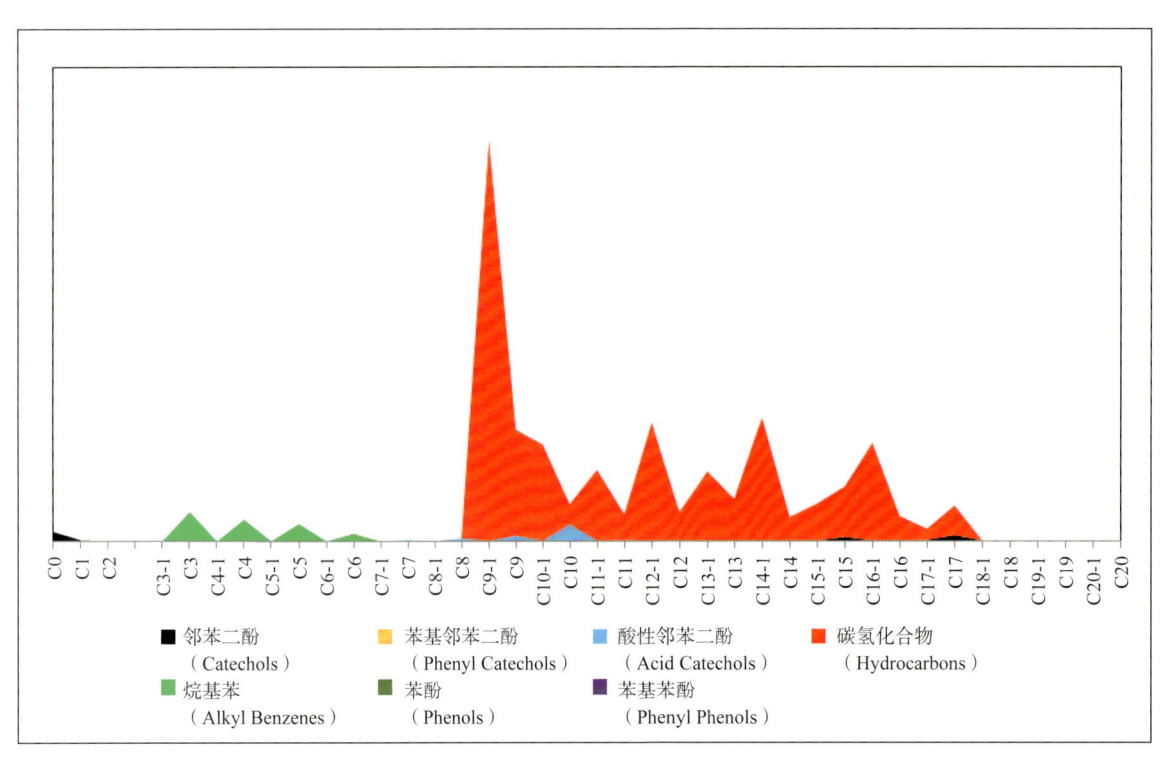

图 1-2-40 白色底漆的裂解产物

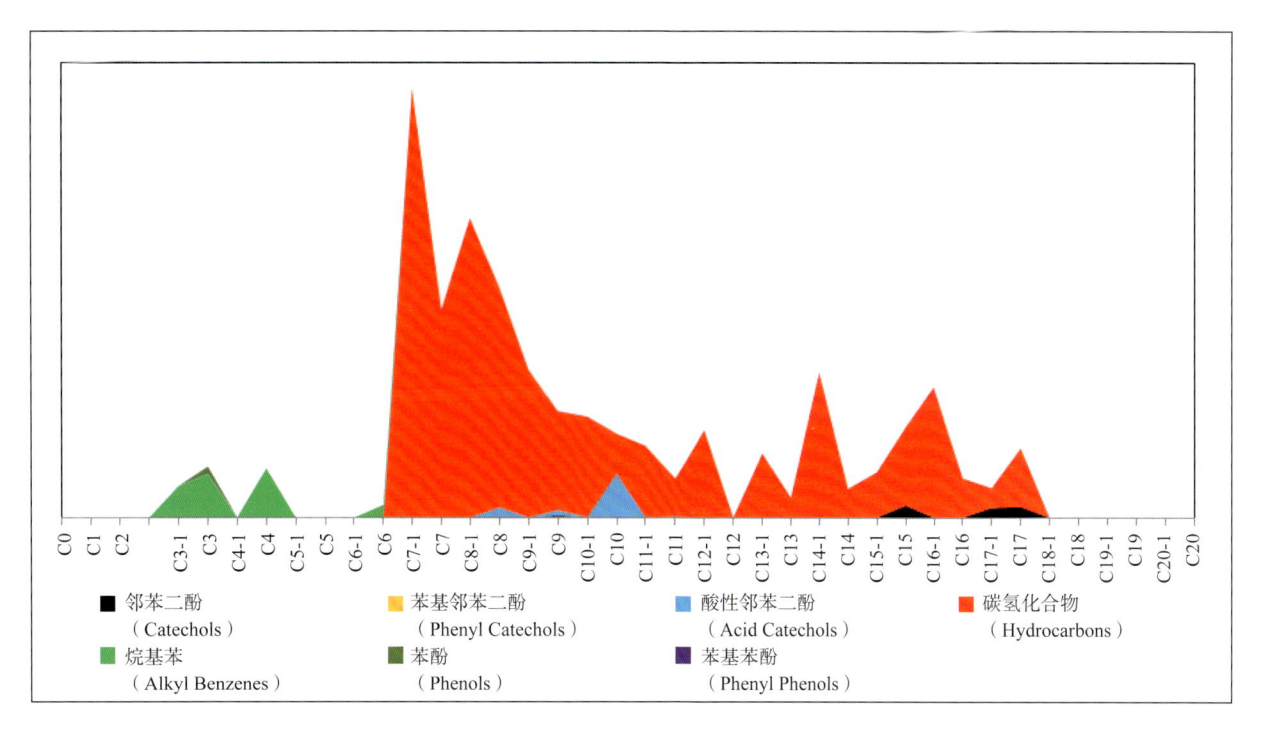

图 1-2-41 棺盖板红色漆的裂解产物

图 1-2-42～图 1-2-49 是主画面描金层、罩漆、底座红色漆皮、边角白色底漆棺盖板红色漆 5 个样品桐油的裂解产物。描金层桐油的裂解产物里有大量的一元和二元羧酸脂肪酸，A/P>0.1 和甘油衍生物可用于确定漆膜中存在干性油，P/S 比值（棕榈酸与硬脂酸）约为 1.02，根据峰面积计算描金层中桐油含量达到了 92.2%（图 1-2-42）。罩漆桐油的裂解产物 P/S 比值约为 1.10，桐油含量达到了 96.9%（图 1-2-43）。此外，在参考样品中检测到烷基苯基烷酸酯（APAs），这表明是熟桐油。红色漆皮桐油的裂解产物 P/S 比值约为 0.74，可能受到颜料、雪松油等添加物的影响，比值偏低，但裂解产物里含有不饱和脂肪酸和甘油衍生物，故认为干性油依然为桐油。由图 1-2-45 饼状图可知，桐油含量为 90.2%、大漆 7.4%、雪松油 2.3%。白色底漆桐油的裂解产物 P/S 比值约为 1.05，干性油为桐油（图 1-2-46）。此外，还发现了松香的裂解产物脱氢枞酸甲酯、7- 甲氧基四脱氢枞酸甲酯和 15- 甲氧基脱氢枞酸甲酯，以及蛋白质材料的裂解产物二吡咯二酮、1,3- 二甲基 1H- 吲哚和 1- 甲基 -5- 氧代 -L- 脯氨酸甲酯，二吡咯二酮作为动物胶的标记化合物，显示底漆中应该添加了骨胶或者皮胶，同时也检测到了吲哚类化合物，也有可能含有蛋清。由饼状图（图 1-2-47）可知，各组分中桐油约含 67.8%、大漆 30.3%、松香 1.3%、蛋白质材料 0.7%。图 1-2-48 中棺盖板红色漆的裂解产物存在一系列一元羧酸脂肪酸、二元羧酸脂肪酸、甘油及 APAs，可以推测该样品中含有熟油料，从 P/S 值 1.21 以及 APAs 推断样品中应该含有熟桐油。此外，样品中还检测到了 1- 甲基 -1H- 吡咯、二吡咯二酮、吡啶等动物胶的裂解产物，表明该样品中添加了动物胶，见表 1-2-4。越南漆 laccol、熟桐油和动物胶的所有裂解产物的总峰面积占比见图 1-2-49，三者比例约为 4∶5∶1。

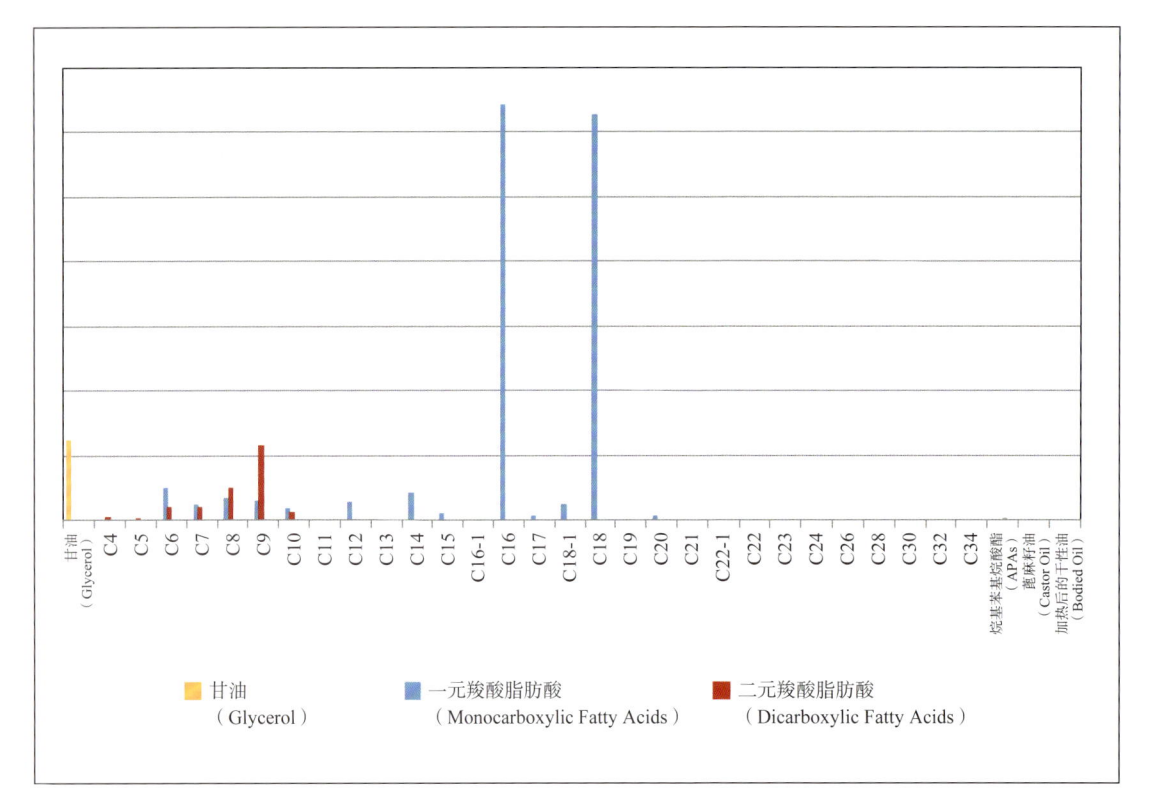

图 1-2-42 描金层桐油的裂解产物

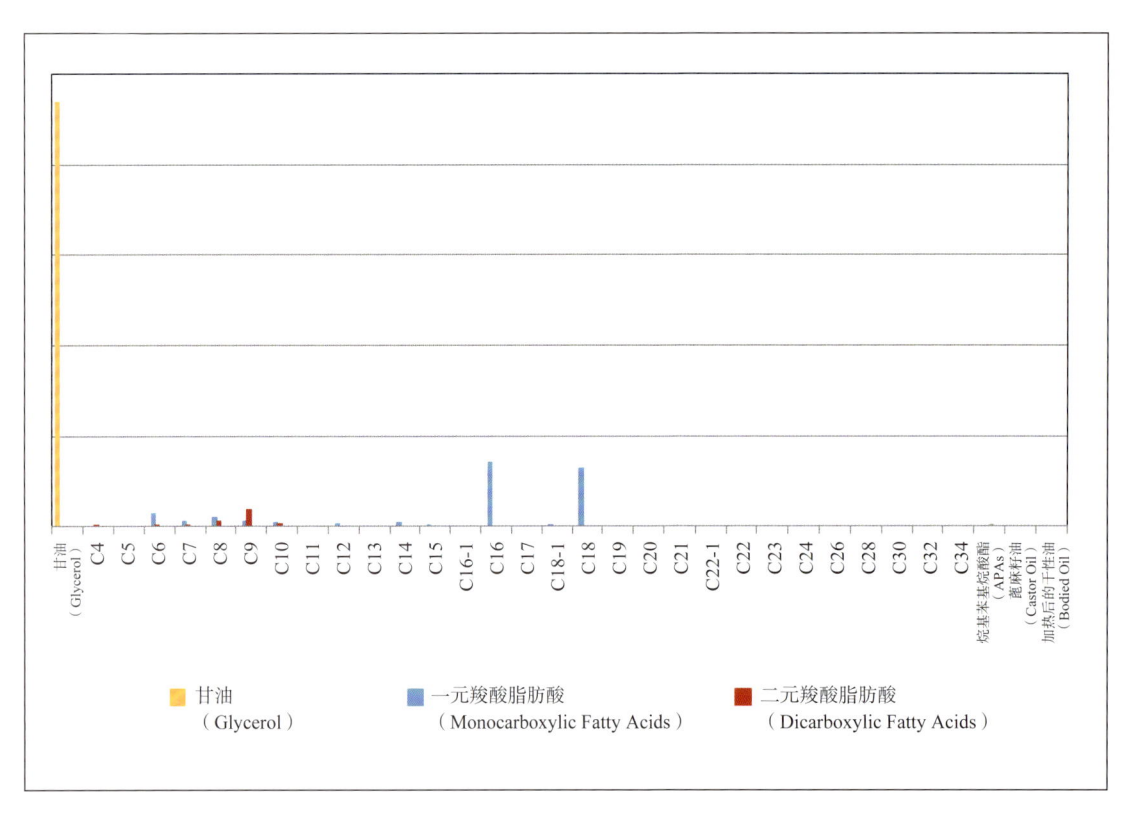

图 1-2-43 罩漆桐油的裂解产物

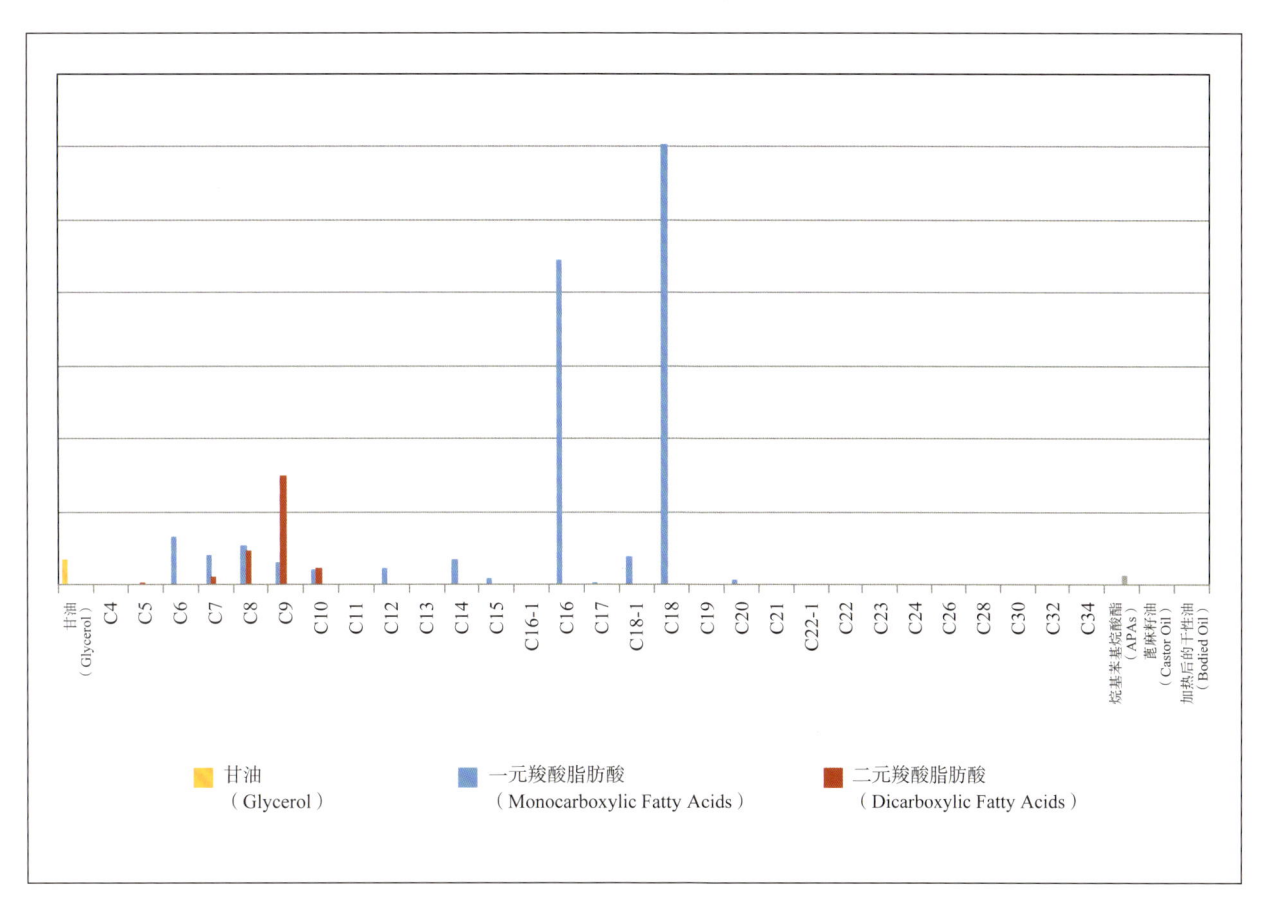

图 1-2-44 底座红色漆桐油的裂解产物

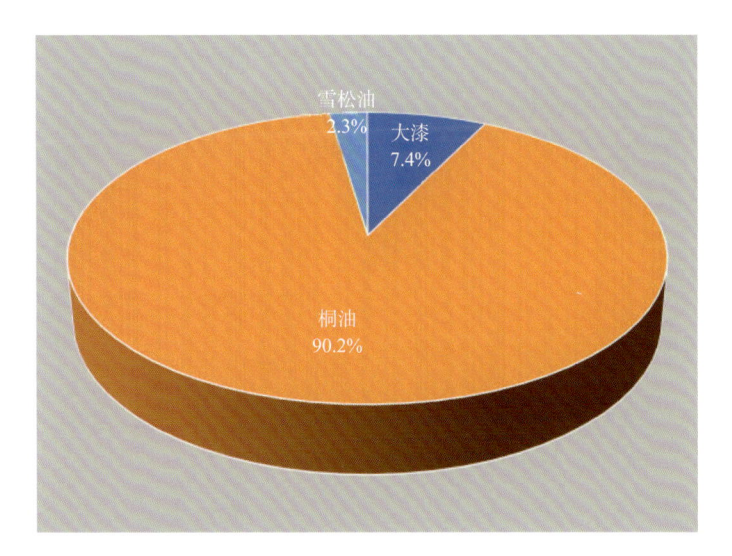

图 1-2-45 底座红色漆样品的成分组成图

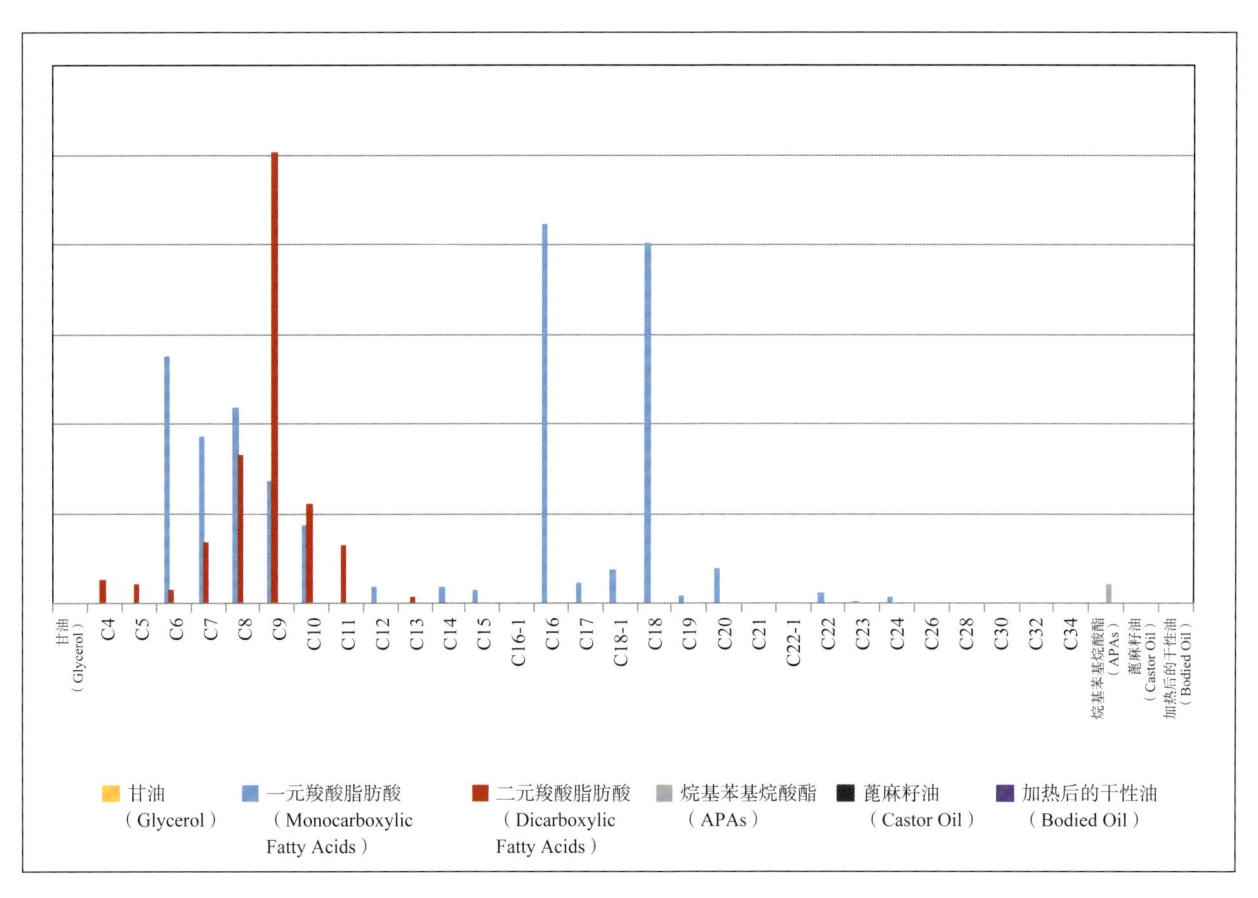

图 1-2-46 边角白色底漆桐油的裂解产物

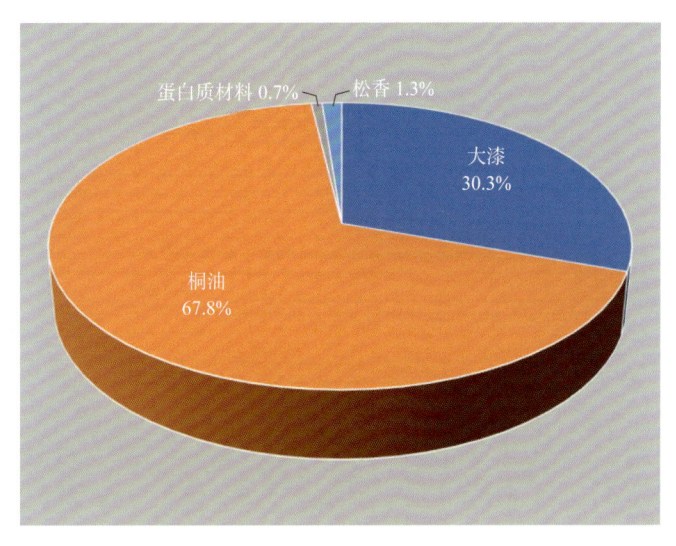

图 1-2-47 边角白色底漆样品的成分组成图

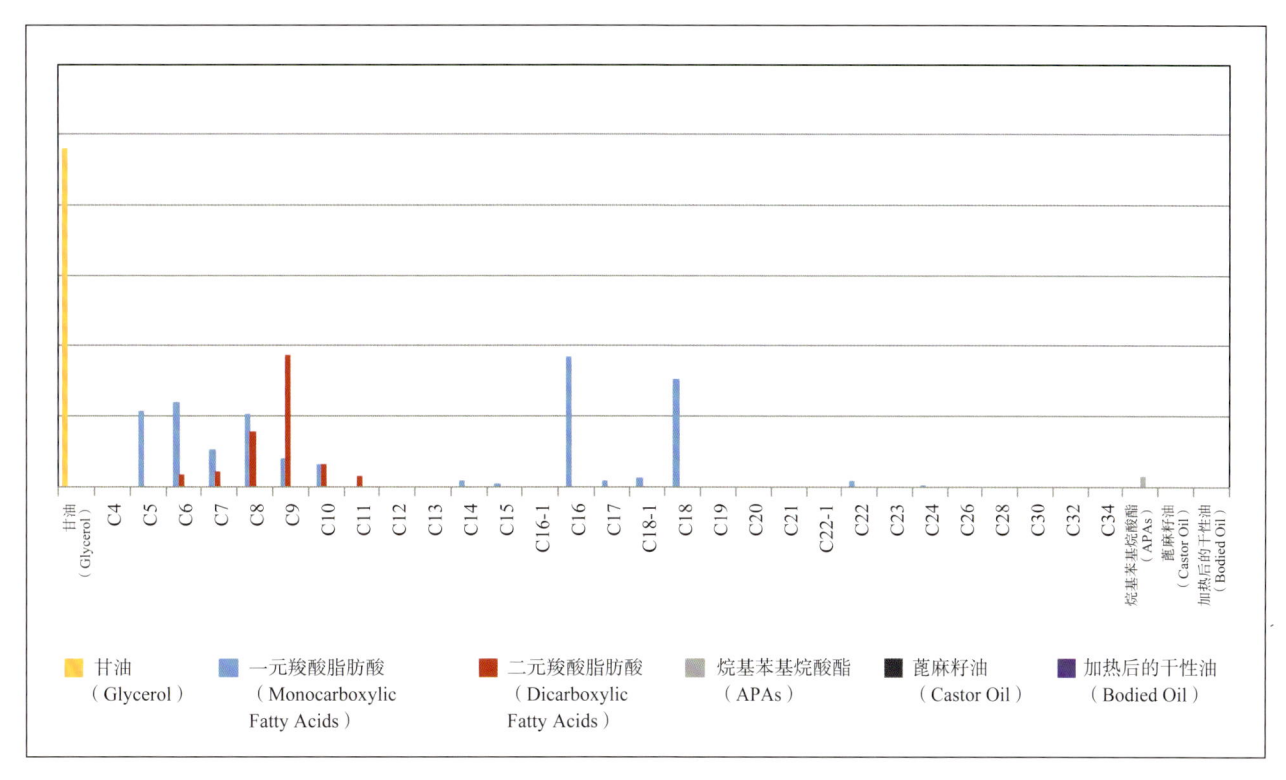

第二章　彩绘漆棺的制作材料及成型工艺分析

图 1-2-48　棺盖板红色漆桐油的裂解产物

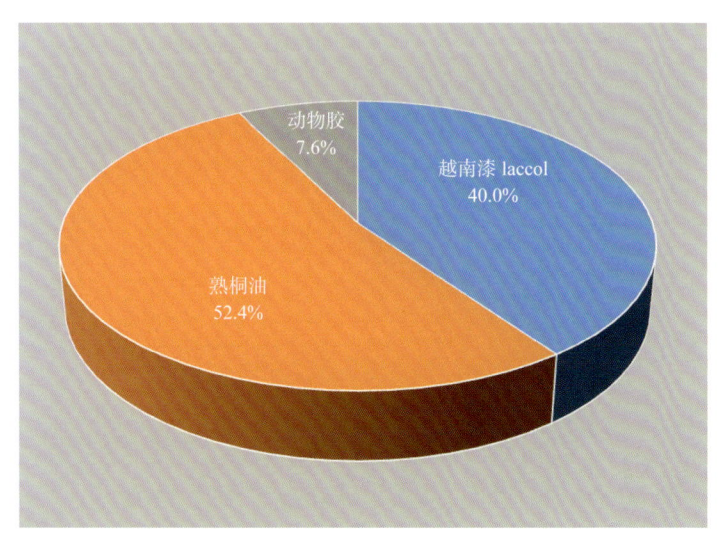

图 1-2-49　棺盖板红色漆样品的成分组成图

表1-2-4 棺盖板红色漆蛋白质类胶结材料的裂解产物

裂解产物	保留指数（RI）	峰面积	匹配度
1-甲基-1H-吡咯	736	3221154	85
二吡咯二酮	1713	327396	92
吡啶	759	798679	77
甘氨酸	834	21472640	94
丙氨酸	886	1734150	76

表1-2-5 赵谅墓漆棺漆膜的组成材料及比例

样品	样品来源	裂解产物相对含量
褐色底漆	主画面	桐油93.4%、大漆6.6%
描金层	主画面	桐油92.2%、大漆7.8%
两层罩漆	主画面上层	桐油100%
	主画面底层	桐油96.9%、大漆3.1%
红色漆	底座	桐油90.2%、大漆7.4%、雪松油2.3%
白色底漆	边角	桐油67.8%、大漆30.3%、松香1.3%、蛋白质材料0.7%
红色漆	棺盖板	桐油（熟桐油）52.4%、大漆（越南漆laccol）40.4%、蛋白质材料（动物胶）7.6%

由试验结果可知，赵谅墓漆棺主画面褐色底漆、描金层、罩漆、底座红色漆皮、边角白色底漆以及棺盖板红色漆的制成材料包括桐油、大漆、蛋白质材料以及雪松油、松香等，将各自的裂解产物的峰面积进行加和计算，得出对应的裂解产物的相对含量，汇总结果见表1-2-5。漆膜样品的裂解产物的油、漆比例在90∶10～97∶3之间。白色底漆样品油含量较少，大漆含量较多。可见样品中大部分漆膜的组成材料为桐油和大漆，罩漆桐油含量较高，漆皮薄。故脱水过程中易于卷曲、老化褪色。笼罩漆中添加的油料比较多，所以干燥后形成的漆膜比较透明，其他种类漆的透明度都低于笼罩漆。

明代沈周著《石田杂记·笼罩漆方》中记载："笼罩漆方用广德好真桐油，入密陀僧、无名异，煎老。每熟油一两和入京山漆生者一两，要绞十分净，漆在器物上，于日色中晒干。"沈福文和李大树著《漆器工艺技法撷要》中记载了明油的制法："将桐油放入锅内煮沸，上面浮沫蒸发净，即成明油。它本身无干燥性，加入半透明漆后，随漆的干燥而干燥。快干漆60%，明油40%，拌搅调匀，即成油光漆。"[1] 相关试验研究表明，由于取样样品的不均匀性、

---

[1] 沈福文、李大树：《漆器工艺技法撷要》，轻工业出版社，1984年。

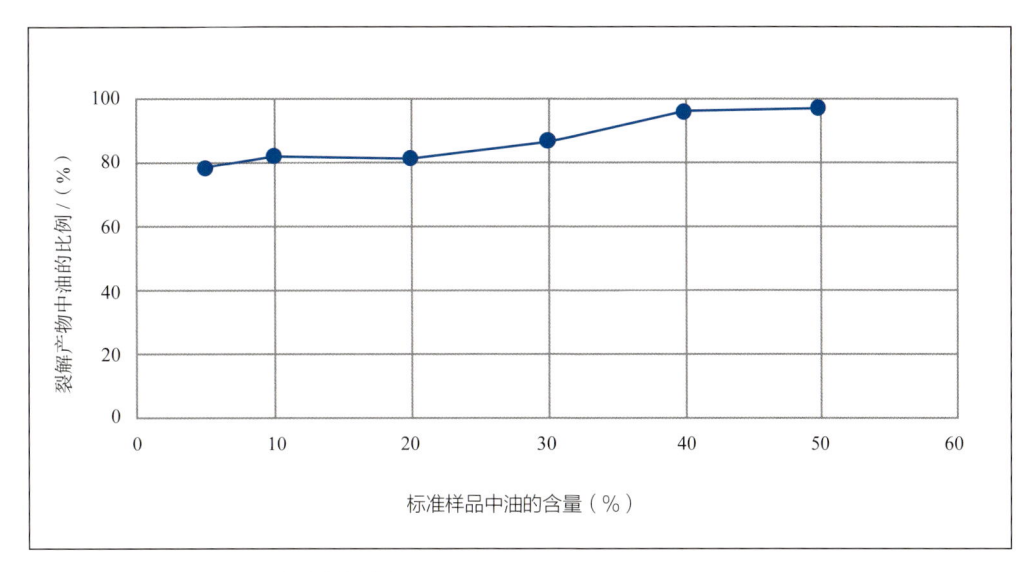

图1-2-50 标准样品的裂解产物比例

样品或色谱柱污染及仪器运行状况等原因的影响，热裂解气相色谱质谱试验重现性较差，通过参考样品中桐油的所有热裂解化合物（一元羧酸脂肪酸、二元羧酸脂肪酸和甘油）与漆的所有热裂解化合物（邻苯二酚、酸性邻苯二酚、酚类、碳氢化合物和烷基苯）的峰面积计算得出的油与漆比例，与标准漆膜样品中实际的油与漆的含量不成正比[1]。因此，通过峰面积计算的桐油含量可能比实际用量偏高。

因此，通过制作不同比例的桐油和大漆的漆膜样品，并进行紫外光（280～320mm）老化处理，制得标准样品，按照标准样品进行热裂解气相色谱质谱试验及分析，得出标准样品的裂解产物比例与实际用量的关系（见图1-2-50），以此来得出北京赵谅墓漆棺漆膜样品中油的含量为40%～50%。

4.2.2 漆膜彩绘颜料分析

4.2.2.1 X射线荧光能谱

采用Thermofish手持式荧光和Bruker Artax荧光能谱仪测试漆棺彩绘漆膜颜料组成（见图1-2-51及表1-2-6）。红色颜料主要元素组成为Hg，含量可达75.3%，其次还有Ca、Fe、As等元素。绿色颜料主要元素组成为As，含量高达83.9%，其次含有Hg、Ca、Fe、Au等元素，可见应该为混合蓝色有机颜料后形成的绿色。棕色颜料主要含有Hg、Ca、Fe。黄色颜料为As，含量达到了74.9%。金色颜料Au含量为69.6%，其次还有Hg、Fe。

---

[1] Schilling M R, Heginbotham A, Keulen H van, et al. Beyond the basics: A systematic approach for comprehensive analysis of organic materials in asian lacquers. Studies in Conservation, 2016, 61(sup3): 3-27.

Thermofish 手持式荧光测试棕色颜料

Thermofish 手持式荧光测试黄色颜料

Thermofish 手持式荧光测试描金颜料

Artax 荧光能谱仪测试描金颜料

Artax 荧光能谱仪测试红色颜料

Artax 荧光能谱仪测试绿色颜料

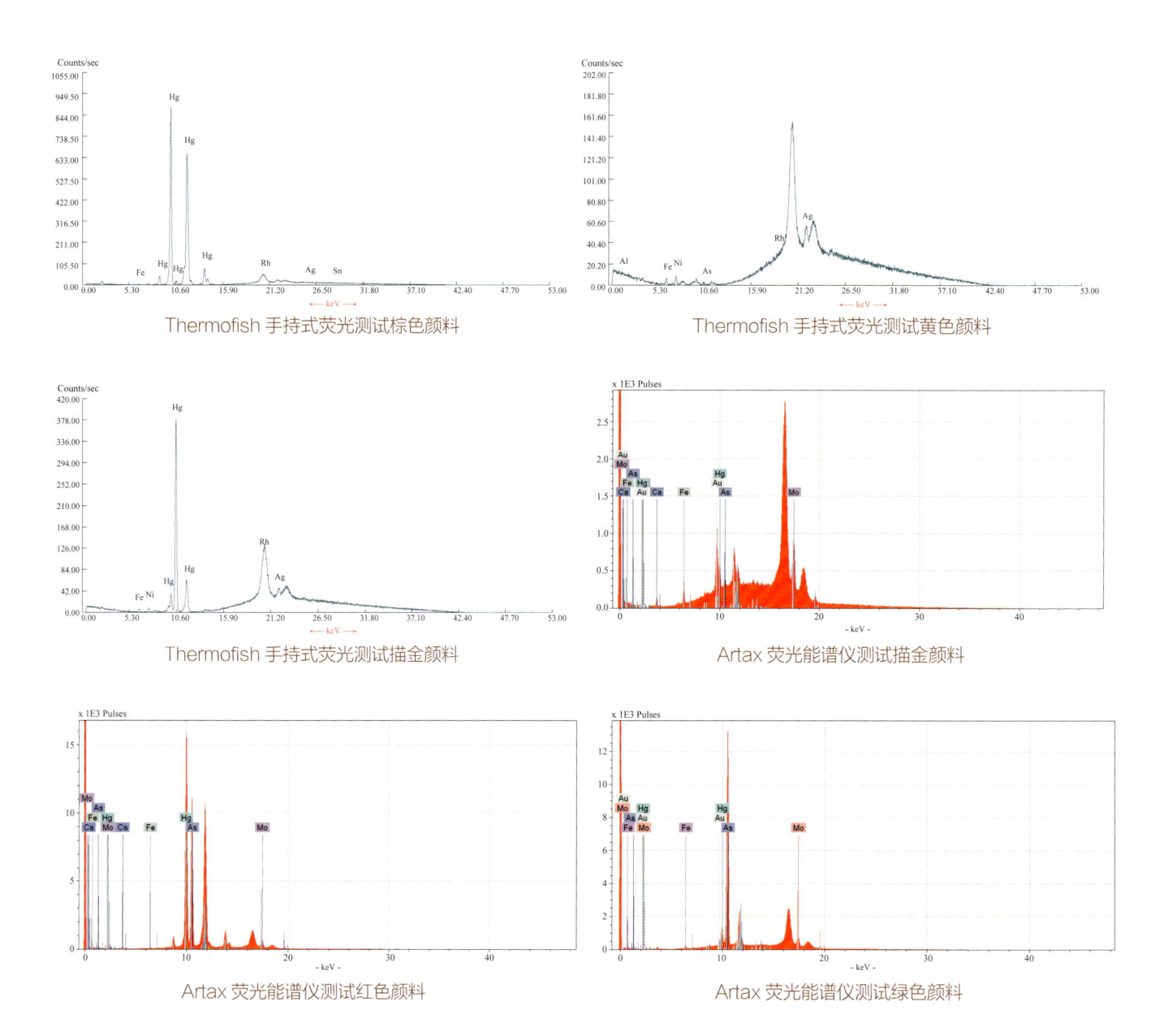

图 1-2-51 漆膜颜料 X 射线荧光谱图

表 1-2-6 Artax 荧光能谱仪测试漆膜颜料元素组成（wt/%）

漆膜样品	Hg	Ca	Fe	As	Au
红	75.3	5.6	0.4	18.7	—
绿	3.0	7.4	1.6	83.9	4.1
棕	5.4	78.2	11.9	1.3	3.2
黄	16.7	—	—	74.9	8.4
金	25.3	—	5.1	—	69.6

4.2.2.2 显微激光拉曼光谱

利用显微激光拉曼光谱对各色漆膜颜料成分进行分析，采用 λ_0=532 nm（YAG 激光器），λ_0=785 nm 的激发光源（半导体激光器），物镜 50 倍长焦，信号采集时间 10～30s，累加次数 1～2 次，光栅 600，狭缝宽度 100μm，仪器分辨率 2cm^{-1}，光斑尺寸 1μm，采用单晶硅片校准，光谱测试范围 4000～100cm^{-1}，在显微镜下找准测试点，进行聚焦后测试，样品表面的激光功率 2～3mW。

结果如图 1-2-52。可见，漆膜红色颜料在 254、289、345cm^{-1} 附近均出现了有朱砂颜料的典型特征峰，可见漆膜呈色颜料为朱砂。表 1-2-7 为漆棺颜料无损分析结果汇总。红色和棕色颜料主要成分均为朱砂，黄色为雌黄，绿色含有雌黄，推测呈现绿色可能是在雌黄中加入了少量蓝色有机颜料花青的原因，因拉曼光谱荧光散射的影响，所以未能检出。

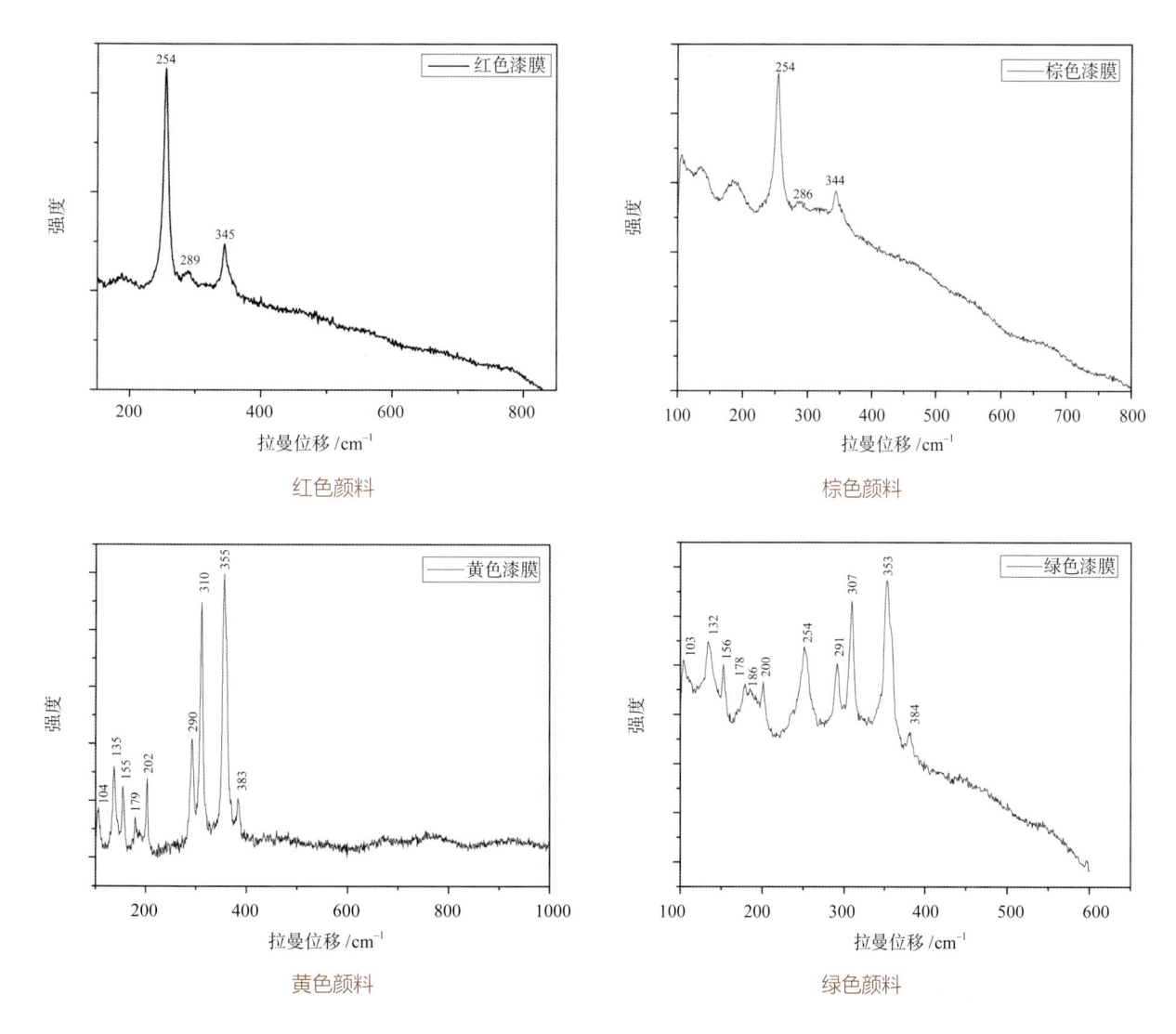

红色颜料

棕色颜料

黄色颜料

绿色颜料

图 1-2-52 漆膜颜料拉曼光谱图

表1-2-7　漆棺颜料无损分析结果汇总

颜色	主要元素	显色物相	化学式
红	Hg、S、Ca、Fe	朱砂	HgS
绿	As、Ca、Fe、Hg、Au	雌黄、蓝色有机颜料	As_2S_3、$C_{16}H_{10}N_2O_2$
棕	As、Ca、Fe、Hg、Au	朱砂	HgS
黄	As、Hg、Au	雌黄	As_2S_3
金	Au、Hg、Fe	金	Au

4.2.2.3 X射线粉晶衍射分析

在棺盖板、漆棺口沿及边角等多处发现漆灰上有白色的底漆层，应为《髹饰录》中提到的"糙漆"技艺。本研究采用X射线粉晶衍射分析白色底漆中的无机添加物，见图1-2-53。样品经研磨后无明显的晶体颗粒，所含矿物主要以黑云母（Biotite）、石英（Quartz）和方解石（Calcite）为主，含有少量正长石、斜长石、钠长石和石膏等。

4.2.3 漆灰层分析

4.2.3.1 扫描电子显微镜能谱分析

红色漆的颜料颗粒扫描电镜能谱分析结果见图1-2-54。可见，颜料颗粒中含有大量的汞元素，为朱砂调色。地仗漆灰扫描电镜能谱分析结果见图1-2-55，颗粒中含有大量的硅、铝、钙、铁、镁等元素。图1-2-56为地仗漆灰中的白色颗粒物能谱分析结果，主要为硅元素。

漆棺边角剖面能谱面扫描分析结果如图1-2-57，可见，从下至上分别为漆灰、裱布、底漆、朱漆、描金彩绘、罩漆。大漆中的碳、氧等元素均匀分布于各层，最下层漆灰中含有大量的硅、钙、铝等元素，底漆上的朱漆及彩绘层中含有汞、硫、金等元素。

漆棺盖板剖面扫描电镜能谱背散射图像分析结果见图1-2-58，表1-2-8为棺盖板成分分析结果。左侧盖板GL-1和GL-2剖面可见漆层与底灰层，GL-1漆层共8层，成分结果显示其主要元素均为C和O，含量分别在72%～82%和16%～25%之间。图像显示GL-1漆层的分界清晰平滑，说明多层刷漆是在底漆干燥后打磨再行刷漆的，故而呈现平滑的分界线。GL-1底灰层有3层，最贴近漆层的底灰层（图1-2-58c EDS1）和最贴近木胎的底灰层（图1-2-58c EDS5），主要成分也是C和O，图1-2-58c EDS1的C和O含量分别为62.46%和25.41%，图1-2-58c EDS5的C和O含量分别是57.37%和27.91%，与漆层接近。

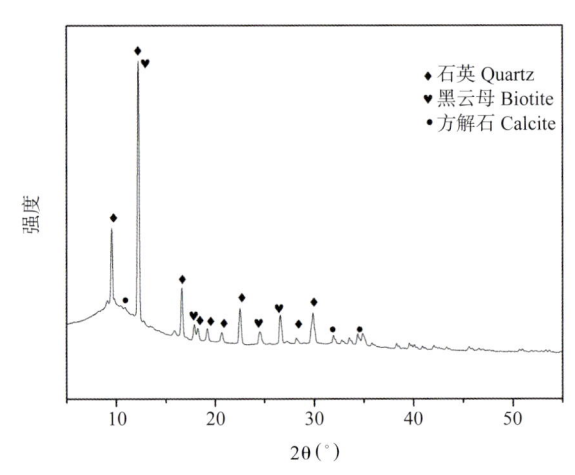

图1-2-53
白色底漆中的无机添加物X射线衍射分析结果

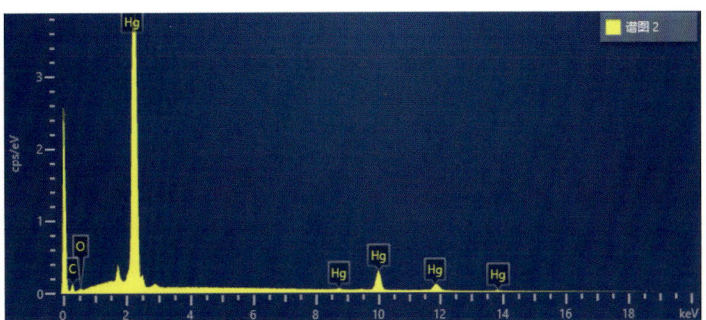

第二章　彩绘漆棺的制作材料及成型工艺分析

图 1-2-54　红色漆颜料扫描电镜能谱

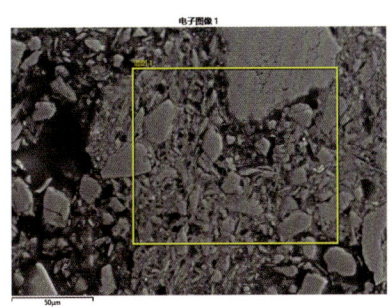

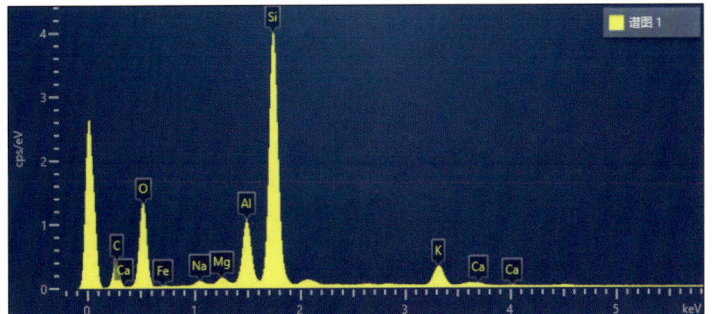

图 1-2-55　地仗漆灰扫描电镜能谱

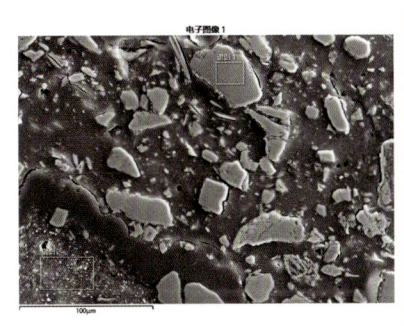

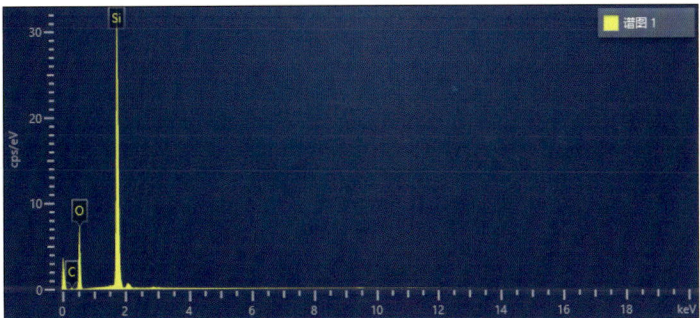

图 1-2-56　地仗漆灰白色颗粒物扫描电镜能谱

但此二层底灰的 Si 含量则高达 7.23%，底灰层中夹杂的大量颗粒物应是 Si 的主要来源，根据成分推测颗粒物可能含有石英、长石等，提示底灰所用原料。

GL-2 是左侧盖板的另一件样品，漆层至多 5 层，层数较 GL-1 少，分界线不若 GL-1 清晰，可能是取样位置差异导致的，但 GL-2 漆层的界限同样是平滑的。成分结果显示，漆层的主要元素均为 C 和 O，含量分别在 69% ~ 74% 和 25% ~ 28% 之间。底灰层有 4 层（图 1-2-58d EDS6 ~ 9），除最贴近漆层的底灰层（图 1-2-58d EDS6）因测试区域中颗粒物过多导致未能检出 C 含量外，其余两层底灰的主要成分是 65% ~ 85% 的 C 和 13% ~ 24% 的 O，与漆层接近。底灰中的颗粒物含有较高的 K、Al、Si，提示可能是某种长石。

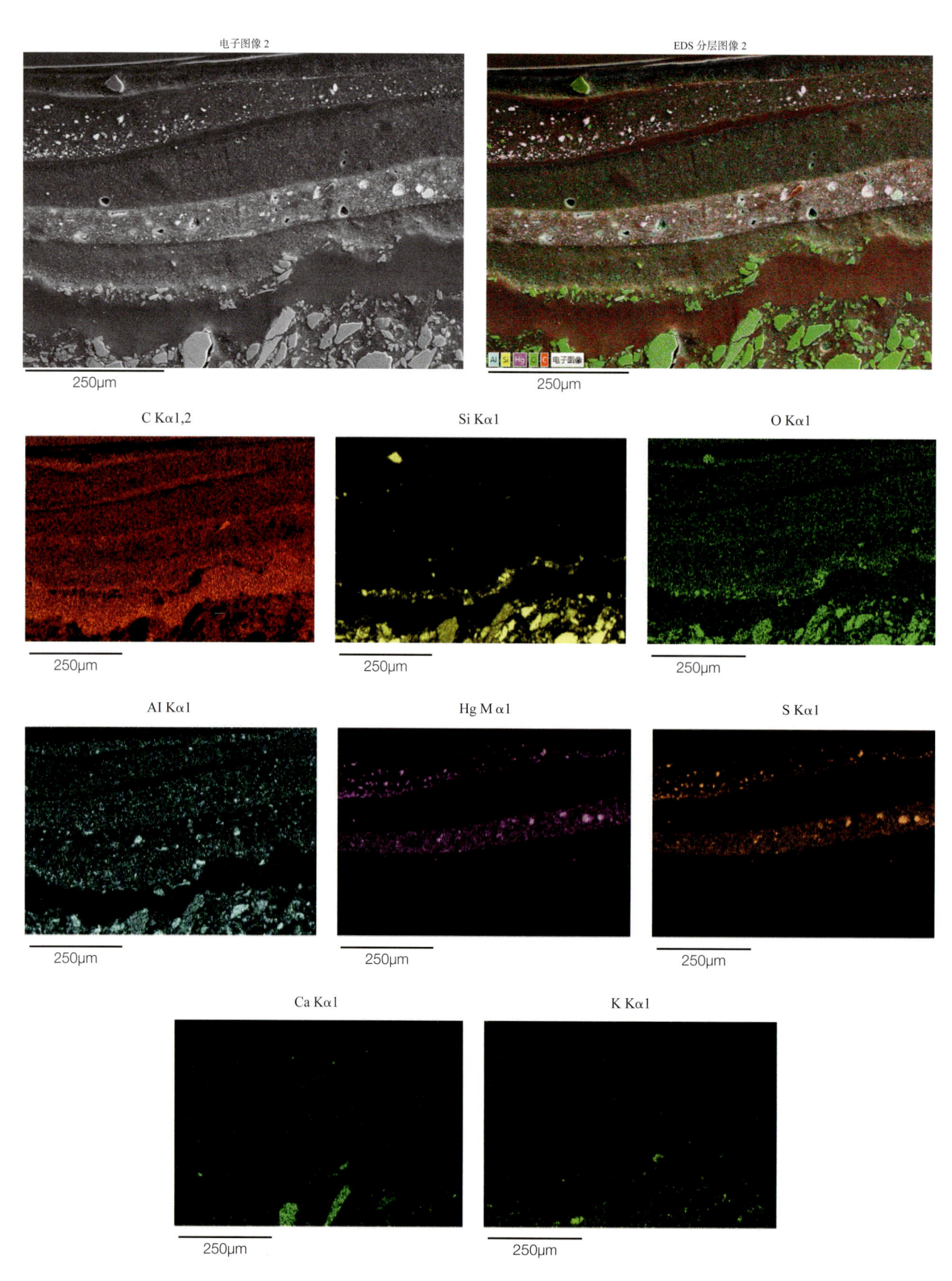

图 1-2-57 漆棺边角剖面能谱面扫描分析结果

第二章　彩绘漆棺的制作材料及成型工艺分析

a. GL-1（50 ×）

b. GL-1 漆层（130 ×）

c. GL-1 底灰层（90 ×）

d. GL-2（45 ×）

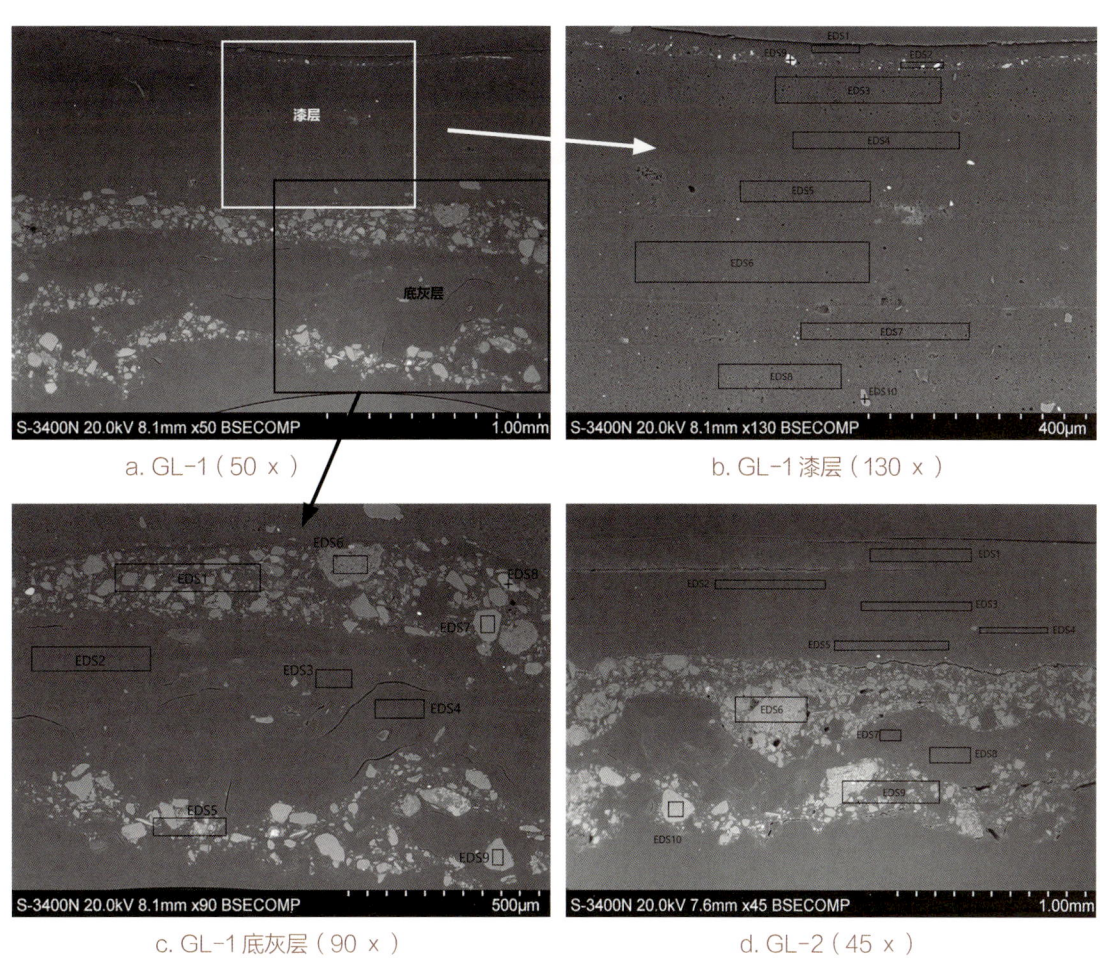

图1-2-58　漆棺盖板剖面扫描电镜能谱背散射图像

表1-2-8　棺盖板成分分析结果（wt%）

样品编号	测试区域		C	O	Na	Mg	Al	Si	Cl	S	K	Ca	Ti	Fe	As
GL-1	（b）EDS1	漆层	72.37	22.99			0.35	0.99		1.16		1.37			0.77
	EDS2	漆层	73.72	16.62			0.25	0.47		2.99	0.11	0.40			5.44
	EDS3	漆层	74.96	24.63								0.40			
	EDS4	漆层	81.61	17.85			0.21		0.33						
	EDS5	漆层	77.30	22.20								0.50			
	EDS6	漆层	76.04	23.51			0.21					0.24			
	EDS7	漆层	76.55	22.90			0.18	0.18				0.19			
	EDS8	漆层	75.92	23.82								0.26			
	EDS9	颗粒物	43.94	1.68						19.62					34.77

(续表)

样品编号	测试区域	C	O	Na	Mg	Al	Si	Cl	S	K	Ca	Ti	Fe	As
	EDS10	颗粒物	23.19	45.09				31.72						
	(c)EDS1	底灰层	62.46	25.41	0.39	0.32	1.94	7.23			0.69	0.38	0.11	1.06
	EDS2	底灰层	85.33	14.12					0.55					
	EDS3	底灰层	79.40	19.85					0.21					0.55
	EDS4	底灰层	85.37	14.08					0.55					
	EDS5	底灰层	57.37	27.91	0.68	0.24	2.72	7.84		0.08	0.56	1.13		1.46
	EDS6	颗粒物		45.90	1.60	0.95	8.60	34.32			2.58	0.70	0.70	4.64
	EDS7	颗粒物		43.97	1.03		10.42	31.39			13.20			
	EDS8	颗粒物	12.56	36.56			1.01	12.15				17.59	19.46	0.68
	EDS9	颗粒物	13.83	46.61				39.55						
GL-2	(d)EDS1	漆层	69.64	28.10				1.80				0.46		
	EDS2	漆层	69.33	28.34				1.89				0.43		
	EDS3	漆层	73.60	25.35				0.81				0.24		
	EDS4	漆层	71.48	25.61			0.29	2.41				0.21		
	EDS5	漆层	70.19	27.66				1.92				0.23		
	EDS6	底灰层		48.27	0.80	0.67	6.34	35.42			4.48	1.00	0.39	2.63
	EDS7	底灰层	85.44	13.98					0.58					
	EDS8	底灰层	76.23	22.72			0.25	0.17		0.14		0.20		0.28
	EDS9	底灰层	65.98	24.41	0.27	0.12	1.33	6.31	0.16		0.40	0.30	0.17	0.57
	EDS10	颗粒物		41.31	1.21	0.24	5.93	44.66			5.81			0.84

4.2.3.2 微区X射线衍射

漆灰层中常见的无机添加材料主要有角灰、骨灰、蛤灰、砖灰、瓷灰、砥灰、河沙、黄土、高岭土等。本研究采用荷兰X′Pert ProMPD X射线衍射仪测试漆灰层无机物质组成，测试条件为管压40kV，管流40mA，Cu靶，扫描范围2θ为5°～70°。结果见图1-2-59。主要成分为石英（Quartz）、方解石（Calcite）、钠长石（Albite）等。可见，漆灰与一些土壤的成分特点非常接近，这表明漆灰中的填料很可能是硅酸盐黏土类矿物。这表明在制作漆灰时，当时的工匠选用了以石英、长石为主的矿物，并且通过筛选和研磨等步骤把它们制作成非常细的粉末作为漆

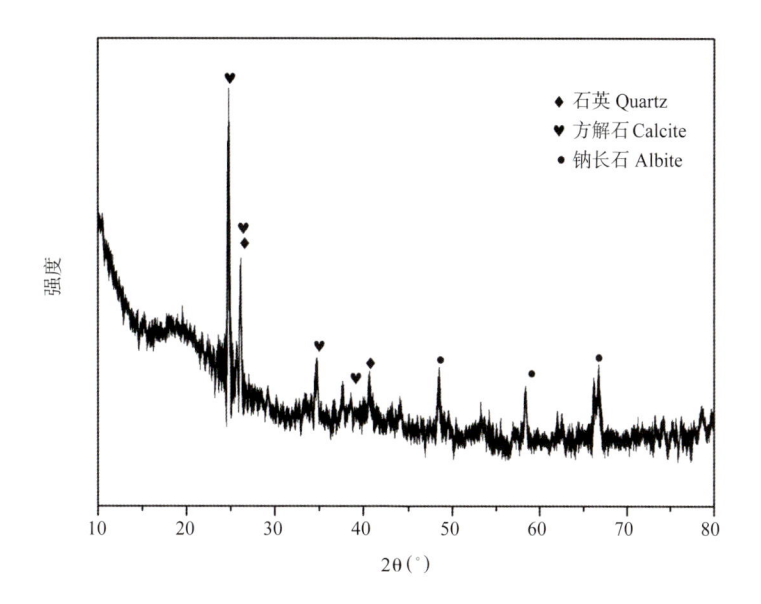

图 1-2-59 漆灰层分析

灰中的填料物质。漆器的断面切片显示了漆器在制作时，一般会先在胎体上刮灰地，分为粗、中、细多层不同颗粒度的漆灰，然后裱上麻布。漆灰层是非常薄的，其中的填料也是很细的，制作得非常精细。《说文解字》有"垸，以黍和灰而髹也"的记载。由此可见，"垸漆"工艺，即漆灰工艺[1]。按照现代髹漆业的认识，漆灰可以掩盖胎体表面的洞眼、裂缝、擦痕等，起到补平缺损的作用，同时也能够起到增强漆膜附着力，达到省料、省工的目的。《髹饰录》曾对明代的漆灰工艺有过记载："垸漆，一名灰漆，用角灰、磁屑为上，骨灰、蛤灰次之，砖灰、坏屑、砥灰为下。皆筛过，分粗、中、细，而次第布之如左。灰毕而加糙漆。"可以判断该漆灰采用了砖灰等硅酸盐黏土。

4.2.3.3 还原酚酞试验法

《中国传统工艺全集·漆艺》记载了漆工艺用到的材料包括黏合剂和灰料，黏合剂主要有生漆、干性油、动物胶、糯米糊、生面粉、生猪血等，灰料主要有角灰、骨灰、蛤灰、砖灰、瓷灰、砥灰、河沙、黄土、高岭土等[2]。漆棺边角多处底灰层已经老化松脆、多处脱落。为了对漆灰的修补材料作出正确选择，需要确定漆灰层中的有机添加物是否含血料（古代漆工艺中的血料一般指猪

---

[1] （东汉）许慎撰，臧克和、王平等编：《说文解字全文检索》，南方日报出版社，2004年，第495页。
[2] 路甬祥总主编，乔十光分册主编：《中国传统工艺全集·漆艺》，大象出版社，2004年，第87～109页。

血）。采用浙江大学文物保护材料实验室的检测方法进行有机添加物血料的定性检测，用pH值试纸检测灰浆样品保存环境的酸碱性，用还原酚酞试验法检测样品中是否存在血料。去干扰后检测，若显红色，则可能含有血料。该方法的血料检测限为0.2%。加水后的pH值和有机添加物检测结果列于表1-2-9，显色结果如图1-2-60所示。经pH值检测，赵谅墓漆棺漆灰样品pH值为5～6，略呈酸性（意味着即使原来含血料也难保存）；经过有机物检测，无血料显色现象，未检出血料添加物。因此，漆灰层有机物质依然以大漆为主。

表1-2-9 加水后的pH值和有机添加物检测结果

样品编号	加水pH值	血料
QH	5～6	-

注：检测结果表示中，+表示有显色现象，-表示无显色现象

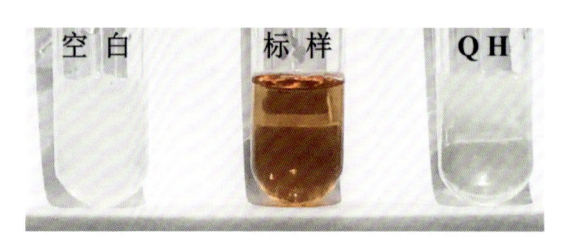

图1-2-60 漆灰血料检测显色结果

第五节

棺钉及棺口密封材料分析

5.1 棺钉的测试分析

5.1.1 棺钉的发现概况

漆棺头挡板、足挡板、左右两侧壁板、棺盖板等多处均发现棺钉。棺钉在早期的主要功能是装饰棺面。而后，随着冶铁技术的不断发展，棺钉的装饰功能逐渐减弱，至明清时期，实用功能日趋完善，可以起到加固棺盖和棺板的作用。

本节对棺盖板发现的 1 枚较完整的棺钉（图 1-2-61）进行测试分析。棺钉总长约 13 厘米，一端略粗，一端略细，钉体锈蚀较严重，呈现疏松黄褐色的外观形态，触及易掉渣。

梳理全国各地出土明代漆棺的棺钉情况（表 1-2-10）后，发现明代棺钉的材质主要有铁质、铜质、银质三种，从赵谅墓漆棺棺钉的锈蚀程度推测，其材质应为铁质。

明墓各发掘报告里明确描述棺钉的形制主要有四方形、圆帽尖头形（图 1-2-62a）、系环

图 1-2-61 赵谅墓漆棺描金彩绘漆棺棺钉

形（图 1-2-62b）。四方形棺钉各简报中未给出线图，但应不难想象。从赵谅墓漆棺的棺钉外形看，棺钉顶部没有圆环和圆帽，其形制是四方形的可能性较大。但前文图 1-2-4 和图 1-2-5 分别是棺体头、足挡的 X 射线透视照片，图中的棺钉更近似枣核形，呈两头尖、中间略鼓状。根据盖板棺钉位置的不同，推测棺盖板的棺钉不排除有两种外形——四方形和枣核形。

表1-2-10　全国出土明代漆棺棺钉情况统计

遗址	墓葬	棺钉描述
广东省韶关市仁化县石马龙地明墓[1]		8枚，均铁质，严重锈蚀，部分保存较好，长5~12厘米
广东省四会市明墓[2]	M6	棺木已朽，仅遗存铁棺钉10枚，其一残长9.8厘米
广东省四会市明墓[2]	M2	木棺已朽，残存铁棺钉3枚
浙江省长兴县石泉明墓[3]	M1	葬具有棺榫2件、棺钉若干及棺木产品
河南省郑州市黄岗寺明墓[4]		棺木已朽，地上有棺钉
重庆市巴南区石马湾明墓[5]	M1	木棺外表面可见残留的红色漆皮和生锈的棺钉
安徽省滁州市南小庄明墓[6]		银棺钉，完整者1枚，长15厘米
北京市朝阳区明墓[7]	M2	东棺四角各有伞帽形带环铁钉1枚
湖北省武汉市蔡甸区索河明墓[8]	M1	木棺四角各有圆形系环棺钉1枚，均已锈蚀脱落
四川省成都市龙泉驿区洪安镇红光村明墓[9]	M1	棺床上残留有棺钉
四川省成都市龙泉驿区洪安镇红光村明墓[9]	M5	墓底残存铁棺钉
福建省晋江市紫帽镇明墓[10]		墓室内葬具无存，仅见1枚铁棺钉和若干棺木漆皮。棺钉一头圆帽，一头尖，长17.4厘米，帽径3.8厘米
河南省南召县云阳镇明墓[11]		葬具不详，仅见部分锈迹斑驳的棺钉
湖北省京山市南郊明墓[12]	M3	棺木和人骨腐朽无存，有数根铁质棺钉

---

[1] 广东省文物考古研究所：《广东仁化县石马龙地明墓发掘》，《南方文物》2013年第2期，第35~38、197页。
[2] 杨豪、邓小红：《广东四会发现三座明墓》，《考古》1994年第2期，第184、188~190页。
[3] 浙江省文物考古研究所、长兴县文物保护管理所：《浙江长兴石泉明墓发掘简报》，《文物》2015年第7期，第53~58页。
[4] 郑州市文物考古研究院：《郑州黄岗寺明墓发掘简报》，《东方博物》2009年第2期，第88~93页。
[5] 重庆市文化遗产研究院、重庆文化遗产保护中心：《重庆市巴南区石马湾明墓发掘简报》，《四川文物》2013年第6期，第16~21页。
[6] 朱振文、夏天霞：《安徽滁州市南小庄发现明墓》，《考古》1996年第11期，第85~88页。
[7] 北京市文物研究所：《北京华能热电厂明墓发掘简报》，《文物春秋》2006年第6期，第47~50页。
[8] 武汉市博物馆、蔡甸区博物馆：《蔡甸区索河明墓发掘简报》，《江汉考古》1998年第3期，第79、90~91页。
[9] 成都文物考古工作队、龙泉驿区文物保护管理所：《成都市龙泉驿区洪安镇红光村明墓群发掘简报》，《成都考古发现·2017》，科学出版社，2019年，第502~521页。
[10] 福建博物院、泉州市博物馆、晋江市博物馆：《福建晋江紫帽明墓发掘报告》，《东南文化》2007年第5期，第33~38页。
[11] 南召县博物馆：《河南南召县云阳镇明代纪年墓》，《华夏考古》2013年第4期，第23~26页。
[12] 京山县博物馆：《湖北省京山南郊明墓清理简报》，《江汉考古》1992年第4期，第33~38页。

（续表）

遗址	墓葬	棺钉描述
湖北省孝昌县石板地明墓[1]	M1	南、北二室皆发现锈蚀铁棺钉，棺木已朽
	M2	南、北二室皆发现锈蚀铁棺钉，棺木已朽
	M3	墓室发现有锈蚀的铁棺钉，棺木已朽
湖南省衡阳市郊明墓[2]		5座明墓随葬器物简单，部分墓葬除遗存铁棺钉外，余无他物
湖南省芷江侗族自治县木油坡明墓[3]	M2 M3 M4 M9	铁棺钉共33枚，分二式。 Ⅰ式：铁环钉，4枚。M3出土，形制相同。由铁钉、护圈、环扣三部分组成。铁钉系弯曲后打制而成，钉头部呈弧形，内有圆孔，上套环扣，护圈平面为圆形，距钉头顶部4厘米，环扣锻炼结合后，与铁钉咬合，可转动。整个铁环钉总长21厘米、护圈直径11厘米、环扣外径8.5厘米、内径6.5厘米。 Ⅱ式：方锥形钉，29枚。形制相同，长短有别。长者12枚，顶部长1厘米、宽0.6厘米、总长18.5厘米；短者17枚，顶部长1厘米、宽0.4厘米、总长10厘米
江苏省常州市火车站明墓[4]	M1	西侧室木棺已朽塌，仅存棺底板痕迹，痕迹中部发现铁质棺钉1枚
江苏省江阴市叶家宕明墓[5]	M3	棺盖与棺以榫卯相套，并用4枚铁钉将其钉牢
江苏省南京市雨花台区明墓[6]	ZM1	墓中葬具及人骨均腐朽，仅存少量铁棺钉
江苏省南京市戚家山明墓[7]	78NJXM1	墓内人骨及葬具均完全腐朽，仅发现铁棺钉若干
江西省德兴市香屯镇明墓[8]	M1	棺木、骨骸已朽烂，残存铁棺钉多枚
江西省德兴市万村乡明墓[9]	M2	墓穴内残存一些漆棺皮和锈蚀铁钉
江西省南昌市江联小区明墓[10]		棺盖与棺均为榫卯相套，并用四个铜钉钉牢
江西省南昌市青云谱明墓[11]		棺椁、尸体均腐。地面上有铁棺钉和残漆片

[1] 湖北省文物考古研究所：《湖北孝昌石板地明墓发掘简报》，《江汉考古》2003年第4期，第25～29页。
[2] 衡阳市文物工作队：《湖南衡阳市郊明墓清理简报》，《江汉考古》1994年第3期，第26～28页。
[3] 芷江县文物管理所：《湖南芷江木油坡明墓群清理报告》，《江汉考古》1997年第2期，第31～38页。
[4] 常州博物馆：《江苏常州火车站南广场明墓发掘简报》，《东方博物》2020年第3期，第15～20页。
[5] 江阴博物馆：《江苏江阴叶家宕明墓发掘简报》，《文物》2009年第8期，第30～45页。
[6] 南京市博物馆：《江苏南京市南郊两座大型明墓的清理》，《考古》1999年第10期，第31～38页。
[7] 南京市博物馆、雨花台区文化局：《江苏南京市戚家山明墓发掘简报》，《考古》1999年第10期，第18～26页。
[8，9] 孙以刚：《江西德兴市两座明墓》，《南方文物》1998年第2期，第120～122、125页。
[10] 江西南昌市博物馆：《江西南昌市江联小区明墓发掘简报》，《南方文物》2013年第4期，第36～39页。
[11] 陈文华：《南昌市青云谱清理大型明墓一座》，《文物工作资料》1962年第2期，第4页。

（续表）

遗址	墓葬	棺钉描述
江苏省南京市林业大学明墓[1]	M13	棺框周边残留铁棺钉及4个铁环
江苏省南京市市北郊明墓[2]		两墓内棺、尸俱朽，发现铁棺钉
江苏省南京市太平门外岗子村明墓[3]	吴忠墓	葬具腐朽散乱。银棺钉4枚，作四方形，圆帽尖顶，顶长21厘米
江苏省南京市中华门外明墓[4]	M3	银棺钉1枚，四方形，一面铸有"银"字，长11厘米
福建省南平市延平区明墓[5]	大横M1	铁棺环3件，均呈圆环状，截面为菱形。环套一细尖状棺销。M1:11，直径8厘米。棺销完整，长5.8厘米。M1:12，直径7.8厘米。棺销残断，残长4.4厘米。M1:13，圆环略呈椭圆状，直径8.2厘米。棺销残缺。棺环厚均0.5~0.7厘米。铁棺钉2枚，平面呈"T"状。钉帽平整微斜，钉身截面呈长方形，尖部均残。M1:14，钉身略弯曲，钉帽两端厚薄不一。全长19.2厘米、钉身厚0.9厘米、帽长2.8厘米、厚0.2~0.5厘米。M1:15，钉身残断较甚，全长11.3厘米、钉身厚1厘米、帽长3.3厘米、厚0.6厘米
四川省邛崃市羊安工业区明墓[6]	F30M7	葬具为木棺，现残存棺钉
	F30M10	有棺钉
	F30M5	墓底出土铁棺钉3枚
	F30M11	墓底有棺钉
	F30M6	墓葬出土铁棺钉2枚
	F30M13	有棺钉
	F30M14	墓底残存棺钉
	F30M9	有棺钉
	F30M2	墓底有棺钉
福建省泉州市江南街道明墓[7]	M1	棺木已朽，仅存部分墓主骨骸和棺钉

[1] 南京市考古研究院：《南京林业大学四座明墓的发掘》，《中国国家博物馆馆刊》2020年第4期，第68~81页。
[2] 魏百龄：《南京市北郊发现明墓两座》，《考古通讯》1957年第1期，第68页。
[3] 南京市文物保管委员会：《南京太平门外岗子村明墓》，《考古》1983年第6期，第572~574页。
[4] 南京市文物保管委员会：《南京中华门外明墓清理简报》，《考古》1962年第9期，第470~478页。
[5] 南平市博物馆、南平市延平区文化体育新闻出版局：《南平市延平区明墓清理简报》，《福建文博》2018年第3期，第9~16页。
[6] 成都文物考古研究所、邛崃市文物局：《邛崃市羊安工业区墓群明墓发掘简报》，《成都考古发现·2011》，科学出版社，2013年，第569~594页。
[7] 泉州市博物馆：《泉州市江南街道明墓清理简报》，《福建文博》2012年第1期，第39~43页。

(续表)

遗址	墓葬	棺钉描述
湖北省三峡库区狮子包明墓[1]		若干棺钉
陕西省铜川市明内官太监成敬墓[2]		1号棺铁棺钉3枚
四川省邛崃市羊安墓群24号点明墓[3]	M16	在墓室中发现有铁棺钉
	M18	有铁棺钉
四川省岳池县明墓[4]		残存有棺钉多枚
陕西省铜川市阿来明墓[5]	M6	在棺的西北角、东北角有铁棺钉相互对角钉如棺木的残迹
浙江省杭州市萧山区水漾坞明墓[6]	M15	墓室内有少量棺钉
	M23	墓底发现棺木朽痕，并见数枚朽残的铁棺钉
	M9	墓室内存留若干棺钉
浙江省台州市黄岩岙口村明墓[7]		间或有几枚铁质棺钉

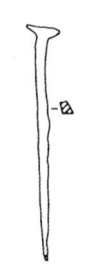

a. 福建省南平市延平区明墓圆帽尖头形棺钉[8]　　b. 湖南省芷江侗族自治县木油坡明墓系环形棺钉[9]

图 1-2-62 明墓出土棺钉形制

[1] 宜昌博物馆、秭归县屈原纪念馆：《三峡库区狮子包明墓清理简报》，《江汉考古》1997年第2期，第27～30、92页。
[2] 铜川市考古研究所：《陕西铜川明内官监太监成敬墓发掘简报》，《考古与文物》2017年第5期，第26～36页。
[3] 成都文物考古研究所、邛崃市文物局：《四川邛崃羊安墓群24号点宋明墓发掘简报》，《成都考古发现·2010》，科学出版社，2012年，第598～612页。
[4] 杨仁：《四川岳池县明墓的清理》，《考古通讯》1958年第2期，第52页。
[5] 陕西省考古研究院、铜川市考古研究所：《铜川阿来金、明墓葬发掘简报》，《文博》2015年第2期，第17～24页。
[6] 杭州市文物考古研究所、萧山博物馆：《萧山水漾坞明墓发掘简报》，《东方博物》2016年第3期，第32～39页。
[7] 林杰、胡微娜：《浙江省台州市黄岩区岙口村明墓发掘简报》，《东方博物》2019年第2期，第7～11页。
[8] 南平市博物馆、南平市延平区文化体育新闻出版局：《南平市延平区明墓清理简报》，《福建文博》2018年第3期，第9～16页。
[9] 芷江县文物管理所：《湖南芷江木油坡明墓群清理报告》，《江汉考古》1997年第2期，第31～38页。

5.1.2 测试条件

为了获取赵谅墓漆棺棺钉的基本信息，我们对棺钉进行了成分分析和物相分析，分析测试条件如下。

采用日本 Horiba XGT-5000 型 X 射线荧光光谱仪对棺钉掉落的粉末样品进行成分分析，分析电压 30kV，光斑直径 100μm，真空模式，测试时间 100s。

采用日本 Horiba HR800 型激光显微共焦拉曼光谱仪对剥落的铁钉样块进行微区物相分析，采用 532.08nm 作为激发光源，50× 物镜，信号采集时间 50s，累加次数 2 次，光栅 600lines/mm，狭缝宽度 100μm，仪器分辨率 2cm^{-1}，光斑尺寸 1μm，采用单晶硅片校准，光谱测试范围 2000～70cm^{-1}。

5.1.3 实验结果

赵谅墓漆棺棺钉粉末样品的 X 射线荧光光谱分析（XRF）谱图（图 1-2-63）和数据结果（表 1-2-11）显示，主要成分 Fe 的含量超过 95%，Si、S 和 Ca 的含量在 0.5%～2% 范围，Mn 的含量低于 0.2%，证实了上文的推测，棺钉是铁质。

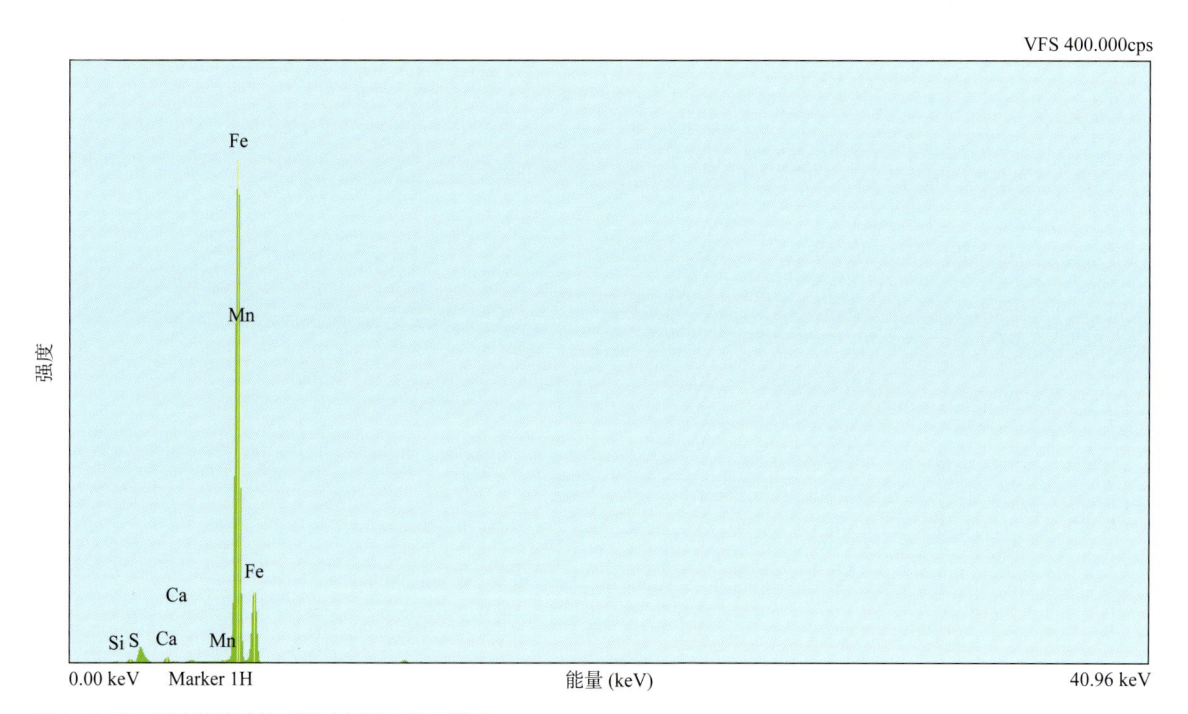

图 1-2-63 赵谅墓漆棺棺钉粉末样品 XRF 谱图

表 1-2-11 赵谅墓漆棺棺钉粉末样品成分分析（wt%）

测试点	Si	S	Ca	Mn	Fe
1	1.94	0.85	1.30	0.10	95.82
2	2.14	1.13	1.15	0.16	95.42

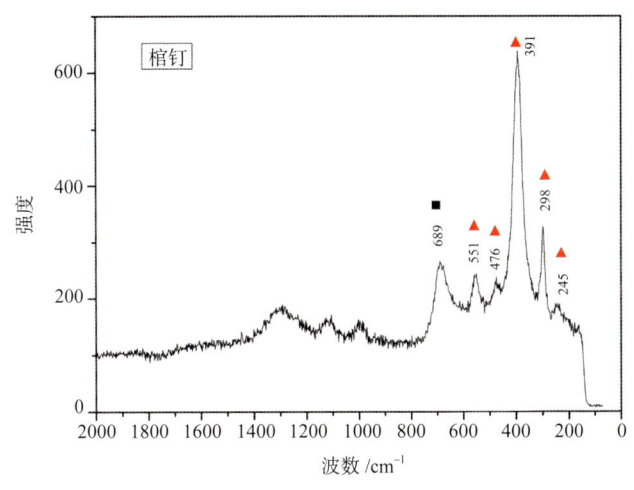

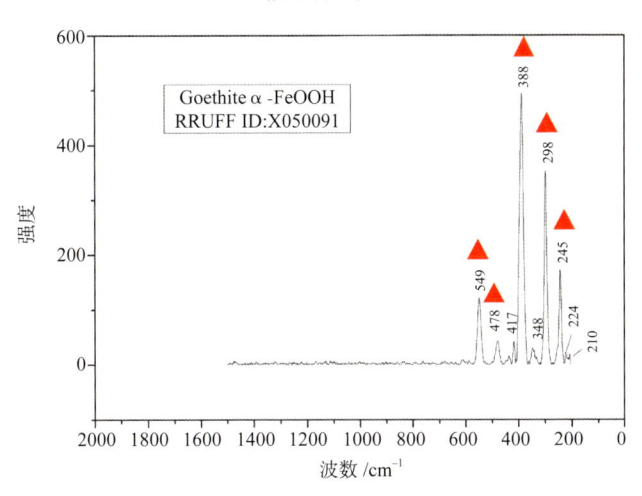

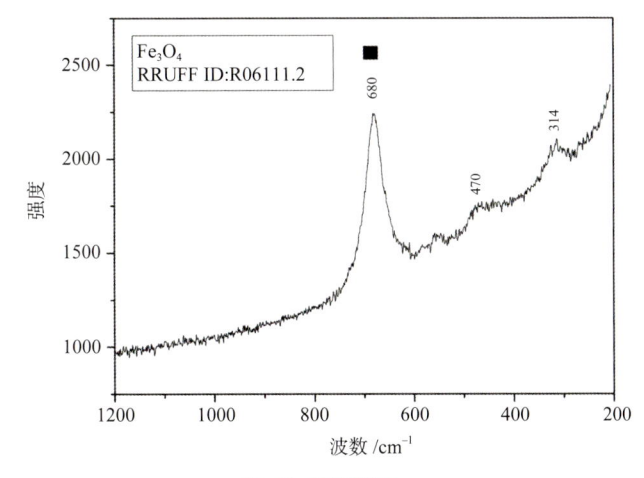

棺钉的激光拉曼光谱见图1-2-64，棺钉的最强信号出现在391cm^{-1}，次强信号出现在298cm^{-1}，其他信号分别出现在476cm^{-1}、551cm^{-1}位置，拉曼光谱提示锈蚀物应为针铁矿α-FeOOH。在689cm^{-1}位置还有一个较强的拉曼峰，可能是磁铁矿Fe$_3$O$_4$的主峰。

5.1.4 结论

明赵谅墓描金彩绘漆棺所用棺钉为铁质，棺钉已严重锈蚀，推测金属基体存留较少，可能已经全部矿化。腐蚀产物完全包裹棺钉，并且隆出器表，很难观察到棺钉的原始形貌。明代漆棺所用棺钉的形制类型主要有四方形、圆帽尖头形和系环形，从棺钉完整样品的锈蚀外轮廓推测，其形状应是四方形，主要功能是将棺盖板和棺体固定起来。而漆棺的头挡、足挡X射线透视照片还发现了枣核形棺钉，主要用于拼合小块木板组成头/足挡。棺盖板同样由两块长条形木板拼合而成，推测其也使用了枣核形棺钉。

铁的氧化物是铁器表面腐蚀产物铁锈的主要成分，常见的有针铁矿（α-FeOOH）、四方纤铁矿（β-FeOOH）和纤铁矿（γ-FeOOH）等[1]。拉曼光谱结果证实了该认识，净德寺遗址铁质棺钉的锈蚀物主要为针铁矿（α-FeOOH），α-FeOOH是晶型比较稳定的羟基氧化铁[2]。腐蚀产物还有一定量的磁铁矿（Fe$_3$O$_4$）。在分析腐蚀产物基础上，后续将对铁质棺钉进行保护研究。

图1-2-64 棺钉锈蚀物与对应物标准拉曼光谱图

[1] Huang Y H, Zhang T C. Effects of dissolved oxygen on formation of corrosion products and concomitant oxygen and nitrate reduction in zero-valent iron systems with or without aqueous Fe2$^+$. Water Research, 2005, 39(9): 1751-1760.

[2] 张月玲、张然：《山东青州香山西汉墓出土凝结铁器锈蚀特征分析及科学保护》，《文物保护与考古科学》2014年第1期，第54～60页。

5.2 棺口密封材料

在漆棺口沿发现大量的白色物质，疑为棺盖板密封材料（图1-2-65）。

为定性分析白色物质，采用激光拉曼光谱对白色物质进行无损分析。分析条件如下：采用日本 Horiba HR800 型激光显微共焦拉曼光谱仪对漆棺口白色物质进行微区物相分析，采用 532.08nm 作为激发光源，50× 物镜，信号采集时间 50s，累加次数 2 次，光栅 600lines/mm，狭缝宽度 100μm，仪器分辨率 2cm^{-1}，光斑尺寸 1μm，采用单晶硅片校准，光谱测试范围 2000～70cm^{-1}。

取样后采用激光拉曼光谱进行分析（见图1-2-66），结果显示拉曼峰 184、414、494、610、1008 和 1135cm^{-1}，与石膏（Gypsum，$CaSO_4·2H_2O$）的拉曼峰特征（180、413、493、618、669、1008、1132）一致，其中 1008cm^{-1} 处为 SO_4^{2-}（v，振动模式）的强吸收峰。结果表明，白色粉末为石膏。可以起到棺口密封以及防虫的作用。

图 1-2-65 漆棺口沿白色物质

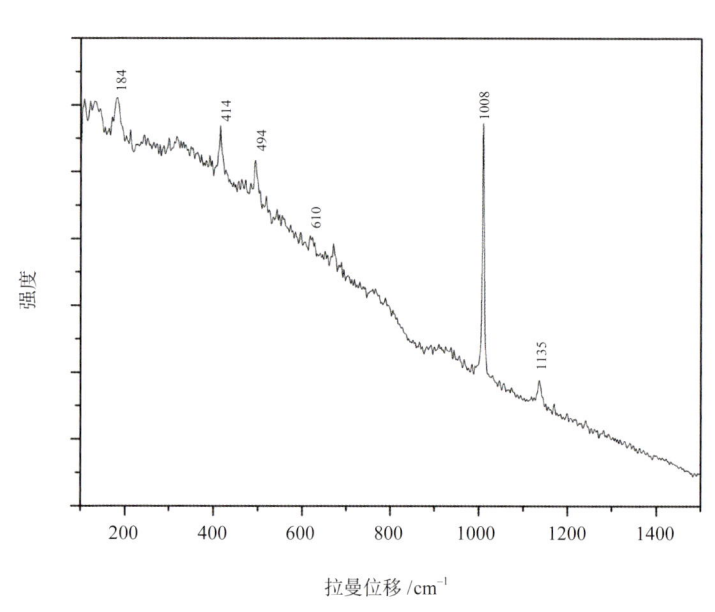

图 1-2-66 棺口白色粉末拉曼光谱

第三章 彩绘漆棺的病害分析及成因调查

第一节

主要病害及示意图

漆木器指以竹、木等有机质材料为基体，采用大漆、颜料、瓦灰及干性油等材料组成的一类特殊的器物[1]。漆木器的发明与制作历史悠久，早在距今八千多年的新石器时代就已经出现髹漆实用器具——浙江萧山跨湖桥遗址出土的漆弓[2]。北方漆木器文物在出土前长期埋藏于潮湿土壤环境中，受到埋藏环境中地下水、酸、碱、盐、温湿度、土壤氧气含量以及地表植被根系繁衍覆盖等因素影响，出土时多为非饱水状态，常见漆皮翘曲、开裂、脱落、木胎糟朽变形等严重病害，保存状况堪忧。出土后面临温湿度骤变等影响，病害有进一步劣化加剧的趋势。因此对于北方地区出土漆木器文物病害种类繁多的情况，病害统计调查尤为重要。病害图作为文物保护修复方案、文物档案中的重要组成部分，可以将文物病害完整清晰地展示出来，帮助文物保护工作者快速全面地掌握文物病害情况，更加具有针对性地设计文物保护修复方案。本文以北京石景山地区出土明代赵谅墓描金彩绘漆木器为例，运用 Adobe Illustrator CS6 软件（以下简称 AI），根据行业标准《馆藏出土竹木漆器类文物病害分类与图示》（WW/T0003—2007），详细介绍了竹木漆器文物病害图的绘制方法与流程，并针对现行行业标准未涉及的植物根系病害，首次设计了针对该病害的新图例，对于漆木器文物病害标识图例的补充完善具有参考意义。

1.1 漆木器文物病害

（一）北方出土竹木漆器类文物病害分类及标识图例

常见出土漆木器文物病害有胎体病害、漆膜病害、彩绘病害、字迹病害、饰件病害。胎体病害包括：饱水、残缺、断裂、裂隙、变形、变色、动物损害、微生物损害、盐类病害、糟朽；漆膜病害包括：残缺、脱落、裂隙、卷曲、

---

[1] 国家文物局：《馆藏出土竹木漆器类文物病害分类与图示》（WW/T0003—2007），《中华人民共和国文物保护标准汇编（一）》，文物出版社，2010年，第77、78页。

[2] 张飞龙、赵晔：《中国史前漆器文化源与流——中国史前生漆文化研究》，《中国生漆》2014年第2期，第1～7页。

表1-3-1 漆木器文物病害标识图例

编号	名称	图例	编号	名称	图例
1	残缺		7	脱落	
2	断裂		8	变色	
3	裂隙		9	漆膜起泡	
4	动物损害		10	漆膜卷曲	
5	微生物损害		11	植物损害（新增）	
6	糟朽				

注：出自《馆藏出土竹木漆器类文物病害分类与图示》（WW/T0003—2007）

起泡；彩绘病害包括：残缺、脱落、褪色；字迹病害包括：残缺、模糊[1]。

此件大型明代描金彩绘漆木器文物出土时状况较为复杂，文物表面覆盖大量植物根系，一定程度上妨碍了观察病害，在开展文物保护工作的病害评估阶段存在难度，根据观察与无损分析检测相结合的方法，识别出文物病害十余种。在对此文物保护修复过程中发现内外侧、口沿、木胎裂隙处及彩绘裂隙、漆灰层与木胎、几层漆皮之间分布着大量植物根系，根系短则一两厘米、长则十余厘米，粗细不等，部分植物根系甚至穿透漆皮，导致大面积漆皮残损脱落。木胎局部开裂，最小裂隙不足 0.5 厘米，最大裂隙 5 厘米。底樟板受到地下埋藏环境影响木质糟朽疏松，滋生大量霉菌虫害。通过绘制文物病害图可以清晰准确地掌握病害分布情况，但现行由荆州文物保护中心制作的行业标准内没有涉及植物侵扰类病害的相关标准，所以在识别病害和绘制病害图时针对此类病害首次设计了有别于其他病害图例的新图例，对漆木器文物病害标识图例的补充完善具有参考意义。此件文物出现的病害：①内外漆皮起泡、卷曲、脱落、裂隙；②局部木胎断裂、裂隙、残缺、糟朽；③植物根系；④微生物损害（霉菌）；⑤动物损害（螨虫、虫卵）（见表1-3-1）。

---

[1] 国家文物局：《馆藏出土竹木漆器类文物病害分类与图示》（WW/T0003—2007），《中华人民共和国文物保护标准汇编（一）》，文物出版社，2010年，第77、78页。

（二）漆木器病害图示素材库

AI 软件在文物病害图绘制中有一定优势，以此件大型漆木器文物来说，在绘制病害图时需要将正投影照片充分放大，分区域进行病害轮廓的描绘和标注，确保每个细节、每个微小的病害都能准确标注。在 AI 软件里放大图片依旧能保证画面清晰、线条平滑，所以绘制文物病害图选择 AI 软件更为合适。

AI 软件内本有的画板素材库包括常见的箭头、线段等符号，在文物病害图绘制中使用率较低，所以为简便操作及提高绘制漆木器文物病害图效率，可在正式绘图前在 AI 软件内新建图示素材库，素材库保存后可以在以后的绘图工作中继续使用，避免重复操作。下面介绍建立图示素材库的主要步骤。

第一步：打开 AI 软件，单击"文件—新建"菜单新建文档并命名为"漆木器病害图例"，可根据个人习惯选择画板的横竖取向，显示比例可自由调节。

第二步：为使图例大小统一适中且符合行业标准中的制图规范，可单击"视图"选择"显示网格"及"标尺—显示标尺"，使用网格和标尺作为绘图背景对初学者来说也会降低难度。画板建好即可开始绘图，参照行标中的规范图示依次绘制图示素材（见图 1-3-1）。

第三步：绘制图例最常用"钢笔工具""铅笔工具""矩形工具""直线段工具""文字工具"等。提前了解一些 AI 软件的常用快捷键可使绘图操作更加便捷，例如：按住"Shift+Alt"同时拖动鼠标滚轮可以将画面中心等比例缩放，按住"Shift"同时拖动鼠标滚轮可以进行对角中心缩放，"Ctrl+D"重复上一动作，"Ctrl+Z"撤销上一动作，"Ctrl+2"锁定图片位置，"Ctrl+Alt+Shift+2"锁定未选

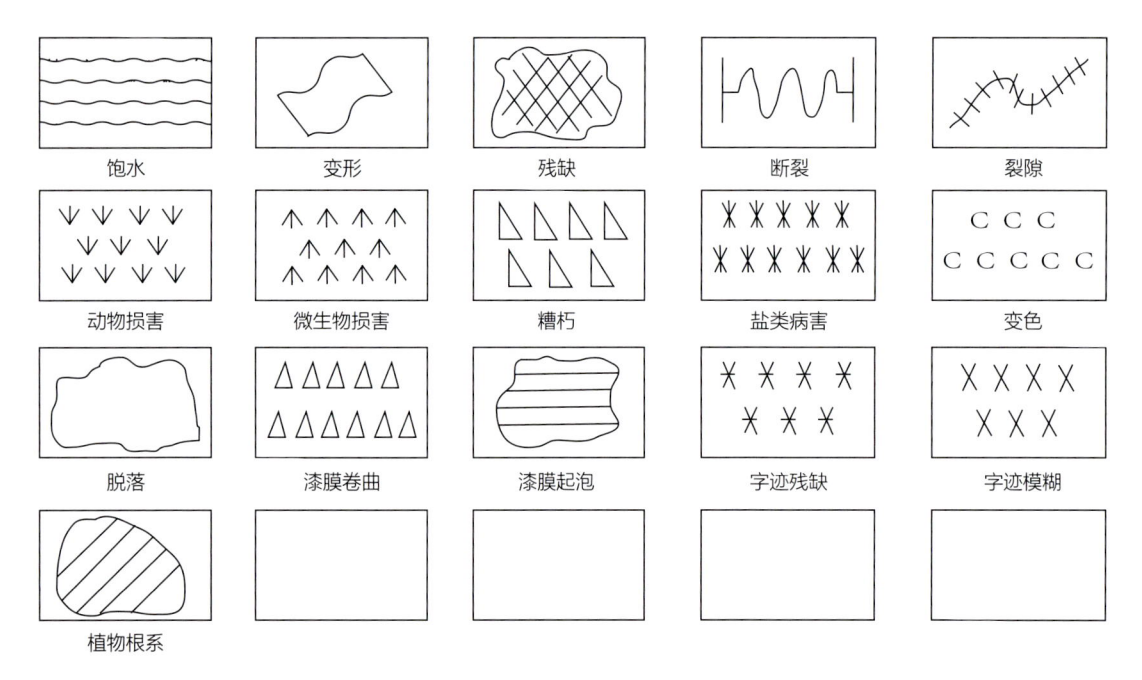

图 1-3-1 漆木器病害图示

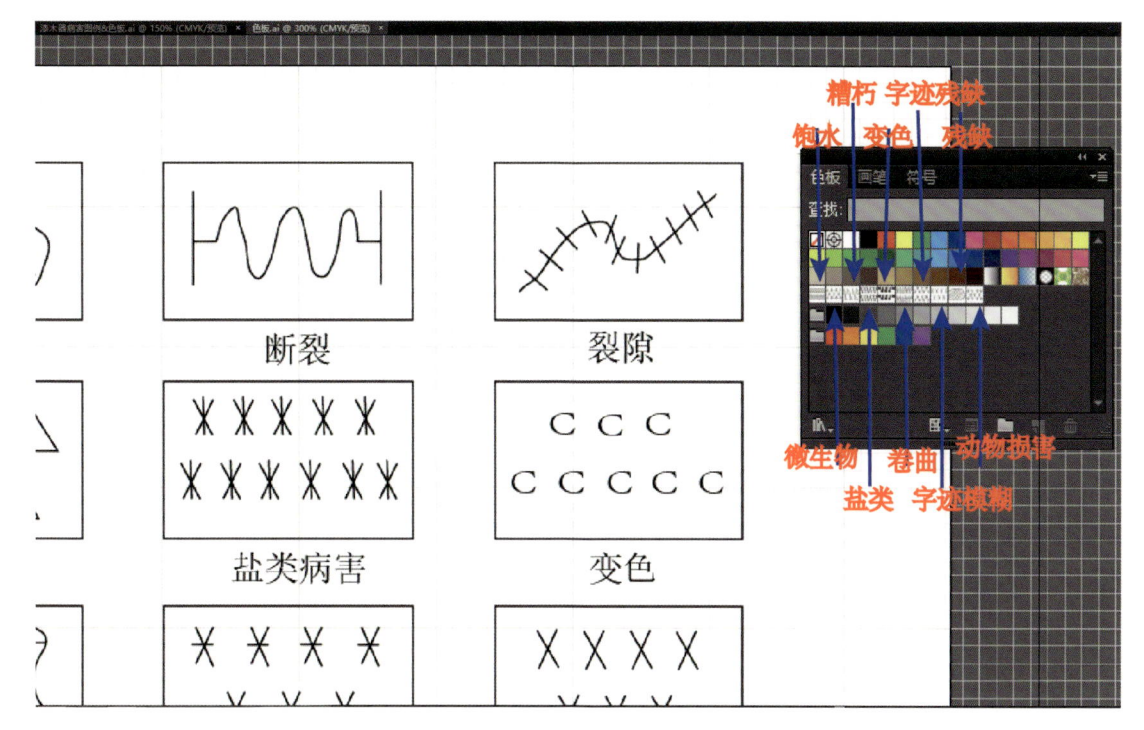

图 1-3-2 色板

择物体，"Ctrl+Alt+2"解锁，切换填充和描边可按"X"。以上快捷操作均为绘制流程中必备技巧。

第四步："色板"工具在右侧"控制面板"区域中，单击"选择工具"选中在网格背景中整齐排列的图例素材，点击右键选择"编组"后可直接拖拽至"色板"中，色板中会自动生成图例素材，由于"色板"内显示的图标较小，素材背景又均是白底黑线，多个图例素材并列会不容易分辨，这时可以双击色板中的小图标进行更改命名，将图示对应的病害名称输入并保存，在"色板"展开菜单中选择"显示查找栏位"会出现查找框，便于查找图例素材。

按照上述四个步骤将所有以规则图形为图示的病害图图例全部编辑为素材库，在需要使用时直接填充到病害部位的线图轮廓内，可使考古出土大型漆木器文物病害图更加规范统一，此举简化了绘图的复杂程度，不易出现病害标识模糊、重叠等现象，最终病害图可做到清晰美观，病害分布情况一目了然（见图 1-3-2）。

1.2 漆木器病害图绘制流程

（一）拍摄

由于彩绘漆棺文物体量较大，不易移动，若使用普通拍摄手法不能取像完全，也不能保证焦距及明暗度一致，会造成图像信息不完全和存在误差等问题。遂利用高清数字采集手段取得文物正投影照片，需要单反相机、环形冷光源补光灯、轨道云台等专业摄影设备，分区域采集大量画面后进行逐帧拼接最后得到高清正投影照片。包括五个外立面、五个内立面及口沿四周共计十一张高清正投影照片，对文物原始信息的采集保留工作十分必要，也是病害图绘制的依据。

（二）文物照片置入

此件漆棺文物需要对十一个平面分别绘制病害图。单击"文件—新建"菜单新建文档，可根据立面位置命名。单击"文件—置入"选择相应位置的高清正投影照片并点击置入，使用"Ctrl+2"锁定图片位置防止图片变形，比例失调，按住"Shift+Alt"拖动鼠标滚轮进行中心等比例缩放，将图片调整到适合屏幕的大小位于画板中央，也可在左下状态栏调整视图比例。

（三）绘制线图

使用"钢笔工具"勾勒文物边缘线图，描边磅数可选择"2pt"，"填色工具"选择无填充，"描边工具"选择黑色。为增加绘图精度可将视图比例适度放大，随着绘制边缘使用"抓手工具"拖动画面，沿着文物大轮廓仔细勾勒一周，确保"锚点"首尾相接形成闭合图形。

（四）病害标注

线图勾勒完成后便可开始逐一标注病害种类。使用"钢笔工具"勾勒病害轮廓，为区别病害轮廓与文物大轮廓可将描边磅数选择"1pt"。病害轮廓绘制后单击"填色工具"可从图例素材库（"色板"）中选择相应的病害，"描边工具"选择黑色。此法较适宜大面积同种病害的绘制，实际操作中常见病害面积较小或不同种类病害相近甚至重叠，此时就要根据实际情况绘制病害标识（见图1-3-3、图1-3-4）。

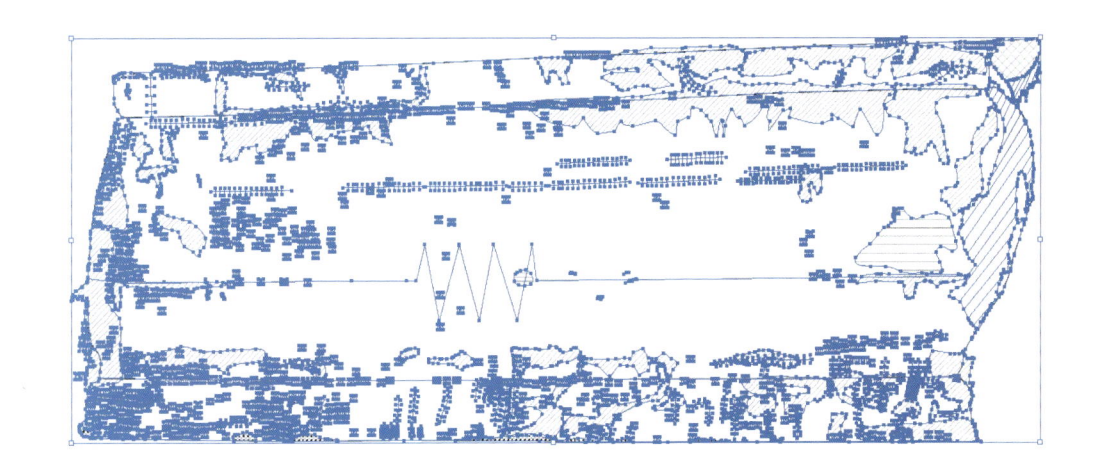

图1-3-3 锚点示意图

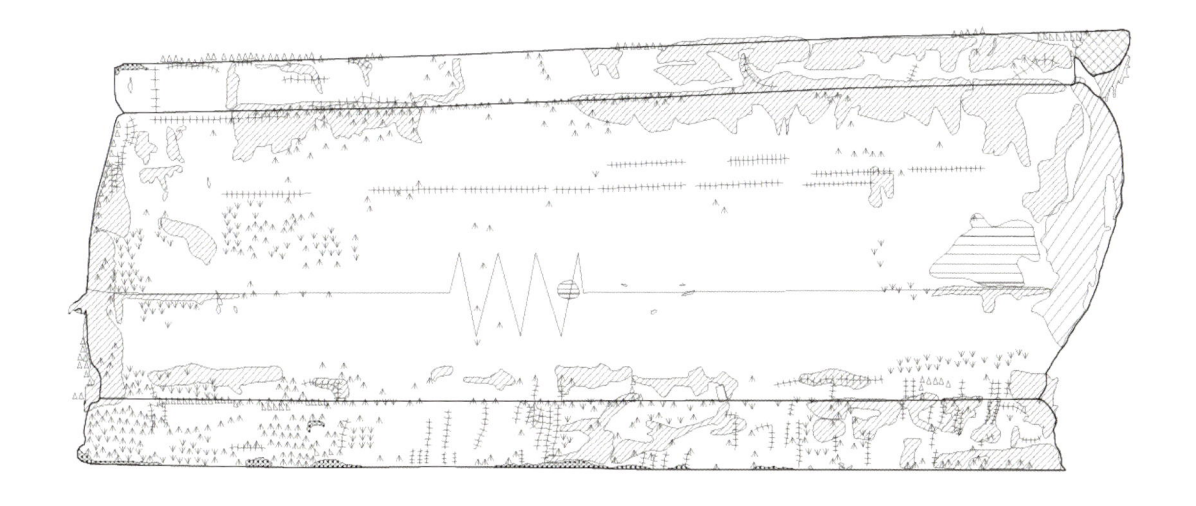

图 1-3-4 病害图线图

（五）图例、比例尺及文物信息表

文物病害图还应该包括图例、比例尺以及文物信息表。图例需要将本图中所有出现病害的图示依次列出，图示在上名称在下。比例尺一般使用"矩形工具"制作，长宽相同的五个矩形并列排开，将一、三、五格填充为黑色，形成黑白相间的比例尺，根据文物尺寸计算比例尺具体数值，将数字标注在比例尺上方，最后需要加上单位。长按工具栏中"直线段工具"选择"矩形网格工具"，在画板上单击会弹出"矩形网格工具选项"，此时可设置行数、列数，点击确定表格绘制成功，"直接选择工具"可以单独选中表格上的任意直线进行拖动以调整表格大小，使用"文字工具"将制图单位、文物名称、项目名称、制图人、校对人（审核人）、图纸编码、制图日期、比例等详细信息填写完整（见图 1-3-5）。

按照以上五个步骤操作就可以简单快速地完成一幅文物病害图的绘制。除本文介绍的 Adobe Illustrator CS6 软件外，还有常见的 Adobe Photoshop（PS）、AutoCAD 等绘图软件均可用于病害图的绘制工作，可根据实际情况使用不同软件优势互补。以下简单对比 AI 与 PS 两个绘图软件的区别：AI 软件适用于矢量图的绘制，矢量图放大多倍后边缘依然平滑清晰不会模糊；PS 软件更适用于处理点阵图像，顾名思义，点阵图像由像素组成，放大后以像素点呈现，越放大越模糊。所以在处理大型文物图片及绘制病害图时选择 AI 软件更加合适，PS 软件可用于小型立体文物等需要抠图处理的图片。

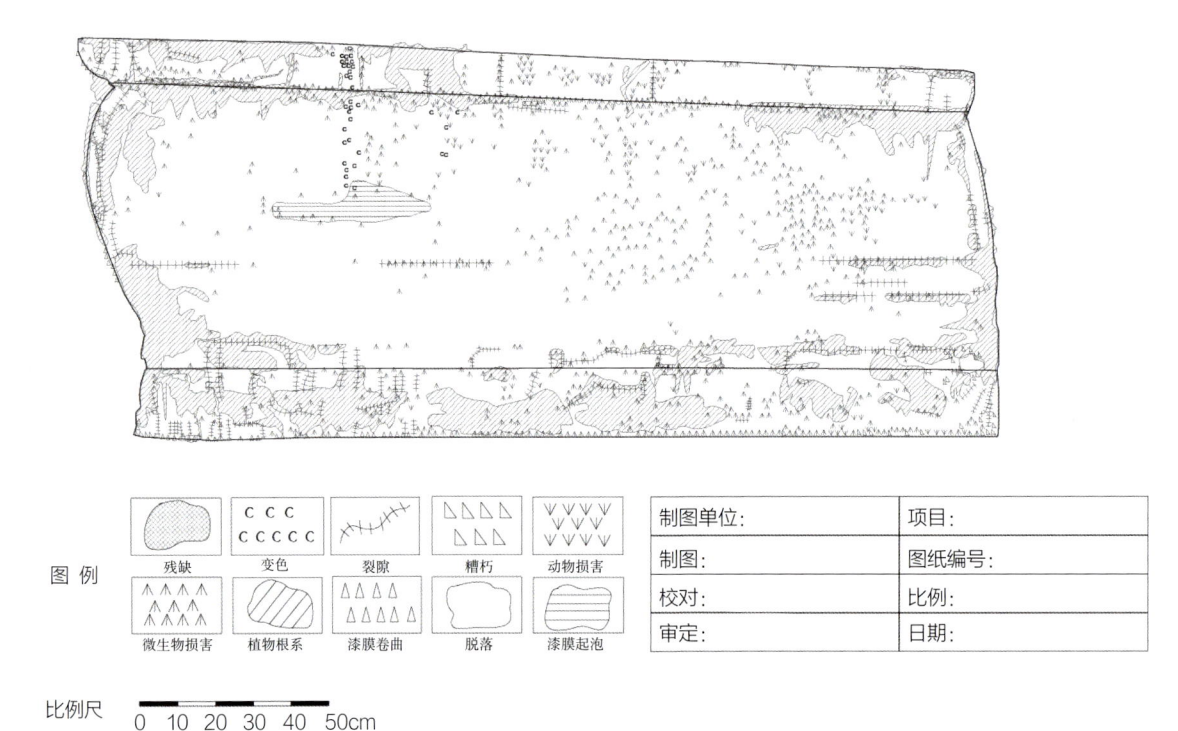

图 1-3-5 病害图信息表

1.3 赵谅墓漆棺病害图

经调查发现漆棺病害重叠交错复杂，存在漆皮起翘脱落、植物根系繁衍、霉菌虫害滋生数十种病害。病害示意图见图 1-3-6～图 1-3-10。

1.4 结语

随着文物保护科技的快速发展与应用，数字、信息化技术也在不断地应用到文物保护领域。文物病害图作为文物保护修复方案及档案中的重要一环，有文物行业标准可以遵循参照，将文物保护修复工作流程进一步规范化、标准化。以前的文物病害图大多依靠手绘，需要从业人员有较高的美术功底，现在利用各种电脑绘图软件可帮助从业人员更精确地绘制病害图，软件绘图简单易学操作方便，再配合高清数字成像技术，使得文物病害图清晰美观，电子版原图可多方备份保存，不易丢失损坏，为文物保护工作提供了方便。

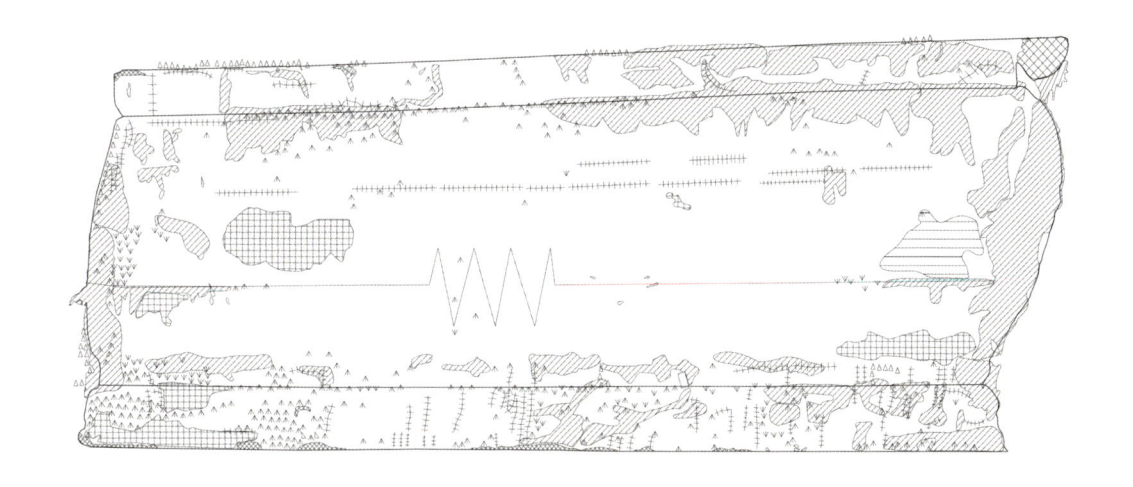

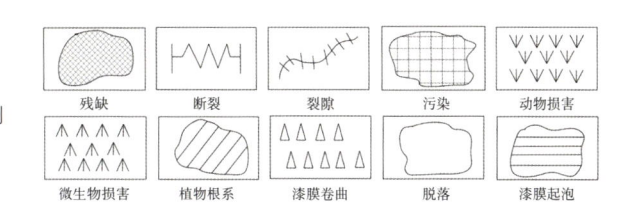

第三章　彩绘漆棺的病害分析及成因调查

图 1-3-6　漆棺左帮病害图

图 1-3-7 漆棺右帮病害图

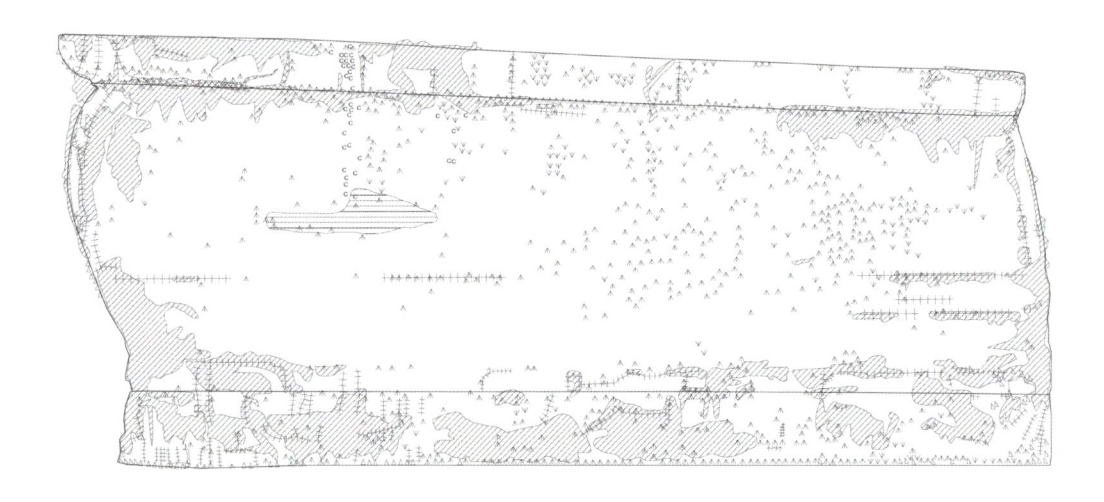

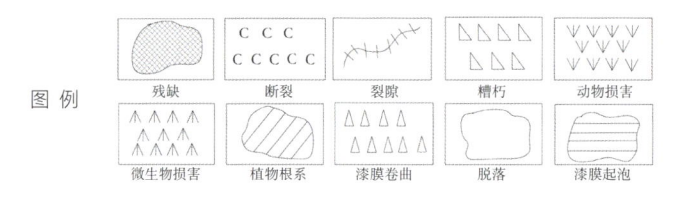

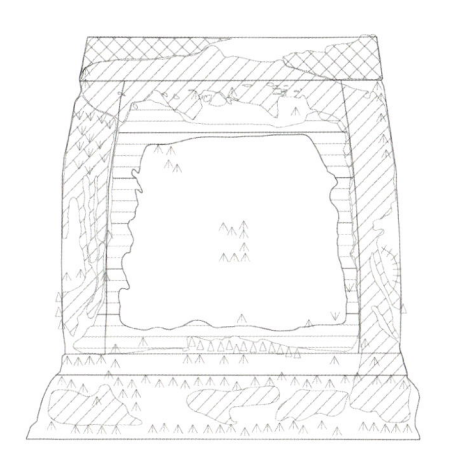

第三章　彩绘漆棺的病害分析及成因调查　　99

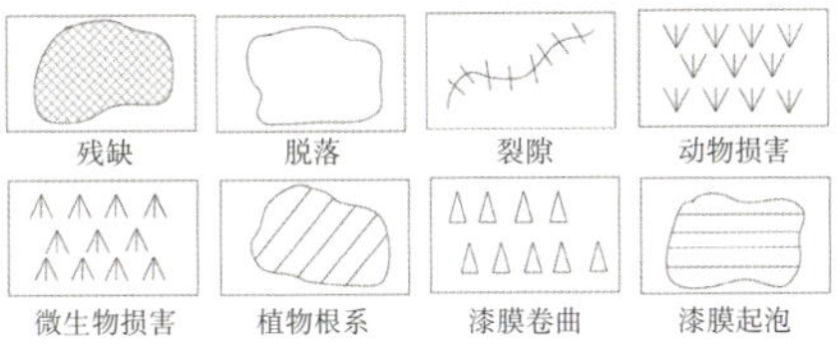

图 1-3-8　头挡病害图

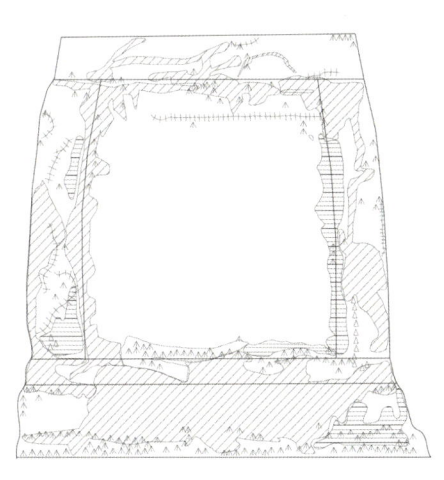

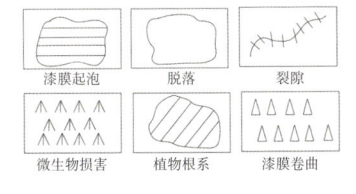

图 1-3-9　足挡病害图

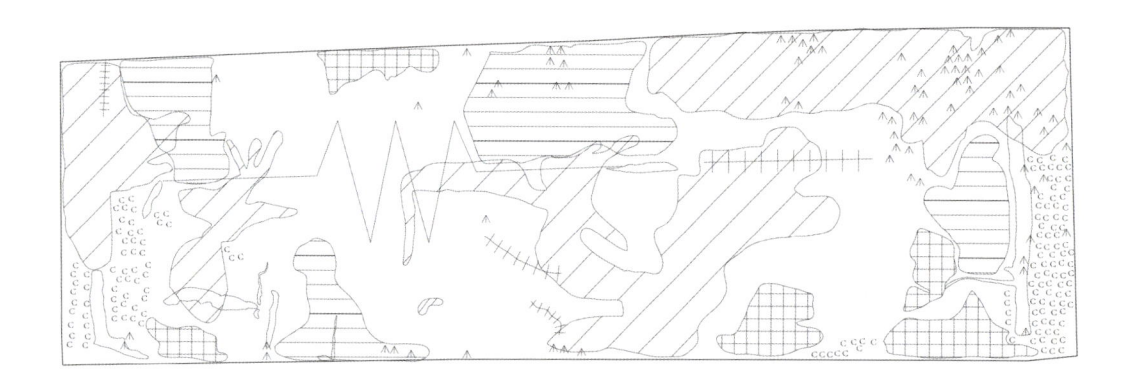

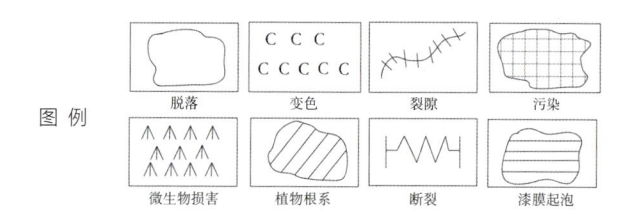

上篇　漆棺保护修复的前期调查与病害分析

图例	脱落	变色	裂隙	污染
	微生物损害	植物根系	断裂	漆膜起泡

制图单位：首都博物馆	项目：南宫净德寺遗址M2
制图：许璇	图纸编号：1—棺盖
校对：何秋菊	比例：1∶10
审定：赵瑞廷	日期：2019.7

图1-3-10 棺盖板病害图

第二节

漆膜起翘脱落

图 1-3-11 主画面漆皮起翘

图 1-3-12 主画面漆皮起泡

漆膜是一种有机高分子聚合物，在外界环境的作用下会发生不可逆的降解劣化。长期埋藏过程中会受到地下环境中土壤的含氧量、水分、含盐量（包括盐的种类）和酸碱度的影响，尤其是碱性物质的腐蚀，漆膜发生氧化、断链、水解等老化反应后，主要形成酮、羧酸、醛等和可挥发性物质，导致漆膜内部孔洞和裂隙随之增加，漆皮脆化、失去光泽，颜色变化，从而导致漆膜吸水性能增强，漆膜的吸水率反映了漆膜的降解程度，漆膜含水率越高说明漆皮降解现象愈严重[1,2]。这时的漆膜就具有了类似木材的性质，会受水溶胀收缩。漆膜在考古出土后，水分散失带来的表面张力给漆膜带来严重的应力伤害，产生龟裂、起翘，甚至脱落（见图 1-3-11 ~ 图 1-3-14）。

[1] 胡继高、胡东波：《出土中国古代漆膜干缩翘曲分析及在修复粘接中问题的讨论》，《文物保护与考古科学》2000 年第 2 期，第 19 ~ 25 页。
[2] 胡东波：《出土古代漆膜老化因素的探讨》，《文物世界》2003 年第 2 期，第 32 ~ 34 页。

图 1-3-13 棺盖板漆皮收缩起翘

图 1-3-14 棺内漆皮脱落

第三节

霉菌虫害

漆棺埋藏的土壤及地下水因为污染带有微生物，但在密封空间内，微生物数量较少，繁衍缓慢。出土后外界环境空气或尘埃中飘浮着大量的细菌或真菌类微生物孢子、昆虫虫卵。需要注意的是，人员流动带来的灰尘中可能含有霉菌孢子，一旦降落附着于漆木器表面，便会在温暖潮湿的富氧环境中迅速繁殖。微生物代谢的有机酶会加速木胎的腐烂，昆虫若以木材为食，会破坏胎体的完整性，导致胎体的损害。霉菌在漆棺内棺及外棺生长繁殖。菌丝多从木胎内部长出，交织形成白色、绿色、黄色绒毛状或絮状（见图 1-3-15 ～图 1-3-18），严重影响漆棺外观，危及胎体和彩绘漆皮的稳定。

图 1-3-15 棺底座霉菌

图 1-3-16 棺口沿霉菌

图 1-3-17 漆皮下方霉菌

图 1-3-18 棺体裂隙处霉菌

3.1 霉菌鉴定

传统的霉菌分析鉴定主要借助显微形态学观察菌丝体及产孢结构、孢子体等，这些形态特征受环境条件及取样方式的影响，常常受到破坏，不完整，造成分类鉴定的困难，因此需要进行分离、纯培养以观察清晰的形态结构，及进行深入的分子鉴定分析。另外，目前能被培养出来的微生物不到自然界的10%[1]。分子生物学技术基于脱氧核糖核酸（Deoxyribonucleic acid，DNA）、核糖核酸（Ribonucleic acid，RNA）等生命遗传物质可直接分析微生物遗传物质确定种属，对未知菌鉴定具有方便、快捷的优点[2]。本研究结合显微形态学和真菌 ITS rDNA 基因序列对比对赵谅墓出土漆棺表面生霉处培养分离出的 6 株真菌进行分析鉴定。各样品菌落及菌株显微形态见表 1-3-2，各样品的真菌 ITS rDNA 序列同源性比对结果见表 1-3-3。样品 Q-1、Q-2 及 Q-3 在 PDA 培养基上菌落呈现白色、圆形，并向四周扩散，后从菌落中央产生绿色孢子，中央变绿色。菌落周围有白色菌丝的生长带。最后整个菌落全部变成绿色。菌丝白色纤细，分生孢子梗垂直对称分歧，分生孢子单生或簇生，圆形，绿色，符合木霉的特征。由真菌 ITS 序列同源性比较可知，Q-1 为木霉，Q-2 为哈茨木霉，Q-3 为深绿木

[1] Cowan D A. Microbial genomes-the untapped resource. Trends Biotechnol, 2000, 18(1): 14-16.
[2] 葛琴雅、李哲敏、孙延忠，等：《壁画菌害主要种群之分子生物学技术检测》，《文物保护与考古科学》2012 年第 2 期，第 14～21 页。

霉。样品 Q-4 菌落呈现灰褐色丝绒状，呈放射状扩展，老熟后呈黑色，分生孢子梗为褐色至深褐色，单生或簇生，分生孢子暗褐色，花瓣状，聚生在梗端，弯曲或呈新月形，具隔膜 3 个，符合弯孢霉的特征，真菌同源性比较进一步确认了该菌落为弯孢霉。Q-5 菌落大而疏松，透明或半透明绒毛状，无色，胶质黏稠，菌丝体发达，细长，少有隔膜，无锁状联合，无孢子，符合白腐菌的特征。样品 Q-6 菌落为浅灰绿色，分生孢子绿色，菌落边缘有狭窄的白边环，菌落背面为淡茶褐色，分生孢子梗束状或成孢梗束，壁光滑、无色、具隔膜，尖端数次分支，呈帚状；小梗上串生分生孢子，分生孢子单胞，无色，近球至卵圆形，近球形者居多，为青霉的典型特征，同源性比较也确认了该结论。

分离鉴定出的霉菌中木霉为主要菌群，还有少量青霉、弯孢霉、白腐菌。木霉通常能够产生高活性的纤维素酶，对木材纤维的分解能力很强。青霉是可产生黑色素的真菌。白腐菌可使木材发生白腐，主要分解木材中的木质素，少量分解纤维素和聚戊糖，促使木质腐烂成为淡色的海绵状团块。可见，以上几种霉菌均对漆木器胎体有严重的威胁。

表1-3-2 出土漆木器样品的霉菌显微形态鉴定

样品编号	培养菌落形态	显微形态
Q-1		
Q-2		

(续表)

样品编号	培养菌落形态	显微形态
Q-3		
Q-4		
Q-5		
Q-6		

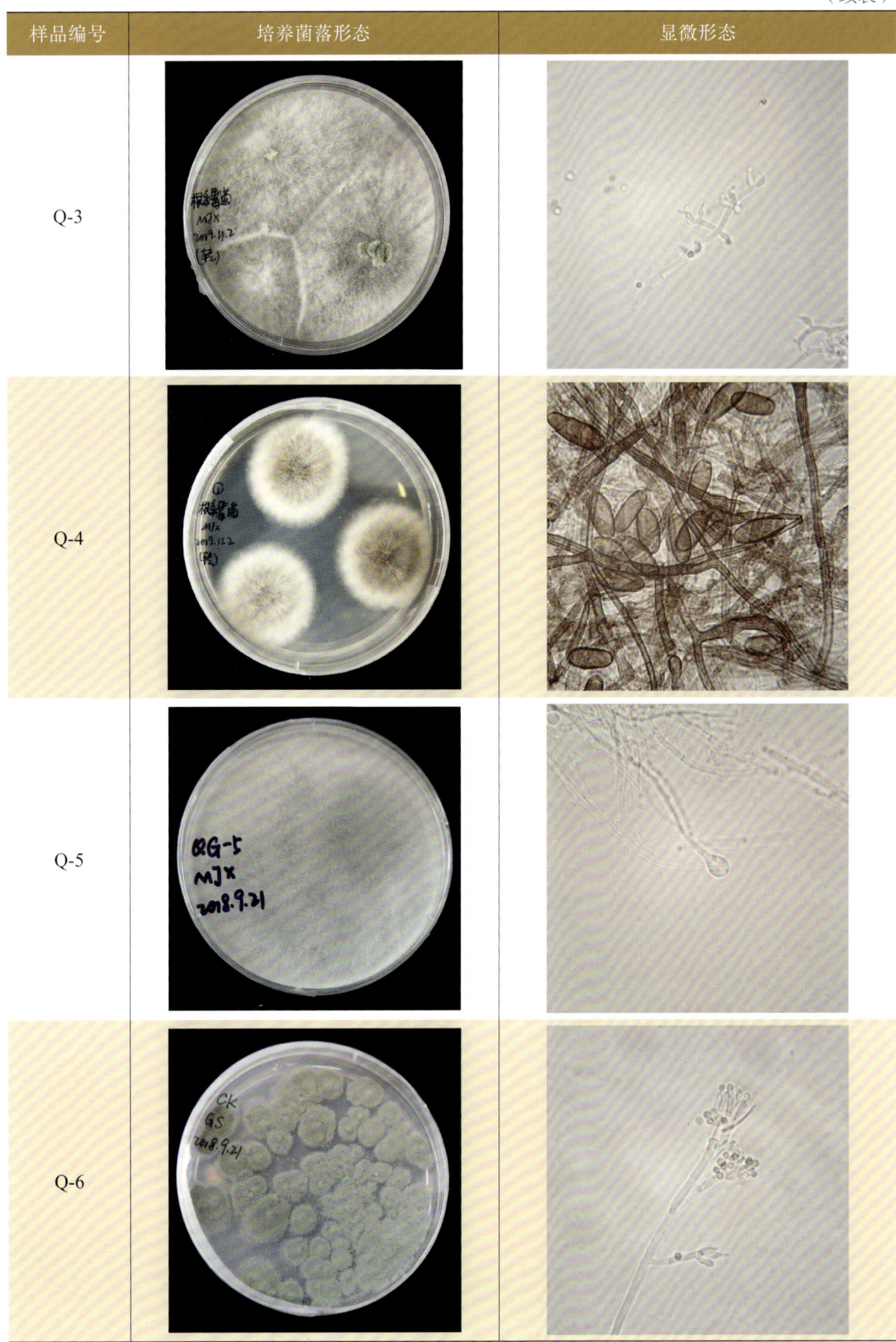

表1-3-3　真菌ITS rDNA序列同源性比对结果

样品编号	DNA序列（ITS）	相似种	参考序列号	相似度
Q-1	GCCTTCCGTAAGGGTGACCTGCGGAGGGATCATTACCGAGTTTACAACTCCCAAACCCAATGTGAACGTTACCAAACTGTTGCCTCGGCGGGATCTCTGCCCCGGGTGCGTCGCAGCCCCGGACCAAGGCGCCCGCCGGAGGACCAACCAAAACTCTTTTTGTATACCCCCTCGCGGGTTTTTTATAATCTGAGCCTTCTCGGCGCCTCTCGTAGGCGTTTCGAAAATGAATCAAAACTTTCAACAACGGATCTCTTGGTTCTGGCATCGATGAAGAACGCAGCGAAATGCGATAAGTAATGTGAATTGCAGAATTCAGTGAATCATCGAATCTTTGAACGCACATTGCGCCCGCCAGTATTCTGGCGGGCATGCCTGTCCGAGCGTCATTTCAACCCTCGAACCCCTCCGGGGGGTCGGCGTTGGGGATCGGCCCTGCCTCTTGGCGGTGGCCGTCTCCGAAATACAGTGGCGGTCTCGCCGCAGCCTCTCCTGCGCAGTAGTTTGCACACTCGCATCGGGAGCGCGGCGCGTCCACAGCCGTTAAACACCCAACTTCTGAAATGTTGACCTCGGATCAGGTAGGAATACCCGCTGAACTTAAGCATATCAATAAAGCCCGGAAGGA	木霉（*Trichoderma* sp.）	KT192427.1	99%
Q-2	TCCTTCCGTAGGGTGAACCTGCGGAGGGATCATTACCGAGTTTACAACTCCCAAACCCAATGTGAACGTTACCAAACTGTTGCCTCGGCGGGATCTCTGCCCCGGGTGCGTCGCAGCCCCGGACCAAGGCGCCCGCCGGAGGACCAACCAAAACTCTTTTTGTATACCCCCTCGCGGGTTTTTTATAATCTGAGCCTTCTCGGCGCCTCTCGTAGGCGTTTCGAAAATGAATCAAAACTTTCAACAACGGATCTCTTGGTTCTGGCATCGATGAAGAACGCAGCGAAATGCGATAAGTAATGTGAATTGCAGAATTCAGTGAATCATCGAATCTTTGAACGCACATTGCGCCCGCCAGTATTCTGGCGGGCATGCCTGTCCGAGCGTCATTTCAACCCTCGAACCCCTCCGGGGGGTCGGCGTTGGGGATCGGCCCTGCCTCTTGGCGGTGGCCGTCTCCGAAATACAGTGGCGGTCTCGCCGCAGCCTCTCCTGCGCAGTAGTTTGCACACTCGCATCGGGAGCGCGGCGCGTCCACAGCCGTTAAACACCCAACTTCTGAAATGTTGACCTCGGATCAGGTAGGAATACCCGCTGAACTTAAGCATATCAATAAGGCCGGGAG	哈茨木霉（*Trichoderma harzianum*）	KC569353.1	98%

（续表）

样品编号	DNA序列（ITS）	相似种	参考序列号	相似度
Q-3	TGCGGAGGGATCATTACCGAGTTTACAACTCCCAAACCCAATGTGAACCATACCAAACTGTTGCCTCGGCGGGGTCACGCCCCGGGTGCGTCGCAGCCCCGGAACCAGGCGCCCGCCGGAGGGACCAACCAAACTCTTTTCTGTAGTCCCCTCGCGGACGTTATTTCTTACAGCTCTGAGCAAAAATTCAAAATGAATCAAAACTTTCAACAACGGATCTCTTGGTTCTGGCATCGATGAAGAACGCAGCGAAATGCGATAAGTAATGTGAATTGCAGAATTCAGTGAATCATCGAATCTTTGAACGCACATTGCGCCCGCCAGTATTCTGGCGGGCATGCCTGTCCGAGCGTCATTTCAACCCTCGAACCCCTCCGGGGGGTCGGCGTTGGGGACCTCGGGAGCCCCTAAGACGGGATCCGGCCCCGAAATACAGTGGCGGTCTCGCCGCAGCCTCTCCTGCGCAGTAGTTTGCACAACTCGCACCGGGAGCGCGGCGCGTCCACGTCCGTAAAACACCCAACTTCTGAAATGTTGACCTCGGATCAGGTAGGAATACCCGCTGAACTTAAGCATATCAATAAGGCGGAGGAAA	深绿木霉（*Trichoderma atroviride*）	KU847881.1	99%
Q-4	TTTCCGTAGGGGGTACCTGCGGAGGGATCATTACACAATAAAATACGAAGGCCGTTCGCGGCTGGACTATTTATTACCCTTGTCTTTTGCGCACTTGTTGTTTCCTGGGCGGGTTCGCTCGCCACCAGGACCACAATATAAACCTTTTTTATGCAGTTGCAATCAGCGTCAGTATAACAAATGTAAATCATTTACAACTTTCAACAACGGATCTCTTGGTTCTGGCATCGATGAAGAACGCAGCGAAATGCGATACGTAGTGTGAATTGCAGAATTCAGTGAATCATCGAATCTTTGAACGCACATTGCGCCCTTGGTATTCCAAAGGGCATGCCTGTTCGAGCGTCATTTGTACCCTCAAGCTTTGCTTGGTGTTGGGCGTTTTTGTCTTTGGCCCGCCAAAGACTCGCCTTAAAATGATTGGCAGCCGGCCTACTGGTTTCGCAGCGCAGCACATTTTTGCGCTTGCAATCAGCAAAAGAGGACGGCAATCCATCAAGACTCCTTCTCACGTTTGACCTCGGATCAGGTAGGGATACCCGCTGAACTTAAGCATATCAAAAGCCGGGAGG	弯孢霉 (*Curvularia spicifera*)	MF401577.1	100%

（续表）

样品编号	DNA序列（ITS）	相似种	参考序列号	相似度
Q-6	TCCTTCCGTAGGGGAACCTGCGGAAGGATCATTACCGAGTGCGGGCCCCTCGGGGCCCAACCTCCCACCCGTGTTGCCCGAACCTATGTTGCCTCGGCGGGCCCCGCGCCCGCCGACGGCCCCCCTGAACGCTGTCTGAAGTTGCAGTCTGAGACCTATAACGAAATTAGTTAAAACTTTCAACAACGGATCTCTTGGTTCCGGCATCGATGAAGAACGCAGCGAAATGCGATAACTAATGTGAATTGCAGAATTCAGTGAATCATCGAGTCTTTGAACGCACATTGCGCCCTCTGGTATTCCGGAGGGCATGCCTGTCCGAGCGTCATTGCTGCCCTCAAGCCCGGCTTGTGTGTTGGGCCCCGTCCCCCCGCCGGGGGGACGGGCCCGAAAGGCAGCGGCGGCACCGCGTCCGGTCCTCGAGCGTATGGGGCTTCGTCACCCGCTCTAGTAGGCCCGGCCGGCGCCAGCCGACCCCCAACCTTTAATTATCTCAGGTTGACCTCGGATCAGGTAGGGATACCCGCTGAACTTAAGCATATCAATAAGGCGGAGGAAA	青霉（penicillium sp.）	EU664471.1	99%

3.2 虫害鉴定

通过光学显微镜观察可见，在漆棺底椁板、漆灰层底部和漆层下方均发现了虫类滋生过的痕迹，留下来各种大小不一、分布密集的蛀蚀孔洞和大量排泄物，木材变得疏松（见图 1-3-19、图 1-3-20）。放置过程中，发现漆棺表面和棺木上出现新的黑色飞虫、白色虫及虫卵。漆棺组成材料中的木材、麻布和漆糊中的淀粉糊等均可为虫害的繁衍与生长提供营养物质，容易遭受蛀蚀。即使深埋于达 5.5 米的地下时，依然受到虫蛀，但虫类因为缺氧，活跃度较低，数量较少，繁殖缓慢。刚考古出土的漆木器需要放置在高湿的环境条件下，而且漆棺整体受植物根系侵害严重，棺内侧漆层与木胎之间布满植物根系，棺底也覆盖了厚厚的植物根系，便于昆虫隐匿、繁衍。外界环境空气或尘埃中漂浮着大量的虫卵，一旦降落附着于漆木器表面，便会在温暖潮湿的富氧环境中迅速繁殖（见图 1-3-21、图 1-3-22）。若虫类以木材、漆糊为食，则会破坏胎体的完整性，导致漆棺的损坏。将此次发现的黑色飞虫、白色虫及虫卵放入培养皿后，装入样品盒，分两次送样至北京林业大学对昆虫种类进行鉴定，以明确其危害性，制定防治方案，及时采取紧急性措施进行有效去除和杀灭。

经显微镜拍照后参照文献进行形态学对比

图 1-3-19 底椁板昆虫排泄物

图 1-3-20 漆灰层底部昆虫排泄物

图 1-3-21 白色虫在植物根系滋生

图 1-3-22 白色虫在漆皮背面滋生

分析[1, 2]，图 1-3-23 为 1 号黑色飞虫标本（仅 1 只），图中左图为成虫背面，可见昆虫示触角结构和翅脉；右图为成虫侧面，可见其示翅脉和后足。由图可知其形态特征为：体长约 3 毫米，灰褐色，密被绒毛；触角 16 节，鞭节每一节基部近球形，轮生细毛；翅端略尖，两面均有绒毛，且仅长于翅脉上；翅脉端部具白色毛丛；足每节端部具白色毛丛。经鉴定为白斑蛾蠓（*Clogmia albipunctata*）（Williston, 1893）（双翅目 Diptera：蛾蠓科 Psychodidae）。蛾蠓成虫喜欢潮湿、阴暗的环境，幼虫水生或半水生，生活在朽木烂草或土壤中，以及下水道内，也有发现于洞穴中。幼虫腐食性或粪食性，成虫取食植物汁液和花蜜。成虫具有趋光性。

---

[1] 郑乐怡、归鸿主编：《昆虫分类》，南京师范大学出版社，1999 年。
[2] 洪晓月主编：《农业螨类学》，中国农业出版社，2012 年。

第三章　彩绘漆棺的病害分析及成因调查

2号黑色飞虫标本（共183只）形态特征见图1-3-24。图中左图为成虫背面，可见昆虫示触角结构和翅脉；右图为成虫侧面，可见其示翅脉和后足。由图可知标本形态特征为：体长约2毫米，黑色，体被毛和鳞片；触角细长；翅缘具毛，翅脉简单，Cu脉不分叉；足细长，被毛。经鉴定均为瘿蚊科未定种（双翅目 Diptera：瘿蚊科 Cecidomyiidae）。瘿蚊成虫脆弱，飞翔能力不强。多在幼虫生活的场所栖息，通常不取食或仅取食花蜜等液体食物。菌食（或腐生）性幼虫多生活于阴暗潮湿的林下地被层中和腐木中，取食腐生菌类、大型真菌的菌丝及腐烂的植物组织。

3号飞虫标本（共26只）形态特征见图1-3-25。图中左图为侧面观，可见昆虫示翅脉，右图为头部正面斜45度观，可见其示眼桥和触角。其形态特征为：体长约3毫米，黑色。复眼背面尖突，左右相连形成眼桥。触角16节。胸部大，足细长，胫节有端距。翅透明，翅脉简单，翅脉有毛。经鉴定为眼蕈蚊科未定种（双翅目 Diptera：眼蕈蚊科 Sciaridae）。幼虫腐食性或植食性，生活于植物组织和腐烂木材中。

图1-3-23 1号黑色飞虫标本（左图为成虫背面，右图为成虫侧面）

图1-3-24 2号黑色飞虫标本（左图为成虫背面，右图为成虫侧面）

图 1-3-25 3 号黑色飞虫标本（左图为侧面观，右图为头部正面斜 45 度观）

4 号白色虫标本（共 3 只），尚存活。由图 1-3-26 可知标本形态特征为：体长约 0.5 毫米，卵圆形，白色，柔软，体表光滑。具刚毛，发状。经鉴定为粉螨科未定种（疥螨目 Sarcoptiformes：粉螨科 Acaridae）。多为菌食性，也有植食或腐食性。多生活于储存物中，如谷物、干果、稻草、动物皮毛等。环境湿度较高时（导致其食物真菌生长条件最佳）大量发生。

由以上鉴定结果可知，漆棺上发现的昆虫与螨类主要包括白斑蛾蠓、眼蕈蚊科、瘿蚊科、粉螨科。这些昆虫与螨类大多数喜欢生长在阴暗潮湿的地方，吸食腐烂植物的汁液或其上生长的真菌。为了防止迅速脱水导致的损害，漆棺考古出土后放置在接近于地下埋藏环境 95% 左右的高湿度环境下，同时，大量积尘、污垢和各种植物根系有利于昆虫的滋生和隐匿。根据虫害的鉴定结果，以上昆虫本身不会蛀蚀保存较好的木材，但对于已经糟朽的木材及文物外观影响较大。因此，研究提出了初步的虫害治理和预防思路。

图 1-3-26 白色虫标本背面观

第四节

木胎降解及裂隙

木材在长期的保存过程中由于环境因素中化学、生物、物理等因素的影响会发生劣化。在土壤中埋藏的木材在厌氧环境下会发生从外到里的降解。经分析发现漆棺棺体木胎降解程度不一,靠近底樽板的地方因含水率较高,木胎糟朽较严重。底樽板呈现黑褐色,腐蚀严重的部分为海绵状、蜂窝状,较为松软。主画面木板为两块板拼接而成,已经出现明显的裂隙。棺体底部四个边角由于长期埋藏过程中环境的影响也已经产生裂隙(见图1-3-27～图1-3-30)。

图1-3-27 主画面裂隙

图1-3-28 头挡画面裂隙

图1-3-29 漆棺边角裂隙

图1-3-30 漆棺樽板糟朽

第五节

植物根系繁衍

漆棺受植物根系侵扰尤其严重。植物根系生长于漆棺内部、头挡、足挡、彩绘面裂缝及底部等各处。甚至穿梭在两层漆皮之间，将漆皮穿破，棺内生长的厚厚的植物根系已经完全将漆皮顶起，漆皮被分解成小块并附着于植物根系上，植物根系带着漆皮大面积从木胎上脱落，最大脱落面积50厘米×30厘米；棺材口沿区域布满植物根系，植物根系深入漆皮裂缝中，严重威胁漆棺彩绘的完整性和安全性。植物根系吸水后膨胀、重力增加，水分挥发过程中收缩，加剧了漆皮的脱落（见图1-3-31～图1-3-34）。

漆棺整体受植物根系侵害严重，棺内侧漆层与木胎之间布满植物根系，漆皮被分解成小块并附着于植物根系上，植物根系带着漆皮大面积从木胎上脱落；棺材口沿植物根系深入漆皮裂缝中。为了判断植物根系种类，通过光学显微镜和电子显微镜观察可知（见图1-2-35～图1-2-38），植物根系呈现竖条纹状，黑色外皮，有明显的根茎生长痕迹。经植物专家分析里面白色的部分是木质部的木纤维和导管。推断为木本种子植物根系。具体是哪种木本种子植物根系需要进一步通过DNA提取分析，但因在墓葬环境中，植物根系受污染严重，未得到有效结论。

为了判断植物根系是否继续生长，对漆棺危害性有多大，进行了植物根系的吸水性与膨胀率分析。四组样品放置于盛水的烧杯中，表面滴加植物油，防止水分挥发。图1-3-39为植物根系浸泡过程中的吸水性情况。在放置初始阶段液面均下降明显，10天以后趋于平缓。测量四组植物根系浸泡前后的膨胀率变化，膨胀率＝（L吸水后－L吸水前）/L吸水前×100%，经计算平均约为23%，可见根系具有一定吸水性，建议尽量去除。

此外，在研究人员更换糟朽底椁板的时候发现了大量的植物种子（见图1-3-40）。采用显微镜拍照后送样北京林业大学进行分析，植物学专家认为是稷，照片见图1-3-41及图1-3-42。稷是高粱，《中国植物志》[1]上的稷的种实照片见图1-3-43。作为五谷之神出现在棺椁上很值得探讨。是葬俗还是曾经在椁板垫的高粱秆很值得研究。

根据以上的分析结论可知，漆棺上的植物根系有两种，须状根系的是稷，带黑色外皮为木本科的植物根茎。

---

[1] 中国科学院中国植物志编辑委员会：《中国植物志》（第十卷 第一分册），科学出版社，1997年。

图 1-3-31 植物根系穿过画面长出

图 1-3-32 植物根系在漆膜裂隙处生长

图 1-3-33 漆棺足挡植物根系繁殖

图 1-3-34 棺内漆皮附着在植物根系上

图 1-3-35 植物根系照片

图 1-3-36 植物根系黑色外皮

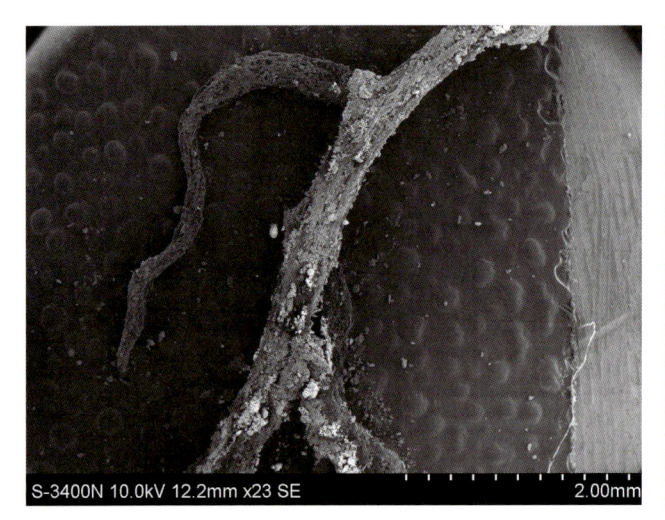

图 1-3-37 植物根系分支情况

图 1-3-38 植物根系竖条纹状表面

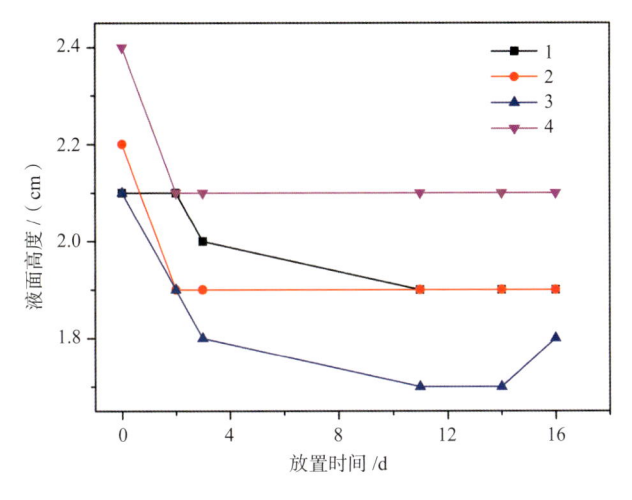

第三章　彩绘漆棺的病害分析及成因调查

图 1-3-39 植物根系浸泡过程中的吸水性情况

图 1-3-40 底椁板爬满植物根系及植物种子

图 1-3-41 漆棺底椁板植物种子显微镜照片

图 1-3-42 漆棺底椁板植物种子显微镜近照

图 1-3-43 现代植物稷照片

中篇

漆棺保护修复工作实施及相关研究

第一章 应急性保护方案的确定及预试验研究

第一节

漆棺应急性保护修复流程的制定

为了妥善保护好漆棺，保护工作组共组织召开两次专家论证会，第一次邀请了国内考古文保领域的著名专家学者，如王丹华、陆寿麟等先生。第二次邀请了国内从事漆木器保护的专家团队，如荆州文物保护中心吴顺清、陕西省考古研究院赵西晨、中国国家博物馆铁付德、北京城市学院陈秋荣、中国文化遗产研究院马菁毓。根据专家组意见，保护工作组制定了详细的应急性保护方案，并绘制了流程图（见图2-1-1）。

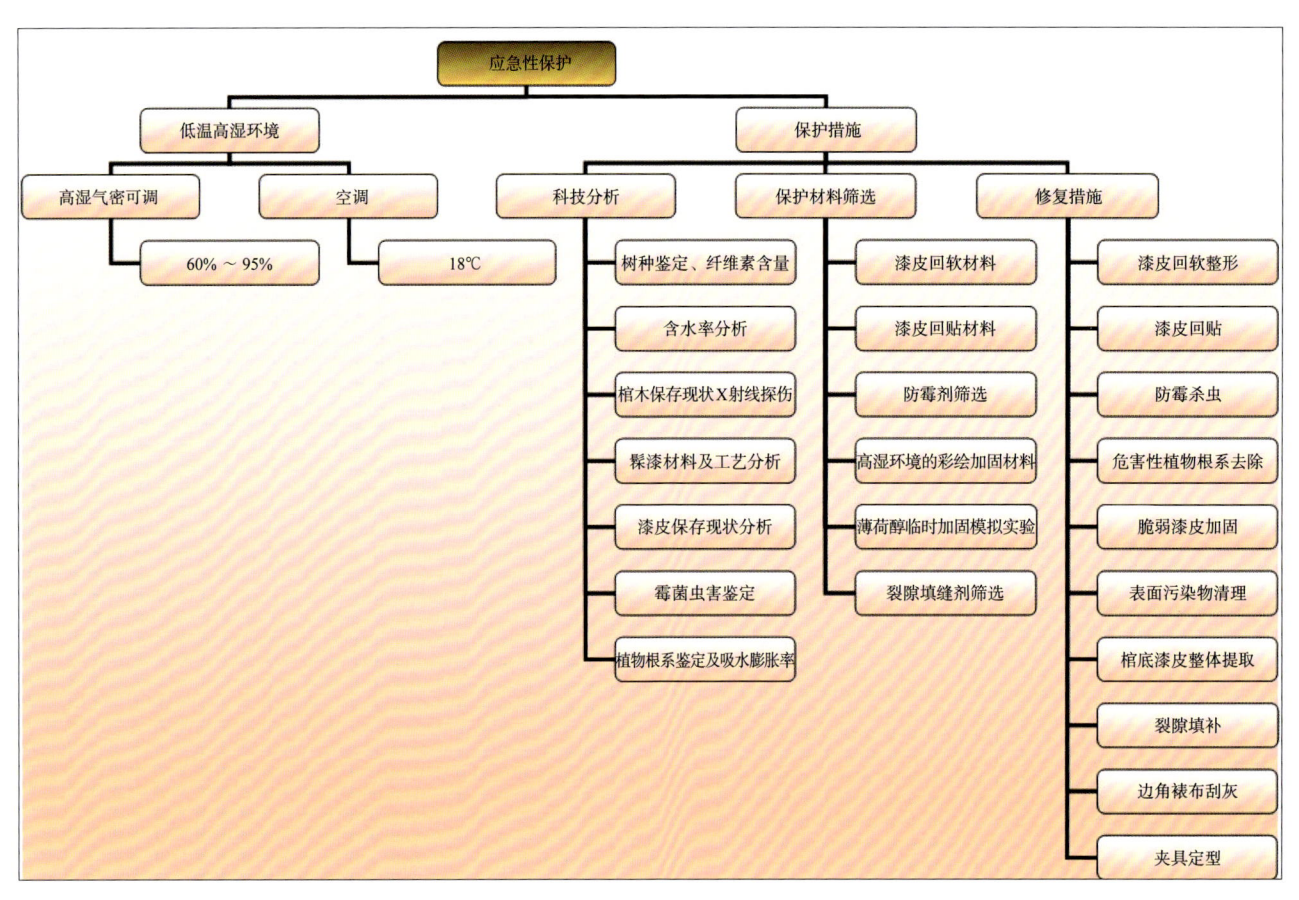

图2-1-1 漆棺应急性保护流程图

赵谅墓出土漆棺应急性保护方案主要包括四个方面：首先是保健，即环境控制，建立类似于地下埋藏环境的保存环境；其次是体检，即病害诊断；再次是开出药方，并进行临床试验，进行一系列保护材料的筛选工作；最后是按照轻重缓急，展开一系列修复。工作共分为以下四个阶段。

第一阶段（2017年11月～2019年10月）

内容：应急性保护环境的建立及紧迫性病害保护处理

主要工作：

1. 临时性高湿可控气密帐建立；

2. 霉菌、虫害检测及防治；

3. 漆棺保存现状及制作工艺科技分析；

4. 危害性植物根系去除。

第二阶段（2019年11月～2020年12月）

内容：高湿洁净玻璃房的建立及画面稳定处理

主要工作：

1. 高湿洁净玻璃房建立及实时无线监控；

2. 保护材料筛选；

3. 脱落漆皮回软、整形；

4. 起翘漆皮回贴加固；

5. 棺底破碎漆皮整体提取。

第三阶段（2021年1月～2022年12月）

内容：画面、棺体稳定处理及棺体夹具定型缓慢脱水

主要工作：

1. 起翘漆皮回贴加固；

2. 棺体裂隙填补；

3. 糟朽底榫板替换；

4. 棺体夹具定型。

第四阶段（2023年1月～2025年12月）

内容：棺盖板修复及棺体脱水完成后的修复

主要工作：

1. 已脱水完成的棺盖板修复；

2. 棺体脱水完成后，已脱落、回软整形后漆皮的回贴；

3. 妥善保管（T=18℃、RH=60%±5%、避光），定期监测保存状况。形成修复报告，完善修复档案。

第二节

环境影响因素与预防性保护措施

漆木器是由木胎、大漆、颜料、地仗或干性油等有机无机复合材料组成的一类特殊的器物，是我国优秀文化遗产的重要组成部分。《韩非子·十过》中记载："尧禅天下，虞舜受之，作为食器，斩山木而财之，削锯修之迹，流漆墨其上，输之于宫，以为食器。"[1]我国的出土漆木器按照出土地域划分，可分为南方饱水漆木器和北方非饱水漆木器。非饱水漆木器是相对于饱水漆木器而言的，特指潮湿而缺饱水状态的一类漆木器，也可称亚浸水漆木器或者半饱水漆木器。根据考古资料可知，湖北、湖南、安徽、江苏、河南、山东较南方地区出土饱水漆木器数量庞大，且关于南方饱水漆木器文物的保护研究成果较多，保护方法逐渐趋于成熟[2,3,4]；而在北京、陕西、甘肃、山西等北方地区出土非饱水漆木器数量较多，但目前关于北方出土非饱水漆木器的保护要么采用南方饱水漆木器的保护处理方法，要么在处理过程中被动性地将起翘漆皮回软再回贴，适合于北方地区非饱水漆木器的保护处理方法缺乏系统研究[5,6,7,8]。北方出土漆木器在长期受到地下埋藏环境中温湿度、土壤氧含量、地下水酸碱盐、动植物及微生物滋生等因素的影响下，木质胎体多发生降解、极度糟朽、木材有一定的含水率、漆皮强度不高，不适合出土后立刻浸泡在水中的南方浸泡脱水保护处理方式。北方地区外界环境湿度较低，对于糟朽状态的漆

[1] 蒋成光：《饱水平整漆膜保护方法在风篷岭汉墓出土漆器中的应用》，《文物保护与考古科学》2017年第5期，第77～81页。

[2] 陈中行、程丽臻、李澜：《乙二醛脱水加固定型曾侯乙墓和包山楚墓彩漆主棺》，《文博》2009年第6期，第463～467页。

[3] 吴顺清：《出土竹木漆器类文物保护研究六十年述略》，《江汉考古》2014年第S1期，第3～13页。

[4] 李澜、程丽臻、陈中行：《遗址中饱水木构件原址保护脱水技术研究》，《中国文物科学研究》2010年第1期，第49～52页。

[5] 李存信、张红燕：《北方地区出土漆木器病害状态分析》，《中国文物科学研究》2011年第3期，第30～35页。

[6] 卢燕玲、韩鉴卿、张岚，等：《中国北方干燥地区出土糟朽漆器加固材料及修复方法》，《文物保护与考古科学》2003年第3期，第31～34页。

[7] 李宁：《北京房山金陵红漆银片錾花鎏金木棺的保护修复》，《江汉考古》2014年第S1期，第197～205页。

[8] 王菊琳、钱光凝、袁传勋：《出土漆木器的保护研究进展》，《中国文物保护技术协会第五次学术年会论文集》，科学出版社，2008年，第167～174页。

木器来说湿度过低，容易引起器物变形，漆皮迅速脱水、起翘。目前，北方地区出土非饱水漆木器在出土时和出土后缺乏有效的科学保护手段，导致损毁现象加剧，现存的这类型文物基本没有保存特别完好的。

《国家"十三五"文化遗产保护与公共文化服务科技创新规划》多次提到了文化遗产的预防性保护，指出在濒危文物的抢救性保护和更大范围文物的预防性保护方面，都有瓶颈问题尚未突破。文物保护工作重心由"抢救性"向"预防性"保护转变，使被动性修复向主动性防护转变，评估文物实际保存情况，预测环境可能给文物带来的损害，主动地去预防文物产生进一步劣变。因此，已出土北方非饱水漆木器保护的首要问题是开展预防性保护，建立与地下埋藏环境类似的稳定储存环境，最大限度地减缓环境突变带来的影响，为下一步的抢救性保护修复争取时间。本研究针对北京石景山赵谅墓漆棺在实验室考古过程中出现的漆皮干缩起翘、彩绘褪变色、霉菌虫害繁衍、木胎糟朽变形等紧迫性病害，提出了漆棺出土后的主要环境影响因素，建议设置高湿可控洁净保存环境，对保存小环境控湿至95%以上，进行精确、稳定控湿，实现漆木器缓慢、稳定脱水，以达到延缓、遏制漆棺病害发展，实现下一阶段保护修复方案实施前的平稳过渡。

2.1 赵谅墓漆棺的环境影响因素分析

漆棺深埋于地下时，由于地下水中酸碱盐及生物因素等的影响，原木质中的纤维素、半纤维素和木质素等化学成分发生了显著的变化，部分纤维组织结构断裂，木材发生糟朽，漆皮与胎体间的胶结物质老化流失，漆皮降解产生裂缝，器物已经丧失了原有的机械强度。墓室一旦开启后，阴暗、少氧、低温、高湿的稳定储存环境被瞬时打破。环境温湿度等的突变会对已经严重降解的漆棺产生致命的破坏[1]。其中，水分的急剧散失影响最为突出，由此产生的不均衡收缩应力常导致胎体变形，漆皮干缩、开裂、起翘，甚至脱落，破坏了漆器文物的美观和完整性[2]。因此，分析评估漆棺出土后可能产生的病变，预测外界环境的影响尤为重要。

（一）温湿度骤变

木材是一种易吸湿材料，具有随着外界温湿度变化"热胀冷缩，干缩湿胀"的特性[3, 4]。湿度升高时吸水膨胀，降低时散失水分收缩。健康木材的含水率在降低到纤维饱和点，即30%左右时开始干缩，而糟朽的饱水木材含水率在纤维饱和点之上时便可发生

---

[1] 王蕙贞、冯楠、宋迪生：《考古发掘现场环境突变对出土文物的破坏及应急保护研究》，《边疆考古研究》（第7辑），科学出版社，2008年，第303～313页。

[2] 徐浩：《考古发掘现场文物损坏的原因及保护措施分析》，《文物鉴定与鉴赏》2018年第5期，第98～99页。

[3] 宋迪生等编：《文物与化学》，四川教育出版社，1992年，第73～84页。

[4] 郭宏：《文物保存环境概论》，科学出版社，2001年，第51～53页。

干缩[1]。地下埋藏环境温度较低，湿度较高，漆木器出土后，直接面临的是温度的大幅度升高和湿度的降低。以北京为例，北京为典型的暖温带半湿润半干旱季风气候，突出特点是夏季高温多雨，冬季寒冷干燥，年平均气温11～12℃，夏季温度往往高于30℃，极端最高气温可达35～40℃，极端最低气温-14～-20℃（北京市气象局气候资料室，1987年），日温度波动较大，在冬天平均湿度为30%左右，夏天平均相对湿度50%左右，空气干燥[2, 3]。

在这样的外界环境条件下，考古出土漆棺所含水分迅速向外散失，将加剧本身脆弱的漆棺本体病变的产生，如漆膜的开裂、卷曲、破碎以及胎体变形等。试验研究表明在相同条件下，湿度变化造成的有机质文物劣化远大于温度波动的影响。以象牙为例，"温度相差30℃，其体积变化小于0.2%，而相对湿度波动10%，其体积就有0.3%～0.4%的变化幅度"[4]。为了防止考古出土漆棺水分过快蒸发，在漆棺移入类似地下埋藏环境的低温高湿环境之前，较简单的临时性过渡方法是采用潮湿宣纸、海绵、湿布、聚乙烯保鲜膜等包装材料进行包裹覆盖，以避免湿度的大幅度波动。但尽量避免在环境湿度不达标的情况下，反复向出土漆棺本体喷水的方式进行保湿，以免水分反复变化、散失带来的表面张力给漆膜带来严重的应力伤害，产生更严重的龟裂、起翘。

（二）含氧量突增，空气污染物增多

以有机质为主体的漆木器文物发掘出土后，由少氧的墓葬环境突然暴露于富氧的大气环境中，在紫外线和水的共同作用下，会使漆木器发生光化学氧化、光敏氧化以及光催化氧化，导致胎体的进一步老化降解，漆膜彩绘的褪变色加剧等[5]。空气或灰尘中的二氧化硫、氮氧化合物和颗粒污染物等酸性气体，一旦和漆木器接触后，其表面就会遭到腐蚀，完整程度和美观程度将会遭到破坏[6]。颗粒污染物，如尘埃对文物的影响也不可低估，尘埃表面孔隙度大，比表面积也相对较大，结构松散易吸收空气中的水分，在漆木器表面形成一层相对湿度高的灰尘层，尘埃又是多种带有酸碱性及氧化—还原性的化学污染物质的载体和催化剂，微生物孢子很容易附着在灰尘颗粒上而被带入室内，加剧了文物材质的劣化及表面形貌的改变。

（三）光照增强

漆棺从黑暗环境突然到强光环境，光照明显增强。物体的颜色是因其对光的选择吸收而呈现，但光在其他环境因素的协同作用下，具

---

[1] 胡东波、胡一红：《考古出土饱水木器的腐朽、收缩变形原理》，《文物》2001年第12期，第80～85页。

[2] 张婧：《北京园林中竹类植物应用研究》，北京林业大学硕士学位论文，2016年，第15～16页。

[3] 李双双、杨赛霓：《1960～2014年北京极端气温事件变化特征》，《地理科学》2015年第12期，第1640～1647页。

[4] 徐方圆、解玉林、吴来明：《文物保存环境中温湿度研究》，《文物保护与考古科学》2009年第S1期，第69～75页。

[5] 张涛：《论考古发掘中遗迹的预防性保护》，《湖南省博物馆馆刊》（第九辑），岳麓书社，2013年，第623～629页。

[6] 陈淑英、赵作勇：《谈馆藏文物微环境保护方法与策略》，《文物世界》2011年第2期，第71～76页。

有热辐射效应及光化学效应，从而会导致漆棺漆层发生光氧化降解、光催化氧化加速等光化学反应，不可逆地改变大漆和颜料的色泽、分子结构，破坏其稳定性，使漆棺出现褪色、劣化[1]。光线中的紫外线会对木胎漆器有极大的破坏力，造成漆膜有机质材料的老化和裂解，导致文物发黄、变脆、褪色、失去光泽等。上海博物馆研究人员发现[2]，展柜中射灯等产生的强光对展柜温度的影响大于白色日光灯，会使漆器表面的漆膜温度突然升高，漆器表面与漆器内部的水分干燥速度快慢不一，从而造成漆膜出现卷曲、空臌、开裂等病变。

（四）有害生物增多

漆棺埋藏的土壤及地下水因为污染带有微生物，但在密封空间内，微生物数量较少，繁衍缓慢。出土后外界环境空气或尘埃中飘浮着大量的细菌或真菌类微生物孢子、昆虫虫卵。需要注意的是，人员流动带来的灰尘中也可能含有霉菌孢子，一旦降落附着于漆棺文物表面，便会在温暖潮湿的富氧环境中迅速繁殖，微生物代谢的有机酶会加速木胎的腐烂，昆虫若以木材为食，会破坏胎体的完整性，导致胎体的损害。

2.2 高湿可控洁净保存环境的建立

1930年在意大利罗马召开的关于艺术品保护国际研讨会上首次提出"预防性保护"的概念，当时预防性保护的主要措施是对环境中温湿度的控制[3]。2002年我国颁布的《中华人民共和国文物保护法》中提出了"保护为主、抢救第一、合理利用、加强管理"的16字方针。目前，国际文化遗产保护领域已达成共识，改变传统的文物保护思维，变被动性的文物本体保护修复为主动性的预防性保护。文物预防性保护的主要途径，就是进行文物风险管理，通过风险预判断，改善文物保存环境，及时采取干预性调控措施，延缓文物劣化进程，以达到对文物进行长久保存的目的。就出土漆木器类文物保护而言，经历了从地下稳定环境到出土后环境的突变，如何维持储存环境体系的平衡，控制对漆木器产生影响的主要环境因素变化，将漆木器可能受到的危害风险降到最低是预防性保护考古出土漆木器类文物的关键。

本研究拟为考古出土漆棺设计创建一个独立的"高湿可控、稳定洁净"的保存环境。该保存环境主要由玻璃房、恒湿检控装置、净化通风系统、环境监测系统四个部分组成。

（一）玻璃房的设计思路

玻璃房采用钢结构作为主体，以6毫米+6毫米高透光率夹胶玻璃作为围护结构，该玻璃不仅能够有效隔离日光灯中的紫外线并吸收红外辐射中的热量，降低光照对文物的损伤；同时具有可视性好、强度高、防盗、防爆、防火等特性。刚出土的潮湿状态漆棺需要放置在高于室内湿度略低于饱和蒸汽压范围的湿度相对稳定环境中缓慢失水，以减少漆木器出土后

---

[1] 陈庚龄、卢燕玲：《甘肃出土糟朽木器环境腐蚀作用与机理研究》，《文物保护与考古科学》2009年第4期，第67～73页。

[2] L.Robert Feller. Control of deteriorating effects of light upon museum objects. Museum, 1964 (2): 17.

[3] 徐方圆、吴来明：《馆藏文物预防性保护发展浅析》，《中国文物报》2019年11月8日第5版。

因环境湿度突变带来的影响[1]。但在温度较低、湿度过大的情况下，玻璃房顶部及四壁极有可能产生结露现象，从而对漆棺的安全存放构成威胁。因此，在设计屋顶时，我们建议施工方将顶部做成了两面45°斜坡状结构，以便于冷凝水的导出。这在以往的玻璃房施工案例中不曾出现，属于首次创新设计，且经实践检验一旦产生冷凝水将沿着45°顶部斜面流到玻璃房两侧，经四壁到地面导出，不会从屋顶直接滴落到漆木器上。为了提高玻璃房的湿度稳定性，配装了气密门，并选用环保、长寿命的密封材料进行气密处理。经第三方检测，该气密围护结构平均换气率为 $0.03d^{-1}$，满足《博物馆 气调库房 技术要求》（T/WWXT 0029—2018）所规定的库房换气率 $\leq 0.05d^{-1}$ 的要求。由于库房具有良好的气密性，保证了空间湿度的恒定，配套恒湿检控装置无须持续运行即可满足玻璃房内湿度稳定调控需求。常用地板砖不防滑、无弹性，可能在漆木器搬运过程中，对漆木器造成磕碰，经过研究采用了厚达1厘米以上的环保地胶铺设地面，以增大地面摩擦力，缓和冲击力，同时该环保地胶还可防止酸碱等化学试剂对地面的腐蚀。玻璃房建成后的效果见图 2-1-2。

图 2-1-2 玻璃房施工效果图

（二）恒湿检控装置

恒湿检控装置主要由控湿、湿度检测、气体过滤以及显示与存储等单元构成，采用等焓控湿技术，由内置鼓风机将室内干燥空气通过过滤器进行过滤，过滤等级为1微米；干燥空气经过滤后进入加湿器；经过加湿器加湿后将湿度适宜的潮湿空气送入玻璃房内完成加湿过程，并实现精确实时在线监测、调控空间内的湿度；为保证洁净的供水，本系统以首都博物馆纯水机制备电去离子（EDI）超纯水为水源，置于恒湿检控装置旁边的储水箱内。通过装置内置的水泵以及水位检测传感器自动为加湿水箱补水，全系统自动运行受可编程逻辑控制器（PLC）综合控制，当水箱缺水，或达到空气过滤器滤芯更换预警时间后，系统会自动报警提示。该恒湿检控装置可将初始湿度设置到95%至饱和蒸气压的高湿范围，且经累计持续监测36小时，温度在18℃左右，波动<1℃，相对湿度可基本稳定在97%左右，波动<3.0%（见图2-1-3），无大幅度波动，稳定性较好。通过稳定控湿、阶段性逐步降低玻璃房内的湿度，使漆棺缓慢脱水以尽量

---

[1] 陈家昌、黄霞、陈晓琳，等：《出土饱水木质文物的腐蚀病害类型与保护研究进展》，《材料导报》2015年第6期，第96～101、128页。

维持木质文物形稳性。当相对湿度设定值在 65%～95% 时，系统启动控湿系统对玻璃房进行湿度调节，使空间内的湿度能够较快地满足使用需求；当相对湿度设定值 ≤ 65% 时，采用管路加湿方式避免低湿情况下的结露、超调等问题。

（三）净化通风系统

在恒湿检控装置内部安装了净化通风系统，气体过滤装置的过滤器滤芯由"复合过滤介质"采用独特的深层折叠式结构而非缠绕式制作而成。与传统缠绕式过滤器滤芯相比过滤表面积增加了 4.5 倍，与传统折叠式滤芯相比过滤表面积提高了 2 倍，尤其是深层折叠式结构形式降低了过滤介质内空气的流速进一步改善了过滤性能。该气体过滤装置可滤除进入过滤器的干燥空气中 1 微米以下的固体颗粒污染物、油雾等特征污染物，过滤效率可达到 99.9% 以上。通过过滤后的洁净空气进入加湿器，经过加湿器加湿后将湿度适宜的潮湿洁净空气送入玻璃房，且可根据实际需求设置玻璃房内部空气的置换时间（如 12 小时），定时进行置换、通风。

（四）环境监测系统

为了解玻璃房内的环境状况，玻璃房设置了环境监测终端对文物保存环境内的温湿度、紫外线、光照度、甲醛等参数进行实时监测、连续采集。文物保护人员可对环境的温湿度、紫外线、光照、甲醛监测指标进行实时信息监测、储存、分析、风险评估、预警、查询、交流，以便根据反馈结果及时采取必要的管理调控决策。

高湿可控洁净保存环境为出土漆棺的安全、稳定脱水提供了"稳定、洁净"的外界环境，在脱水过程中将相对湿度的每日变动上下幅度控制在 5% 以内，缓慢逐步降低玻璃房内湿度，采用木材含水率测试仪定期监测漆棺相同部位的含水率变化，观察测量器物长宽高、边角及结构接口处裂隙处变化情况。待含水率降低至 50% 以下时，要控制玻璃房内湿度稳定，降低脱水速度，防止木胎形变。待木材含水率降低至 20%～30%，逐步降低环境湿度至 60%±5% 左右。脱水期间保持温度在 18±2℃。同时为了避免操作中外来的霉菌孢子污染，工作人员必须穿戴防护服、无纺布防尘帽、鞋套、口罩或自呼吸装置进入工作环境。

2.3 有害生物的防治

高湿环境有利于漆棺的安全、稳定脱水，

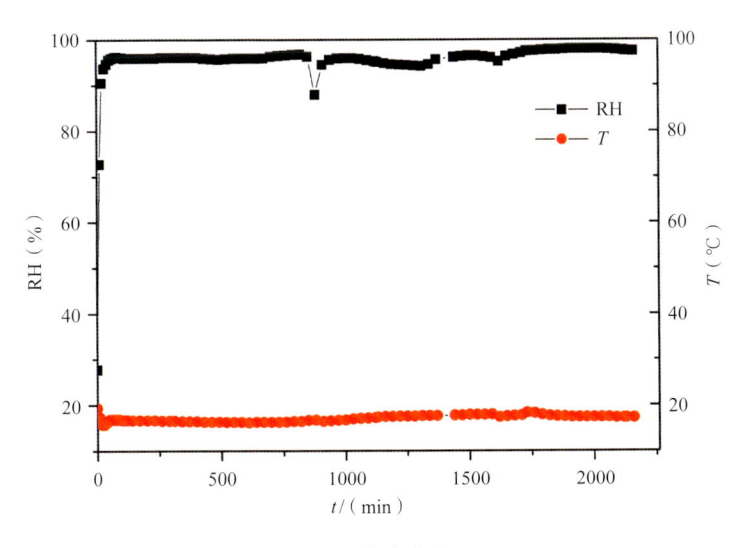

图 2-1-3 玻璃房内 36 小时温湿度波动图

但也容易导致微生物和虫害的大量滋生。因此，应采取"以防为主，防治结合"的策略。针对漆棺表面不同的霉变状况，配制0.05%～2%的防霉剂异噻唑啉酮乙醇水溶液。该防霉剂经在95%的高湿模拟环境下应用，观察168小时后，未见到霉菌长出，可见该防霉剂具有优异的抑菌效果。针对已经繁衍旺盛的霉菌，先采用脱脂棉蘸2%异噻唑啉酮进行清除；对于长在漆皮下方，木胎本体的霉菌，可采用微量注射器将防霉剂注入漆皮下方；对漆棺内部采用0.05%～1%防霉剂喷淋处理。同时需要对贴敷漆木器上宣纸、海绵等包裹材料采用低浓度的防霉剂处理。对虫害的治理，关键在于预防，在"防"的方面下功夫。一旦发现虫害，就应积极采取措施进行治理，可定期采用菊酯类杀虫剂进行喷洒、注射、点滴杀灭，防止蔓延。

2.4 结语

北方地区出土漆棺出土后面临着温湿度骤变、含氧量突增、光照增强、有害生物增多等环境因素的影响，在实验室考古过程中出现漆皮干缩起翘、彩绘褪变色、霉菌虫害繁衍、木胎糟朽变形等紧迫性病害，该研究通过出土漆棺风险预测、评估，提出了建立高湿可控洁净保存环境，进行微生物、虫害积极主动防治等风险控制措施。通过精确、稳定控湿，以最大程度减缓环境突变带来的影响，实现漆棺缓慢、稳定脱水，努力使文物处于一个稳定、洁净的环境中，以达到延缓、遏制漆棺病害发展的目的，具有非常重要的现实意义。

第三节

潮湿而非饱水状态漆棺的保湿方法

北方地区出土的漆器深埋于地下时，由于地下水位反复升降及埋藏环境中酸碱盐、生物因素等的影响，原木质中的纤维素、半纤维素和木质素等化学成分发生了显著的变化，部分纤维组织结构断裂，木材发生糟朽，漆皮与胎体间的胶结物质老化流失，结合力薄弱，漆皮降解产生裂缝，器物已经丧失了原有的机械强度。对于糟朽状态的漆器来说，由于环境湿度突变，水分急剧散失而产生不均衡的收缩应力常导致漆皮干缩、起翘，甚至脱落，不但破坏了漆器文物的美观和完整性，也给后续脱水修复工作带来极大困难。

保湿处理可以避免漆器出土时因水分急剧散失导致的漆皮干缩、起翘。南方饱水漆器出土后常浸泡入水中保湿，但北方漆器含水率不高，漆皮与胎体结合薄弱，并不适合浸泡保湿方式。目前，北方地区出土潮湿而非饱水状态漆器保护研究多集中在漆皮回软及回贴方面[1]，关于漆器出土后的保湿研究相对较少。中国社会科学院考古研究所李存信[2,3]建议在漆器四周衬垫具有一定含水量的脱脂棉或柔软的纸张，并往衬垫物内喷洒5%浓度的甲醛溶液，进行防霉防腐处理之后将其密封入塑料袋中。处理土体填充的北方出土糟朽漆器时，采用向土体表层喷洒适量水分，保持箱内土体潮湿，使用潮湿织物覆盖箱体，再遮盖一层塑料布等方式，使箱内相对湿度保持到90%以上。北京琉璃河西周燕国墓地出土的漆器，胎体已腐朽，仅存一层漆皮，漆皮表面的土剔除后，在外界气候影响下漆皮瞬时就开裂卷曲，文保人员[4]采用适度蘸水的绵纸贴敷于漆器表面，在绵纸上浇注或敷一层1～1.5厘米厚的石膏外壳。秦始皇兵马俑博物馆黄建华等[5]用聚乙烯薄膜将胎体腐朽的彩绘漆盘连同土质基座

---

[1] 马清林、卢燕玲、胡之德，等：《中国北方干燥地区出土漆器漆皮回软方法研究》，《文物保护与考古科学》2000年第2期，第31～35页。

[2] 李存信：《出土遗物现场应急处置方法》，《文物保护与考古科学》2007年第2期，第64～72页。

[3] 李存信、张红燕：《半干旱环境糟朽漆木器的检测分析与处理保护》，《中国文物科学研究》2010年第4期，第1～8页。

[4] 丁六龙：《北京琉璃河西周燕国墓地出土漆器在室内的清理起取和保护》，《文物修复与研究》，国际文化出版公司，1995年，第103～105页。

[5] 黄建华、杨璐、王丽琴，等：《彩绘漆盘的考古发掘现场保护》，《文博》2009年第6期，第292～297页。

包裹起来，再用纱布绷带包裹。李玲[1, 2]认为在漆器发掘现场可用饱水脱脂棉包裹器物第一层，再用塑料薄膜包裹以防止水分快速挥发；在漆器自然脱水过程中，利用地下室、湿麻布或塑料薄膜包裹等方式控制湿度。可见，考古和文物保护工作者都意识到了出土漆器保湿的重要性，但关于北方地区出土漆器的保湿方法不一，缺乏系统研究，特别是出土漆器包裹材料探讨仍处于空白。保湿处理及微环境的建立是在对出土漆器保存现状分析及风险预判断的基础上，针对未来可能产生影响的因素进行的低干预性的预防性保护措施，最大限度地规避风险，并最终达到保护漆器文物的目的。

保湿处理可以避免漆器出土时因水分急剧散失导致的漆皮干缩、起翘。但北方非饱水漆器胎体糟朽、漆皮与胎体结合薄弱，不适合南方的水浸泡保湿方式。研究首次提出对出土漆器喷涂保湿剂，采用材料包裹形成潮湿微环境，之后存放于高湿环境的协同保湿处理方法，并研究了包裹材料的种类及次序。该研究对于漆器的安全脱水以及后续修复的顺利开展具有重要的实际意义。

3.1 保湿剂的评估

保湿剂是指可维持或增加基体水含量的物质，改善、延缓因漆层水分急剧散失而导致的漆皮干缩、起翘现象。漆器出土后，常用水喷洒漆器进行保湿。但由于水的表面张力比较大，在环境湿度不达标的情况下，反复向出土漆器本体喷水的保湿方式，容易导致水分反复饱和散失给漆皮带来严重的应力伤害，从而产生更严重的龟裂、起翘。为了减少水分散失带来的应力破坏，常采用多元醇类保湿剂与水混溶后对漆器进行保湿。常见的多元醇类材料主要包括丙三醇，俗称甘油（Glycerin）、丁二醇（Butyleneglycol）、聚乙二醇（Polyethylene glycol，PEG）、丙二醇（Propylene glycol）及各类糖醇[3]。这些材料均具有多个羟基，可与水分子形成氢键以达到锁水保湿、阻止水分散失的目的，且具有一定吸湿性，可从周围环境中获得水分而达到一定的平衡[4]。常用多元醇保湿剂的理化性质见表2-1-1，可见各材料均水溶性好，具有一定的吸湿性。丙三醇较为黏稠，在使用中常搭配其他黏度较低的多元醇以降低黏度。聚乙二醇的分子量可从200到4000不等，随着分子量变大，逐渐从液体变为固体，分子量较小的聚乙二醇保湿效果较好。相关研究认为，不同保湿剂吸收水分和保持水分的能力不同，丙三醇、丙二醇等多元醇类的保湿能力优于聚乙二醇等水溶性高分子类，丙二醇、丁二醇及赤藓糖醇具有一定的抑菌作用[5]。保湿剂的组合及配比浓度会影响漆器保湿及脱水效果，本工作组曾选取了11组不同比例的多元醇类回软剂，并与乙醇水溶液进行

---

[1] 李玲：《江陵地区战国楚墓出土文物的现场保护》，《考古与文物》2000年第6期，第72～75页。
[2] 李玲：《漆木器保护关键问题分析》，《中国文物科学研究》2010年第4期，第23～26页。
[3] 冯光炷、谢文磊、姜延程：《化妆品用保湿剂的研究和应用》，《陕西化工》1997年第3期，第16～18页。
[4] 万富：《婴儿湿巾中保湿剂、防腐剂、抗氧剂检测方法及应用研究》，湖南大学硕士学位论文，2018年。
[5] 〔日〕杉崎敏明著，张玉新译：《保湿剂的作用和效果》，《日用化学品科学》1983年第2期，第55～59页。

表2-1-1 保湿剂材料理化性质

种类	外观	分子式	分子量	水溶性	吸湿性
丙三醇	无色粘稠液体	$CH_2OHCHOHCH_2OHCHOH$	92.09	较好	大
丙二醇	无色粘稠液体	$CH_2OHCHOHCH_3$	76.09	较好	较大
PEG200	无色透明液体	$HOCH_2[CH_2OCH_2]_nCH_2OH$	190～210	良好	一般
PEG400	无色透明液体	$HOCH_2[CH_2OCH_2]_nCH_2OH$	380～420	良好	一般
PEG600	无色软膏体	$HOCH_2[CH_2OCH_2]_nCH_2OH$	570～630	良好	一般
赤藓糖醇	白色结晶	$C_4H_{10}O_4$	122	良好	小
木糖醇	白色结晶或结晶性粉末	$C_5H_{12}O_5$	152	很好	大
山梨糖醇	无色针状结晶或白色结晶粉末	$C_6H_{14}O_6$	182	很好	大

回软效果对比，结果表明：水∶乙醇∶丙三醇（1∶3∶2）和50%乙醇水溶液的回软效果最好，40%PEG200和PEG400效果较好。但丙三醇水溶液浸泡后漆皮后黏腻感强、色差变化较大，漆皮拉伸强度下降较为明显[1]。

除了多元醇类保湿剂外，甲壳素/壳聚糖及其衍生物、魔芋葡甘聚糖及海藻糖等天然多糖类物质具有成膜性，分子间可相互缠绕形成网状结构，与水分子氢键结合起到保水作用，也具有较好的保湿效果[2, 3]。田大昕等[4]利用饱和盐溶液干燥器控制湿度的方法对魔芋葡甘聚糖等天然保湿材料与常用保湿剂甘油进行吸湿和保湿性能测试。结果表明，在高湿或低湿度环境下，羧甲基纤维素钠和甘油的吸湿能力均较强，魔芋葡甘聚糖和壳聚糖的吸湿性较差，海藻酸钠居中；但壳聚糖和魔芋葡甘聚糖的保湿能力优于甘油和羧甲基纤维素钠。周林等[5]研究表明裂褶多糖作为一种裂褶菌深层发酵产生的中性胞外多糖，吸湿性优于甘油，是一种很有开发潜力的天然保湿剂。

单一的多元醇合成保湿剂或多糖天然保湿剂吸湿性能较为显著，但保湿性能存在一定缺陷。虽然能从周围空气中吸收水分达到保湿效果，但漆器需保存在较湿润的环境下，一旦空气湿度过低，特别是在干燥寒冷的天气条件下，反而从漆器本体吸收水分，从而影响到漆器的保湿效果。在实际应用中为了提高保湿效果，常采用多种保湿剂配合使用才能达到吸湿、保湿及封闭水分的效果。

[1] 何秋菊、张雪鸽、许璇：《出土漆器起翘漆皮回软用多元醇类材料筛选研究》，《中国文物科学研究》2020年第2期，第57～63页。

[2] 侯耀永、陈刚、杨晓玲，等：《保湿化妆品与天然保湿剂》，《2005（第五届）中国日用化学工业研讨会论文集》，2005年，第271～277页。

[3] 袁仕扬、何小平、叶志虹：《常用皮肤保湿剂性能研究》，《广东化工》2009年第11期，第47～48页。

[4] 田大昕、冀小雄、毛海波，等：《几种天然保湿材料的吸湿和保湿性能研究》，《材料导报》2008年第3期，第142～143、147页。

[5] 周林、郭祀远、蔡妙颜，等：《裂褶多糖的吸湿和保湿性能初步研究》，《天然产物研究与开发》2005年第6期，第708～711页。

3.2 保湿包裹材料的调研

由文献调查可知,目前常用的漆器保湿包裹材料有绵纸(桑皮纸)、生宣纸、麻布、纱布、聚乙烯塑料薄膜、海绵等。在包裹材料的选择方面,首先需要确保对漆器文物的安全性,特别是在选择直接接触漆器本体的包裹材料时需要考虑材料的柔软度、保湿性,同时应避免对本体造成二次污染和损伤,不能含有残留漂白剂、过氧化物、氯、酸、游离甲醛和金属离子等,不会形成挥发性有害物质,材料的pH值为中性。还要考虑到出土漆器外表面漆皮脆弱、易受到摩擦、拉力等而损伤、脱落等的特殊性。使用前需经前期调研、论证后,根据文物的质地需求、现状及形制特征选择包裹材料,防止因不适当、不科学包裹所带来的人为因素的损坏。

(一)保湿包裹材料特性
(1)纸

纸自从汉代发明以来,便用于物品包裹,甚至早于作为书写绘画的载体材料。《汉书·赵皇后传》中记载,汉成帝"元延元年……中有封小绿箧,记曰:'告武以箧中物书予狱中妇人,武自临饮之。'武发箧中有裹药二枚,赫蹄书……"[1]。注引应劭言:"赫蹄,薄小纸也。"可见,在西汉时期纸已经用来包裹药品和各种贵重物品。东汉时期,随着造纸技术的进步,相继出现了白麻纸、桑皮纸、黄麻纸、椒纸等种类,逐渐替代了以往昂贵的绢、锦等包裹材料。纸是由植物纤维相互交织而成的,主要成分是纤维素,为亲水性的天然有机高分子化合物。取少量红星棉料单宣样品喷金后,采用扫描电子显微镜观察分析生宣纸(见图2-1-4)可见,纸呈现纵横无序交错网状结构,纤维间存在大量孔隙,这些孔隙可以依靠毛细管效应吸附水分,起到保湿的作用。利用造纸纤维分析仪测试生宣和绵纸纤维组成。取样1~2平方毫米纤维样品,用蒸馏水均匀浸湿、分散后,用镊子挑出少许纤维,置于载玻片上,采用碘—氯化锌(Herzberg)染色剂染色后,盖上盖玻片,用滤纸吸去多余的染色剂,放置于样品台观察拍照。由图2-1-5和图2-1-6可知生宣和绵纸均具有纤维长的特点,且具有韧性较好,吸附性强,寿命长,潮湿时柔软、变形较小等优点。此外,传统的宣纸制作工艺为碱性造纸法,在抄造过程中加入了碳酸钙、草木灰等碱性填料,纸张呈现中碱性。因此,采用生宣或者绵纸贴敷于漆器表面比较安全,遇水变软的特点不会导致因漆皮表面的物理摩擦、拉扯而导致的起翘、脱落等伤害。

(2)织物

织物中纱布为常用的回潮材料。纱布为棉纱经喷气或梭织机织成,为平纹组织结构,具有良好的吸湿和散湿性能。在文物保护中可采用纱布湿敷法进行回潮处理。用于漆器保湿的纱布应选择纯棉、柔软、未经上浆处理的白纱布,白度、经纬密度及酸碱度等指标均应符合YY0331—2002医用脱脂纱布的相关标准。此外,纱布块应折叠平整,不得有毛边、毛茬外露、散线头等。由于纱布较为稀疏,经纬线之间孔隙较大不适合直接接触漆器本体,可作为外包裹材料使用。

---

[1] (汉)班固撰,(唐)颜师古注:《汉书·孝成赵皇后传》,中华书局,1962年,第3992页。

图 2-1-4 生宣扫描电镜图（a.×100；b.×1000）

图 2-1-5 红星棉料单宣纤维

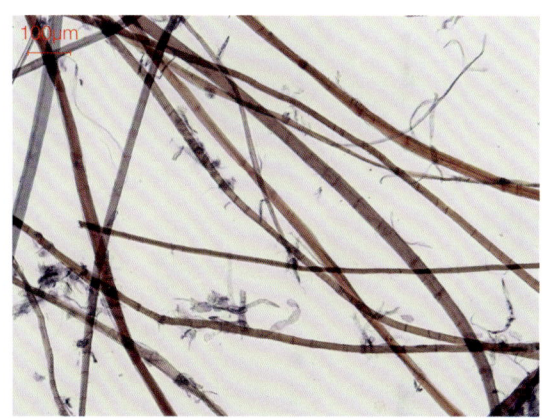

图 2-1-6 绵纸（桑皮纸）纤维

（3）海绵

海绵是一种多孔弹性材料，也可称为软质泡沫材料，在日常生活中常用于减震包装或者吸水释水材料。目前，市售海绵多为聚氨酯、聚苯乙烯、聚酯及聚乙烯醇等高分子材料合成，内部呈现泡孔结构，具有柔软、质轻、比强度高、可吸收冲击载荷和高频振动、隔热隔音等优良特性[1]。海绵的典型特征是具有泡孔结构，开孔结构的大多数泡孔互相连通，闭孔结构的大部分泡孔处于封闭状态（见图 2-1-7a、图 2-1-7b）[2]。其中，泡孔结构中开孔占优势的海绵（图 2-1-7a）对水汽具有更高的吸附能力，具有较好的透气性，柔软、蓬松度高，适合作为漆器的外包裹材料。

（4）聚乙烯薄膜

聚乙烯薄膜，即 PE 薄膜，是由乙烯进行加聚而成的高分子化合物，半透明、有光泽、

---

[1] 刘培生：《多孔材料引论》，清华大学出版社，2004年，第 1～3 页。
[2] 何继敏：《新型聚合物发泡材料及技术》，化学工业出版社，2008年，第 3～6 页。

质地较柔软，具有防潮性，透湿性小，是目前应用最广泛、用量最大的一种塑料包装薄膜[1]。作为漆器外包装材料可起到减缓内部湿气向外挥发的作用，实际应用中的聚乙烯薄膜外观、物理机械性能及卫生标准等应该符合《GB/T 4456—1996 包装用聚乙烯吹塑薄膜》相关要求。故宫博物院文保科技部陈杨[2]在纺织品回潮处理中介绍了新材料Sympatex可在回潮微环境中起到阻隔和释放水分的双重作用。Sympatex是一种无孔、无色、透光的共聚多醚酯膜，拥有超强功能性的环保薄膜。无孔膜由亲水与拒水的两种物质组成，其中亲水物质的内部呈分子链结构，而且分子链上带有正负电荷，可以吸附单个的水蒸气分子，促使水蒸气分子由湿度高的地方向湿度低的地方对流，从而实现透气不透水。这种高科技材料多用于运动服装、鞋类等户外产品，近些年来逐渐应用到文物保护领域，有望应用到漆器保湿中。

a. 开孔结构单元 　　　　b. 闭孔结构单元

图 2-1-7　海绵的两种泡孔结构

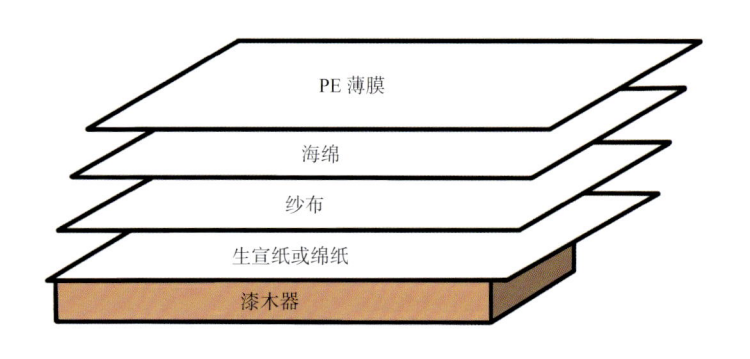

图 2-1-8　出土漆器保湿材料包裹次序

（二）保湿材料包裹次序

保湿材料起着缓冲文物保存微环境中湿度波动的重要作用。出土漆器表面保湿微环境的有效性取决于材料选择的可靠性和协作性，纸张、纱布或者海绵发挥着吸潮、释放湿气的自我调节作用，聚乙烯薄膜起着减缓、阻隔内部湿气向外挥发的作用。经过三年多的反复理论论证及实践经验，从单一聚乙烯薄膜（第一组）、宣纸+聚乙烯薄膜（第二组）、宣纸+海绵+纱布+聚乙烯薄膜（第三组）及宣纸+纱布+海绵+聚乙烯薄膜（第四组）四种包裹组合中，我们确定了漆器保湿材料的最佳包裹次序为第四组，在常温常湿的环境条件下，有效保湿时间可长达14天。首先将湿润但不滴水的1～2层生宣纸或绵纸贴敷于漆器表面，然后包裹防霉防虫处理后的纱布，再包裹厚度为3厘米左右的海绵，最后包裹聚乙烯薄膜，包裹次序示意图见图 2-1-8。通过以上步骤，出土后漆器可临时处于潮湿的微环境中，可有效减缓外界不稳定环境因素对漆器的影响。

---

[1] 白莎莎：《利用X射线衍射技术表征聚乙烯薄膜的结晶分布》，长春工业大学硕士学位论文，2010年，第1～8页。
[2] 陈杨：《清代宫灯配饰的保护修复研究》，《故宫博物院院刊》2019年第7期，第98～108页。

3.3 高湿稳定环境的建立

就出土漆器文物保护而言，经历了从阴暗、少氧、低温、高湿的地下稳定环境向温湿度骤变、含氧量突增、光照增强、有害生物增多环境的突变。其中，湿度的变化对漆器的稳定性存在重要的影响，漆器内部所含水分迅速散失，加剧本身脆弱的漆器病变的产生，如漆皮的开裂、卷曲、破碎以及胎体变形等。如何维持储存环境体系的平衡，控制对漆器产生影响的主要环境因素变化，将漆器可能受到的危害风险降到最低是北方非饱水漆器文物预防性保护的关键。经过包裹、保湿处理的漆器处于临时的潮湿微环境中，但多元醇及多糖材料具有吸湿性，需要不断地从外界环境中吸收水分达到湿度平衡，因此需及时将保湿、包裹处理的漆器放入高湿环境中进行保存。采取人为干预措施建立"高湿可控、稳定洁净"的高湿稳定大保存环境，减少外界环境变化带来的影响。

例如，可在玻璃干燥器中采用饱和盐水体系控制环境湿度，各饱和盐溶液在20℃时的微环境相对湿度见表2-1-2。可见，不同饱和盐溶液可将湿度控制在30%～100%之间，刚出土的漆器可放置于K_2SO_4饱和盐溶液控制的95%以上的高湿环境中。但高湿环境容易造成霉菌虫害繁衍，建议在放置过程中控制环境温度至18±2℃，定期进行防霉杀虫处理。由于玻璃干燥器体积的限制，适合放置小件器物，因此对于体积较大的漆器需要设计高湿气密帐或者高湿玻璃房环境进行储存。例如，首都博物馆设计了高湿可控洁净玻璃房保存环境用来放置出土漆木器，该环境可将初始湿度设置到95%至饱和蒸汽压的高湿范围，且经累计持续监测36小时，温度在18℃左右，上下波动<1℃，相对湿度可基本稳定在97%左右，上下波动<3.0%，无大幅度波动，稳定性较好。通过稳定控湿、阶段性逐步降低玻璃房内的湿度，可使漆木器缓慢脱水以尽量维持木质文物形稳性。

表2-1-2 几种饱和盐水体系的相对湿度（20℃）[1]

体系	RH% 理论	RH% 实测	S_0（g）	$S_实$（g）
$MgCl_2·6H_2O$	33	37	54.6	181
K_2CO_3	44	46	112	120
$Na_2Cr_2O_7·2H_2O$	55	55	180	210
$NaNO_2$	66	66	80.6	85
NaCl	75.7	75.4	36	39
KCl	85	84.7	34.2	37.4
K_2SO_4	97	92	11.1	12

注：S_0为室温下无水饱和盐溶液溶解度，$S_实$为100g水实际应称取盐克数

---

[1]〔美〕J.A.迪安主编，魏俊发等译：《兰氏化学手册》（第二版），科学出版社，2003年，第5.8～5.22页。

3.4 结语

漆器的保湿处理可以避免出土时因温湿度骤变，水分散失导致的漆皮干缩、起翘等现象。本研究首次提出了北方地区出土潮湿非饱水状态漆器的协同保湿处理方法。建议采用漆器本体喷涂保湿剂、保湿材料包裹及高湿环境放置协同保湿方法。根据三年多对赵谅墓漆棺的理论论证及实践经验，筛选出最佳的包裹材料及包裹次序为宣纸+纱布+海绵+聚乙烯薄膜，在常温常湿的环境条件下，有效保湿时间可长达14天。包裹材料中纸张、纱布或者海绵发挥着吸潮、释放湿气的自我调节作用，聚乙烯薄膜起着减缓、阻隔内部湿气向外挥发的作用。因多元醇及多糖材料具有吸湿性，出土后需及时将保湿、包裹处理的漆器放入高湿大环境中进行保存。通过以上处理措施，可减缓环境突变带来的影响，为出土非饱水漆器的安全脱水保护以及后续修复的顺利开展奠定重要基础。

第四节

漆皮回软材料筛选

饱水或非饱水状态的考古出土漆器由于环境温湿度突变，水分散失而产生不均衡的收缩应力常导致漆皮干缩、起翘，甚至脱落，破坏了漆器文物的美观和完整性。漆皮是彩绘图案的重要载体，也是漆器文物的精华所在，起翘的漆皮往往较脆弱，在回贴过程中易于折断，将漆皮回软、展平后回贴到器物原位是漆器修复保护的要点。充分回软的漆皮回贴时不仅可以取得良好的效果，也有利于漆器的长久保存。

常用的漆皮回软方法有物理法和化学法。物理法即利用漆皮的热塑性，加热软化漆皮；化学法为利用多元醇类材料的保湿性及溶胀作用，采用丙三醇、乙醇、聚乙二醇等对漆皮进行软化。文保工作者对漆皮回软材料及方法做了许多有益的探索和实践，胡继高等[1]采用物理方法即水蒸气法对漆皮进行软化；马清林等[2]利用丙三醇、乙醇、水混合溶液对起翘的漆皮进行软化，效果良好；范陶峰等[3]采用溴苄烷铵、氯化十二烷基三甲基铵、蒸馏水等配置的SC-1溶液做软化剂，对生漆表面的彩绘进行软化。此外，孙红燕[4]采用水蒸气和高级醇对大足石刻千手观音金箔层进行软化。李国清[5]利用1，2丙二醇对纤维材料进行渗透处理，对漆皮的回软也有参考作用。樊晓蕾[6]将样品依次浸泡在浓度为40%、60%、80%、100%的PEG回软液中，软化陕西地区出土的亚浸水漆器。但关于漆皮回软材料和方法的系统研究仍较少，缺乏对多元醇类回软材料的回软效果评估、回软后对漆皮的影响等研究工作，且尚未见到关于环境湿度对漆皮回软保持情况的研究报道。部分多元醇类回软材料具有吸湿性，不易挥发，可能会对下一步的漆皮回贴造成影响，因此回贴前需要清理掉漆皮

---

[1] 胡继高、胡东波：《出土中国古代漆膜干缩翘曲分析及在修复粘接中问题的讨论》，《文物保护与考古科学》2000年第2期，第19～25页。

[2] 马清林、卢燕玲、胡之德，等：《中国北方干燥地区出土漆器漆皮回软方法研究》，《文物保护与考古科学》2000年第2期，第31～35页。

[3] 范陶峰：《汉代文物彩绘的保护与回贴修复研究》，陕西师范大学硕士学位论文，2006年。

[4] 孙红燕：《重庆大足千手观音贴金软化与回贴修复研究》，中国科学技术大学硕士学位论文，2010年。

[5] 李国清：《PG材料在纤维质文物保护上的应用研究》，《'96中国材料研讨会生物及环境材料》，化学工业出版社，1997年，第569～576页。

[6] 樊晓蕾：《陕西出土亚浸水漆器的材质、工艺及修复保护研究》，西北大学硕士学位论文，2011年。

表面多余的回软剂，有必要对漆皮回贴前回软剂清理方法进行研究。

漆皮回软时回软材料的种类、组合、配比、回软温度和回软时间等对回软效果有着重要影响。本研究以丙三醇、丙二醇、聚乙二醇200、聚乙二醇400和聚乙二醇600等多元醇类材料为回软剂对漆皮进行浸泡，结合有机玻璃夹持等物理方法对漆皮进行回软、展平处理，通过回软程度分级、显微形貌、拉伸强度、红外光谱分析等方法对漆皮的回软效果加以评估。探讨了环境湿度对漆皮回软保持情况以及漆皮表面回软剂的清理方法。该研究对于漆器进行科学修复具有重要的指导意义。

4.1 试验部分

4.1.1 试验设备及材料工具

仪器设备：KH-3000VD 三维视频显微镜（日本 Hirox）；ALPHA 便携式红外光谱仪（德国 Bruker）；TA.XT plus 质构仪（英国 Stable Micro Systems）；PB3002-S 电子天平（Mettler Doledo）；S-3400N 扫描电子显微镜（日本日立）；SP64 分光测色仪（美国 X-rite）。

材料：红漆购于漆农小李生漆有限公司，乙醇、丙三醇、丙二醇、聚乙二醇200、聚乙二醇400、聚乙二醇600购于北京化学试剂厂。

工具：量筒、烧杯、滴管、刮楸、药勺、白瓷砖、保鲜膜、玻璃棒、有机玻璃板。

4.1.2 样品制备

（1）漆皮制备

自制模拟漆皮卷曲的样品。将采购的红漆过滤杂质后，用刮楸把红漆刷到垫有保鲜膜的白色瓷砖上，漆皮面积 10cm×10cm，厚度尽量控制一致。将制备好的漆皮放入 25℃、80% 环境下干燥。待全干后将漆皮裁成 1.5cm×15cm 的长条，浸泡入蒸馏水中48小时后取出，放置于室内环境自然晾干，在漆皮干燥过程中由于水分的急剧散失带来的应力影响，漆皮会发生自然卷曲，见图 2-1-9。

（2）回软剂制备

试验共选用了 12 组回软剂。分别包括

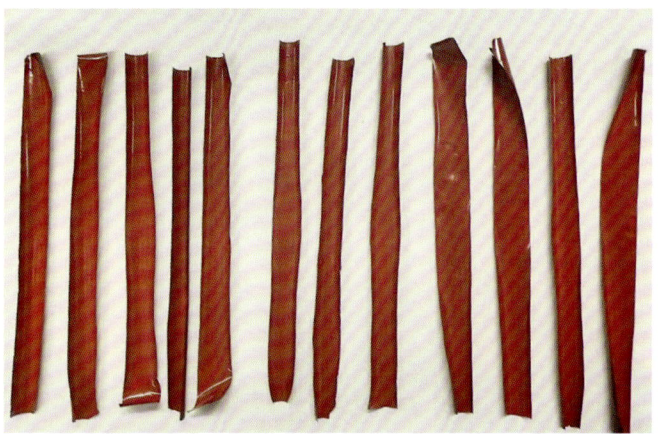

图 2-1-9 自制卷曲漆皮

50%乙醇水溶液，50%丙二醇水溶液，50%丙三醇水溶液，40%聚乙二醇200、聚乙二醇400、聚乙二醇600水溶液，丙三醇、乙醇、水溶液（$V1:1:1$、$V3:2:1$、$V1:2:3$、$V2:3:1$、$V2:1:3$、$V5:3:2$）。

4.1.3 回软方法

取卷曲漆皮样品，均进行称重、拍照，分别放入不同的回软剂小烧杯中，使液面没过样品，常温浸泡回软。依据回软程度分级标准考察浸泡不同时间的回软效果。

4.1.4 漆皮回软后放置及回贴前清理

将回软后的漆皮夹持在透明有机玻璃板中进行展平处理。待平整后放置于KCl饱和盐水体系控湿的相对湿度为75%～85%的高湿环境中，考察其柔软程度及平整程度维持时间。采用棉签蘸蒸馏水或2A溶液（$V_{乙醇}:V_{水}=1:1$）擦拭回软后的漆皮表面清理掉多余的回软剂，利用红外光谱测试对比清理效果。

4.1.5 测试方法

（1）漆皮回软程度分级

对漆皮回软程度进行分级（分级标准见表2-1-3）。定期观察其回软程度，主要凭肉眼观察和用手感触来判断样品的回软程度。记录不同回软溶液中漆皮标本的回软程度级别以及稳定日期。通过回软速度和程度判定不同回软溶液的效果。

（2）色度分析

采用分光测色仪对比漆皮回软前后的色度变化。L^*、a^*、b^*分别为样品的亮度、红绿对比度和黄蓝对比度，整体的颜色变化色差（ΔE）值根据以下公式计算：

$$\Delta E=[(\Delta L^*)^2+(\Delta a^*)^2+(\Delta b^*)^2]^{1/2}$$

ΔE值越大，颜色变化越明显（测量误差：$\Delta E \leq 1$）。光源选用脉冲钨丝灯，含光方式采用不包含镜面反射（SPEX），标准光源采用的色温为6504K的正常日光（D65），观察角为10°；最小测量面积：MAV（直径φ4mm）；反射分辨率：0.001%；测量光谱范围：400～740nm，每隔10nm取一个值。

表2-1-3 漆皮回软程度分级

级别	回软效果
0级	极度干燥，无回软现象
1级	局部有回软趋势，大部分坚硬干燥，不可弯曲
2级	局部有回软趋势，漆皮略带韧性，可稍微弯曲，但如力度较大，漆皮会碎裂
3级	大部分呈回软状态，局部尚未回软，有一定韧性，可适度弯曲
4级	漆皮已经全部回软，韧性较好，挠曲性较好
5级	回软状态最佳，漆皮卷曲度高，韧性良好、有弹性，挠曲性得到极大改善

（3）显微形貌分析

将样品喷金后置于扫描电镜样品仓中，抽真空后进行显微观察，测试电压15kV，二次电子成像，放大倍率为1000～1400倍。

（4）拉伸强度分析

采用质构仪以拉伸夹具（A/TG）测试漆皮样品回软前后的拉伸强度变化，记录以2.0mm/s速度匀速拉断样品时所产生的最大力。各准备5个平行样，求其平均值。

（5）漆皮化学结构的变化

利用ATR-FTIR仪对比采用回软剂浸泡及清理前后漆皮化学结构的变化情况。测试ATR附件为金刚石晶体，测试范围500～4000cm^{-1}，分辨率4cm^{-1}，扫描次数32次。

4.2 结果与讨论

4.2.1 多元醇类回软材料选择

出土漆器长期埋藏于地下，受到地下水中酸碱盐的浸泡，漆皮发生降解，表面及内部有许多微孔隙及裂缝。出土后，由于水分急剧散失而引起的干缩应力不均会导致出土漆器漆皮发生起翘、卷曲。多元醇，即分子中含有2个或2个以上羟基的醇类，与水具有较好的相溶性。小分子的多元醇类物质可以渗透进入到漆皮的微孔隙中，起到补充干缩漆皮的水分、填充支撑孔洞的作用，同时削弱了大漆漆膜分子间作用力和氢键作用力，使表面张力得以舒缓，应力得以分散，增加分子链的柔顺性，且能防止水分蒸发散失而保持漆皮的柔软性。多元醇小分子的羟基与漆皮的漆酚相互作用形成分子间氢键，使分子链间的距离增大，即具有一定的溶胀作用。常见的多元醇类材料主要包括丙三醇（俗称甘油）、丁二醇、聚乙二醇、丙二醇等[1]。这些材料均具有多个羟基，可与水分子形成氢键以达到锁水保湿的目的，且具有一定吸湿性，可从周围环境中获得水分而达到一定的平衡[2]。在本试验中共选取了11组不同比例的多元醇类回软剂，并与乙醇水溶液进行回软效果对比。回软剂组成中各材料的理化性质见表2-1-4，可见各材料均呈现中性，除乙醇外均具有一定吸湿性。

表2-1-4 回软剂材料理化性质

种类	外观	分子式	分子量	pH值	是否具有吸湿性
丙三醇	无色粘稠液体	CH$_2$OHCHOHCH$_2$OHCHOH	92.09	7	是
乙醇	无色液体	CH$_3$CH$_2$OH	46.07	7	否
丙二醇	无色粘稠液体	CH$_2$OHCHOHCH$_3$	76.09	7	是
PEG200	无色透明液体	HOCH$_2$[CH$_2$OCH$_2$]$_n$CH$_2$OH	190～210	6～8	是
PEG400	无色透明液体	HOCH$_2$[CH$_2$OCH$_2$]$_n$CH$_2$OH	380～420	6～8	是
PEG600	无色软膏体	HOCH$_2$[CH$_2$OCH$_2$]$_n$CH$_2$OH	570～630	6～8	是

---

[1] 冯光炷、谢文磊、姜延程：《化妆品用保湿剂的研究和应用》，《陕西化工》1997年第3期，第16～18页。
[2] 万富：《婴儿湿巾中保湿剂、防腐剂、抗氧剂检测方法及应用研究》，湖南大学硕士学位论文，2018年。

4.2.2 回软前后色度及显微形貌对比

通过对比回软剂浸泡前后的漆皮色度变化，考察回软剂对漆皮颜色的影响，结果见表 2-1-5。由表可知，与浸泡前的漆皮色度值对比，浸泡后的漆皮亮度 L^* 值均有所降低，红绿对比度 a^* 和黄蓝对比度 b^* 均变大，可见漆皮采用不同回软剂浸泡后色彩饱和度均有所提高。对比各回软剂浸泡漆皮前后的色差值 ΔE 可知，丙三醇水溶液浸泡后色差变化较大，PEG200、400 和 600 水溶液次之，丙二醇水溶液的色差变化最小。几种回软剂浸泡漆皮前后的显微形貌对比见图 2-1-10，由图

表 2-1-5　回软剂对漆皮颜色的影响

回软剂		L^*	a^*	b^*	ΔE
水：乙醇：丙三醇（V 1：1：1）	浸泡前	24.53	+28.94	+16.07	22.48
	浸泡后	19.32	+42.44	+33.28	
水：乙醇：丙三醇（V 1：2：3）	浸泡前	24.02	+32.86	+17.41	18.94
	浸泡后	19.02	+42.73	+32.79	
水：乙醇：丙三醇（V 3：2：1）	浸泡前	23.08	+31.87	+19.46	18.57
	浸泡后	18.77	+44.52	+32.36	
水：乙醇：丙三醇（V 1：3：2）	浸泡前	21.16	+31.24	+21.21	17.37
	浸泡后	18.91	+44.26	+32.50	
水：乙醇：丙三醇（V 3：1：2）	浸泡前	21.42	+30.97	+21.44	14.93
	浸泡后	17.41	+42.51	+30.03	
水：乙醇：丙三醇（V 2：3：5）	浸泡前	23.96	+29.89	+17.66	21.57
	浸泡后	19.10	+44.35	+32.92	
水：丙三醇（V 1：1）	浸泡前	23.81	+32.67	+19.90	20.48
	浸泡后	20.58	+45.53	+35.48	
水：PEG200（V 5：2）	浸泡前	22.66	+31.93	+18.99	16.57
	浸泡后	17.59	+42.92	+30.32	
水：PEG400（V 5：2）	浸泡前	22.58	+32.09	+18.95	16.77
	浸泡后	+18.86	+43.36	+30.80	
水：PEG600（V 5：2）	浸泡前	22.00	+33.37	+21.56	13.30
	浸泡后	17.38	+42.59	+29.96	
水：乙醇（V 1：1）	浸泡前	21.45	+31.45	+19.06	17.50
	浸泡后	18.05	+43.66	+31.13	
水：丙二醇（V 1：1）	浸泡前	21.60	+32.21	+21.08	12.86
	浸泡后	16.40	+41.52	+28.28	

2-1-10A 可知，漆皮制备成膜过程中由于大漆中水分的挥发存在不同程度的微孔。由图 2-1-10B、C、D 可知，在漆皮回软过程中，回软剂占据了微孔和微空隙，分散了裂孔的应力，可改善漆皮的可塑性，同时也减小了漆皮外层与内层之间的收缩应力对比，使得漆皮易于展平。

4.2.3 回软效果对比

研究通过回软速度和程度判定不同回软剂的回软效果。表 2-1-6 为漆皮浸泡时间对回软效果的影响。由表中试验数据可以看出，漆皮在经过回软剂浸泡 2 天之后开始变软，回软至第 9 天和第 20 天的效果基本相同，说明漆皮在回软剂中浸泡 9 天之后已经达到最好的浸泡效果。其中，水:乙醇:丙三醇（$V1:3:2$）和 50% 乙醇水溶液配比的回软剂效果最好，40% PEG200 和 PEG400 效果较好，40% PEG600 水溶液和 50% 丙二醇水溶液效果最差。

4.2.4 拉伸强度分析

测试对比漆皮回软前后的拉伸强度变化情况，结果见图 2-1-11。由图可知，根据测试结果可以看出，不同回软剂浸泡前后漆皮所承受

图 2-1-10 回软剂浸泡漆皮前后的显微形貌对比（A. 空白漆皮；B. 丙二醇；C. 丙三醇；D.PEG200）

表2-1-6　漆皮浸泡时间对回软效果的影响

编号	回软剂	回软效果（2天）	回软效果（9天）	回软效果（20天）
1	水:乙醇:丙三醇（$V1:1:1$）	2级	3级	3级
2	水:乙醇:丙三醇（$V1:2:3$）	2级	3级	3级
3	水:乙醇:丙三醇（$V3:2:1$）	2级	3级	3级
4	水:乙醇:丙三醇（$V1:3:2$）	3级	4级	4级
5	水:乙醇:丙三醇（$V3:1:2$）	2级	3级	3级
6	水:乙醇:丙三醇（$V2:3:5$）	2级	3级	3级
7	水:丙三醇（$V1:1$）	2级	3级	3级
8	水:PEG200（$V5:2$）	1级	2级	3级
9	水:PEG400（$V5:2$）	1级	2级	3级
10	水:PEG600（$V5:2$）	2级	3级	2级
11	水:乙醇（$V1:1$）	3级	4级	4级
12	水:丙二醇（$V1:1$）	1级	2级	2级

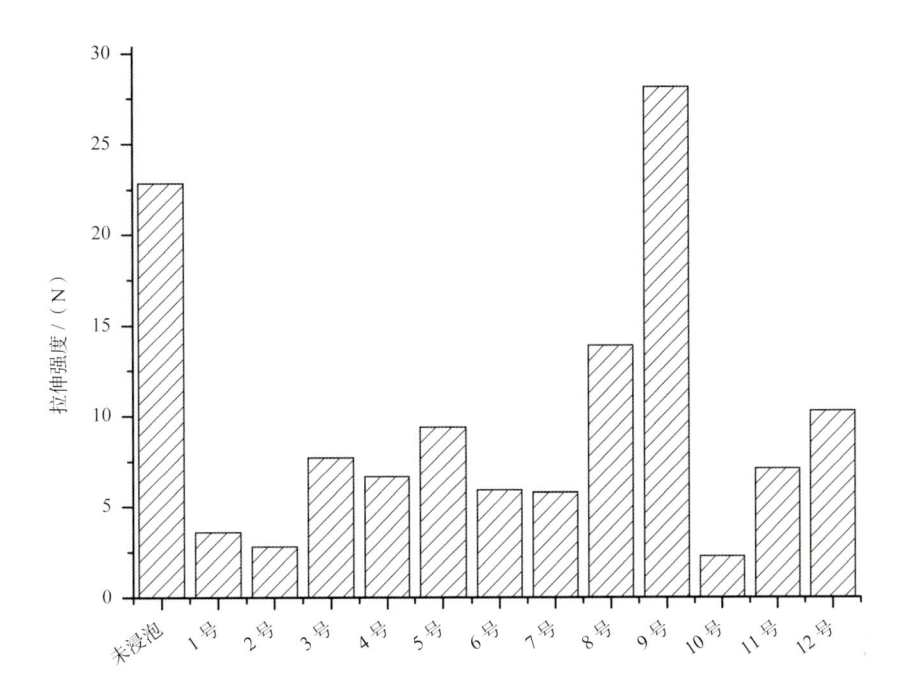

图 2-1-11 漆皮回软前后的拉伸强度对比

的拉伸强度有很大的差距，丙三醇、乙醇等对漆皮回软处理后，漆皮拉伸强度下降较为明显，这可能是因为丙三醇、乙醇小分子渗入漆皮后，羟基与漆皮的漆酚形成分子间氢键，使大漆材料溶胀，分子链间的距离增大，从而造成漆皮力学性能的降低，且丙三醇、乙醇小分子对大漆的溶胀性能大于 PEG200 和 PEG400。相对来说，第 9 组（水：PEG400 V 5：2）和第 8 组（水：PEG200 V 5：2）回软漆皮拉伸强度较大，具有较好的力学性能。

4.2.5 环境湿度对回软漆皮平整程度保持时间的影响

将各回软剂浸泡后的漆皮在透明有机玻璃板中夹持 25 天后，观察漆皮的平整程度。对比在常温常湿及相对湿度为 75%～85% 的高湿环境的玻璃板夹持的漆皮可以看出，将漆皮压平在玻璃板中保存，漆皮不会发生明显的起翘，因此不管是在空气还是饱和盐溶液控湿的高湿环境中，用玻璃板夹持法保存漆皮都是一个比较好的方法。

去掉上层覆盖的有机玻璃板，随后放置于不同湿度环境中，考察其柔软程度及平整程度维持时间，结果见表 2-1-7。通过观察可以看出，常温常湿放置的漆皮在 15 分钟后，第 10 组 PEG600：水（V 2：5）、第 11 组乙醇：水（V 1：1）、第 12 组丙二醇：水（V 1：1）这 3 种回软剂浸泡过的漆皮发生卷曲，其中 PEG600 水溶液回软剂浸泡的漆皮卷曲最严重；在高湿环境中放置的漆皮 15 分钟后，第 11 组乙醇：水（V 1：1）、第 12 组丙二醇：水（V 1：1）浸泡过的漆皮发生卷曲，但没有在常温常湿中的漆皮卷曲严重。观察发现在放置 2 小时、4 小时、6 小时后，两种环境下

表2-1-7　不同环境湿度对回软漆皮平整程度保持时间的影响

放置时间	常温常湿	饱和盐水体系
0		
15分钟		
1天		
10天		
21天		

的漆皮与放置15分钟时情况没有太大差别。在放置1天后，在空气中放置的漆皮，第10组PEG600∶水（$V2∶5$）、第11组乙醇∶水（$V1∶1$）、第12组丙二醇∶水（$V1∶1$）卷曲情况比之前更严重，第9组PEG400∶水（$V2∶5$）也开始卷曲；而高湿环境中放置漆皮保存状况和放置15分钟时的情况相同。在放置10天后，在常温常湿中放置的漆皮，第8组PEG200∶水（$V2∶5$）浸泡过的漆皮也发生卷曲；高湿环境下放置的漆皮与之前情况类似。在放置21天后，在常温常湿中放置的漆皮，第8组到第12组浸泡过的漆皮比之前卷曲更加严重，其他漆皮与之前情况相同；而放置在高湿环境下的漆皮变化不大。

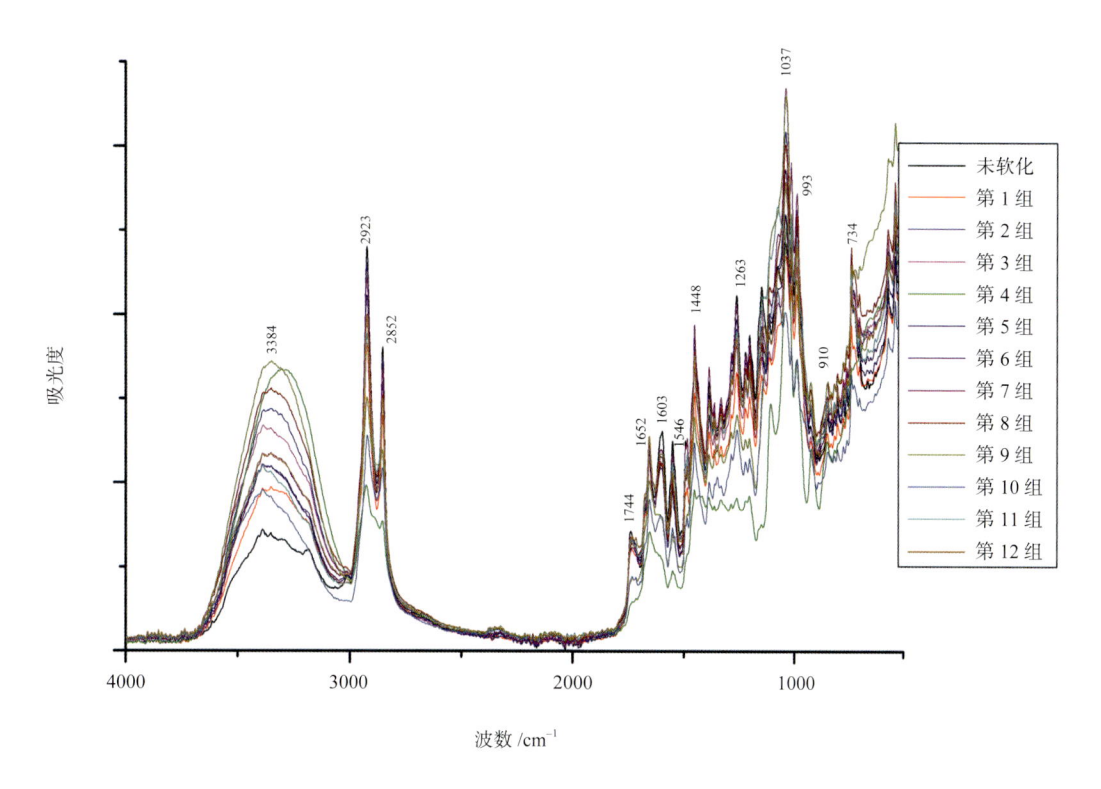

图 2-1-12 漆皮回软前后的红外光谱图对比

由此可以看出，在空气中放置的第 10 组 PEG600∶水（V 2∶5）、第 11 组乙醇∶水（V 1∶1）、第 12 组丙二醇∶水（V 1∶1）卷曲情况严重，而在高湿环境放置的漆皮，在 15 分钟发生变化后再没有发生变化，保持稳定状态。因此，将浸泡好的漆皮放置在高湿环境中是一种好的保存方法。在观察漆皮卷曲情况时还发现，丙三醇浸泡过的漆皮，回软剂会保持粘腻感，一直附着在漆皮表面。被 PEG 浸泡过的漆皮随着放置时间的延长，表面的回软剂逐渐挥发。

丙三醇、聚乙二醇等多羟基材料具有极强的吸湿性，能较长时间保持漆皮中吸附的水分子，并能够吸收周围空气中的水分，保持相对平衡，在相对湿度较高的情况下（RH=75%～85%），至少可维持 3 个星期，也可以周期性涂敷回软剂延长回软状态。从而可以维持漆皮的柔韧性和平整性，便于留够漆皮回贴修复的时间。

4.2.6 漆皮化学结构的变化

图 2-1-12 为漆皮采用回软剂浸泡前后的红外光谱对比。生漆的主要成分为漆酚，即具有不同饱和度侧链的邻苯二酚的衍生物。生漆样品在 3384cm^{-1} 处的吸收峰属于漆酚苯环上羟基（—OH）伸缩振动峰，993cm^{-1} 为苯环上不饱和侧链 C═C 平面弯曲伸缩振动，1652cm^{-1} 是苯环烯烃 C═C 的伸缩振动吸收峰，1603cm^{-1} 是苯环骨架伸缩振动峰，1037cm^{-1} 附近是芳香基醚（C—O—C）引起的对称伸

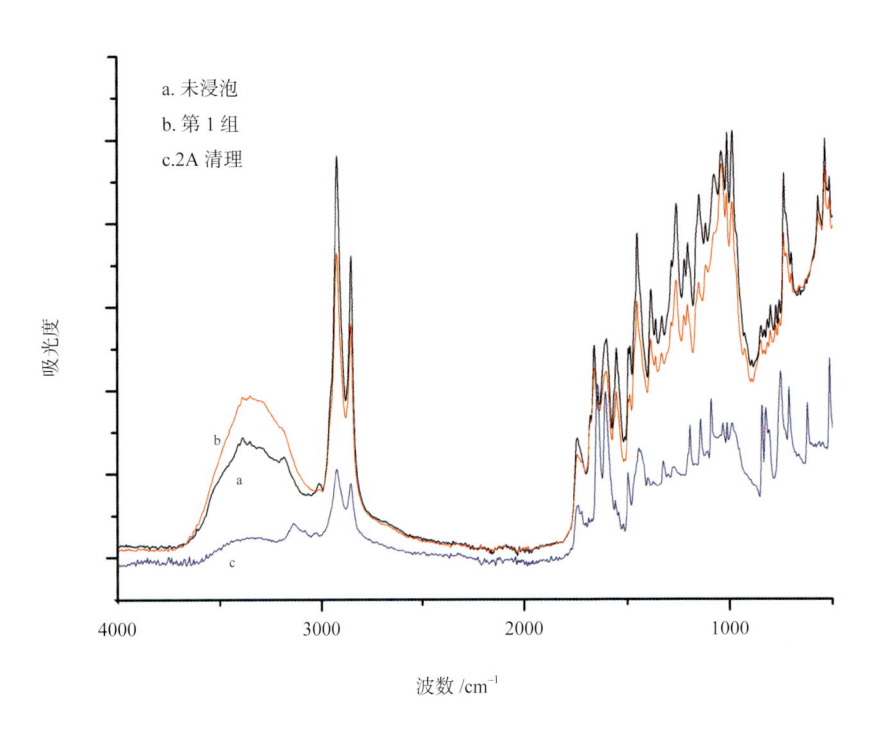

图 2-1-13 丙三醇—乙醇水溶液回软漆皮 2A 溶液清理前后的红外光谱图对比

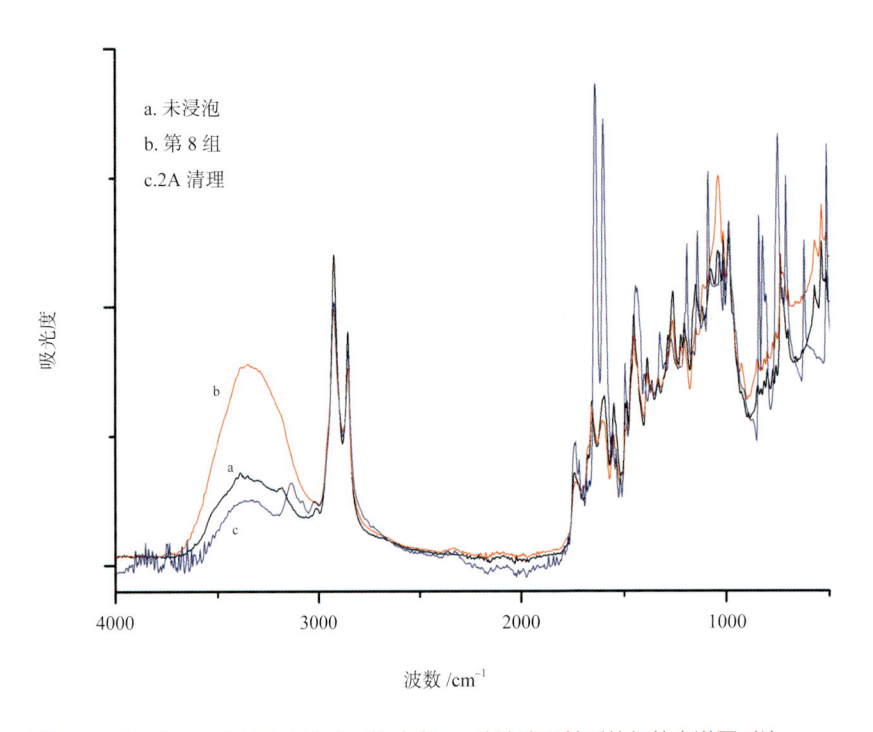

图 2-1-14 聚乙二醇 200 水溶液回软漆皮 2A 溶液清理前后的红外光谱图对比

缩振动吸收峰。而在 2923cm^{-1}、2852cm^{-1}、1448cm^{-1}、1263cm^{-1} 及 734cm^{-1} 处的吸收峰主要是天然生漆中—CH$_3$、—CH$_2$ 等基团的伸缩振动和变形振动吸收峰[1, 2]。对比回软前后的红外光谱谱峰变化可知，回软前后的漆膜样品新的红外吸收峰没有出现或者减少。但不同回软剂浸泡后，3384cm^{-1} 的 OH 振动峰向低波数位移，比未浸泡漆皮有了不同程度的变宽增强，可见回软剂可与漆皮中漆酚的酚羟基分子间形成稳定的氢键，使得漆皮的可塑性发生显著的变化，从而提高漆皮的柔韧性。

采用棉签蘸 2A 溶液（乙醇：水 =1：1）轻轻擦拭回软后的漆皮表面清理掉多余的回软剂，利用红外光谱测试对比清理前后的不同回软剂回软漆皮分子结构变化，见图 2-1-13 及图 2-1-14。以第 1 组（水：乙醇：丙三醇 V1：1：1）和第 8 组（水：PEG200 V5：2）回软剂浸泡处理的漆皮为例，当采用 2A 溶液清理漆皮表面后，回软剂可与漆皮表面漆酚的酚羟基缔合的氢键稍有降低，漆皮分子结构没有发生明显变化。考虑到蒸馏水擦拭回软漆皮在水分散失中容易引起漆皮翘曲，因此，建议漆皮回贴处理前可采用 2A 溶液（乙醇：水 =1：1）轻轻擦拭漆皮表面多余的回软剂，尽量保留漆皮内部的回软剂组分。

4.3 结论

通过回软程度分级、显微形貌、色度变化、拉伸强度、红外光谱分析等方法评估各多元醇类回软材料对漆皮的回软效果。研究表明，水：乙醇：丙三醇（V1：3：2）和 50% 乙醇水溶液的回软效果最好，40%PEG200 和 PEG400 效果较好。但丙三醇水溶液浸泡后漆皮色差变化较大，且丙三醇、乙醇等对漆皮回软处理后，漆皮拉伸强度下降较为明显。小分子的多元醇类回软剂可填充到漆皮的微孔隙，回软剂的羟基与大漆漆酚相互作用形成分子间氢键，削弱大漆分子间作用力，同时使分子链间的距离增大，漆皮溶胀、应力分散，发生软化。丙三醇、乙醇小分子对大漆的溶胀性能大于 PEG200 和 PEG400。建议以 PEG200 及 PEG400 作为漆皮回软剂，在回软过程中也可采用电熨斗辅助加热促使漆皮软化。回软后的漆皮放置于相对湿度为 75%～85% 的环境中，漆皮至少在 21 天内保持柔韧和平整。建议漆皮回贴处理前可采用 2A 溶液（乙醇：水 =1：1）轻轻擦拭漆皮表面多余的回软剂，尽量保留漆皮内部的回软剂组分。

[1] 樊晓蕾、王丽琴、赵西晨，等：《陕西出土明代漆棺制作工艺及材质研究》，《文物保护与考古科学》2012 年第 4 期，第 95～102 页。
[2] 郑佳宝、单伟芳、张炜，等：《古代漆器的红外光谱》，《复旦学报》（自然科学版）1992 年第 3 期，第 345～349 页。

第五节

漆皮回贴材料筛选

由于漆器自身性质和外部环境因素的影响，古代传世或出土漆器常常会遇到漆皮起翘、卷曲，甚至脱落等现象，破坏了漆器文物的美观和完整性。自身的内在因素包括漆皮的降解、粘接材料的老化，胎体和漆皮物理化学性质不一致导致的热膨胀系数、吸水性和干缩性能不一等综合因素复合作用的结果；外部环境因素多由于埋藏环境地下水、酸碱盐浸泡及出土后环境突变等带来的影响。

漆皮是彩绘图案的重要载体，也是漆器文物的精华所在，将漆皮回软、展平后回贴到器物原位是漆器修复保护的要点。寻找一种胶黏剂将起翘、脱落的漆皮牢固地粘贴到漆器上，使其与漆器本体相容性好，具有较高粘接强度，施工较方便，且在自然环境下长久保存而不脱落。这些问题一直是传统漆器修复领域的难题。《中国传统工艺全集·漆艺》载："漆工艺所用的黏合剂，主要有生漆、干性油、动物胶、糯米糊、生面粉、生猪血、树脂漆等。"[1] 据研究报道，曾用于漆皮回贴的化学合成胶黏剂有FS-101、D-801、505树脂、聚苯乙烯、Paraloid B72、环氧树脂、白乳胶等，化学合成材料虽施工方便，但合成材料普遍耐老化性较差，仅能保持20～30年时间[2]。

在传统漆器修复工艺的技法中，常采用生漆、熟漆（透明漆、红锦漆）以及大漆淀粉糊（例如面粉、粳米粉或糯米粉等）、动物胶等天然材料作为胶黏剂。例如，日本法隆寺的须弥坛采用朱漆作为粘贴玉虫之翼的黏合剂[3]。孙红燕等人[4]提取了长沙风篷岭的汉代漆器的残留物，采用淀粉粒分析方法进行分析，在偏光显微镜下观察到淀粉颗粒，且淀粉颗粒有糊化现象，证实了汉代在制作漆器时有使用淀粉作为胶黏剂的现象。

本研究采用快速黏度仪（RVA）测试了面粉、粳米粉、红薯淀粉及糯米粉在制备过程中的糊化特征，利用质构仪（TA）对比了漆糊、

---

[1] 路甬祥总主编，乔十光分册主编：《中国传统工艺全集·漆艺》，大象出版社，2004年，第109页。
[2] 陈中行、程丽臻、李澜：《出土饱水竹木漆器脱水保护技术》，湖北人民出版社，2014年，第97页。
[3] 〔日〕十时启悦、〔日〕工藤茂喜、〔日〕西川荣明著，吴珍珍译：《漆器髹涂·装饰·修缮技法全书》，化学工业出版社，2018年，第3页。
[4] 孙红燕、龚德才、黄文川，等：《长沙风篷岭汉代漆器制作工艺中淀粉胶黏剂的分析》，《文物保护与考古科学》2011年第4期，第52～58页。

生漆、透明漆、红锦漆、骨胶、兔胶和鱼鳔胶涂刷麻布后的剥离强度，使用扫描电子显微镜（SEM）分析了各淀粉糊和漆糊的微观形貌，采用红外光谱仪（FTIR）探讨各种胶黏剂分子结构的区别。

5.1 试验部分

5.1.1 试验设备及材料工具

仪器设备：KH-3000VD三维视频显微镜（日本Hirox）；S-3400N扫描电子显微镜（日本Hitachi）；TA.XTplus质构仪（英国Stable Micro Systems）；RVA Super4型快速黏度分析仪（澳大利亚Newport Scientific）；ALPHA便携式红外光谱仪（德国Bruker）；PB3002-S电子天平（Mettler Toledo）；HH.S11-Ni2电热恒温水浴锅（北京长安永创科学仪器有限公司）。

材料：生漆、透明漆购于中华全国供销合作总社西安生漆涂料研究所，粳米粉与糯米粉购于宁波市江北五桥粮油有限责任公司，红锦漆购于福建联建，松节油、骨胶购于北京东信文化发展有限公司，兔胶、鱼鳔胶购于上海斯信生物科技有限公司，小麦面粉（富强粉）、红薯淀粉、麻布条购于市场。

工具：白瓷板、滴管、刮楸、药勺、玻璃棒。

5.1.2 样品制备

（1）粳米糊和面糊制备

采用黏度分析仪制备粳米粉、面粉、红薯淀粉、糯米粉4种淀粉糊。以粳米糊制备为例：将质量比为1∶4的粳米粉8g与24mL蒸馏水倒入黏度分析仪所使用的金属杯中混合，并搅拌均匀。设置以960r/min搅拌形成均匀悬浊液后，保持160r/min转速至试验结束。黏度分析仪初始温度30℃保持1min，再以12℃/min提高到温度95℃，恒温搅拌保持5min，再以12℃/min降到30℃，保温2min。其他淀粉糊的制备方法同粳米糊，同时在制备过程中测试各淀粉糊的糊化特征。

（2）漆糊样品制备

将制备好的粳米糊或面糊调入生漆中，其中粳米糊或面糊与生漆的质量比分别为1∶1、1∶2、2∶1，用刮楸将漆糊在白瓷板上调制均匀。制备好的漆糊将用于剥离强度测试。

（3）透明漆、生漆、红锦漆制备

透明漆是由生漆炼制而成，黏度较大，透明度高。制备透明漆与松节油质量比分别为2∶1、1∶1、1∶2、1∶3不同配比的透明漆。生漆是直接从漆树割取的汁液，未经过加工，其流动性和渗透力强。红锦漆是透明漆的一种，黏度强、燥性好、颜色较厚重。生漆和红锦漆可直接作为胶黏剂使用。

（4）骨胶、兔胶、鱼鳔胶制备

配制10wt%的兔胶和骨胶水溶液。配制方法如下：用电子天平称出2g兔胶和2g骨胶，并分别倒入烧杯中并加入18mL的去离子水。将烧杯放入70℃水浴锅中，使胶体受热融化并采用玻璃棒搅拌均匀。因鱼鳔胶的分子量低，较难形成胶态，因此提高胶液浓度，分别配制20%、30%、40%和50%的鱼鳔胶水溶液。胶料样品的制备方法同上。

（5）剥离强度测试样品制备

测试几种胶黏剂粘贴麻布后的剥离强度。以大漆粳米糊为例，将麻布裁剪成尺寸为1.5cm×15cm的布条。用刮楸将大漆粳米糊沿同一方向均匀刮到布条上，各均匀刮涂3遍，

2条粘贴为一件试样。将试样放在有机玻璃垫板下压平，并放置一段时间待干。粳米漆糊、骨胶、兔胶和鱼鳔胶样品在常温常湿下干燥，生漆、透明漆、红锦漆样品放入25℃、80%环境下干燥。待其完全干燥后，将试样布条一端撕开6cm，试样制作完成。以同样的方法用刮楸将其他几种胶黏剂均匀刮到布条上，制备剥离强度测试样品。

5.1.3 性能测试

（1）淀粉糊化特性分析

淀粉加热后黏度逐渐增大，发生糊化。黏度是指液体或半流体流动难易的程度，是材料本身的性质。利用RVA快速黏度分析仪测试淀粉糊制备过程中的淀粉黏度变化。在淀粉糊化过程中黏度会经历升高、崩解和回生三个过程。通过测试可得到淀粉糊化过程中的峰值黏度（peak viscosity，PV）、谷值黏度（trough viscosity，TV）、崩解值、最终黏度（final viscosity，FV）、回生值和起始糊化温度（pasting temperature，PT）。其中，峰值黏度是指加热过程中的最大黏度值，谷值黏度是指冷却过程中的最小黏度值，崩解值为PV与TV的差值，回生值为FV与TV的差值，起始糊化温度为样品测试过程中黏度有明显增加（≥20cP）时的温度[1]。黏度单位为厘泊（cP）。

（2）剥离强度测试

鉴于漆皮在力学测试过程中易于折断，不能客观评估胶黏剂的黏结性能。试验设计为评价不同配比漆糊对麻布的黏结力的影响。利用质构仪将布条试样撕开的两端固定在夹具（A/TG）上，进行180°剥离强度测试，以0.50mm/s的速度均匀拉开，拉伸距离为厘米。记录剥离过程中的力—距离曲线，过程中的剥离力即为淀粉糊胶黏剂的黏结力，结果取三次平均值。

（3）微观形貌分析

将样品喷金后置于扫描电镜样品仓中进行观察，测试电压15kV，二次电子成像，放大倍率为100～1000倍。

（4）分子结构分析

利用ATR-FTIR仪分析各类胶黏剂的分子结构。测试ATR附件为金刚石晶体，测试范围500～4000cm^{-1}，分辨率$4cm^{-1}$，扫描次数32次。

5.2 结果与讨论

5.2.1 淀粉糊化特性分析

淀粉是由α-1,4糖苷键和α-1,6糖苷键连接脱水葡萄糖单元形成的多聚葡萄糖，可分为直链淀粉和支链淀粉两种。淀粉中直链淀粉和支链淀粉通过氢键缔合成结晶胶束区。糊化是淀粉非常重要的特性，在加热过程中淀粉颗粒膨胀，直链淀粉溶解，支链淀粉膨胀、破裂成糊状，使溶液黏度升高[2]。直链淀粉和支链淀粉的相对比例因植物来源而不同。据文献报道，淀粉糊化特性受到粒径、溶胀力、添加物、直链和支链淀粉比例以及支链结构所影

---

[1] 谢新华、艾志录、王娜，等：《不同介质对玉米淀粉糊化黏度特性的影响》，《中国粮油学报》2010年第3期，第37～39页。

[2] 魏强：《二维相关红外光谱在淀粉分析中的应用》，华南理工大学硕士学位论文，2010年，第11页。

响[1, 2]。理想的淀粉应该具有直链淀粉少、起始糊化温度低、峰值黏度高等特点。采用快速黏度分析仪（RVA）制备小麦面粉、粳米粉、红薯淀粉及糯米粉4种淀粉糊，测试各淀粉糊在加热过程中的糊化特性。测试结果见表2-1-8，小麦面粉加热过程中的糊化特征曲线见图2-1-15。经测试，粳米粉的起始糊化温度为67.05℃，峰值黏度为10063cP，最终黏度为7186cP；小麦面粉的起始糊化温度最低，为66.86℃，峰值黏度为10296cP，最终黏度

[1] Tang H., Ando H., Watanabe K., et al. Fine structures of amylose and amylopectin from large, medium, and small waxy barley starch granules [J]. Cereal Chemistry, 2001, 78(2):111-115.

[2] Vandeputte G. E., Vermeylen R., Geeroms J., et al. Rice starches. Structural aspects provide insight into crystallinity characteristics and gelatinisation behaviour of granular starch[J]. Journal of Cereal Science, 2003, 38(1): 43-52.

表2-1-8 淀粉糊化特性分析

样品	峰值黏度（cP）	谷值黏度（cP）	崩解值（cP）	最终黏度（cP）	回生值（cP）	糊化温度（℃）
粳米粉	10063	3974	6089	7186	3282	67.05
面粉	10296	4180	6116	8859	4679	66.86
红薯淀粉	10257	3200	7057	4393	1193	67
糯米粉	7756	2315	5441	4683	2368	68.7

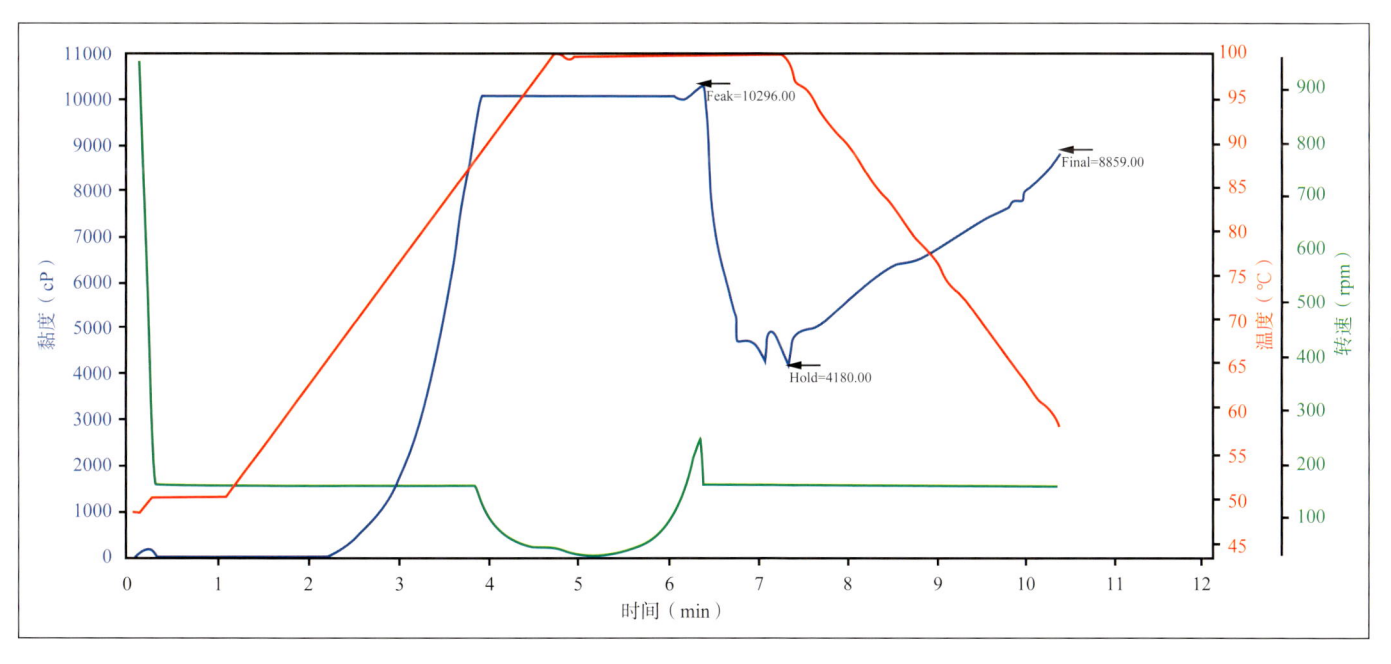

图 2-1-15 面粉加热过程中的糊化特征曲线

为 8859cP；红薯淀粉的糊化温度为 67℃，峰值黏度为 10257cP，在放置后过程中易于回生变硬，最终黏度仅为 1393cP；糯米粉的糊化温度为 68.7℃，峰值黏度为 7756cP，最终黏度为 4683cP。经过测试可知，4 种淀粉均可在 70℃以下开始糊化，糯米粉的糊化温度最高，面粉的糊化温度最低，粳米粉和红薯淀粉居中。相同含水量的小麦面粉和粳米粉的峰值黏度和最终黏度均较大，回生值较大，冷却后具有较好的凝胶性能。因此，小麦面粉或粳米粉均可作为添加到大漆中的淀粉糊。

5.2.2 漆糊、生漆、透明漆及红锦漆的剥离强度对比

"滴漆入土，千年不腐"，大漆附着力强，可耐酸碱盐腐蚀、防霉防虫，作为胶黏剂具有优良的物理化学性能和耐久性，且与漆器本体相容性好。

图 2-1-16 和图 2-1-17 分别为不同配比粳米和面粉漆糊样品的剥离强度对比。可见，粳米糊与生漆的质量比为 1∶2 的漆糊涂刷麻布剥离强度最大，1∶1 质量比时剥离强度居中，2∶1 剥离强度最小。可见，大漆含量越高，胶黏剂粘接力越强，但是当大漆含量过高时，漆糊变稀，漆膜粘贴的过程中容易移动。同时，胶黏剂渗透性较强，粘贴漆皮时易渗透污染到周围，会对周围漆皮产生不均衡的拉力，可能会导致漆皮的起皱和变硬，且漆糊干燥速度较慢，需要在特定环境下（如放置于温度为 20 ~ 30℃，相对湿度为 60% ~ 80% 湿度的荫房）才能干燥。漆中的含水量会影响漆酶的活性，从而对漆固化初期的聚合产生影响，粳米糊或面糊带来的适量水分有利于大漆的固化[1]。但当漆糊中粳米糊或面糊含量越高时，干燥越快，但同时剥离强度减小，漆糊的粘接力也变小，且粳米糊或面糊含量过高时在潮湿环境下易于生霉，胶黏剂耐久性差。因此，建

---

[1]〔日〕见城敏子著，巨东梅译：《古代的涂漆工艺及干燥技术》，《文物保护与考古科学》1990 年第 1 期，第 59 ~ 62 页。

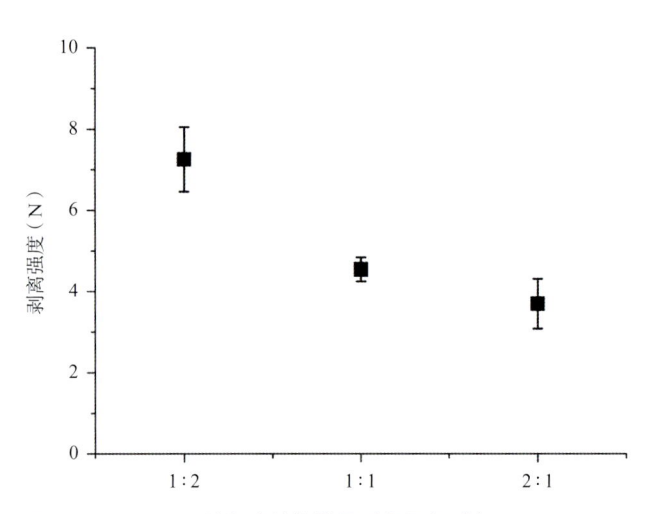

图 2-1-16 不同配比粳米漆糊样品剥离强度对比

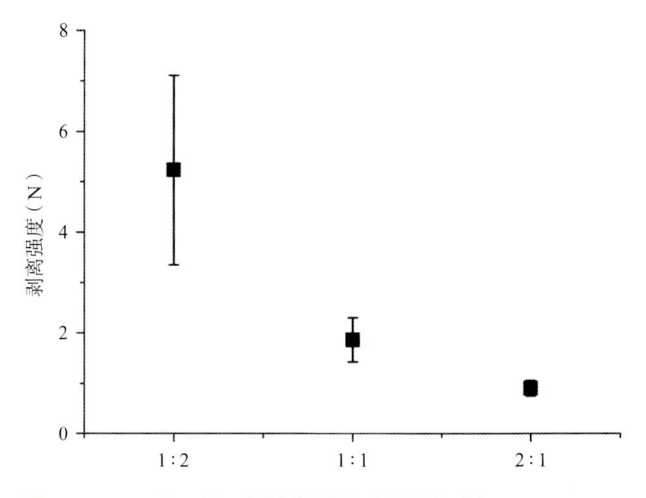

图 2-1-17 不同配比面粉漆糊样品剥离强度对比

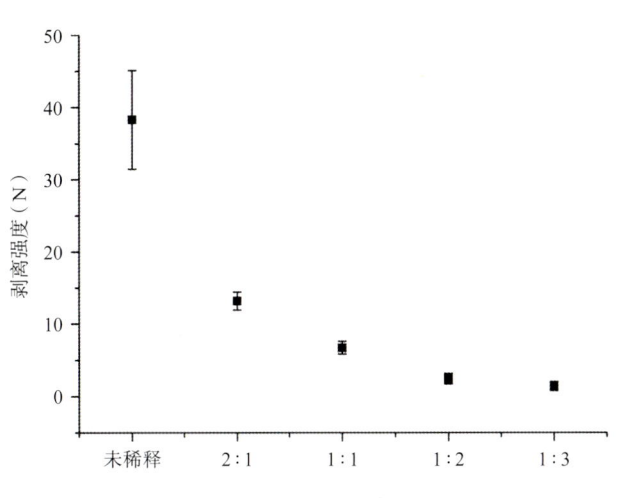

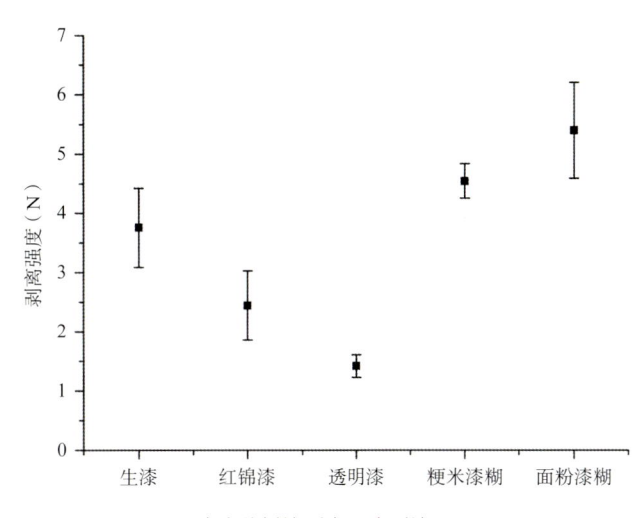

图 2-1-18 不同配比透明漆样品剥离强度对比

图 2-1-19 几种胶黏剂的剥离强度对比

议采用大漆与淀粉糊质量比为 1∶1，剥离强度居中的胶黏剂作为漆皮粘接用漆糊。

图 2-1-18 为不同配比透明漆样品剥离强度对比。可见，未稀释的透明漆剥离强度大于 35N。当配制透明漆与松节油质量比分别为 2∶1、1∶1、1∶2、1∶3 的样品时，随着松节油加入量的增多，不同配比的透明漆颜色逐渐变浅，剥离强度也逐渐减小。可见，松节油的加入能够降低透明漆的黏度，避免粘接力过大引起的漆皮起皱等现象。

图 2-1-19 为生漆、红锦漆、透明漆与松节油质量比 1∶3、大漆与淀粉糊质量比 1∶1 的粳米及面粉漆糊的剥离强度对比分析。可见，胶黏剂剥离强度由大到小的顺序为：面粉漆糊、粳米漆糊、生漆、红锦漆、透明漆。其中，面粉漆糊剥离强度最大，稀释后的透明漆剥离强度最小。

需要说明的是，在实际的漆皮回贴操作过程中，胶黏剂的选择需要根据漆皮厚度、状态和施工环境而定，例如较薄的漆皮可采用稀释后的较透亮的透明漆回贴，避免胶黏剂粘性过强导致的漆皮起皱。稍厚的漆皮可采用大漆混合粳米粉或面粉回贴，可添加适量防霉剂。

5.2.3 骨胶、兔胶和鱼鳔胶的剥离强度分析

在漆器修复中天然动物胶中骨胶、兔胶和鱼鳔胶样品使用也较广泛。动物胶是以动物的皮、骨，鱼类的鱼鳔为原料的胶原蛋白的多级水解产物。主要成分胶原蛋白是由 α-氨基酸通过肽键构成的多肽链，胶原分子的侧链上含有许多极性基团[1]。研究对比了常用配比的几种胶料样品的剥离强度，测试结果见图 2-1-20。由图可见，同配比的骨胶比兔胶黏度稍强。鱼鳔胶的分子量低，当鱼鳔胶浓度小于 20% 时，胶黏剂的流动性较大，不易固定漆皮，但胶膜柔韧性优于骨胶和兔胶。鱼鳔胶浓度提高到 40% 时，剥离强度迅速提高，50% 的鱼鳔胶剥离强度可达到 25N 以上。

---

[1] 蔡武峰：《动物胶黏剂》，《粘接》1991 年第 3 期，第 14～16 页。

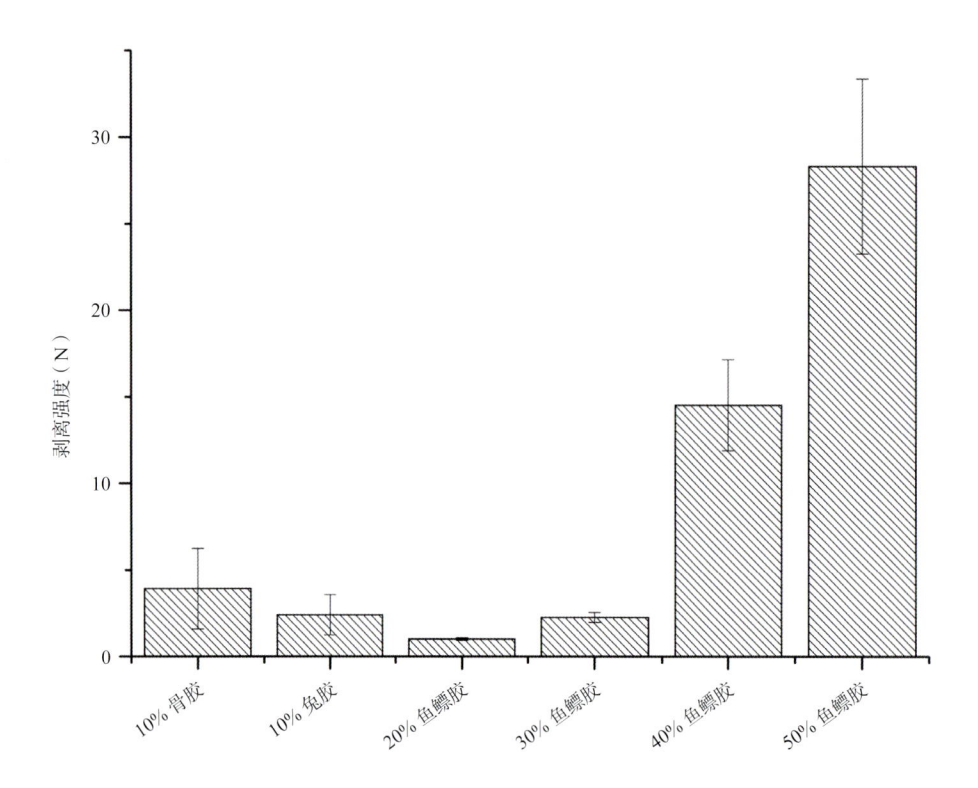

图 2-1-20 骨胶、兔胶和鱼鳔胶样品的剥离强度对比

5.2.4 漆糊微观形貌分析

材料的性能与其微观结构息息相关。利用扫描电子显微镜观察各胶黏剂的表面微观形貌特征，结果见图 2-1-21。由图 2-1-21A、B 可知，小麦和粳米淀粉的颗粒大小不均匀，颗粒形态主要有圆形、椭圆形及不规则形，椭圆形颗粒存在明显的凹陷。但面粉糊颗粒较粗，不够细腻。在相同使用量时，形成的粘接层较厚，干燥较慢。粳米糊颗粒较小，相对较为细腻，粘接层较薄，干燥稍快一些，建议选用粳米糊添加到大漆中制备漆糊。生漆（图 2-1-21C）作为胶黏剂成膜后表面会存在大量的孔隙，可能是在干燥过程中漆中的水分散失所致。对比图 2-1-21D、E、F 的漆糊表面微观形貌可见，大漆与粳米糊混合在一起，大漆均匀包覆在淀粉颗粒表面，混合物呈现网络结构，从而起到胶黏剂的作用。但当大漆含量越大，胶黏剂分子间应力越大，表面褶皱越明显。

5.2.5 几种胶黏剂的分子结构分析

小麦面粉、粳米、红薯淀粉和糯米粉糊化后的红外光谱如图 2-1-22 所示，可以看出 4 种淀粉红外光谱吸收峰非常相似，分子中的官能团没有差别，仅在吸收峰强度和峰位上有微小差异。其典型共同特征吸收峰如下：在 3285cm^{-1} 附近有一个极强且宽的吸收峰主要是 O—H 键伸缩振动吸收；在 2924cm^{-1} 出现的一个中等强度的峰是 CH$_2$ 的反对称伸缩振动；1641cm^{-1} 附近的吸收峰为淀粉中吸附水中无

A. 面糊　　　　　　　　　　　B. 粳米糊　　　　　　　　　　　C. 生漆

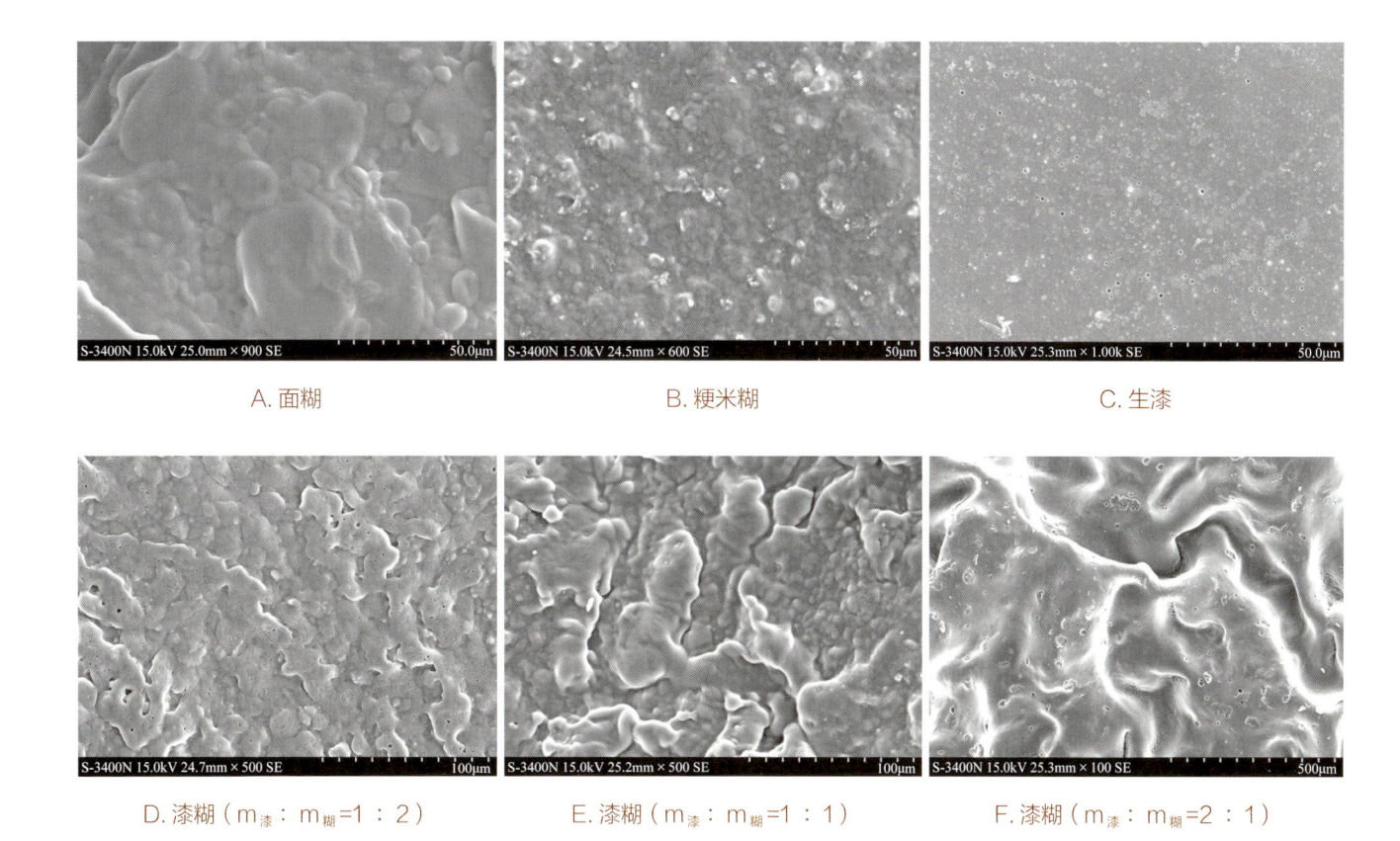

D. 漆糊（m$_{漆}$：m$_{糊}$=1：2）　　E. 漆糊（m$_{漆}$：m$_{糊}$=1：1）　　F. 漆糊（m$_{漆}$：m$_{糊}$=2：1）

图 2-1-21　各胶黏剂的表面微观形貌特征

定型区域的吸收峰；1339cm^{-1} 附近的吸收峰为 C—O—H 键弯曲振动以及 CH$_2$ 扭曲振动；1200～700cm^{-1} 主要是多糖及其糖类异构体的吸收，1153cm^{-1} 附近吸收峰归属为 C—O 以及 C—C 键的伸缩振动；1003cm^{-1} 附近吸收峰归属为 C—O 键的伸缩振动；927cm^{-1} 附近吸收峰归属为淀粉的非对称环模式 [α-1,4 糖苷键（C—O—C）] 的骨架振动。

图 2-1-23 为大漆加淀粉糊前后红外光谱对比。图 2-1-23a 生漆样品在 3320cm^{-1} 处的吸收峰属于漆酚苯环上羟基（—OH）的吸收峰，3011cm^{-1} 附近处弱吸收峰为 =CH— 键的伸缩振动，993cm^{-1} 为苯环上不饱和侧链 C=C 平面弯曲伸缩振动，1622cm^{-1} 是苯环烯烃 C=C 的伸缩振动吸收峰，1018cm^{-1} 附近是芳香基醚（C—O—C）引起的对称伸缩振动吸收峰。当生漆中加入粳米糊后（图 2-1-23c），对比生漆（图 2-1-23a）及粳米糊（图 2-1-23b）红外光谱，谱峰数量及强度发生了变化，图 2-1-23c 993cm^{-1} C=C 吸收峰强度降低，可见粳米糊的加入促使了生漆干燥成膜过程中的氧化聚合反应。相对于生漆 3320cm^{-1} 处的羟基（O—H）吸收峰的强度增加，并向低波数移动，表明漆酚的羟基与粳米糊的羟基或者羧基能形成众多的分子间的氢键，从而可提高大漆的力学强度和粘接性能。

对比生漆、透明漆、红锦漆、粳米漆糊的红外光谱图（见图 2-1-24）可知，炼制后的

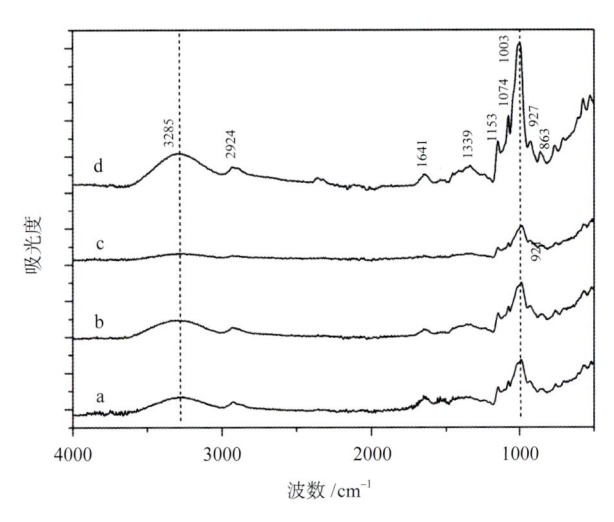

图 2-1-22 几种淀粉的红外光谱图对比
（a. 小麦面粉；b. 粳米；c. 红薯淀粉；d. 糯米）

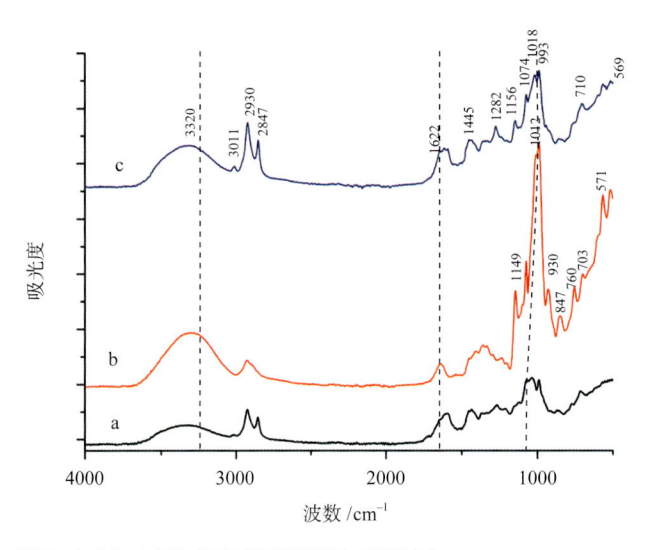

图 2-1-23 大漆加淀粉糊前后红外光谱对比
（a. 生漆；b. 粳米糊；c. 漆糊）

透明漆和红锦漆在 1729cm^{-1} 出现酯羰基 C＝O 的吸收峰，且强度显著强于 1620cm^{-1} 的烯烃 C＝C 的伸缩振动红外吸收峰，推测在精制漆的炼制过程中加入了含有不饱和脂肪酸的干性油类（如桐油等）[1]。图 2-1-25 为松节油稀释透明漆前后的红外谱图对比。松节油是通过蒸馏等方法从松柏科植物的松脂所提取的天然精油，常作为油漆涂料中的稀释剂，是多种萜烯的混合物，其中最主要成分是 α-蒎烯[2]。图中，2924cm^{-1} 为松节油六元环上的 CH$_2$ 的反对称伸缩振动，1622cm^{-1} 为 C＝C 伸缩振动峰，1370cm^{-1} 为四元脂环偕二甲基 C—H 变形振动。随着松节油添加比例的增大，以上 3 个特征峰均逐渐升高。

图 2-1-26 为骨胶、兔胶和鱼鳔胶的红外光谱对比。其中，3282cm^{-1} 为明胶胶原蛋白中酰胺的 N—H 或 O—H 伸缩振动吸收峰，1628cm^{-1} 处是酰胺 I 带 C＝O 的特征吸收峰，1536cm^{-1} 为酰胺 II 带 C—N 键或 N—H 键的特征吸收峰。可见，3 种动物胶红外光谱吸收峰非常相似。不同动物的蛋白质差异表现为多肽

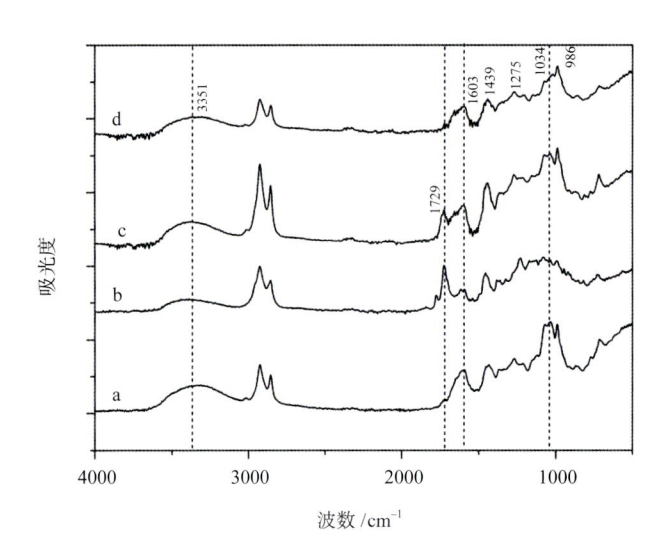

图 2-1-24 几种大漆的红外光谱图对比
（a. 生漆；b. 透明漆；c. 红锦漆；d. 漆糊）

[1] 郑佳宝、单伟芳、张炜，等：《古代漆器的红外光谱》，《复旦学报》（自然科学版）1992 年第 3 期，第 345～349 页。

[2] 罗志刚、余林梁、周强，等：《从松节油中高效分离 α-蒎烯》，《广东化工》2003 年第 4 期，第 47、61～63 页。

图 2-1-25 松节油稀释透明漆前后的红外谱图对比
（a.透明漆；b.2∶1；c.1∶1；d.1∶2；e.1∶3）

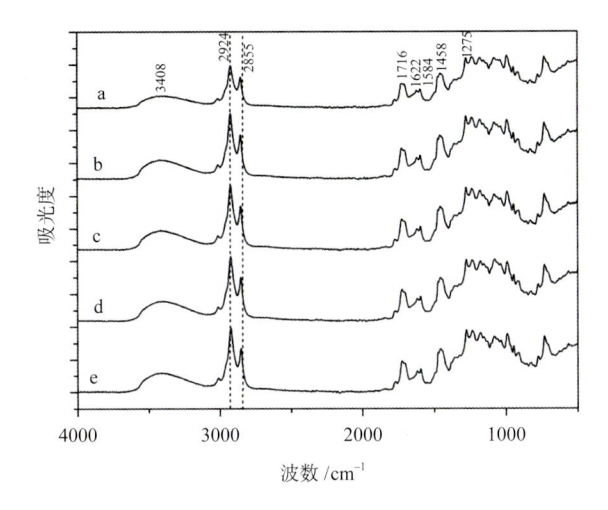

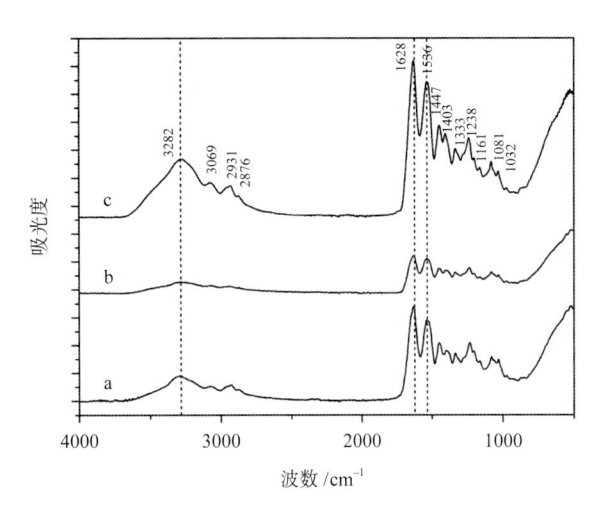

图 2-1-26 骨胶、兔胶和鱼鳔胶的红外谱图对比
（a.骨胶；b.兔胶；c.鱼鳔胶）

链内部构象的变化，所以需要进行多阶求导分峰以分析蛋白质二级结构变化情况。

5.3 结论

本研究探讨了面粉、粳米粉、红薯淀粉及糯米粉的糊化特性，对比了几种常用于漆器修复的漆糊、生漆、透明漆、红锦漆、骨胶、兔胶和鱼鳔胶的剥离强度，并进行了几种胶黏剂的微观形貌和分子结构分析，研究得出以下主要结论。

（1）4 种淀粉均在 70℃ 以下开始糊化，糯米粉的糊化温度最高，面粉的糊化温度最低。相同含水量的小麦面粉和粳米粉的峰值黏度和最终黏度均较大。但粳米糊比面糊颗粒细腻，粘接层较薄，干燥稍快一些，建议选用粳米糊添加到大漆中制备漆糊。

（2）未稀释的透明漆剥离强度大于 35N，随着松节油加入量的增多，透明漆颜色逐渐变浅，剥离强度也逐渐减小。生漆、红锦漆、透明漆与松节油质量比 1∶3、大漆与淀粉糊质量比 1∶1 的粳米及面粉漆糊的剥离强度由大到小的顺序为：面粉漆糊、粳米漆糊、生漆、红锦漆、透明漆。其中，面粉漆糊剥离强度最大，稀释后的透明漆剥离强度最小。鱼鳔胶膜柔韧性优于骨胶和兔胶，50% 的鱼鳔胶剥离强度可达到 25N 以上。在实际的漆皮回贴操作过程中，胶黏剂的选择需要根据漆皮厚度、状态和施工环境而定。

（3）观察漆糊微观形貌可知，大漆与淀粉糊均匀混合在一起，大漆包覆在淀粉颗粒表面，混合物呈现网络结构，从而起到粘接作用。但当大漆含量越大，胶黏剂分子间应力越大，表面褶皱越明显。红外光谱分析表明，粳米糊加入生漆，993cm^{-1} 处不饱和侧链（C＝C）吸收峰强度降低，3320cm^{-1} 处的羟基（O—H）吸收峰的强度增加，促使了生漆的聚合反应，漆酚的羟基与粳米糊的羟基或者羧基能形成众多的分子间的氢键，从而可提高大漆的力学强度和粘接性能。透明漆和红锦漆在 1729cm^{-1} 出现酯羰基 C＝O 的吸收峰，推测炼制过程中加入了含有不饱和脂肪酸的干性油类（如桐油等）。

第六节

漆器修复中漆膜回贴用漆糊制备的科学化研究

在传统漆器修复工艺的技法中，常采用大漆与熟化的淀粉糊（例如面粉、粳米粉或糯米粉等）结合作为胶黏剂。"滴漆入土，千年不腐"，大漆附着力强，可耐酸碱盐腐蚀、防霉防虫，作为天然树脂具有优良的物理化学性能和耐久性。淀粉是一种天然高分子碳水化合物，它是一种重要的施胶剂。淀粉糊与大漆的融合，增加了漆液的黏稠度与坚硬度，使传统漆器的漆膜附着更加牢固，对漆器长久保存也有着很大的帮助。此外，采用大漆原工艺进行修复保护，与漆器本体融合性好，可最大程度上保留漆器的原始资料信息。

在漆器修复中，不同厚度漆膜需用不同黏稠度的漆糊粘贴。淀粉糊配比和漆糊组成对漆膜最终的粘接效果有着重要影响。由于大漆修复工艺中淀粉糊的调制配比大多为修复师经验所得，大漆淀粉糊的组成和配比不确定，很难对漆器进行科学量化修复。因此，本文制备了小麦面粉、粳米粉、糯米粉 3 种淀粉糊和大漆组成的漆糊，采用质构仪分别探讨了不同制备方法、放置时间和含水量淀粉糊以及不同配比漆糊的黏附力和剥离强度等指标，评价漆糊胶黏剂的力学性能。

6.1 试验部分

6.1.1 试验设备及材料工具

仪器设备：KH-3000VD 三维视频显微镜（日本 Hirox）；TA.XTplus 质构仪（英国 Stable Micro Systems）；RVA Super4 型快速黏度分析仪（澳大利亚 Newport Scientific）；ALPHA 便携式红外光谱仪（德国 Bruker）；PB3002-S 电子天平（Mettler Toledo）；电磁炉（Supor）。

材料：生漆购于中华全国供销合作总社西安生漆涂料研究所，粳米粉与糯米粉购于宁波市江北五桥粮油有限责任公司，小麦面粉（富强粉）、麻布条、松木块购于市场，红漆（四川绵阳）。

工具：白瓷板、滴管、刮锹、药勺、玻璃棒。

6.1.2 试验样品制备

1. 不同种类淀粉糊制备

采用黏度分析仪制备粳米粉、面粉、糯米粉 3 种淀粉糊。黏度分析仪制备淀粉糊时，将质量比为 1∶4 的淀粉 8g 与 24mL 蒸馏水倒入黏度分析仪所使用的金属杯中混合，并搅拌均匀。设置以 960r/min 搅拌形成均匀悬浊液后，保持 160r/min 转速至试验结束。黏度分析仪初始温度 50℃ 保持 1min，再以 12℃/min 提高到温度 95℃，恒温搅拌保持 5min，再以 12℃/min 降到 50℃，保温 2min。3 种淀粉糊的糊化特征见 5.2.1 淀粉糊化特性分析，此处不再赘述。

2. 不同方法制备的小麦面糊

分别用电磁炉与黏度分析仪制备面粉与水的质量比为 1∶4 的面糊。电磁炉加热为常规制备方法，用小烧杯称量面粉倒入锅中，倒入 4 倍的蒸馏水，玻璃棒搅拌均匀，设置加热温度为 100～180℃，加热过程中需不断搅拌，发生凝固后加快搅拌速度，用手感受到面糊较黏稠可拉丝即可。黏度分析仪制备小麦面糊方法同本节 1. 不同种类淀粉糊制备。以上不同方法制备样品用于样品黏附力测试，结果取三次测量平均值。

3. 面糊放置前后黏附力变化样品制备

称量面粉 10g，分别量取蒸馏水 8mL、8.5mL、10mL，配制 3 份等量面粉不同含水量的面糊。将面糊根据不同含水量分别记录为干、半干、湿面糊（见图 2-1-27），其中试样高度约为 1.5cm。将制备好的面糊放入 4℃ 冰箱，测试对比面糊在冷藏前后的黏附力变化。

4. 不同含水量淀粉糊制备

对比不同含水量的面粉及粳米粉制备面糊黏附力区别。称量面粉 5g，分别量取 17.5mL、20mL、22.5mL、25mL 蒸馏水，配制 4 份等量面粉不同含水量的面糊。面粉与水的比例分别为：1∶3.5、1∶4、1∶4.5、1∶5。利用黏度分析仪制备均匀、充分溶解的淀粉糊水样品，将以上不同比例的面粉与水倒入黏度分析仪所使用的金属杯中混合，并搅拌均匀。粳米糊与水的比例分别为：1∶3、1∶3.5、1∶4、1∶4.5。面粉及粳米糊黏度分析仪制备方法同本节 1. 不同种类淀粉糊制备。测试面糊及粳米糊的黏附力以及涂刷麻布后的剥离强度。

5. 不同配比大漆粳米糊样品制备

将不同配比粳米糊分别调入生漆中，其中粳米糊与生漆的质量比分别为 1∶1、1∶2、2∶1，用刮楸将漆糊在白瓷板上调制均匀。用于大漆粳米糊胶黏剂涂刷麻布后的剥离强度测试。

6. 剥离强度测试布条制备

测试面糊和大漆粳米糊粘贴麻布后的剥离强度。将麻布裁剪成若干布条。布条尺寸为 1.5cm×15cm。用刮楸将不同含水量面糊均匀

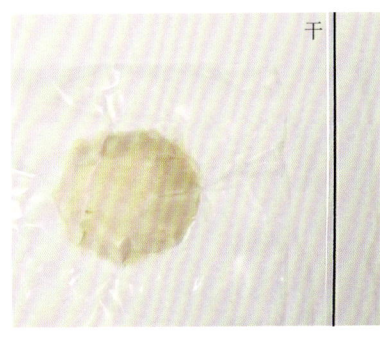

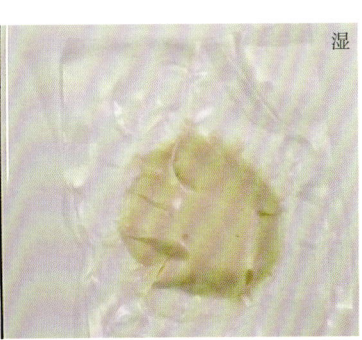

图 2-1-27 不同含水量面糊

图 2-1-28 剥离强度测试布条样品　　图 2-1-29 黏附力测试示意图　　图 2-1-30 面糊黏附力分析

刮到布条上，两条粘贴为一件试样。将试样放在有机玻璃垫板下压平，并放置一段时间等干。待其完全干燥后，将试样布条一端撕开 6cm，试样制作完成（见图 2-1-28）。以同样的方法用刮楸将大漆粳米糊均匀刮到布条上，制备漆糊样品。用质构仪测试麻布试样的剥离强度。

6.1.3 测试方法

1. 黏附性测试

黏附力为粘接材料的力学指标。淀粉糊黏附力采用质构仪的圆柱形探头（P/50）测试。设置以 2.0mm/s 的速度接近样品，直到探测到 5gN 的接触力，然后开始压缩样品，当接触力达到 300gN 时，保持 5s，使探头和样品良好接触，然后探头以 10mm/s 的速度，撤离样品 15mm，这时产生的分离探头与样品的力为黏附力，即为最大的力量转折点，结果取三次平均值。

2. 剥离强度测试

评价不同配比漆糊对麻布的粘接力的影响。利用质构仪将布条试样撕开的两端固定在夹具（A/TG）上，进行 180° 剥离强度测试，以 0.50mm/s 的速度均匀拉开，拉伸距离为 10cm。记录剥离过程中的力—距离曲线，过程中的剥离力即为淀粉糊胶黏剂的黏结力，结果取三次平均值。

6.2 结果与讨论

6.2.1 不同方法制备的面糊黏附性比较

对比电磁炉与黏度分析仪制备的相同配比小麦面糊黏附力和黏丝距离的区别。测试过程及测试结果分别见图 2-1-29、图 2-1-30 和表 2-1-9。

由图表可知，黏度分析仪制备面糊的黏附力为电磁炉熬制面糊的 2 倍以上，面糊黏丝距离也好于电磁炉制备。分析其原因，电磁炉制备面糊为手动搅拌，会存在受热不均匀，以及每次制备的面糊区别较大等问题。而黏度分析仪制备面糊受热均匀，黏附力重复性较好，且面糊可在 20min 内完成，制备过程简单、快速。电磁炉制备面糊一次制备量较大，漆皮回贴使用漆糊量较少，用不完的面糊会造成材料浪费。因此，推荐使用黏度分析仪制备漆皮回贴用淀粉糊样品。

6.2.2 小麦面糊放置前后黏附性分析

对比不同含水量小麦面糊新调制和冷藏

表2-1-9　不同制备方法小麦面糊黏附力和黏丝距离对比

制备方法	测量次数	测量参数	
		黏附力/gN	黏丝距离/mm
电磁炉	1	135.47	29.01
	2	113.84	27.98
	3	98.63	28.23
	平均值	115.98	28.40
黏度分析仪	1	348.20	28.45
	2	365.78	30.14
	3	356.99	31.52
	平均值	356.99	30.04

表2-1-10　不同湿度面糊冷藏前后的黏附性分析（gN）

样品	测量次数	干面糊	半干面糊	湿面糊
新调制	1	386.5	394.6	180.1
	2	415.3	462.1	178.6
	3	382.2	394.3	202.7
	平均值	394.6	417	187.1
冷藏后	1	386.1	354.7	154.9
	2	321.1	437.4	178.8
	3	339.7	390.8	177.9
	平均值	348.9	394.3	170.5

7d后的黏附力变化，结果见表2-1-10。分析可知，半干面糊的黏附力最大，面糊含水量太低或太高都会导致面糊黏附力降低。当面糊在冰箱冷藏7d后，面糊的黏附力均有所降低。可见，新调制的面糊在半干的时候黏附力最大，但是放置时间以及冷藏会导致面糊淀粉分子的老化降解，改变面糊的黏附力，因此淀粉糊制备后需要尽快使用。

6.2.3　不同含水量淀粉糊黏附力及剥离强度分析

经淀粉糊剥离强度测试（图2-1-31），可得出不同含水量面粉糊及粳米糊的黏附力值（图2-1-32、图2-1-33）。分析可知，面粉与水比例为1∶4的时候黏附力最大，黏丝距离较好；粳米粉与水比例1∶4的时候黏附力最大，黏丝距离一般。图2-1-34和图2-1-35

分别为不同含水量面粉糊及粳米糊的剥离强度。面粉与水比例1：4的时候剥离强度最大；粳米粉在与水比例1：3的时候剥离强度最大。由于淀粉糊在使用过程中需要与大漆混合，大漆含有一定的水分会改变面糊的黏度，因此不能将此次试验结果等同于最终结果。

面粉与水比例1：4时，面粉糊的黏附力及剥离强度均好于粳米糊，但面粉糊颗粒较粗，不够细腻。在相同使用量时，形成的粘接层较厚，干燥较慢。粳米糊颗粒较小，相对较为细腻，粘接层较薄，干燥稍快一些。因此，建议采用粳米糊与大漆制作漆糊材料。

图 2-1-31 淀粉糊剥离强度测试

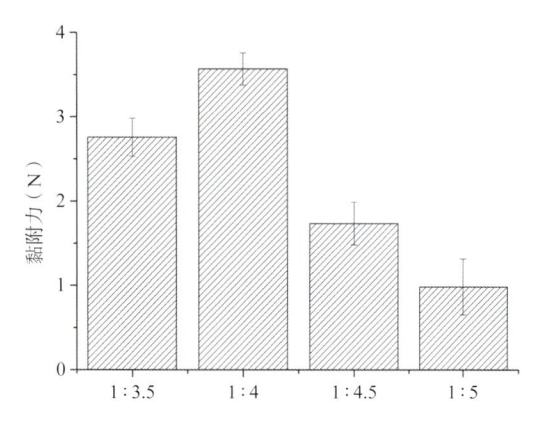

图 2-1-32 不同配比面粉黏附力

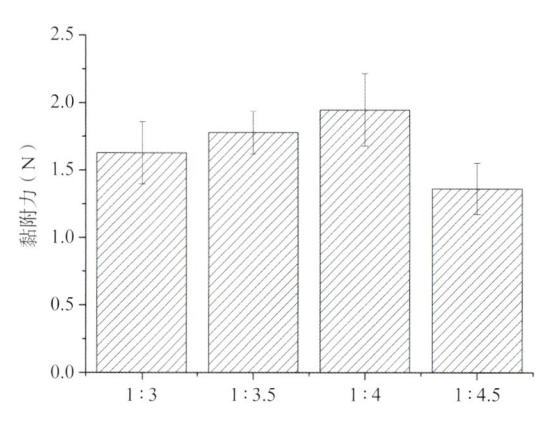

图 2-1-33 不同配比粳米粉黏附力

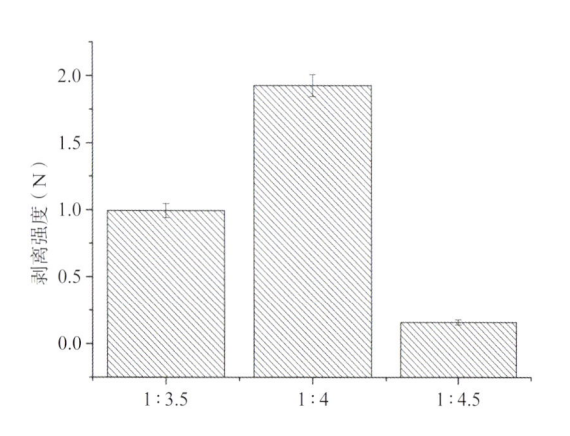

图 2-1-34 不同配比面粉涂刷样品剥离强度

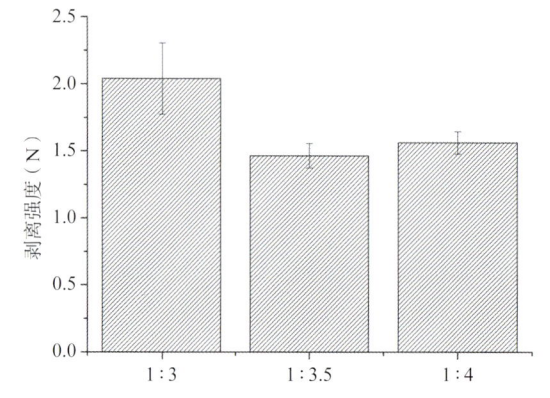

图 2-1-35 不同配比粳米粉涂刷样品剥离强度

图 2-1-36 不同含水率粳米糊与大漆混合样品剥离强度对比

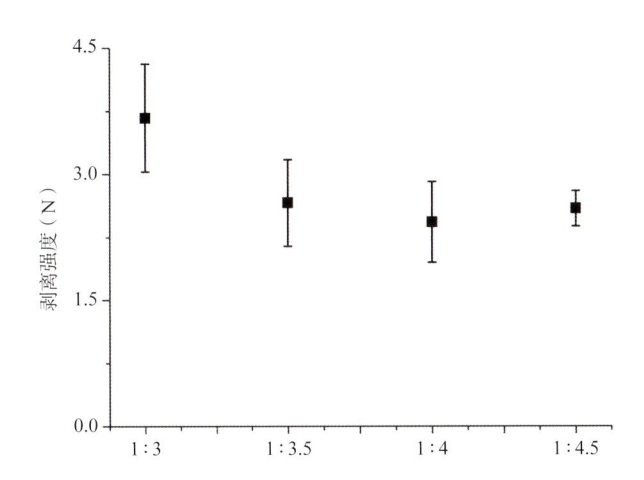

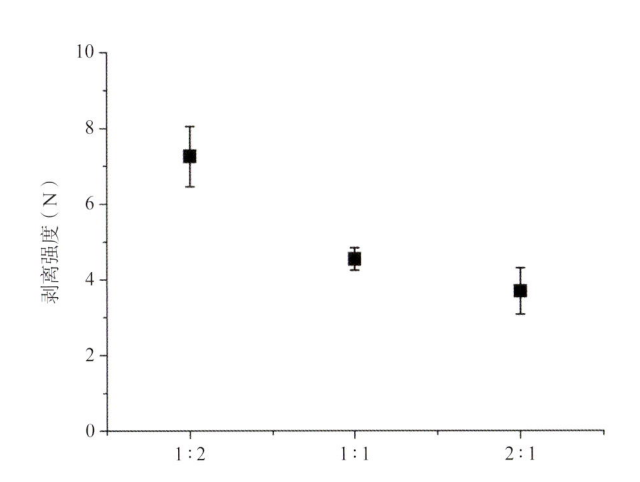

图 2-1-37 不同配比漆糊样品剥离强度对比

6.2.4 大漆粳米糊样品剥离强度分析

图 2-1-36 为不同含水率粳米糊与大漆等量混合样品粘贴麻布的剥离强度对比。通过本次试验中的数据的分析和统计可以看出，粳米漆糊在粳米粉与水比例 1∶3 的时候剥离强度最大。通过与没有调入生漆的粳米糊比较，调入生漆的粳米糊胶黏剂施胶的麻布剥离强度明显增大。

图 2-1-37 为不同配比漆糊样品剥离强度对比。可见，粳米糊与生漆的质量比为 1∶2 的漆糊涂刷麻布剥离强度最大，1∶1 质量比时剥离强度居中，2∶1 剥离强度最小。可见，大漆含量越高，胶黏剂粘接力越强，但是当大漆含量过高时，漆糊变稀，漆膜粘贴的过程中容易移动。同时，胶黏剂渗透性较强，粘贴漆皮时易渗透污染到周围，会对周围漆皮产生不均衡的拉力，可能会导致漆皮的起皱和脱落，且漆糊干燥速度较慢，需要在特定环境下（如放置于温度为 20～30℃，相对湿度为 60%～80% 湿度的荫房）才能干燥。当漆糊中粳米糊含量越高时，干燥越快，但同时剥离强度减小，漆糊的粘接力也变小，且粳米糊含量过高时在潮湿环境下易于生霉。因此，建议采用胶黏剂剥离强度居中的大漆与粳米糊 1∶1 复配后制作成漆糊使用。

在漆膜粘贴模拟试验中，采用漆糊将红漆自制的漆膜粘贴到木块表面，同时将配好的厚度小于 1mm 的漆糊涂刷于载玻片放置于正常室内温湿度下，漆糊均可在 24h 内固化，尝试对木块粘贴后力学性能也较好。

6.3 结论

本文探讨了面粉、粳米粉和糯米粉的糊化特性，研究了不同制备方法、放置时间和含水量淀粉糊以及不同配比漆糊的黏附力和剥离强度等指标。研究得出以下主要结论。

（一）对比三种淀粉的糊化特性，相同含水量的面粉和粳米粉的峰值黏度和最终黏度均较大，回生值较大，冷却后具有较好的凝胶性能；糯米粉的两种黏度相对较小，凝胶性相对较弱。因此，添加到大漆中的淀粉糊可选用面粉或粳米粉。

（二）黏度分析仪制备面糊的黏附力为电磁炉熬制面糊的2倍以上。电磁炉制备面糊时存在受热不均匀，每次制备的面糊区别较大。黏度分析仪制备面糊受热均匀，黏附力重复性较好，制备过程简单、快速。因此，推荐使用黏度分析仪制备漆皮回贴用淀粉糊样品。放置时间以及冷藏会改变面糊的黏度，面糊制备后需要尽快使用。

（三）面粉与水比例为1∶4时，面粉糊的黏附力及剥离强度均好于粳米糊，但面粉糊颗粒较粗，不够细腻。在相同使用量时，形成的粘接层较厚，干燥较慢。粳米糊颗粒较小，相对较为细腻，粘接层较薄，干燥稍快一些。因此，建议采用粳米糊与大漆制作漆糊材料。

（四）粳米粉与水比例为1∶3的粳米漆糊剥离强度最大。调入生漆的粳米糊胶黏剂剥离强度明显增大。大漆含量越高，胶黏剂粘接力越强，但是当大漆含量过高时，漆糊变稀，漆膜粘贴的过程中容易移动。同时，胶黏剂渗透性较强，粘贴漆皮时易渗透污染到周围，会对周围漆皮产生不均衡的拉力，可能会导致漆皮的起皱和脱落，且漆糊干燥速率较低，需要在特定环境下才能干燥。当漆糊中粳米糊含量越高时，干燥越快，但同时剥离强度减小，漆糊的粘接力也变小，且粳米糊含量过高时在潮湿环境下易于生霉。因此，建议采用胶黏剂剥离强度居中的大漆与粳米糊1∶1复配后制作成漆糊使用，该配比的漆糊可在正常室内温湿度条件下固化。

需要说明的是，在实际的漆膜回贴操作过程中，需要根据漆膜厚度、状态选择胶黏剂，例如较薄的漆膜可采用松节油等稀释后的大漆回贴，避免胶黏剂黏性过强导致的漆膜起皱。稍厚的漆膜可视具体情况采用不同比例的大漆、粳米粉，添加适量防霉剂后回贴。

第七节

漆木器文物修复用胶黏剂筛选研究

出土或传世漆器由于本体及外界环境因素的影响，漆膜会降解老化、起翘脱落。原木质中的纤维素、半纤维素和木质素等化学成分有了显著的变化，木材发生糟朽、断裂，器物丧失了原有的机械强度。这些问题不仅破坏了漆木器文物的完整性，也影响着文物安全。在漆木器文物修复过程中，对于断裂木胎的粘接及起翘漆膜的回贴是一项使文物能最大程度保留原貌的重要环节。其中，用于将同种或不同种固体材料表面连接在一起的媒介物质——胶黏剂，更是文物修复能否达到良好效果的关键因素。

适用的漆木器胶黏剂不仅要与文物材质适配，也需要具有较高的粘接强度，确保修复部位能够在长期保存过程中不易脱落。目前，漆木器修复领域常用的胶黏剂分为天然和化学合成两种，主要有生漆、动物胶、淀粉糊、鱼鳔胶、丙烯酸类树脂和环氧树脂等。天然胶黏剂在我国使用历史悠久，且使用方法相对成熟。在修缮中国现存最高最古老的木构塔式建筑山西应县木塔时，其残损构件的粘接就使用了鱼鳔胶，取得了良好的效果[1]。鱼鳔胶也曾应用于珍贵古木材家具的保护，例如一件故宫博物院藏景泰蓝面紫檀方凳的修复，其原有部件的粘接用的就是鱼鳔胶，但由于年岁已久，胶料老化，部件已经脱落。修缮时利用鱼鳔胶的水溶性特点把浸过水的热毛巾敷在断裂处，待余胶熔化后，添加新胶重粘脱落构件，残器便会重获新生[2]。由于天然胶黏剂的制作及使用方式较繁琐，近些年来，使用方便的化学合成胶黏剂也逐渐应用到漆木器修复中。在以往的修复案例中，往往直接应用胶黏剂进行漆膜回贴或木料粘接，评估胶黏剂使用后的效果，但未进行多种胶黏剂的性能横向对比及筛选研究。为了漆木器文物修复的科学化，本课题组曾对比了天然胶黏剂中不同种类的大漆、漆糊及骨胶、兔胶和鱼鳔胶的粘接强度、剥离强度等性能[3]。但尚未比较常用天然胶黏剂与化学合成胶黏剂的粘接性能等指标。

---

[1] 庞坤玮：《鱼鳔胶黏剂在木构件修复中的应用》，《太原理工大学学报》2002 年第 4 期，第 438～440 页。

[2] 刘恺：《故宫藏景泰蓝面紫檀方凳的修复研究》，《中国文物科学研究》2018 年第 2 期，第 52～57 页。

[3] 何秋菊、许璇、申雨田，等：《几种漆皮回贴用胶黏剂的性能对比研究》，《中国生漆》2020 年第 1 期，第 19～25 页。

本研究制备了漆木器修复中常用的鱼鳔胶、骨胶、虫胶、粳米漆糊4种天然胶黏剂以及白乳胶、环氧树脂2种化学合成胶黏剂，通过固化性能试验、剥离强度、拉伸强度测试以及热老化模拟试验对比了胶料的固化速率，粘接麻布条和木块的力学性能以及各胶黏剂材料的耐老化性能。初步筛选出了适合粘接漆膜和木胎的粘接材料，为传世或出土漆木器的科学修复提供依据。

7.1 试验部分

7.1.1 试验设备及材料工具

仪器设备：TA.XTplus 质构仪（英国 Stable Micro Systems）；AG-IS 环境材料试验机（日本 Shimadzu）；RVA Super4 型快速黏度分析仪（澳大利亚 Newport Scientific）；PB3002-S 电子天平（郑州卓越仪器仪表有限公司 Mettler Toledo）；电热鼓风恒温干燥箱（绍兴沪达机械设备制造有限公司101-3型）。

材料：鱼鳔胶购于上海斯信生物科技有限公司，骨胶购于北京东信文化发展有限公司，生漆购于中华全国供销合作总社西安生漆涂料研究所，美国得复康 Devcon 环氧胶、白乳胶购于北京瑞德佑业科技有限公司，虫胶漆片、麻布条、松木块购于市场，粳米粉购于宁波市江北五桥粮油有限责任公司。

工具：量筒、烧杯、滴管、刮楸、药勺、白瓷板、样品袋、玻璃棒、有机玻璃板。

7.1.2 样品制备

（1）胶黏剂样品制备

配制 50wt% 的鱼鳔胶水溶液（溶液浓度参考漆木器文物修复常用传统天然胶黏剂浓度[1]）。配制方法如下：用电子天平称出 4g 鱼鳔胶，倒入烧杯中并加入 4mL 的去离子水。将烧杯放入 70℃ 水浴锅中，使胶体受热融化并采用玻璃棒搅拌均匀。

配制 40wt% 的骨胶水溶液（溶液浓度参考漆木器常用骨胶胶黏剂浓度[2]，并结合所采购骨胶原料特性，经多次试验确定）。配制方法如下：用电子天平称出 4g 骨胶，并分别倒入烧杯中并加入 6mL 的去离子水。将烧杯放入 70℃ 水浴锅中，使胶体受热融化并采用玻璃棒搅拌均匀。

配制粳米漆糊由生漆与粳米糊混合而成。配制方法如下：将质量比为 1∶4 的粳米粉 8g 与 24mL 蒸馏水倒入黏度分析仪所使用的金属杯中混合，并搅拌均匀。设置以 960r/min 搅拌形成均匀悬浊液后，保持 160r/min 转速至试验结束。黏度分析仪初始温度30℃ 保持 1min，再以 12℃/min 提高到温度 95℃，恒温搅拌保持 5min，再以 12℃/min 降到 30℃，保温 2min。将制备好的粳米糊调入生漆中，其中粳米糊与生漆的质量比为 1∶1，用刮楸将漆糊在白瓷板上调制均匀。

常用作漆器修复的虫胶胶黏剂一般为糊状虫胶乙醇溶液，经前期试验验证，浓度为 50% 的虫胶乙醇溶液浓度适中,粘接效果最佳。配制方法如下：使用电子天平称量 4g 固体虫胶漆片并倒入烧杯中，量筒量取 4mL 酒精倒入烧杯与虫胶漆片混合，用玻璃棒充分搅拌使

[1，2] 王谢军、张金明、刘海津：《骨胶的制备及在应用中提高防水性的方法》，《广东化工》2013 年第 7 期，第 41～42、44 页。

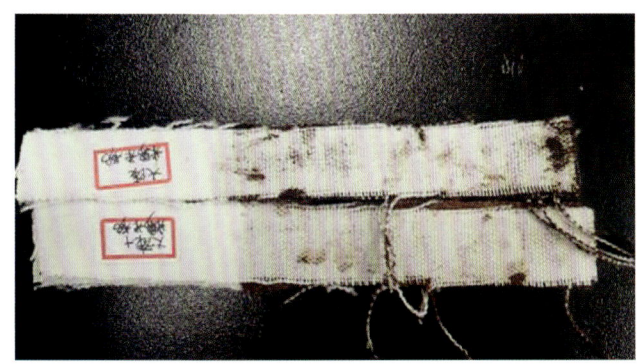

图 2-1-38 麻布条样品

图 2-1-39 松木块样品

其溶化，调和成深琥珀色的糊状胶液即可使用。

白乳胶和环氧树脂无须特别调配，可直接使用。

（2）剥离强度测试样品制备

鉴于漆膜在力学测试过程中易于折断，不能客观评估胶黏剂的粘接性能。试验设计为评价不同胶黏剂对麻布粘接力的影响。将购买的整块麻布裁剪成尺寸为 1.5cm×15cm 的若干布条。用刮楸将不同种类胶黏剂均匀刮涂到布条上，两条同种胶黏剂布条粘贴在一起为一个样品。将试样放在有机玻璃垫板下压平，并放置一段时间，待其完全干燥后，将试样布条一端撕开 6cm，试样即制作完成（见图 2-1-38）。

（3）拉伸强度测试样品制备

古代漆器制作时常选用质地较密较硬的松木作为木胎胎骨的原料。拉伸强度测试选用松木制成的小木块作为试验样品。根据力学设备测试要求将松木制成长宽高分别为 6cm×3cm×0.6cm 的小木块。用刮楸将不同种类胶黏剂均匀涂抹到木块两端的接触面上，两两粘贴在一起组成一个样品，用橡皮筋扎牢固定（见图 2-1-39）。将样品放于常温常湿的环境下自然阴干，用于拉伸强度测试。

7.1.3 试验方法

（1）固化速率测试

胶黏剂的固化可分为化学反应型固化和溶剂挥发型固化。反应型固化为由主体化合物中催化剂引发的不可逆的化学反应式固化过程。溶剂挥发型固化常见情况为固化过程中伴随着胶液中游离水和结合水的挥发，待质量基本不变化的区域第一个点所对应的时间即为固化时间。胶料固化时间采用称重法测试，把 10mL 胶黏剂样品分别滴入表面皿上，此时的质量记为 M_0，每隔一段时间称重一次，直至恒重（可认为各胶黏剂已经干燥成膜），此时的质量记为 M_1。鱼鳔胶、骨胶、虫胶、白乳胶和环氧树脂胶黏剂样品在常温常湿环境下自然干燥成膜，生漆和淀粉糊制成的粳米漆糊样品在温度为 25～30℃、湿度为 NaCl 饱和盐水体系控湿的 70%～80% 的玻璃干燥器中自然阴干。计算固化速率，固化速率 $=M_0-M_1/M_0\times100\%$，绘制样品固化速率曲线。

（2）剥离强度测试

剥离强度测试是检验胶黏剂性能的重要力学指标。利用质构仪将麻布条试样撕开的两端固定在夹具（A/TG）上，进行 180° 剥离强度测试，以 0.50mm/s 的速度均匀拉开，拉伸距离为 8cm。记录剥离过程中的力—距离曲线，过程中的剥离力即为胶黏剂的粘接力，每种胶黏剂样品各测试 10 个平行样品，最终结果取平均值。

（3）拉伸强度测试

拉伸强度测试是表现在外力作用下抵抗变形和破坏的最大能力的指标之一。采用环境材料试验机对不同种类胶黏剂所能承受的最大拉伸强度进行测试。用环境材料试验机十字头上的铁质拉伸夹具固定木块两端，夹具之间的拉伸距离为 10cm，拉伸速度设置为 10mm/min，每种胶黏剂样品各测试 10 个平行样品，最终结果取平均值。

（4）胶黏剂热老化模拟试验

胶黏剂的耐老化性是衡量品种胶黏剂耐老化作用能力优劣的重要指标之一。在高温条件下模拟所选 6 种不同种类胶黏剂的热老化过程，使用绍兴沪达机械设备制造有限公司 101-3 型电热鼓风恒温干燥箱对 6 种胶黏剂粘接的麻布条样品进行高温加速老化。设置试验条件为温度 120℃，每隔 12h（共老化 120h）从干燥箱中取出试样，使用质构仪测试 6 种胶黏剂粘接的麻布条样品在老化后的剥离强度变化（每种胶黏剂样品设置 5 个平行样，结果取平均值），即胶黏剂的粘接力变化，以此衡量不同种类胶黏剂的耐老化程度。

7.2 结果与讨论

7.2.1 胶料固化性能分析

为了解各胶黏剂在固化过程中的重量变化情况，绘制各胶膜样品的固化速率曲线变化图（见图 2-1-40）。由图可知，环氧树脂的固化速率最快，呈现断崖式固化；粳米漆糊在阴干过程中呈现匀速固化；鱼鳔胶、白

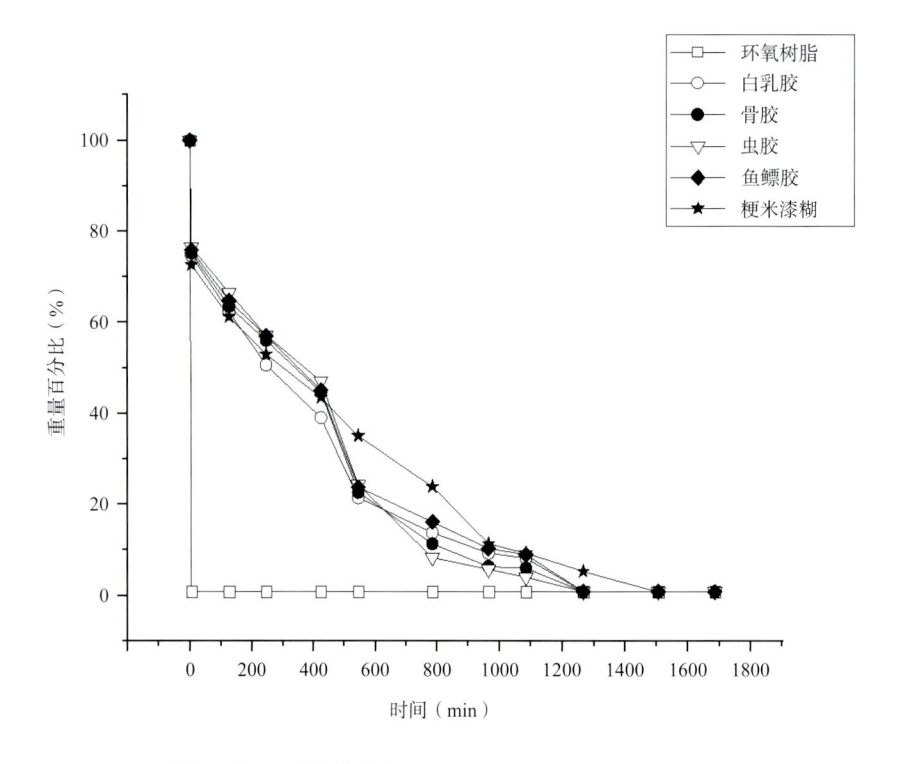

图 2-1-40 胶膜样品的固化速率曲线变化图

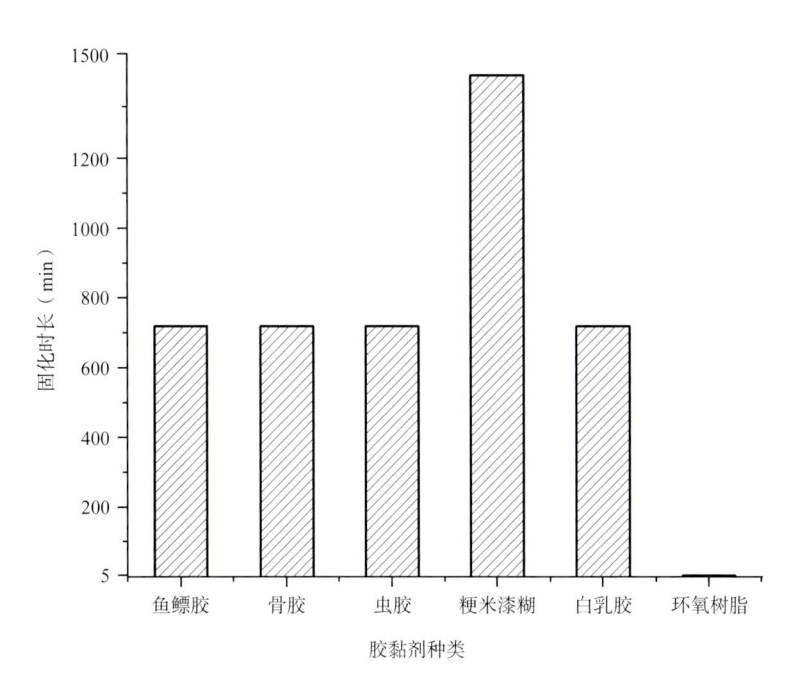

图 2-1-41 胶黏剂固化成膜时间

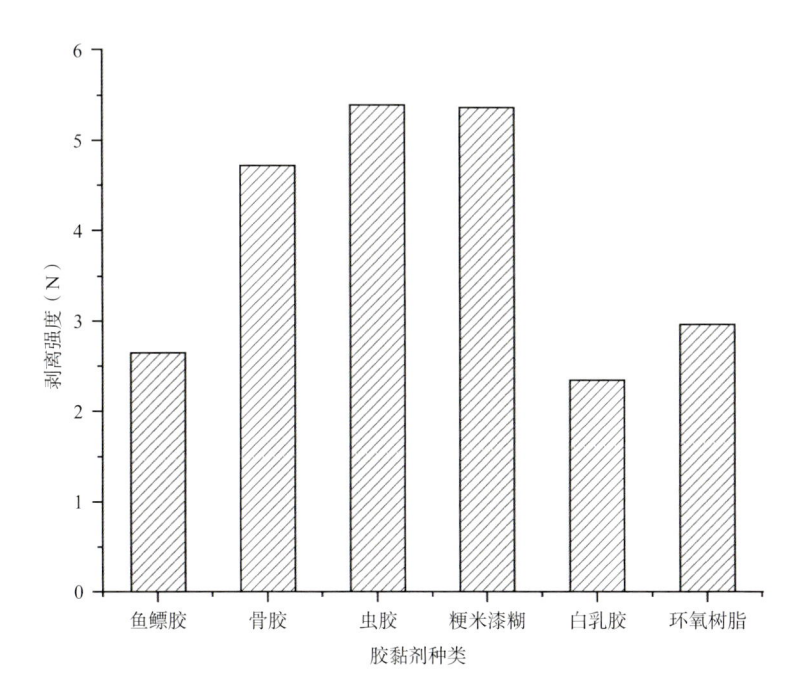

图 2-1-42 布条的剥离强度测试

乳胶等其他 4 种胶黏剂的固化速率曲线极为相似。

图 2-1-41 为不同种类胶黏剂的最终成膜固化时间。环氧树脂和粳米漆糊为化学反应型固化过程。环氧树脂在其添加物固化剂的作用下，发生交联生成网状结构，约 5min 便可迅速固化成膜；粳米漆糊在温度为 25～30℃，湿度为 70%～80% 的环境下阴干时，漆酚在漆酶的催化下发生氧化聚合固化，形成体型网状结构成膜，所需时间在 24h 左右。鱼鳔胶、骨胶、虫胶、白乳胶 4 种胶黏剂的固化机理较为相似，为溶剂挥发型固化，在固化成膜过程中伴随着游离水和结合水的挥发，水挥发量逐渐减少，逐渐趋稳，需要 12h 左右固化成膜。

7.2.2 麻布条剥离强度

图 2-1-42 为依据漆器传统制作技艺中的髹漆工艺，采用麻布条作为试验样品，测试不同种类胶黏剂可承受的最大剥离强度所得到的数据。由图可知，使用天然胶黏剂粘接麻布条的效果均较为优异，其中虫胶和粳米漆糊的粘接能力最好，布条最不易被外力剥离开，剥离强度可达到 5.39N 和 5.366N；骨胶的剥离强度为 4.717N，仅次于虫胶和粳米漆糊胶黏剂；使用白乳胶来粘接麻布条样品在此次试验中的剥离强度最低，只有 2.349N。

7.2.3 木块的拉伸强度

图 2-1-43 为胶黏剂粘接松木块样品的拉伸强度试验结果，浓度为 50% 的鱼鳔胶、粳米漆糊以及环氧树脂表现出的粘接效果均较好；使用虫胶和白乳胶粘接松木块时，粘接效果较差，稍加人力牵拉就会使之分离，未能达到理想效果。

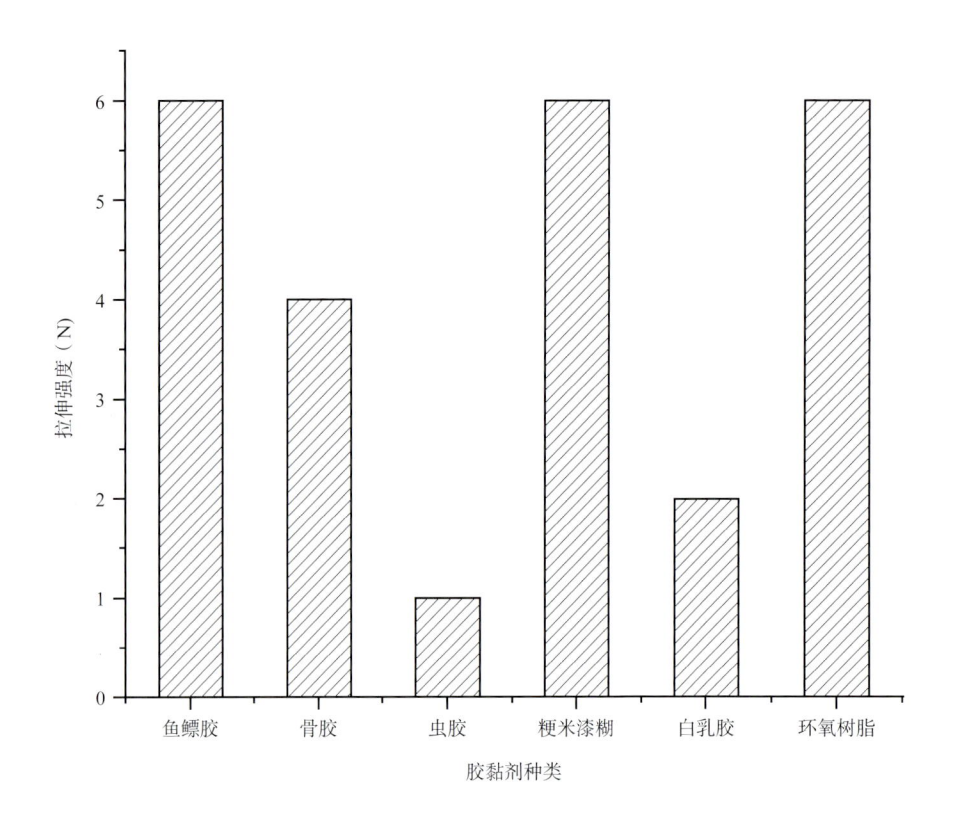

图 2-1-43 木块的拉伸强度测试

7.2.4 胶黏剂热老化模拟测试

图 2-1-44 为不同种类胶黏剂制成的麻布条样品经过一段时间热老化后的剥离强度测试结果。可以看出，环氧树脂胶黏剂热老化后的粘接强度急速下降，84h 后剥离强度降到 3N 左右时趋于稳定；白乳胶粘接的麻布条样品热老化 60h 后的剥离强度也有明显下降趋势，到 108h 时其至降低到 1N 左右；其余几种胶黏剂老化后剥离强度的变化幅度较为平缓，其中使用生漆粳米糊与鱼鳔胶粘接的麻布条样品变化都较小，但生漆粳米糊在热老化后的粘接力更大，粘接效果更佳。

7.2.5 讨论

表 2-1-11 为 6 种胶黏剂性能试验结果对比表。由表可知，环氧树脂虽然固化时间最短，粘接强度也较大，但胶固化后偏硬，经高温老化后的粘接效果也大幅下降。粳米漆糊所用的固化时间最长，用于粘接木块和布条的力学性能优异，高温老化后仍能保持良好的粘接效果。鱼鳔胶、骨胶、虫胶及白乳胶固化时间类似，鱼鳔胶用于粘接松木块时其拉伸强度强，用于粘接麻布条时剥离强度较好，胶料固化后柔韧性好，布条仍能保持柔软状态；骨胶用于粘接木块时拉伸强度较强，粘接布条的剥离强度较大，但布条易发硬产生弯曲形变；虫胶粘接木块时测得的拉伸强度最弱，但用于粘接麻布条时剥离强度最强，干燥后布条呈棕褐色，同时变脆；白乳胶粘接木块时分离所使用的拉伸强度中等，但粘接布条的剥离强度最差，经高温加速老化后的粘接强度下降明显。

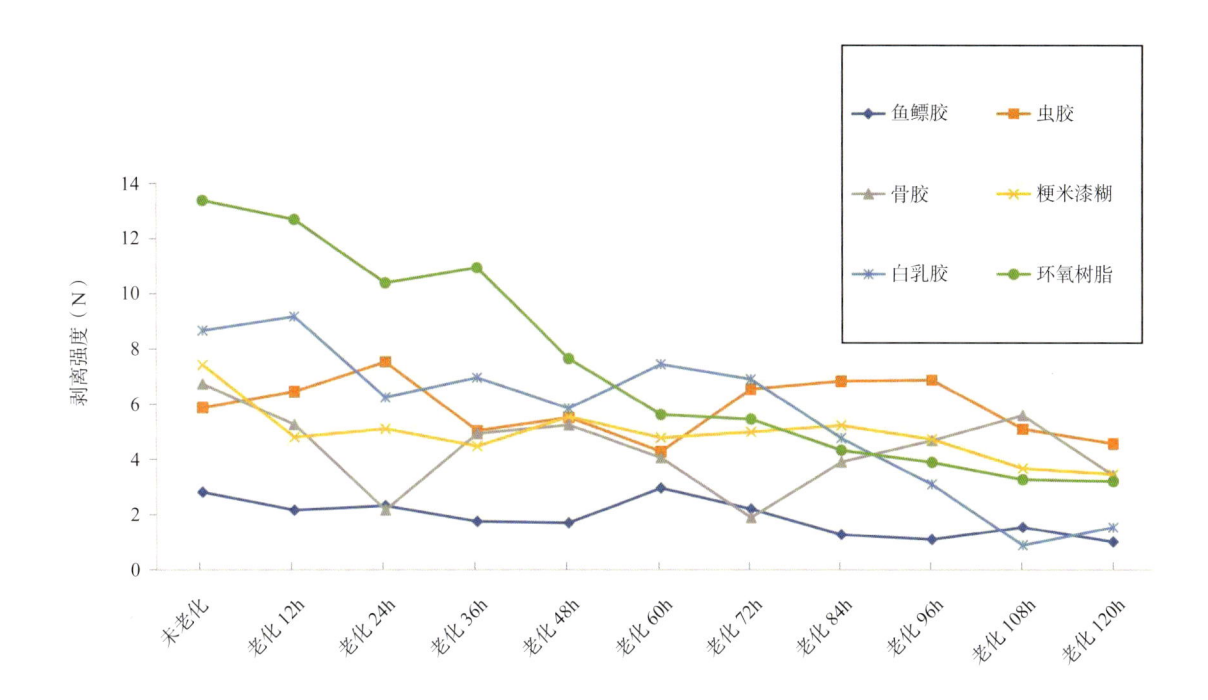

图 2-1-44 胶黏剂的老化测试

表2-1-11 各种胶黏剂性能试验结果对比

评价指标	鱼鳔胶	骨胶	虫胶	粳米漆糊	白乳胶	环氧树脂
固化时长	12h	12h	12h	24h	12h	5min
木块拉伸强度	强	较强	弱	强	中等	强
布条剥离强度	较强	较强	强	强	弱	中等
布条柔软度	柔软	较硬	脆，较硬	中等	硬，发脆	硬
老化后粘接强度变化	变化小	较稳定	较稳定	变化小	变化大	变化最大

先秦时期工科著作《考工记》中[1]，已经有了鱼鳔胶的使用记载。胶液的黏性随着鱼鳔含量的增加而急剧上升。当胶液的浓度达到50%时，粘接麻布条较为牢固，且待胶液彻底干透后布条仍然能保持柔软状态。鱼鳔胶与木材的适配性较好，因此用于粘接、修复木器效果尤佳。鱼鳔胶的缺点是制作工艺十分繁琐，选用新鲜鱼鳔为原料，文火长时间熬胶效果最优，但需现做现用。而修复室通常使用的是已加工好的固体鳔胶颗粒，胶黏强度远不如现熬的鳔胶，使用前还需二次化胶。此外，鱼鳔胶完全干燥等待时间较长，且胶液极易遇冷凝结，最好在使用时水浴维持胶液温度，以保证使用效果[2]。

---

[1] 林斌：《中国古代工科著作——〈考工记〉》，《炎黄纵横》2019年第12期，第54～56页。
[2] 张运明：《鱼胶的特性》，《中国胶黏剂》2010年第6期，第61页。

骨胶是一种天然的可生物降解的水溶性胶黏剂，从西周时期起我国就有用动物的软骨、皮腱及结缔组织为原料熬制提取骨胶的记载[1]。与鱼鳔胶相同，骨胶同样具有良好的水溶性，在使用时将干燥的骨胶颗粒浸泡于纯净水中使其充分吸水膨胀，直至胶粒成无明显硬块的冻状，再水浴加热搅拌到完全融化，其间控制温度在80℃左右。固体骨胶颗粒与胶液的比例控制在35%～40%时调配出的胶黏剂即可达到良好的粘接效果，浓度过低会使胶液呈水状，没有足够的黏性连接两面的样品材料，而浓度过高会使粘接好的样品风干后出现变硬变形的情况。骨胶用于粘贴麻布条时粘接效果较好，但很容易出现干燥后样品变硬而导致的形变问题。

生漆多用于漆器文物的修复保护中。由于此类胶黏剂与漆木器材料本身的主要成分相似，因此胶黏剂与材料之间、材料与材料之间的兼容性较好。使用生漆进行修复后可保持的时间也相较于其他胶黏剂更长[2]。天然生漆质地较稀，流动性强，黏性差，通常刷在木器表面起到隔水防潮作用，不能直接进行材料的补配与粘接。但在传统漆木器修复技艺中，常采用生漆与熟化的淀粉糊（例如面粉、粳米粉或糯米粉等）结合作为胶黏剂。淀粉是一种天然的高分子化合物，也是一种性能优良的施胶剂。在生漆中加入一定比例淀粉糊后，便可大大增强生漆的黏稠度，有利于胶黏剂在粘接材料上附着强度的增加。生漆和粳米糊质量比例为1∶1，粳米糊中粳米粉与蒸馏水质量比为1∶4时，调制成的粳米漆糊剥离强度最大，粘接性最强，最适合用于漆木器文物的粘接修复。用生漆胶黏剂制作的麻布条样品干透后十分舒展且较为柔软，经高温老化后仍能保持稳定且良好的粘接效果。缺点是施胶后白色布样颜色的改变极大，胶料渗透的地方变为黑色，可用来粘贴较厚的漆膜或者作为木料的粘接材料。

虫胶又称"紫胶"，是虫胶树上紫胶虫吸食并消化树的汁液后分泌在树枝上凝结干燥而成的紫红色胶状物[3]。虫胶呈红褐色，成膜性好并具有良好的水汽阻隔特性，因此在我们生活中的众多领域都有广泛应用[4]。虫胶在文物修复中常用作瓷器、金属等材质的粘接材料。通过本试验结果来看，虫胶适合用于麻布条的粘接，但用来粘接松木块效果不理想。

白乳胶又称"聚醋酸乙烯胶黏剂"，是醋酸乙烯单体在引发剂作用下经聚合反应而制得的一种热塑性胶黏剂[5]。白乳胶广泛应用于纸张、木材等众多领域材料的粘接，由于其独特的亲水性可用作珍贵文物的临时性保护修复与加固。但白乳胶作为文物胶黏剂也有着明显缺点，就是用于粘接时干燥慢、有明显的白色胶迹，易发霉、粘接性弱且不耐潮，它的亲水性

[1] 卜海艳、苏秀霞、郭明媛：《骨胶胶黏剂的一些改性方法浅谈》，《中国胶黏剂》2015年第10期，第49～52页。
[2] 霍一娇、李玉虎、白崇斌，等：《漆木器修复专用胶黏剂的制备与性能研究》，《南阳理工学院学报》2017年第6期，第40～43页。
[3] 叶楚平、李陵岚、王念贵：《天然胶黏剂》，化学工业出版社，2004年，第359～372页。
[4] 赵世民、祝艳、唐辉：《虫胶的基本特性及应用》，《云南化工》2005年第3期，第50～56页。
[5] 王宏瑞、靳玉春、赵宇宏，等：《白乳胶与硅溶胶复配粘结剂对铸铁件消失模铸造涂料性能的影响》，《铸造》2018年第1期，第37～40页。

也对其使用环境有诸多限制，比如无法用于高湿或者室外环境下的文物粘接修复。使用白乳胶粘接的麻布条样品经高温加速老化后粘接力有所下降，说明此种材料的耐热耐老化能力差。

环氧树脂作为人工合成材料，具有使用方便、固化快、不易发霉等显著优势，可满足在大型文物修复中对于粘接材料的使用要求。环氧胶的黏度较大、防水、耐强酸强碱，是一款具有良好使用性能的胶黏剂。在漆木器、古建筑等木制品的加固与修复中较为适用。它曾被用于马王堆出土木胎开裂的漆木器修复[1]。但环氧树脂会在固化后形成难熔的热固性树脂，难以移除，不满足可再处理的要求。此外在本次胶黏剂老化试验中，随着老化时间的增长其粘接强度也明显下降，高温环境中的耐老化性较弱。

7.3 结论

本文通过对比鱼鳔胶、骨胶、虫胶、白乳胶、环氧树脂和粳米漆糊6种胶黏剂的固化速率及粘接性能表明，环氧树脂可在5min内固化，粳米漆糊在24h固化，其他胶料均在12h左右固化。选择虫胶和粳米漆糊施胶时麻布条的剥离强度最大，白乳胶的最小。粘接松木块时，鱼鳔胶、粳米漆糊和环氧树脂的拉伸强度较大，虫胶最小。粳米漆糊及鱼鳔胶在热老化测试中粘接强度的变化幅度最小，2种化学合成胶黏剂环氧树脂及白乳胶老化后的粘接强度均下降明显。

可见，在漆木器文物的修复过程中，如遇到木胎层断裂脱落的问题可以使用浓度约为50%的鱼鳔胶或者粳米漆糊进行粘接，粘接表现都能达到理想效果，且不易受到外部环境影响发生老化，损失粘接强度。环氧树脂胶黏剂有性价比高、操作简单且固化速率快等多种优势，亦可将其应用于大型漆木器的拼接、固定等保护与修复工作中，但也需考虑到其抗老化性差、不耐高温的特点。如果操作需求仅是临时性的固定木材，后续还需再处理，也可使用白乳胶暂时拼接，它的遇水可逆性非常有利于湿敷去胶后再做另行处理。漆膜起翘、脱落时选用粳米漆糊或虫胶胶料回贴均可。但考虑到此种胶料与表层漆膜的接触最为紧密，使用性质相同的材料就能最大限度避免胶黏材料与文物本身材料或因物理化学性质不同而发生的排斥现象，因此使用粳米漆糊作为回贴材料最佳。

---

[1] 张奇志：《马王堆漆木器的修复工艺》，《文物修复与研究》，国际文化出版公司，1995年，第109～113页。

第八节

糟朽漆膜回贴用背衬材料筛选研究

考古出土漆木器由于受到地下埋藏环境中温湿度、土壤氧含量、地下水酸碱盐、动植物及微生物滋生等因素的影响，保存状况相对较差，漆木器中的纤维素等化学成分发生了显著的变化，胎体多发生降解，极度糟朽，漆膜与胎体间的结合力降低，漆膜降解产生裂缝、脆化、破碎、强度不高。另外，出土后环境突变，导致漆木器水分迅速散失，漆膜出现起翘、脱落等现象。尽管保护工作者已经对漆木器保护进行了多种尝试，开发出乙二醛法、聚乙二醇复合液脱水法等成熟的修复技术，但现有的技术多适用于饱水漆木器，对于糟朽的非饱水状态漆木器保护非常有限[1,2]。在非饱水漆木器文物修复时，将漆膜回软展平、回贴到器物原位是漆器修复的要点。常见的漆膜回贴方式，是通过胶黏剂将漆膜回贴在胎体上，王晓军[3]在修复故宫博物院藏黑漆描金椅时，采用鱼鳔胶进行回贴。任晓磊[4]等人在处理馆藏罗泊湾汉代漆木器时，采用加热微晶石蜡的方法进行回贴。以上漆膜相对完整的漆器，仅需要将起翘漆膜软化回贴即可，而糟朽、破碎漆膜处理过程更为复杂，为了将这部分漆膜完整、牢固地贴回器物上，需要将破碎漆膜附着粘贴在合适的背衬材料上加固后再进行回贴处理。由于漆木器储存环境等的要求，理想的背衬材料应该具有质薄、在潮湿环境下吸湿性小、不易变形、柔韧性较好的特点。卢燕玲等[5]在对甘肃出土糟朽漆器修复时，选用皮纸或绢（如网网绢）作为漆皮回贴的背衬材料，对破碎漆皮进行固定。张莉[6]在宁夏固原北魏墓漆棺画修复时，采用绘图纸作为画面背衬材料。蒋成光[7]在修复长沙风篷岭汉墓出土

---

[1] 赵桂芳：《漆器和漆器保护概说》，《中国文物科学研究》2007年第3期，第53~60页。

[2] 黄湛、汪灵：《中国出土漆器文物及其保护研究现状》，《南方文物》2009年第1期，第114~118页。

[3] 王晓军：《黑漆描金椅的描金工艺研究与修复》，《中国文物科学研究》2019年第4期，第91~96页。

[4] 任晓磊、黄槐武、李永春：《广西壮族自治区博物馆馆藏罗泊湾汉代漆木器修复保护》，《中国生漆》2018年第4期，第40~46页。

[5] 卢燕玲、韩鉴卿、张岚，等：《中国北方干燥地区出土糟朽漆器加固材料及修复方法》，《文物保护与考古科学》2003年第3期，第31~34页。

[6] 张莉：《宁夏固原北魏墓漆棺画的修复与保护》，《中国文物修复通讯》1996年第10期，第22~26页。

[7] 蒋成光：《饱水平整漆膜保护方法在风篷岭汉墓出土漆器中的应用》，《文物保护与考古科学》2017年第5期，第77~81页。

糟朽破裂漆膜时以绵纸为背衬、虫胶漆乙醇溶液为胶黏剂粘接漆膜。胡继高[1]在研究古代漆膜翘曲办法时，提到了在漆膜与胎体之间加入一层透气性物质，如纸、绢（丝绸）、布等，使胶黏剂中的溶剂缓慢挥发以达到粘牢漆膜的目的。可见，在回贴糟朽漆膜时，为了增强漆皮强度、柔软性和可塑性，防止进一步卷曲、剥落，有必要采用背衬材料。背衬材料的种类对修复展示及文物保护效果产生直接影响，但目前尚未见到关于不同种类背衬材料的性能比较研究。

材料选择方面，电力纺经常作为纺织品修复用的背衬材料，是指通过电织机制造的纺织品，根据纺织材料的不同，可分为真丝电力纺、粘胶丝电力纺以及两种混合材料的电力纺[2]。化纤纸是日本书画修复中用来保护书画材料和颜色的常用的辅助材料，因其透气渗水性能好、纤维光滑结实、污染小的特点，在中国古书画修复中也有大量应用。结合前人在漆器等有机质文物修复中使用的背衬材料，还选用了皮纸、绘图纸以及棉布等材质较轻但强韧的纤维材料[3]。本文对比了电力纺、化纤纸、雁皮纸、桑皮纸、绘图纸、棉布多种天然和人造纤维材料的显微形貌、厚度以及在潮湿环境下的吸湿率、伸缩率及拉伸强度，选出了最适合于糟朽漆膜的背衬材料。

8.1 试验部分

8.1.1 试验材料与分析方法

材料：电力纺（1、2为不同经纬密度的电力纺）、化纤纸（1、2为不同厚度的化纤纸，主要成分为聚酯纤维）、雁皮纸、桑皮纸、绘图纸、棉布。选用上述8种材料，除雁皮纸购于安徽省泾县徽记宣纸有限公司外，其他样品均购于市场。试验过程中需要的骨胶购于北京东信文化发展有限公司。

仪器设备：KH-3000VD三维视频显微镜（日本Hirox）；XWY-Ⅶ造纸纤维分析仪（北京伦华）；YTH-4C厚度测定仪（杭州科研特科技有限公司）；TA.XTplus质构仪（英国Stable Micro Systems）；PB3002-S电子天平（瑞士Mettler Toledo）；HH.S11-Ni2电热恒温水浴锅（北京长安永创科学仪器有限公司）。

8.1.2 样品制备

（1）背衬材料制备

将每种样品各裁出40条20cm长、1.5cm宽的长条样品。制备时需要注意雁皮纸、桑皮纸、化纤纸1、化纤纸2、绘图纸这几种样品的裁切方向，这几种样品纤维均无序排列，裁切时的纵向即长度方向要沿着最大断裂力的方向，电力纺及棉布样品，纵向沿纬线方向裁切。

（2）骨胶样品制备

配制10wt%的骨胶水溶液。配制方法如下：用电子天平称出2g骨胶，倒入烧杯中并加入18mL的去离子水。将烧杯放入70℃水浴锅中，采用玻璃棒搅拌均匀使胶体受热融化，

---

[1] 胡继高、胡东波：《出土中国古代漆膜干缩翘曲分析及在修复粘接中问题的讨论》，《文物保护与考古科学》2017年第3期，第77~81页。

[2] 郑海玲、徐东良、玛尔亚木·依不拉音木，等：《新疆吐鲁番阿斯塔纳出土唐代米色绢袜保护修复》，《文物保护与考古科学》2016年第3期，第73~77页。

[3] 王菊华主编：《中国造纸原料纤维特性及显微图谱》，中国轻工业出版社，1999年。

待胶体融化均匀后准备涂抹样品。将样品摆放在保鲜膜上，使用毛刷蘸取溶液均匀涂抹样品正反面，最后贴在桌角一侧自然阴干。

8.1.3 试验方法

（1）微观形貌观察

使用三维视频显微镜对样品微观形貌进行观察，镜头 MX-5040RZ 非接触式平面卡口，将样品置于显微镜下观察，放大倍数 50～400 倍观察纤维形态。并对每种样品的纤维进行分析，取适量纤维在载玻片上，滴水后做分散处理，滴加 1～2 滴 Herzberg 染色剂进行染色，盖上盖玻片，使用滤纸吸出多余的水分，通过造纸纤维分析仪，放大倍数 10～40 倍观察纤维形貌。

（2）厚度

根据《纸和纸板厚度的测定》（GB/T 451.3—2002），使用厚度测定仪对 8 种样品进行了测量，每种样品测量其中 6 条样品的不同部位，共测量 10 次取平均值。涂刷骨胶后的纤维样品也采用了同样的测量方式。

（3）吸湿率及形稳性

每种背衬材料各取 6 条作为样品，标记后以电子天平称重记为 M_1，测量尺寸记为 L_1。将各样品分散放置于室温 25℃、饱和盐水 NaCl 体系控湿的 70% 左右的玻璃干燥器中，放置时间 60 天，取出时部分样品有潮感。取出后称重记为 M_2，测量尺寸记为 L_2。吸湿率 =（$M_2 - M_1$）/M_1×100%。伸缩率 =（$L_2 - L_1$）/L_1×100%。记录每组样品数据，去掉最低值和最高值，取其平均值。常见的纤维水分测定法，是先将纤维放在烘干箱烘干后称重，记为干重，然后根据国家标准的温湿度条件计算其回潮率。该次试验仅测量了室内温湿度条件下样品重量以及室温恒湿状态下样品重量。

（4）拉伸强度测试

对比原始样品在室内温湿度环境（T=25℃，RH=50%）和潮湿环境（T=25℃，RH=70%）下，以及室内温湿度环境下涂刷骨胶溶液前后 8 种样品的拉伸强度变化。采用质构仪以拉伸夹具（A/TG）测试样品的拉伸强度，记录以 2.0mm/s 速度匀速拉断样品时所产生的

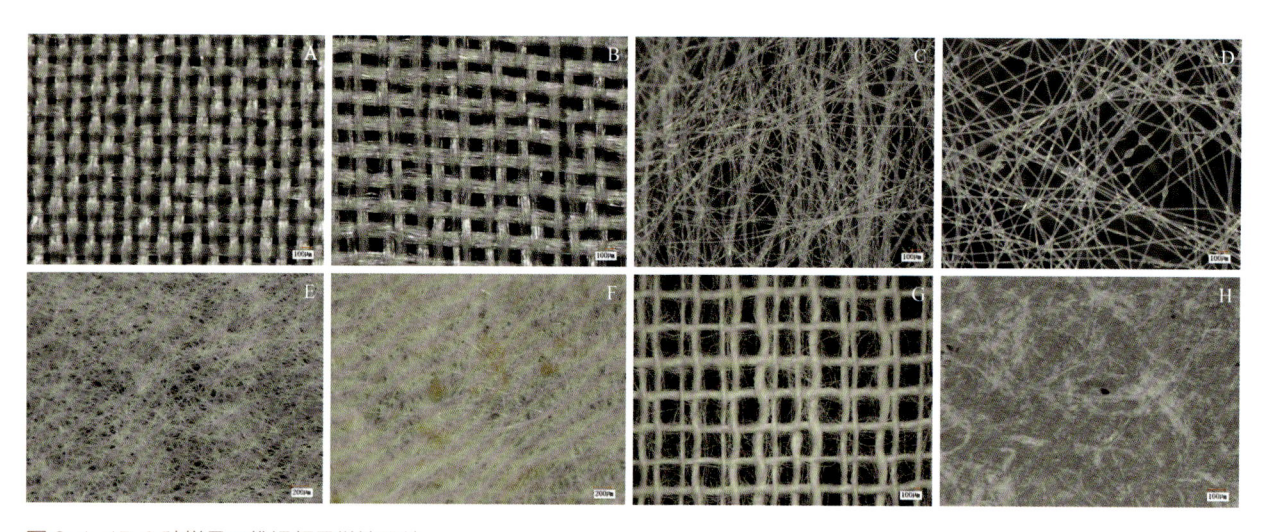

图 2-1-45 8 种样品三维视频显微镜照片
（A. 电力纺 1；B. 电力纺 2；C. 化纤纸 1；D. 化纤纸 2；E. 雁皮纸；F. 桑皮纸；G. 棉布；H. 绘图纸）

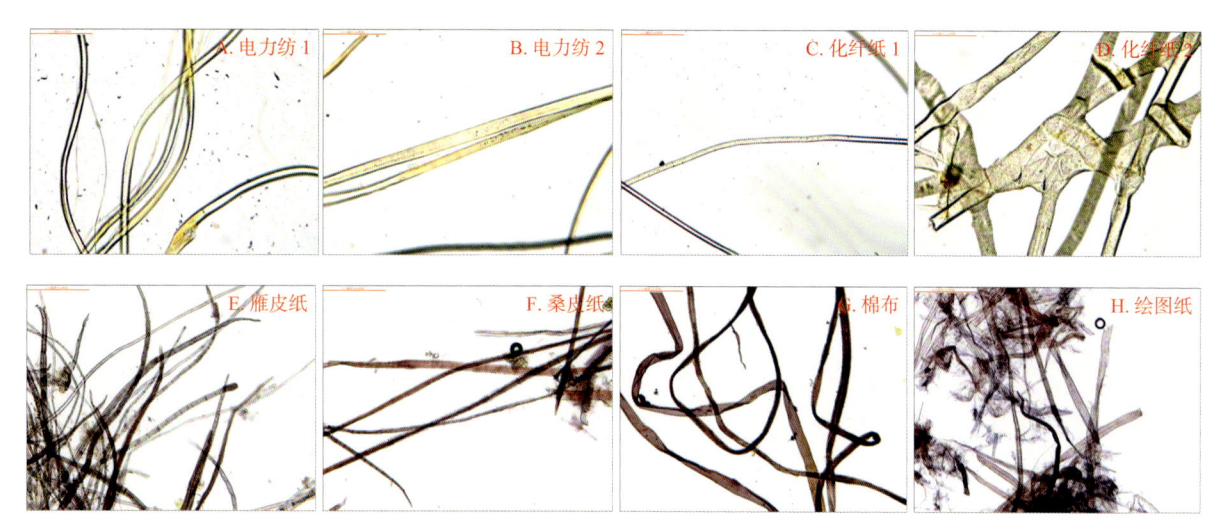

图 2-1-46 8 种样品的纤维形态
（A. 电力纺 1；B. 电力纺 2；C. 化纤纸 1；D. 化纤纸 2；E. 雁皮纸；F. 桑皮纸；G. 棉布；H. 绘图纸）

最大拉伸断裂力。各准备 10 个平行样，求其平均值，计算标准偏差。

8.2 结果与讨论

8.2.1 纤维形态及种类

通过对 8 种样品形貌观察，结果如图 2-1-45。电力纺 1 为平纹组织结构，质地平整，纤维洁净，经密为 48 根 /cm，纬密为 44 根 /cm。电力纺 2 也为平纹组织结构，质地平整，经密为 48 根 /cm，纬密为 34 根 /cm，与电力纺 1 相比密度较为疏松，从外观看电力纺 2 的经线大多双经紧并。化纤纸 1 手触较薄，材质柔软，纤维较长结合紧密，不易扯断，大多呈束状分布，分多层叠压。与化纤纸 1 相比，化纤纸 2 纤维间的空隙较大，手触较硬，纤维结合紧密，在纤维上有较多的球状胶结物。雁皮纸洁白纯净，纤维结合紧密，有明显缝隙，样品薄且具有一定韧性。而桑皮纸整体呈淡黄色，结合也较为紧密，表面有黄色片状物以及透明颗粒状填料。棉布呈白色，经纬线均有 Z 向强捻，粗细极不均匀，每两根经线紧并，经密 22 根 /cm，纬密 14 根 /cm。绘图纸样品极薄，纸张带有明显褶皱及折痕，表面有孔洞，纤维呈无序状分布。

纤维形态分析结果如图 2-1-46。电力纺与化纤纸样品染色后均呈黄色，除化纤纸 2 外，纤维均较光滑，呈圆柱状，边缘明显，纤维表面纵向纹路明显，化纤纸 2 的纤维由于工艺原因，纤维大多扁平胶结在一起。雁皮纸样品与染色剂反应后部分呈青色，部分呈酒红色，纤维上横节纹明显，纤维有扭曲。桑皮纸样品与赫氏染色剂反应后呈酒红色，纤维有明显的横节纹，外壁上有透明胶质膜。棉布纤维与染色剂反应后呈酒红色，均为扁平带状，扭曲明显。以上样品均呈现纤维细长的特点，具有良好的柔韧性。绘图纸样品与染色剂反应后呈紫色，部分纤维与棉纤维寻化后较为相似，部分纤维上裂隙状的纹孔明显，口径较小，与杉树、松树等木浆纤维形态吻合。

8.2.2 厚度

漆皮回贴背衬用材料的选择需要考虑厚度，如果太厚，修复部分会明显高出未修复部

表2-1-12　原始样品厚度

样品名称	样品厚度/μm										平均值/μm
雁皮纸	32	31	30	32	32	33	37	31	30	32	32
桑皮纸	94	104	106	85	81	80	78	102	72	84	89
棉布	256	242	256	251	257	251	253	251	244	249	251
绘图纸	31	32	30	32	29	30	31	31	31	32	31
化纤纸1	33	34	34	32	33	031	32	32	33	32	33
化纤纸2	91	96	100	95	104	106	96	90	97	94	97
电力纺1	78	76	76	78	78	79	79	74	76	77	77
电力纺2	46	50	51	47	49	46	47	46	45	49	48

表2-1-13　涂刷骨胶水溶液后样品的厚度

样品名称	样品厚度/μm										平均值/μm
雁皮纸	30	32	39	34	33	37	37	38	51	48	38
桑皮纸	112	129	126	94	109	105	131	91	133	95	113
棉布	334	318	314	335	337	317	311	308	317	325	322
绘图纸	41	42	48	46	45	38	42	38	37	38	42
化纤纸1	38	39	40	37	42	39	37	37	42	37	39
化纤纸2	109	117	102	112	107	103	115	89	107	102	106
电力纺1	96	104	97	97	98	103	105	95	96	100	99
电力纺2	30	32	39	34	33	37	37	38	51	48	38

分。表2-1-12、表2-1-13分别是原始样品及涂刷骨胶水溶液干燥后样品的厚度测量数据。化纤纸1的原始样品平均厚度是33μm，雁皮纸的厚度是32μm，绘图纸的厚度是31μm，可见化纤纸1、雁皮纸、绘图纸的原始样品平均厚度大致相同，均薄于桑皮、雁皮等纸张。涂刷骨胶水溶液后化纤纸1的厚度是39μm，雁皮纸的厚度是38μm，绘图纸的厚度是42μm。电力纺1、化纤纸2、桑皮纸的原始样品厚度较为接近，涂刷骨胶后样品的厚度也较为接近，平均厚度约105μm。棉布原始样品的平均厚度高达251μm，是所有样品中最厚的。由此可见，化纤纸1、雁皮纸和绘图纸的厚度相对较薄。

8.2.3 吸湿及伸缩性能

吸湿性是纺织材料的重要特性，指在潮湿空气中吸收或释放水蒸气的能力，它表现为纤维材料中含水率的变化[1]。通常无机材料的吸

---

[1] 王建君：《纺织纤维水分测试方法研究与应用》，湖南大学硕士学位论文，2007年。

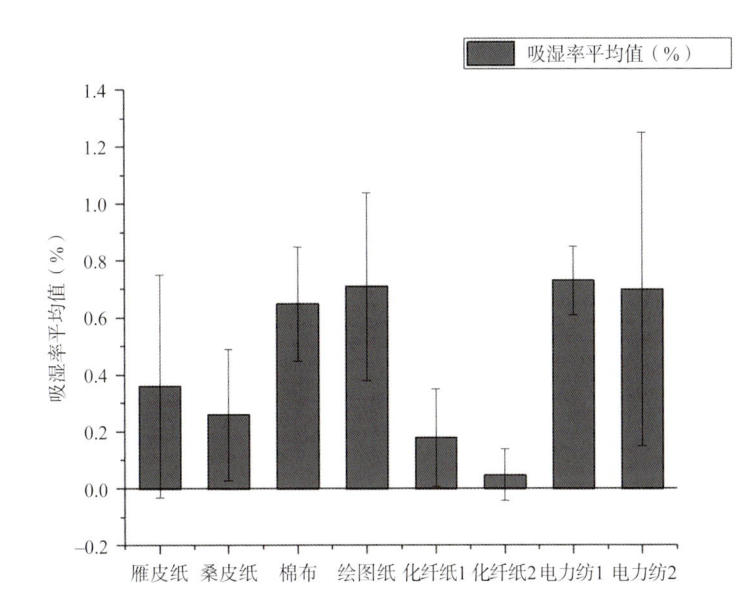

图 2-1-47 8 种样品吸湿率平均值

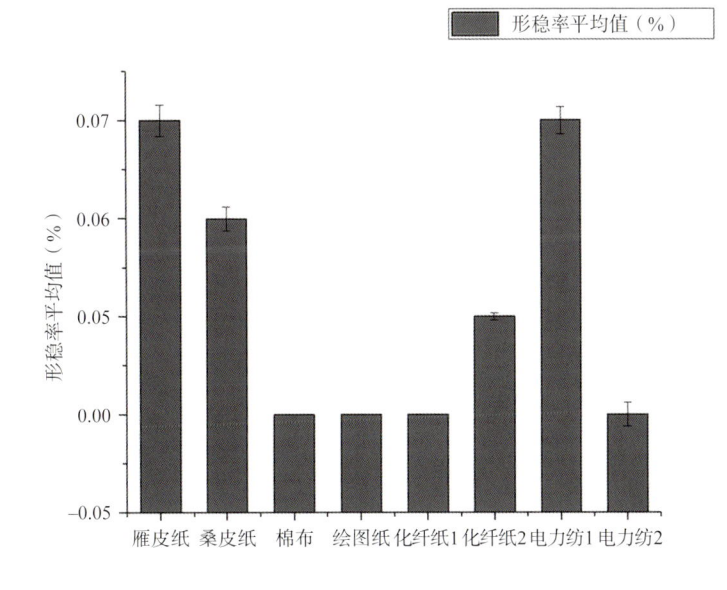

图 2-1-48 8 种样品形稳率平均值

湿率要小于有机材料，本研究筛选材料均为有机高分子材料，分为天然高分子材料和有机聚合物合成材料两类。高聚物吸湿的动力是水的扩散，主要受到两个因素控制，一是网络结构中存在与水分子尺寸相仿的微孔；二是水分子和聚合物之间的吸引力。

由于漆器文物往往存放于湿度较高的环境中。吸湿性过大的材料，释水性也较强，易于膨胀收缩变形，故背衬材料吸湿性能的大小，对修复效果有着重要影响。吸湿性能由材料本身的性质所决定，吸湿性越强的材料可能较不稳定。通过计算 8 种背衬材料的吸湿率可知（见图 2-1-47），两种电力纺的吸湿率均为 0.7%，绘图纸和棉布分别为 0.71%、0.65%，雁皮纸是 0.36%，桑皮纸 0.26%，化纤纸 1 是 0.18%，化纤纸 2 是 0.05%。化纤纸 2 的吸湿率最小，其次是化纤纸 1、桑皮纸。绘图纸的吸湿率最高，可能与其半纤维素含量高，以及材料是由大量木材纤维组成有关。

图 2-1-48 为样品在潮湿环境下的形稳性情况，由图可知，伸缩率变化普遍较小，均不超过 0.1%。其中雁皮纸和电力纺 1 的伸缩率最大，均为 0.07%。其次是桑皮纸和化纤纸 2，分别为 0.06%、0.05%。电力纺 2、化纤纸 1、绘图纸、棉布几乎没有变化。

8.2.4 拉伸强度比较

图 2-1-49 为 8 种样品不同状态下最大拉伸断裂力。对比可知，材料吸湿后不仅质量发生变化，力学性能也会受到影响。该次试验中，吸湿使拉伸强度降低的效果并不明显，仅化纤纸 1、雁皮纸、绘图纸、棉布的最大拉伸断裂力稍微降低。

对比室内温湿度环境下涂刷骨胶溶液前

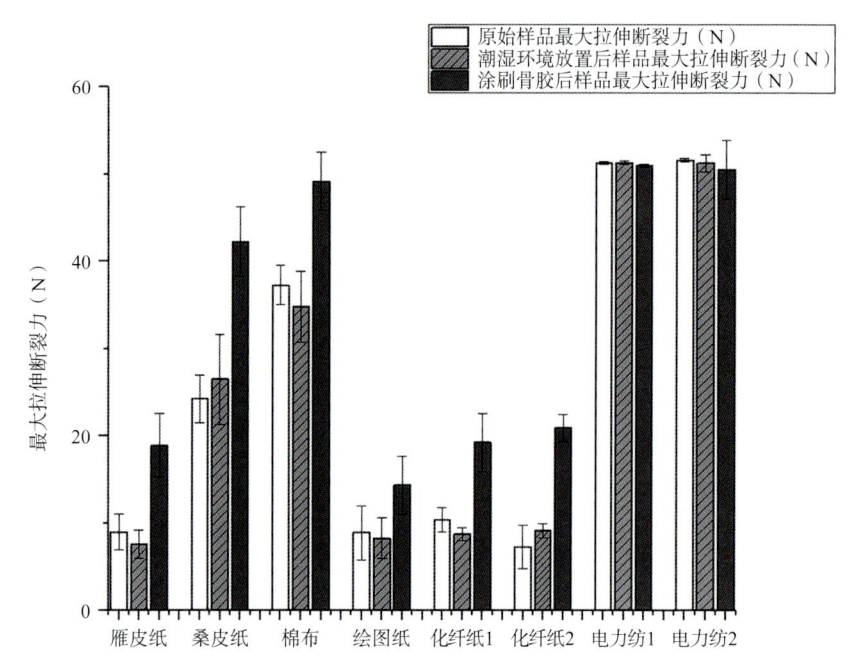

图 2-1-49 8 种样品不同状态下最大拉伸断裂力

后 8 种样品的拉伸强度变化可知，涂刷骨胶溶液后，样品的拉伸断裂力均显著提高，尤其是桑皮与原始样品的最大拉伸断裂力相比增加了 16N。需要注意的是电力纺 1、2 的样品三种状态下拉伸强度几乎不变，在拉力检测仪使用过程中，电力纺的所有样品均未断裂，说明样品本身的最大拉伸断裂力已经超过该仪器所能检出的数值。但需要注意的是使用骨胶涂刷样品后，绘图纸与雁皮纸样品发生断裂，阴干后揭取时有撕破现象，此外除化纤纸样品外，大多骨胶样品干燥后有收缩变形情况。

对比三组数据。综合来说，拉伸断裂力较大的分别是电力纺、棉布和桑皮纸，化纤纸 1 和雁皮纸拉伸强度接近。因电力纺、棉布和桑皮纸三种纤维均较厚，雁皮纸受潮后变形大，化纤纸 1 的各种性能均较理想，可作为背衬材料。

8.3 结论

通过对比 8 种背衬材料的厚度，在潮湿环境下的吸湿、变形情况及拉伸强度，得出以下主要结论。

第一，化纤纸 1、雁皮、绘图纸三种样品是所有样品中厚度较小的。从吸湿性和形稳率来看，化纤纸 2 的吸湿率最小，其次是化纤纸 1 和桑皮。电力纺 2、化纤纸 1、绘图纸、棉布的伸缩率几乎没有变化。

第二，涂刷骨胶样品时，绘图纸与雁皮纸样品发生断裂，阴干后揭取时有撕破现象，此外除化纤纸样品外，大多骨胶样品干燥后有收缩变形情况。拉伸强度测试结果显示，对比在常温常湿（$T=25°C$，$RH=50\%$）下化纤纸 1 纤维样品的拉伸强度，在潮湿环境（$RH=70\%$）下吸湿使样品拉伸强度降低的效果并不明显。

第三，综合样品厚度、变形情况及拉伸强度结果，化纤纸 1 是最为适合的背衬材料。

第九节

几种考古出土漆木器用防霉剂的筛选与评估

漆木器埋藏的土壤及地下水因为污染携带有霉菌等微生物，但在墓葬密封空间内，低氧低温环境下，霉菌繁衍速度慢。一旦出土后，环境温湿度骤变、含氧量突增、光照增强、有害生物增多。其中，湿度的变化对漆木器的稳定性存在重要的影响，为了尽量维持储存环境体系的平衡，北方地区出土非饱水漆木器常采用喷涂保湿剂、保湿材料包裹及高湿环境存放等协同保湿处理方法。外界环境空气或尘埃中飘浮着大量的霉菌孢子，降落附着于漆木器表面，便会在潮湿富氧的储存环境中迅速繁殖，霉菌繁殖的过程也是器物被分解破坏的过程，最终会导致木胎的完全腐烂[1]。防霉处理是考古出土漆木器保湿处理后需要考虑的另一项重要工作，而关于防霉剂的选用更是防霉保护的关键问题。

防霉剂可分为无机防霉剂和有机防霉剂两大类。无机防霉剂是借助银、铜、锌等金属离子的抑菌作用，主要包括金属离子型抗菌剂、光催化氧化型抗菌剂、金属离子/光催化氧化物型复合纳米抗菌剂、有机无机复合抗菌剂等几类，其中银系抗菌剂占据主导地位。有机抗菌剂根据化学结构可分为酮类、有机锡类、氯化酚类、季铵盐噻唑及异苯噻唑类、有机溴类等[2]。关于出土漆木器防霉剂的筛选，王亚丽[3]采用实验室抑菌模拟试验结合室外现场试验的方法，对比了硼酸硼砂、霉敌、异噻唑啉酮等6种防霉剂的防霉效果。结果表明，0.05%异噻唑啉酮的抑菌效果较好，50mg/L二癸基二甲基氯化铵抑菌效果次之。在长沙走马楼出土饱水竹简的防霉研究中，胡东波等[4]对比了菌毒清、霉敌（1,2-苯并异噻唑啉酮）、新洁尔灭和异噻唑啉酮4种防霉灭菌剂在不同培养基上的抑菌效果。结果表明，它们对水中的霉菌和细菌有很好的抑制和杀灭作用，均可作为饱水竹简和漆木器的防霉杀菌剂。张金萍和周健林[5]

---

[1] 申艾君、王明道、刘康，等：《馆藏竹木漆器类文物污染霉菌类群的鉴定与分析》，《河南科学》2011年第8期，第923~926页。

[2] 郑琳、姚兴东：《有机质文物保护中的防霉抗菌技术与应用》，《广西民族大学学报》（自然科学版）2014年第3期，第94~97、113页。

[3] 王亚丽：《饱水古木材的防霉剂筛选研究》，《客家文博》2017年第4期，第26~33页。

[4] 胡东波、宋少华、肖静华：《长沙走马楼出土饱水竹简的防腐保存》，《文物保护与考古科学》2003年第2期，第14~19页。

[5] 张金萍、周健林：《饱水木质文物的蔗糖保护法》，《中原文物》2000年第3期，第57~60页。

用蔗糖对饱水木材脱水时添加了 AAC-1 型烷基胺化合物作为防霉剂，效果良好。李国清[1]以丙二醇（PG）处理现场发掘的竹木器文物，认为 PG 可起到器物定形、提高机械强度、防干裂变形以及防霉抗菌作用。

在漆木器文物保护工作中，选用防霉剂及其溶剂，首先要考虑对文物的安全性，不影响文物外观、材质；其次要长效、低毒，不污染环境。虽然在漆木器保护中已经使用了一些较有效的防霉剂。但由于文物种类及所处环境的不同，感染的微生物菌群种类存在差异。因此，需要针对文物、环境及感染霉菌的特点，对防霉剂进行筛选评估，选择出最佳的防霉剂种类和浓度。

本研究通过形态学观察及真菌 ITS rDNA 基因序列比对分析鉴定了高湿环境下保存的北京净德寺遗址出土赵谅墓漆棺的霉菌种属，通过出土木材样块、模拟漆糊以及 PDA 培养基上的防霉试验对比了 Rocima342（二氯辛基异噻唑啉酮）、纳米银离子、新洁尔灭和达克宁 4 种防霉剂的抑菌效果，筛选出了防霉效果显著、抗流失性好的防霉剂。该研究对于类似环境下的考古出土漆木器霉菌防治和安全保存具有重要参考意义。

9.1 试验部分

9.1.1 试验仪器及材料

试验仪器包括：DM500 生物光学显微镜（德国 Leica）；9700 型 PCR 仪（美国 ABI）；Gel Doc2000 型凝胶成像系统（美国 Bio-Rad）；3730XL 全自动 DNA 测序仪（美国 ABI）；Climacell 222L 型恒温恒湿培养箱（德国 MMM）；SP64 分光测色仪（美国 X-rite）。

出土木材，取自考古出土漆棺糟朽榫板脱落部分；生漆购于中华全国供销合作总社西安生漆涂料研究所；粳米粉购于宁波市江北五桥粮油有限责任公司；二氯辛基异噻唑啉酮购于罗门哈斯国际贸易（上海）有限公司；纳米银离子为科研机构提供；新洁尔灭购于山东利尔康医疗科技股份有限公司；达克宁喷雾购于山东京卫制药有限公司；红色推光漆购于绵阳市小李土漆文化有限公司；马铃薯葡萄糖琼脂培养基（PDA）购于北京奥博星生物技术有限责任公司；Omega 真菌 DNA 提取试剂盒（50T）购于北京华诚兴达科技有限公司；Taq DNA 聚合酶、缓冲液体系、引物定制均由 Invitrogen 公司提供。

9.1.2 试验方法

（1）霉菌样品采集

采用灭菌后的脱脂棉签轻轻擦拭、蘸取出土漆棺表面不同颜色的霉菌样品，放入灭菌离心管中，将盖子密封后标明采样编号、位置，带回实验室供霉菌培养及鉴定用。

（2）霉菌分离、鉴定

将采集的霉菌样品接种到无菌 PDA 培养基上，每皿接种 3 点，倒置于温度 28℃、湿度 70% 的恒温恒湿培养箱中培养 3～5 天，经多次转接纯化得到单一的菌落，观察其菌落形态并拍照记录；之后挑取少量菌落至载玻片上，使用光学显微镜（400 倍镜）镜检并拍照，结合菌丝形态、产孢结构、孢子梗、孢子形态等特征对该菌做初步判断。挑取一定量

---

[1] 李国清：《考古发掘现场的竹木器文物的 PG 法保护处理》，《中国文物保护技术协会第二届学术年会论文集》，西安，2002 年，第 319～324 页。

表2-1-14　防霉剂理化性质与试验浓度

名称	主要成分	浓度/wt%	理化性质
Rocima342	二氯辛基异噻唑啉酮	0.5，1，2	无色液体，难溶于水，低毒
纳米银离子	1~100nm银离子	1.5	黄色透明悬浊液，可与水混溶
新洁尔灭	十二烷基二甲基苄基溴化铵	3	季铵盐阳离子表面活性杀菌剂，无色液体，可与水混溶，易产生泡沫
达克宁	盐酸特比萘芬	1	无色透明液体，可与水混溶

的纯菌落至PDA培养基扩大培养5~7天，收集菌体组织，按照真菌DNA提取试剂盒的操作说明，提取其全基因组DNA。使用真菌ITS1（5'-TCCGTAGGTGAACCTGCGG-3'）/ITS4（5'-TCCTCCGCTTATTGATATGC-3'）作为引物进行聚合酶链式反应（PCR）扩增后，将ITS rDNA扩增产物送去生物公司（北京睿博兴科生物技术有限公司）测序，得到该菌的ITS基因序列后，在美国国家生物技术信息中心（National Center for Biotechnology Information，NCBI）的GenBank数据库进行序列同源比对分析。综合形态学观察和分子测序结果，以确定该样品的霉菌种属。

（3）防霉剂配制

根据4种防霉剂的性质，将其分别用酒精或水配成所需浓度的溶液。其中，二氯辛基异噻唑啉酮配制乙醇溶液，纳米银离子、新洁尔灭和达克宁为水溶液。各防霉剂理化性质与试验浓度见表2-1-14。

（4）防霉剂筛选模拟试验

①木块及面糊样品制备。

从现场选取脱落的长霉木块，无水乙醇清理菌丝、喷淋各防霉剂，等量的无菌水喷淋为对照，放置于温度25℃、相对湿度为85%的KCl饱和盐水体系控湿的干燥器中，观察对比霉菌生长情况。大漆淀粉糊为漆器修复中常用的一种粘接材料，用来考察防霉剂添加到淀粉糊中的防霉效果。在培养皿中的淀粉糊接种从漆木器现场获得的菌株。将培养皿放置于25℃、85%湿度条件下，观察添加不同种类防霉剂的淀粉糊表面有无菌落产生以及菌落产生的时间长短来确定防霉剂的抑菌效果。

②抑菌圈法筛选防霉剂。

采用抑菌圈法[1]进一步筛选防霉剂种类和浓度。以漆木器所取霉菌稀释1000倍，取5mL滴加于PDA培养基表面，并迅速晃动均匀。用镊子夹取一无菌滤纸圆片（直径为2cm）蘸取一定浓度的各防霉剂溶液，贴在上述盛放PDA培养基的培养皿表面中央，将培养皿倒置移入恒温恒湿培养箱中28℃培养3~7天。每种防霉剂3个滤纸片进行平行对照试验。抑菌圈为3个沾有防霉剂的滤纸片边缘到距其最近生长的霉菌距离的平均值（单位mm），用游标卡尺十字交叉测量出抑菌圈的直径。定期观察测量滤纸周围空白抑菌圈的大小，抑菌圈越大表示防霉剂抑菌效果越好。

③模拟漆膜样品制备。

在通风橱中将红色推光漆液倾倒适量至干净的聚四氟乙烯薄膜上，用刮漆板反复刮平，

---

[1] 中华人民共和国卫生部药典委员会：《抗生素微生物生物检定法.中华人民共和国药典（二部附录113）》，人民卫生出版社，1990年。

直至目测表面完全平整没有明显缺陷或局部不均匀状态；将涂好的漆片放入饱和盐水湿度发生器（装有氯化钾饱和盐水的干燥器，$T=25℃$，$RH=85\%$）中干燥一周后取出、剥离，获得完整的漆膜样品，厚度为 100～200μm。

④ Rocima342 对漆膜颜色影响。

采用小喷壶将无菌水，0.5%、1%、2% 的 Rocima342 乙醇水溶液均匀喷于模拟漆膜表面，重复操作 3 次，以未喷淋漆膜作为对比样。采用分光测色仪考察 Rocima342 喷淋模拟漆膜的颜色变化。光源选用脉冲钨丝灯，含光方式采用不包含镜面反射（SPEX），标准光源采用的色温为 6504K 的正常日光（D65），观察角为 10°；最小测量面积：MAV（直径 φ4mm）；反射分辨率：0.001%；测量光谱范围：400～740nm，每隔 10nm 取一个值。采用 $\Delta E=[(\Delta L^*)^2+(\Delta a^*)^2+(\Delta b^*)^2]^{1/2}$ 表征防霉剂对漆膜颜色带来的影响。采用红绿对比度变化 Δa^* 表征对红色色度的影响。

9.2 试验结果与讨论

9.2.1 霉菌分析鉴定

霉菌鉴定结果见上篇第三章第三节霉菌虫害部分，经过显微形态学观察及真菌 ITS rDNA 基因序列比对可知，分离鉴定出的霉菌中木霉为主要菌群，还有少量青霉、弯孢霉、白腐菌。木霉通常能够产生高活性的纤维素酶，对木材纤维素的分解能力很强。青霉是可产生黑色素的真菌。白腐菌可使木材发生白腐，主要分解木材中的木质素，少量分解纤维素和聚戊糖，促使木质腐烂成为淡色的海绵状团块。可见，以上几种霉菌均对漆木器有严重的威胁。

9.2.2 防霉剂抑菌效果

表 2-1-15 为不同防霉剂在木块及面糊表面的霉菌抑制效果比较。由表可知，0.5% Rocima342 处理木块及面糊在高湿环境放置过程中未发现霉菌。纳米银离子处理的木块及面糊放置 1 天后便出现灰白色及灰绿色霉菌，后经显微形态鉴定为青霉及链格孢，说明纳米银不能抑制这两种霉菌。新洁尔灭处理木块 7 天后出现霉斑，面糊 2 天后出现墨绿色及灰绿色霉菌，经鉴定为黄曲霉及青霉，说明新洁尔灭对这两种霉菌的抑制效果较差。达克宁处理木块 21 天后出现少许霉菌，面糊未发现霉变。无菌水处理的木块及面糊放置 1 天后便出现灰绿色的青霉。可见，Rocima342 对该高湿环境下霉菌的抑制效果最好，放置 30 天后依然具有很好的抑菌效果。

表2-1-15　不同防霉剂试验效果比较

防霉剂	木块霉变时间/天	面糊霉变时间/天	防霉效果
0.5% Rocima342	无霉变	无霉变	★★★★★
纳米银离子	1	1	★
新洁尔灭	7	2	★★
达克宁	21	无霉变	★★★★
无菌水	1	1	★

注：★的多少代表防霉效果的好坏；★越多，说明防霉效果越好。

表2-1-16 不同防霉剂在PDA培养基上的防霉效果比较

防霉剂	浓度/wt%	抑菌环/mm			
		24h	48h	120h	168h
Rocima342	0.5	14	12	10	6
	1	16	14	10	6
	2	18	17	12	9
纳米银离子	1.5	0	+	+	+
新洁尔灭	2	5	+	+	+
达克宁	1.35	13	6	2	+

注：+表示培养基表面出现菌落。

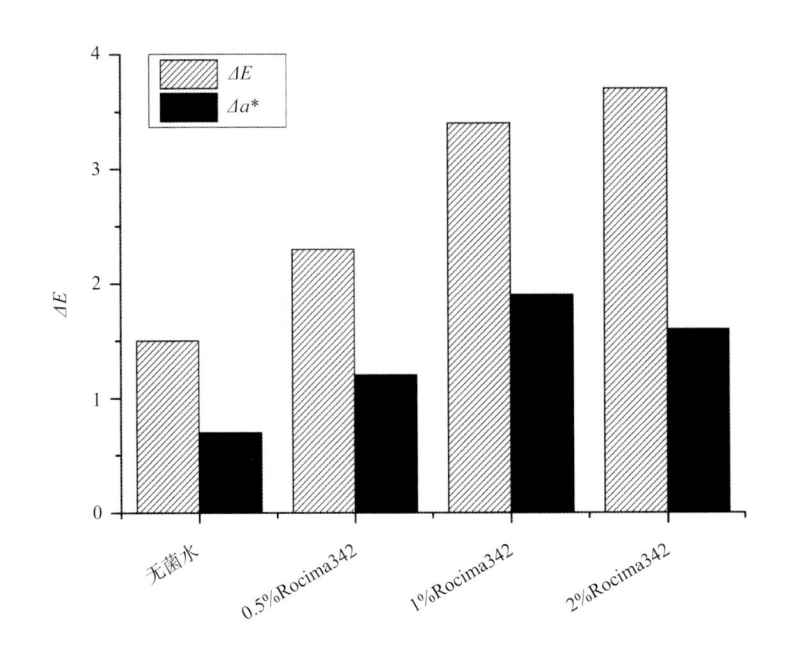

图2-1-50 防霉剂Rocima342对漆膜颜色的影响

表2-1-16为不同防霉剂在PDA培养基上的防霉效果比较。由表可见，各浓度的Rocima342（二氯辛基异噻唑啉酮）均表现出较好的防霉效果，在24小时内便产生了明显的抑菌圈，防霉剂浓度越大，抑菌圈越大，防霉效果越好。3种浓度的Rocima342在168小时后仍然具有明显的抑菌圈。纳米银离子无抑菌环产生，可见对霉菌的抑制效果较差。新洁尔灭在24小时中有较明显的抑菌环产生，表现出较好的防霉效果，48小时后出现菌落。达克宁在24小时中有明显的抑菌圈，48小时后培养基上的滤纸块还保持着抑菌环，168小时后滤纸片上出现菌落。

综合木块及面糊样品的防霉试验可知，二氯辛基异噻唑啉酮的防霉、抑菌效果最好，达克宁次之，新洁尔灭和纳米银离子防霉效果较差。

9.2.3 防霉剂对漆膜颜色的影响

理想的漆木器防霉剂不只具有广谱、高效、有效期长的特点，还不应改变器物的外观和力学特性。由于漆膜脆弱易断，难以进行拉伸强度等力学性能测试。本文采用分光测色仪准确定量考察不同浓度Rocima342（二氯辛基异噻唑啉酮）对漆膜颜色的影响（见图2-1-50）。由图可见，采用无菌水喷淋漆膜色差ΔE变化小于2，0.5% Rocima342乙醇水溶液喷淋漆膜后色差小于2.5，观察可见漆膜亮度及红绿对比度稍有增加。浓度为1%和2%的Rocima342乙醇水溶液喷淋漆膜后色差大于0.5，但依然小于4，对漆膜的颜色影响较小。从防霉剂抑菌效果及色差分析结果可知，0.5%Rocima342乙醇水溶液的杀灭、抑制霉菌繁殖效果显著，对漆膜的颜色影响也非常小。

9.2.4 关于霉菌防治的讨论及建议

刚出土漆器往往放置于湿度为85%～95%的高湿环境下，高湿可能会减弱防霉剂的效果，因此需要筛选出适合于高湿环境下抑菌效果好、抗流失性好的防霉剂。根据以上研究可知，Rocima342（二氯辛基异噻唑啉酮）的杀灭、抑制霉菌繁殖效果显著，在潮湿环境下不易流失，具有很好的应用前景。以下分别对各防霉剂的特性及防霉剂的应用方法进行讨论。

异噻唑啉酮为非氧化性杀菌剂，可透过细胞膜和细胞壁进入菌体分子中。科研工作者认为，其杀菌机理为杂环上的S—N键活性部位与菌体蛋白质的半胱氨酸上的巯基发生反应使蛋白质失活而达到杀菌的目的，对多种真菌和细菌都具有很强的抗菌作用[1]。异噻唑啉酮及其衍生物在实际应用中应用剂量小，且能够在环境中快速自然降解成低毒或无毒物，不污染环境，在涂料、医药等各个领域得到了较广泛的应用。王丽琴等[2]曾报道了BIT（1，2-苯并二氯辛基异噻唑啉酮）在纺织品文物的防霉中的应用效果，经过2年的老化试验，表明其具有良好的防霉能力，且对有机质文物材料的质地，颜色及强度均无明显影响。异噻唑啉酮在文物保护方面，不但能显现极佳的防霉效果，而且由于它不溶于水的特征，能够克服因环境潮湿而被水溶解所导致的使用效果降低以及在环境中富集而产生的不良影响，抗流失性较好。

新洁尔灭为季铵盐阳离子表面活性杀菌剂，可增强药剂的渗透性，使药剂充分进入真菌生物膜，但其可能成为微生物的碳源和氮源，而促使微生物的萌发[3]。此外，季铵盐含有水溶性基团，在潮湿环境下易流失失效，一般起泡多，常常要与消泡剂一起使用，很不方便。

纳米银是通过纳米技术对银单质或银离子进行加工，制备得到的粒径在1～100nm的纳米颗粒。带正电的银离子可进入菌体细胞内干扰核酸的合成，与微生物的DNA结合，使得DNA失去复制能力，加速细胞衰老或死亡，达到抗菌效果[4]。根据研究报道[5]，纳米银对细菌有很好的抑制效果。但纳米银对霉菌的抑制效果较差，浸泡过纳米银的文物会有氧化变色的可能，且随着浓度的提升，变色更为显著。

---

[1] 付忠叶、王庆、贾兰妮，等：《异噻唑啉酮衍生物近10年的制备和应用研究进展》，《材料导报》2012年第S1期，第291～296页。

[2] 王丽琴、王蕙贞、宋迪生：《新型防腐防霉剂在纺织品防腐中的应用（Ⅱ）》，《文物保护与考古科学》2001年第2期，第26～29页。

[3] 雒晓芳、董开忠、王冬梅，等：《新洁尔灭对三种细菌的抑菌效果研究》，《西北民族大学学报》（自然科学版）2009年第1期，第64～66页。

[4] 蔡珊：《将纳米银材料应用于绘画类文物保存的探讨》，《文物鉴定与鉴赏》2019年第12期，第72～73页。

[5] 赵欣、朱健健、李梦，等：《我国抗菌剂的应用与发展现状》，《材料导报》2016年第4期，第68～73页。

达克宁喷雾剂主要成分是特比萘芬，为三唑类抗真菌药物，具有广谱、高效、低毒的特点。能高度选择性地抑制真菌角鲨烯环氧化酶，阻断真菌细胞膜形成过程中的麦鲨烯氧化反应从而干扰真菌固醇的早期生物合成，进而发挥抑制和杀灭真菌的作用。但因其易溶于水，在高湿环境下抗流失性也较差。

此外，防霉剂的使用方式也会影响最终的效果，实验室有两种处理方式：①仅表面擦涂去除可见霉菌菌丝；②采用喷淋等方式使防霉剂与霉菌菌体充分接触、混合，也相当于提高了防霉剂的浓度，相对的防霉抑菌效果好。因此，建议采用喷淋的方式进行防霉处理。在实际的喷淋试验中，喷淋量多的区域霉菌出现得相对比较少，因此在实际应用中，防霉剂的使用应当全面渗透到木材内部。需要指出的是长期采用单一的防霉剂可能会导致某种具有抗体的霉菌产生，建议在使用中可将Rocima342（二氯辛基异噻唑啉酮）与达克宁或其他异噻唑啉酮衍生物类杀菌剂交替使用以解决或缓解霉菌的耐药性问题。同时，使用防霉剂并不能创造无菌环境，而只是清除抑制可见的霉菌繁衍，恢复小环境中生态体系的菌落平衡，不能彻底地消除环境失衡情况下霉菌再次滋生的可能性。因此，漆木器保存环境的治理显得尤为重要，即需要进一步采取措施减少外来污染源（动植物或人类自身携带的霉菌）。

9.3 结论

本研究通过对4种防霉剂在高湿环境下的评估试验得出以下结论。

（1）通过形态学观察及真菌ITS rDNA基因序列比对分析，得到的出土漆木器污染霉菌种类主要为木霉，还有少量青霉、弯孢霉、白腐菌，均对漆木器有严重的威胁。

（2）通过出土木材样块、模拟漆糊以及PDA培养基上的防霉试验对比，0.5%二氯辛基异噻唑啉酮的杀灭、抑制霉菌繁殖效果显著，在潮湿环境下不易流失，对漆膜颜色影响小，有效期可达30天以上。达克宁防霉效果次之，但达克宁抗流失效果较差。

（3）建议采用喷淋的方式进行防霉处理，使防霉剂与菌液充分接触、混合。同时，采取进一步措施减少外来污染源引入的霉菌污染。

第十节

高湿环境下的漆膜彩绘加固材料筛选

古代漆膜是一种由漆酚、漆酶、植物胶质、水等组成的复杂的混合物，添加矿物颜料以及干性油后，经历氧化聚合反应，固化形成的一种高交联度玻璃态与橡胶态的天然复合材料。在北京、陕西、甘肃等北方地区出土的漆器深埋于地下时，由于地下水中酸碱盐及生物因素等的影响，原木质中的纤维素、半纤维素和木质素等化学成分发生了显著的变化，部分纤维组织结构断裂，木材发生糟朽，漆膜与胎体间的胶结物质老化流失，漆膜降解产生裂缝，器物已经丧失了原有的机械强度。因此降解劣化的漆膜一旦失水之后就会粉化、脱落，严重破坏漆器文物的美观和完整性，也对后续脱水修复工作带来极大困难。

尽管保护工作者已经对漆器保护修复进行了多种尝试，开发出一些成熟的修复技术，但现有的保护技术多适用于南方饱水漆木器保护，对于北方糟朽的非饱水漆木器保护研究还非常有限。卢燕玲等[1]对甘肃地区出土的三件糟朽漆器进行修复时，选用PEG乙醇溶液与Paraloid B72丙酮溶液为渗透加固剂对脆弱漆膜进行渗透填充加固，取得很好的效果。一些北方地区出土的漆木器内部原本的木胎在埋藏时期已经被土体替代填充，表面起翘的漆膜一触即碎。李存信等[2]对北方出土漆膜进行保护处理时，表面的漆膜首先用稀释的乙醇软化，之后滴加醋酸乙烯酯乳液或BA-154乳液进行加固保护，然后再进行回贴、整平，效果较好。王雪娇[3]采用喷涂PEG200和PrimalAC-33对汉阳陵陪葬墓出土的漆器漆膜彩绘进行加固保护，漆膜与土体的黏结性较好。漆木器出土后，直接面临的是温度的大幅度升高和湿度的降低。以北京为例，北京为典型的暖温带半湿润半干旱季风气候，突出特点是夏季高温多雨，冬季寒冷干燥，年平均气温11～12℃，夏季温度往往高于30℃，极端最高气温可达35～40℃，极端最低气温–14～–20℃（北京市气象局气候资料室，

---

[1] 卢燕玲、韩鉴卿、张岚，等：《中国北方干燥地区出土糟朽漆器加固材料及修复方法》，《文物保护与考古科学》2003年第3期，第31～34页。

[2] 李存信、张红燕：《半干旱环境糟朽漆木器的检测分析与处理保护》，《中国文物科学研究》2010年第4期，第1～8页。

[3] 王雪娇：《汉阳陵陪葬墓园外藏坑出土漆器的实验室考古与保护》，西北大学硕士学位论文，2018年，第53～54页。

1987年），日温度波动较大，在冬天平均湿度为30%左右，夏天平均相对湿度50%左右，空气干燥。为了防止出土漆木器水分过快蒸发，我们采用含水生宣纸、海绵、湿布、聚乙烯保鲜膜等包装材料进行包裹覆盖并喷雾保湿等临时性过渡方法以避免湿度的大幅度波动，然后将出土漆木器移入类似地下埋藏环境的低温高湿玻璃房环境。在低温高湿环境下，一些高分子材料可能存在不固化、固化后泛白等问题，漆膜加固材料的适用性和应用效果面临着严峻的考验。

本研究针对北京出土的明代中晚期赵谅墓出土漆棺的保护需求，开展低温高湿环境下漆膜加固材料的筛选研究。通过超景深显微观察、扫描电镜（SEM）、红外光谱（FTIR）对漆膜材料、工艺进行分析；采用静态热机械分析（TMA）测试漆膜力学性能，评估了漆膜的保存现状。评估了 Primal AC-33、SF-016、B-60A、MC-76、WS-24 共 5 种丙烯酸类材料的固化时间，以及光老化前后的外观、色差、硬度及力学性能，以期筛选出性能优异且适合作为考古出土漆膜加固的保护材料。

10.1 试验部分

10.1.1 试验仪器

试验仪器包括：VHX-6000 超景深三维显微镜（日本基恩士）；VEGA3 XMU 钨灯丝扫描电子显微镜（捷克 TESCAN Brno）；JSM-6480LV 冷场发射扫描电镜（日本电子）；iS™5 傅里叶红外光谱仪（美国赛默飞）；LX-2130A 紫外线耐候老化试验箱（东莞市利鑫仪器设备有限公司）；TMA7100E 静态热机械分析仪（日立高新科技株式会社）；LX-A 型橡胶数显硬度计（广东久量光电科技有限公司）；CM-26D 分光测色仪（日本柯尼卡美能达）。

10.1.2 试验方法

（一）漆膜的分析方法

（1）形貌分析（30× ～ 500×）

使用超景深三维显微镜对漆膜表面缺陷以及病害进行观察，显微镜镜头为 ZS200，照明模式为落射与环形混合光照明。

（2）剖面观察

① 1000× ～ 5000×：使用钨灯丝扫描电子显微镜进行漆膜剖面观察分析，电镜分辨率：6nm，加速电压：30kV，工作电压：20kV，工作距离：15mm，低压模式，镜头：LVSTD。漆膜样品未喷导电介质，直接放在载玻片上，用导电胶固定后放入样品仓。

② 500× ～ 10000×：使用冷场发射扫描电子显微镜对加固后漆膜的剖面进行观察；扫描电镜的二次电子像的分辨率：3nm（30kV），4nm（LV）；放大倍数：10 ～ 300000 倍，加速电压：20kV，工作距离 12 ～ 13mm；漆膜样品试验前进行喷金处理，并将漆膜的横截面朝上，使用导电胶进行固定。

（3）化学成分分析

漆膜的化学成分使用傅里叶变换红外光谱仪（FTIR）进行分析。试验扫描次数：16，分辨率：4cm^{-1}，扫描范围：500 ～ 4000cm^{-1}；将样品用玛瑙研钵研磨成粉末后，使用溴化钾压片法制样，每个样品测试 3 次。

（4）力学性能分析

古代漆膜力学强度极低，普通的万能材料测试机难以满足测试需求，本研究首次利用 TMA 极灵敏的尺寸和载荷测试技术对考古出土漆膜的力学强度进行测试,具有较大创新性。TMA 可以测量材料的高精度尺寸变化量（0.01μm）与低载荷 F（9.8μN）之间的关系。使用拉伸测试与弯曲测试两种测试模式分别对现代漆膜、考古出土漆棺漆膜以及处理后的漆膜（图 2-1-51）进行测试。弯曲模式主要测试漆膜的抗弯曲性能,拉伸模式主要测试弹性模量、抗拉强度、断裂伸长率等力学性能参数。

考古出土漆棺漆膜和现代新鲜漆膜在湿润状态下,在坐标纸上切割为标准试样大小（拉伸：5mm×10mm,弯曲：2～3mm×8mm）,在光学显微镜下测量试样的横截面积 S。将样品放入专用 TMA 测量对应的夹具内,上升炉体以保持温度,执行标准测量程序,测量完成后使用 TMA 自带的分析软件对数据进行分析。TMA 测试条件设定见表 2-1-17。

（二）样品制备

（1）加固材料样品制备

①块状样品：将样品原液滴加至 35mm 玻璃培养皿中,液体高度为 10mm,自然固化完全后制成块状样品（3 组平行样品）。

②薄膜样品：将透明胶带平整地粘于玻璃培养皿（直径 35mm）中,滴加适量样品溶液（20%）,高度约为 5mm,待固化后薄膜厚度约为 1mm；用手术刀将固化后的薄膜与透明胶带分离,获得直径为 35mm 的圆片形薄膜,将薄膜用美工刀裁剪成 2～3mm 宽、10mm 长的条形样品备用。

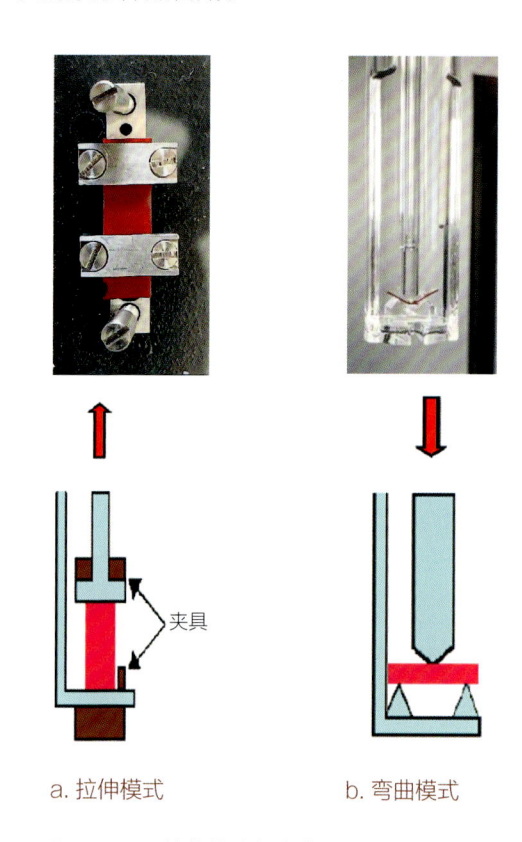

图 2-1-51 拉伸模式与弯曲模式

表 2-1-17 力学性能测试条件

测试方法	使用附件	加载模式	加载速度	加载时间/min	编号
弯曲测试	石英弯曲附件	F 组合	2mN/min	15	F_1
			20mN/min	15	F_2
拉伸测试	金属拉伸附件	L 组合	2μm/min	120	L_1
			20μm/min	60	L_2
			200μm/min	25	L_3

（2）漆膜的加固

选择大小相近的古代漆膜样品（漆棺漆膜）作为试验对象，配制 10wt% 的加固剂溶液（AC-33、SF-016、B-60A、MC-76）；使用移液枪滴加 150μL 至漆膜表面，用脱脂棉棒轻轻点按表面，使得加固剂渗入漆膜；置于通风橱内直至加固材料完全固化。对加固后的漆膜进行测试。

（三）加固材料性能评价方法

（1）固化时间

称量 3g 浓度为 10wt% 的加固剂溶液于玻璃培养皿中，放置于出土漆木器保存现场环境中，温度为 18℃，湿度为 85%，每隔一定的时间进行称重，直至样品质量连续称量 3 次达到恒重，同时进行 3 组平行样光老化测试。

（2）光老化方法

本文采用的加速光老化方法为紫外光老化法。试验参考《塑料·实验室光源暴露试验方法第 3 部分：荧光紫外灯》（GB/T 16422.3—2014/ISO 4892-3：2006）进行。选择紫外耐候箱型号为 UVB-313EL，灯管功率为 40W，紫外荧光波长范围为 280～315nm，辐照为 0.99W/m^2，模拟自然暴露环境中的紫外光。将样品放入紫外老化箱，与灯管平行，距离灯管 20cm 处，连续监测样品的光泽度、色度、红外光谱的变化。

（3）色度与光泽度测试

本试验样品的色度与光泽度测试均使用分光光度仪进行测试。测量孔径：8mm，光源：D65，测量模式：SCI，色差测试方法依据《色漆和清漆 涂层老化的评级方法》（GB/T 1766—2008）。

（4）材料硬度测试

本试验硬度测试根据《硫化橡胶或热塑性橡胶压入硬度试验方法第 1 部分：邵氏硬度计法（邵尔硬度）》（GB/T 531.1—2008/ISO 7619-1：2004）进行，使用橡胶数显硬度计测试块状样品硬度变化，每个样品测 5 个点，取平均值。

（5）力学性能测试

将透明胶带平整地粘于玻璃培养皿（直径 35mm）中，滴加适量样品溶液（10%），高度约为 5mm，待固化后薄膜厚度约为 1mm；用手术刀将固化后的薄膜与透明胶带分离，获得直径为 35mm 的圆片形薄膜，将薄膜用美工刀裁剪成 2～3mm 宽、10mm 长的条形样品备用。使用 TMA 对制备的薄膜样品老化前后的机械性能进行分析，测试方法为拉伸模式，载荷加载速度为 2μm/min（L_1）、20μm/min（L_2）、200μm/min（L_3）；样品薄膜裁剪为 5mm×10mm 大小的条形试样。

（四）样品制备

（1）考古漆膜

考古出土漆棺漆膜样品收集后，用脱脂棉蘸少许去离子水轻轻擦拭漆膜表面与背面，将漆膜背部未完全脱落的漆灰轻轻用手术刀剥离；然后放入去离子水中使用超声波清洗仪清洗，振动等级调整为 50，清洗约 2min，直到漆膜表面没有明显的颗粒物附着即可；最后将漆膜封入样品袋中并喷淋少许去离子水，使之保持湿润状态。

（2）现代漆膜

现代漆膜的制作原料为市场购买的商品红色推光漆（绵阳市小李土漆文化有限公司），主要成分比例为大漆 50%、桐油 25%、红色颜料25%（wt%）。

在通风橱中将推光漆液倾倒适量至干净的聚四氟乙烯薄膜上，用刮漆板反复刮平，直至目测表面完全平整没有明显缺陷或局部不均匀状态；将涂好的漆片放入饱和盐水湿度发生器（装有氯化钾饱和盐水的干燥器，$T=25℃$，$RH=85\%$）中干燥一周后取出、剥离，获得完整的漆膜样品，厚度为100~200μm。

10.2 考古出土漆膜材料、工艺及保存状况分析

漆膜的保护需要针对具体病害来采取适当的保护措施，首先需要了解漆膜本体的制作材料、工艺及保存现状，针对现阶段存在的病害和需要达到的修复目标，筛选合适的保护材料以及施用方法，才能保证实际的保护效果。本试验中的样品收集自明赵谅墓漆棺内壁脱落的漆膜，为素面红漆。漆棺存放于低温高湿环境中阴干脱水，为了防止棺内漆膜进一步发生粉化、脱落等状况，需要使用合适的保护材料对漆膜进行加固。所用加固材料应做到以下几点要求：首先在该环境下能够较快固化，不改变漆膜自身的外观、颜色；其次能够对漆膜起到增强作用，提高力学强度，增强稳定性；最后不影响后续的保护措施的进行，具有一定的可再操作性。

10.2.1 考古出土漆棺漆膜的形貌观察

在显微镜下可以明显看到漆膜表面存在树状裂纹产生（图2-1-52a、c），裂纹中有黄色物质填充，可能是漆灰层，边缘开裂可能是由于这种树状裂缝发展而来；还有少数漆膜在显

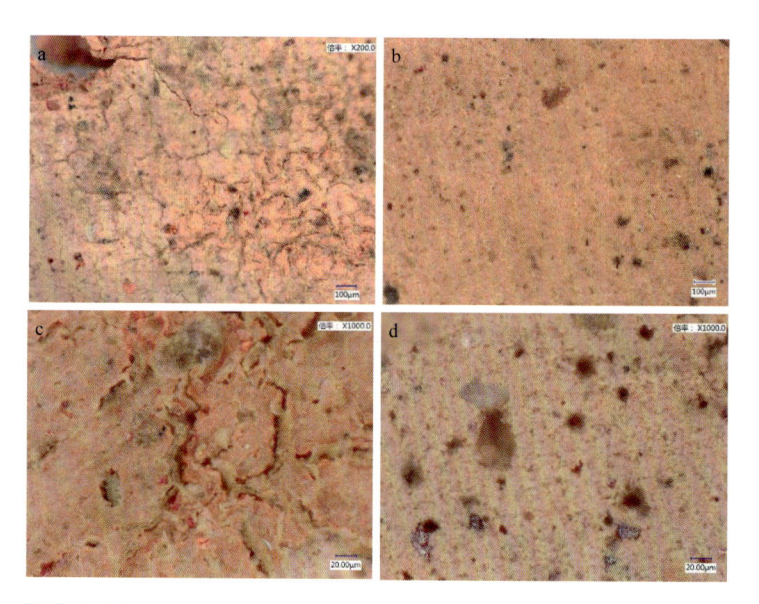

图 2-1-52
考古出土漆棺漆膜表面形貌（a、b，200X；c、d，1000X）

微观察下布满孔洞（图2-1-52b、d）。由单层漆膜剖面的SEM照片（5000×）可以清晰地观察到，漆膜内部充满小于5μm左右的孔洞，还有一些无机颗粒物存在（图2-1-53a、b）；和现代漆膜（图2-1-53c）相比，这些孔洞与裂缝，不仅降低了漆膜的强度，增加了漆膜失水皱缩的空间；使得水分能够轻易地进出漆膜的表面，进一步增大了漆膜的失水率以及干燥收缩的可能性。

通过漆膜剖面的显微照片（图2-1-54）可以看到，漆膜制作时首先在胎体表面刷一层漆灰层，然后使用类似麻质的纤维包裹胎体，之后再涂刷漆灰层，最后髹3~4层红漆，漆膜总厚度为127~141μm。

10.2.2 漆膜的化学成分

对比古代漆膜样品以及现代精制红漆样品的红外光谱（图2-1-55），可以观察到，考古样品1在3438cm^{-1}位置为漆酚中的—OH，但在考古样品2中几乎没有被检测到；古代样品

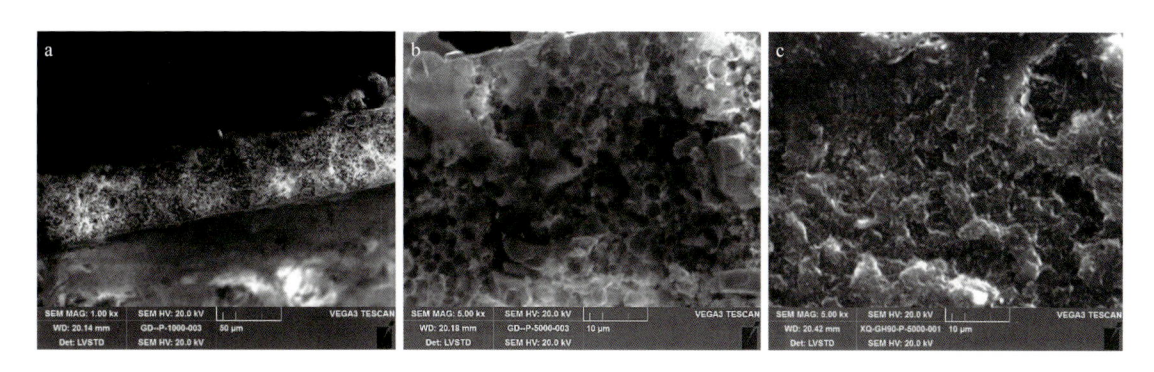

第一章　应急性保护方案的确定及预试验研究

图 2-1-53 漆膜的剖面 SEM
（a. 单层古代漆膜剖面 SEM，1000X；b. 单层古代漆膜剖面 SEM，5000X；c. 现代漆膜剖面结构，5000X）

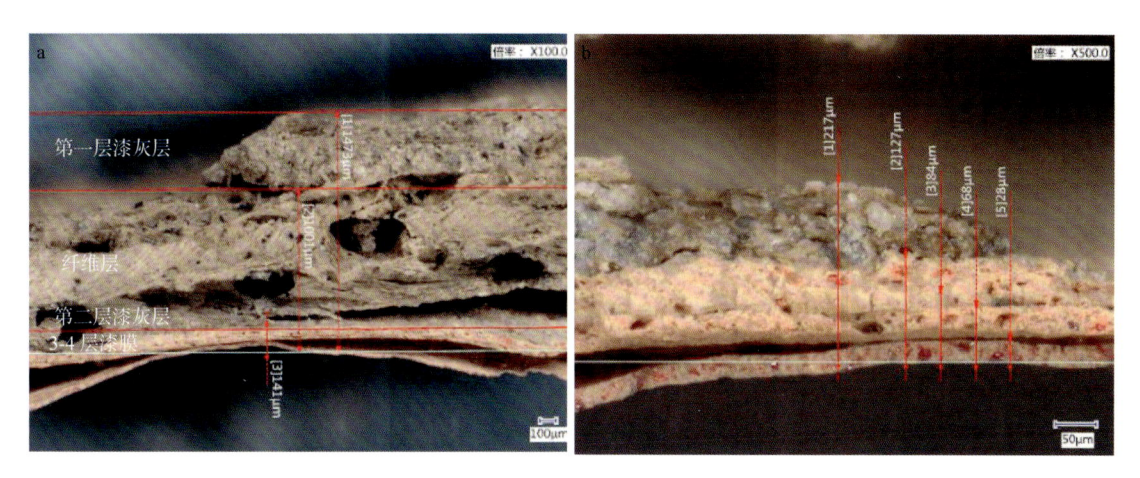

图 2-1-54 漆膜的剖面结构
（a. 古代漆膜剖面分层结构，100X；b. 古代漆膜髹漆层，500X）

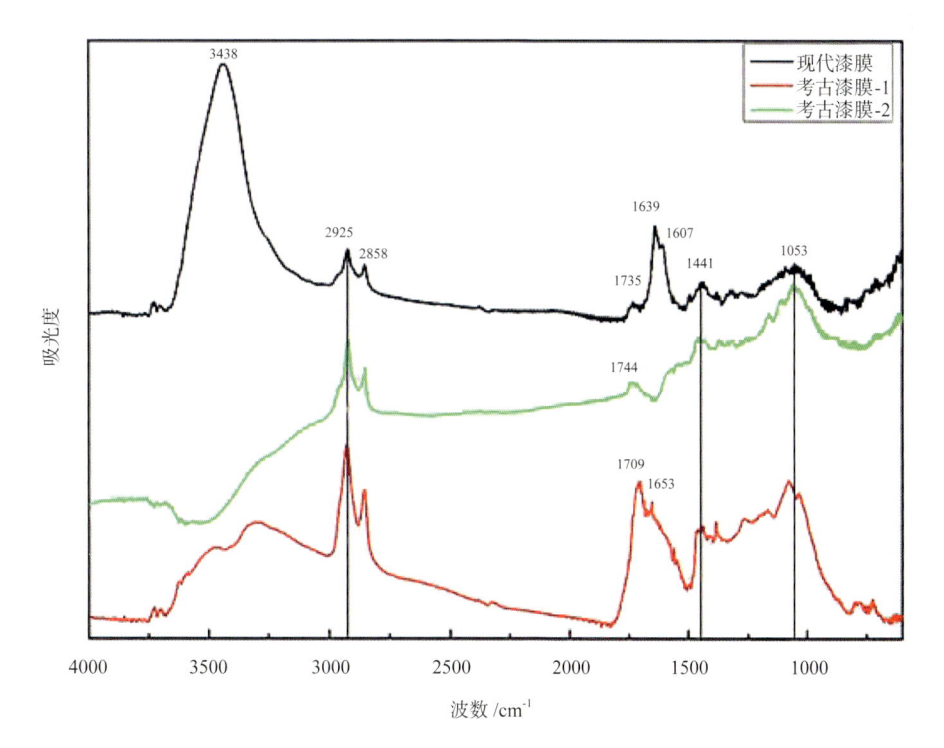

图 2-1-55 考古漆膜与现代漆膜的红外光谱对比

与现代样品中均检测到漆酚中亚甲基的红外吸收峰 2925cm^{-1}、2858cm^{-1}，现代样品中桐油的吸收峰在 1735cm^{-1}，在考古漆膜样品 1 中桐油的位置向高波数移动，出现在 1744cm^{-1}，样品 2 中 1709cm^{-1} 的峰高于 1653cm^{-1}，说明漆膜在制作时可能添加了桐油[1]；现代样品中 1639cm^{-1}、1607cm^{-1} 处为漆酚中的共轭 C＝C 的骨架振动，古代样品中没有观察到，古代样品与现代样品中 1050～1080cm^{-1} 为漆酚中芳烷基醚中的 C—O—C 的吸收峰[2]。

通过与现代漆膜的红外光谱对比可以得出，古代漆膜在漫长的地下埋藏环境中，漆酚的主要特征峰强度有所减弱，还有少量的桐油残留。但是红外光谱进行考古漆膜成分研究时有较多的局限性，还需要更精细的研究方法，来进一步确定漆膜中是否添加有桐油以及其他有机成分。

10.2.3 漆膜的力学性能

生漆是漆酚经过漆酶聚合而成的一种天然有机高分子材料。高分子材料的力学性能主要包括拉伸性能、弯曲性能、压缩性能、冲击性能等。结合文物保护的要求，我们选择拉伸性能与弯曲性能作为评估漆膜力学性能的指标，可以有效地表征漆膜在经过地下埋藏、考古发掘，以及出土后的强度、韧性等的变化。

通过样品的拉伸应力—应变曲线（图 2-1-56）可以看出，现代漆膜的弹性模量较高，当在材料的弹性区间内，斜率保持稳定，当超过弹性区间时，曲线斜率逐渐降低，呈现出了高分子材料的特点。但是古代漆膜弹性模量较低，只有现代漆膜的约 1/3，材料的刚性增加；古代材料的抗拉强度在加载速度为 2μm/min 时，

---

[1] 郑佳宝、单伟芳、张炜：《古代漆器的红外光谱》，《复旦学报》（自然科学版）1992 年第 3 期，第 345～349 页。
[2] 张飞龙、张志军、张武桥，等：《漆物质文化遗产保护技术研究》，《中国生漆》2007 年第 1 期，第 11～37 页。

图 2-1-56 漆膜拉伸应力—应变曲线
[现代漆膜-1 和古代漆膜-1：L_1（2μm/min），现代漆膜-2 和古代漆膜-2：L_2（20μm/min）]

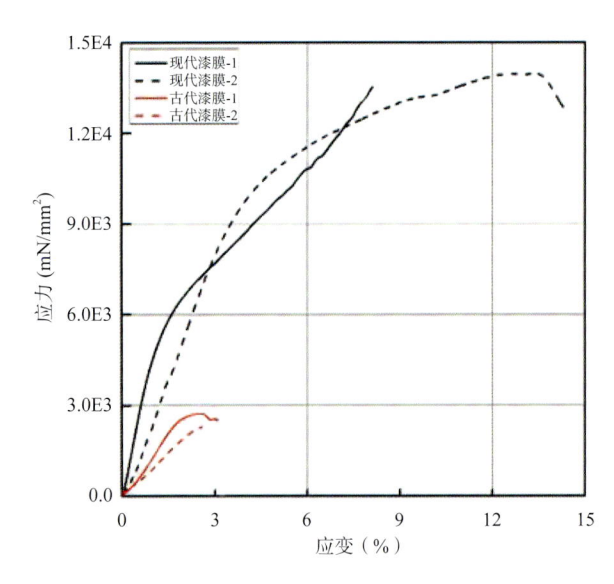

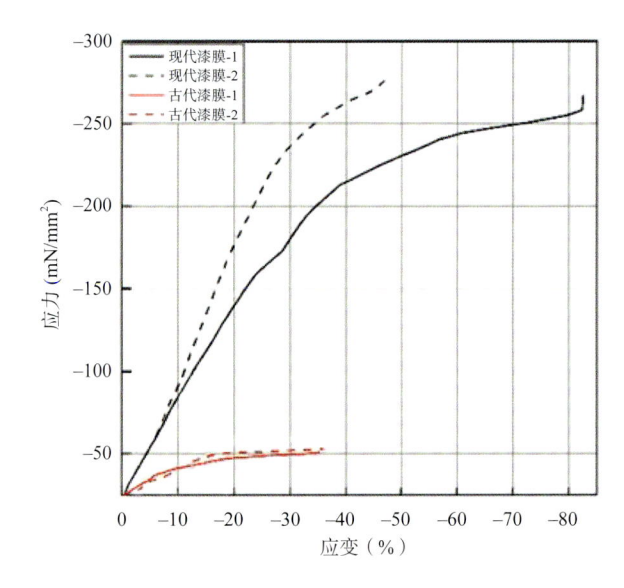

图 2-1-57 漆膜弯曲应力—应变曲线
[现代漆膜-1 和古代漆膜-1：F_1（2mN/min），现代漆膜-2 和古代漆膜-2：F_2（20mN/min）]

只有 2.73MPa，约为现代漆膜的 1/6。

由漆膜的弯曲应力—应变曲线的斜率（图 2-1-57）可以看出，考古漆膜抵抗弯曲的能力远远低于现代漆膜；加载速度为 20mN/min 时，古代漆膜的弯曲强度只有 0.052MPa，此时古代漆膜已经断裂，现代漆膜的弯曲程度最大时的应力为 0.276MPa，是考古漆膜的 5 倍。通过对比考古漆膜和现代漆膜的弯曲测试和拉伸测试结果，可以说明古代漆膜的弯曲强度和抗拉强度都大大降低，弹性模量也有所降低；漆膜由新鲜制作时的一种韧性高、强度大、耐水、耐腐蚀的优质的天然高分子材料，在经历漫长的埋藏环境以及出土后突变的环境，降解成为一种韧性低、脆性高、强度低的劣化漆膜，这种存在裂隙孔洞，亲水性增加的漆膜已经不具备现代漆膜"涂料之王"的优异性能，是一种完全不同的脆弱质材料，需要从对待全新材料的角度出发，对其进行全面的深入研究，才能做好考古漆膜的保护。

10.3 漆膜加固材料的筛选

10.3.1 固化时间

通过图 2-1-58 可以看到乳液型丙烯酸树脂的固化阶段分为三个阶段。第一阶段为 0～14h，这一阶段是水分蒸发，速度较快，几种材料的失重率大致相同；第二阶段为 14～20h，这一阶段乳液的水分蒸发进入较为缓慢的阶段；20h 后不同乳液样品的固化时间渐渐区分开来。WS-24 和 MC-76 首先进

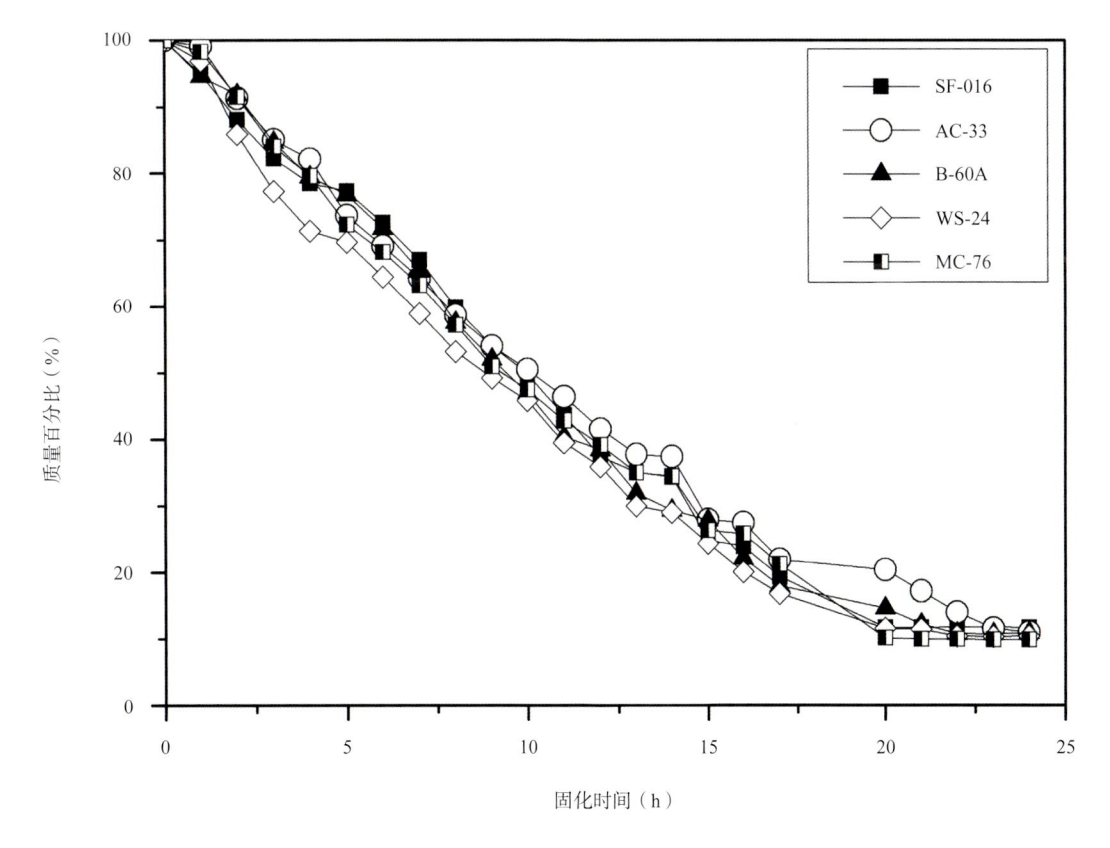

图 2-1-58 Primal 系列丙烯酸树脂固化时间

入第三阶段，涂膜在20h后基本固化；SF-016这一阶段基本也已经固化，B-60A和AC-33分别在21h、23h后完全固化。5种乳液型丙烯酸树脂材料固化成膜后均为透明的薄膜，WS-24成膜平整，孔洞较少；AC-33、B-60A、MC-76成膜有褶皱，SF-016涂膜有少量孔洞分布在膜表面，具有一定的收缩性。由于WS-24成膜后硬且脆，不适合作为漆膜加固材料使用，故在下面的试验中不考虑。

10.3.2 光老化前后性能评估

（1）形貌观察

样品经过10000h以上的光老化后（表2-1-18），样块的颜色有变化：AC-33发黄情况最严重，MC-76次之，SF-016也有轻微的发黄现象，而B-60A并没有肉眼可观察的发黄现象。

（2）色差与光泽度变化

对样品进行色度测试，并对比老化后样块的总色差（ΔE）与黄绿色差（Δb^*）（图2-1-59），其中Δb^*越大表示发黄程度越高。统计后发现AC-33老化后色差最大，与老化前相比ΔE达到8.8，老化后的发黄程度最大，Δb^*达到了4.73，与AC-33红外光谱的测试结果相符合。

B-60A色差最小，ΔE只有1.27，MC-76老化后的黄化程度也较高，SF-016与B-60A发黄程度相似，但是SF-016老化后色差却比B-60A大，可能与SF-016乳液配方中其他光敏物质的添加剂有关，与薄膜的红外光谱测试结果相符合。

B-60A老化后样品光泽度依然很高，为101.05GU，AC-33、MC-76、SF-016光泽度较低，分别为29.31GU、27.95GU、33.33GU，属于低光泽度范围。和薄膜样品的失光率有一定差别，块状样品里B-60A的光泽度优于MC76（图2-1-60）。

（3）硬度及弹性模量

从样品的老化过程中的硬度变化可以发现，除SF-016外，大多数材料老化过程中硬度在不断增大（图2-1-61）。AC-33在老化之前硬度最小，只有76HD，但是老化过程中硬度显著增大，老化441d后硬度增大至113HD；B-60A和MC-76两种材料老化过程中硬度变

表2-1-18 Primal丙烯酸酯类材料样块光老化前后照片（10000h）

	AC-33	B-60A	MC-76	SF-016
老化前				
老化后				

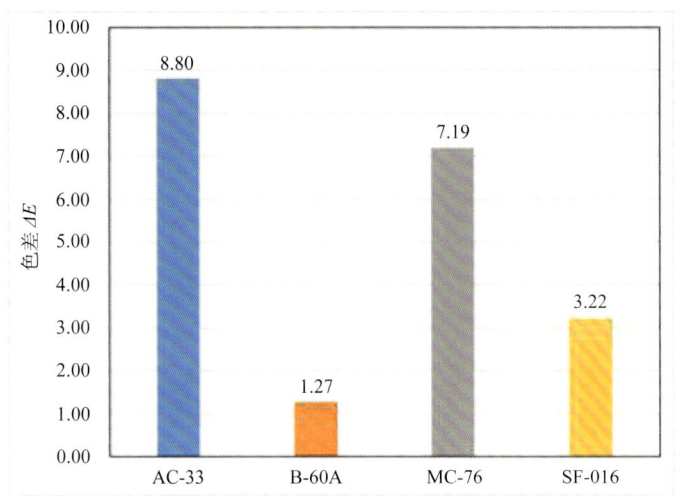

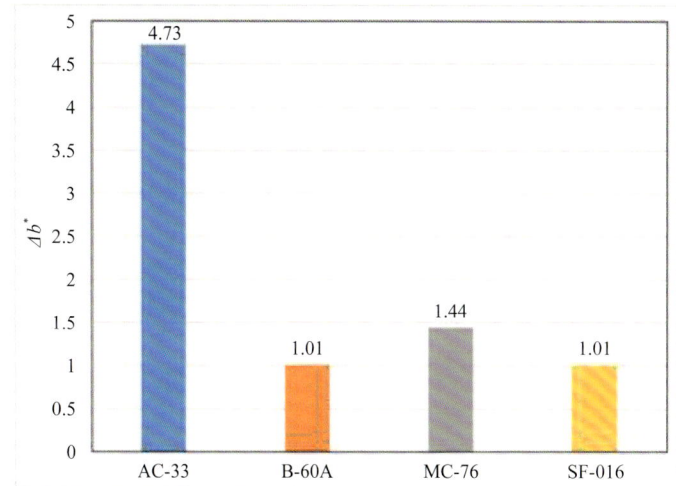

a. Primal 系列丙烯酸酯类材料光老化后的色差 ΔE

b. Primal 系列丙烯酸酯类材料老化后黄绿色差 Δb*

图 2-1-59 Primal 系列丙烯酸酯类材料样块老化后的颜色变化

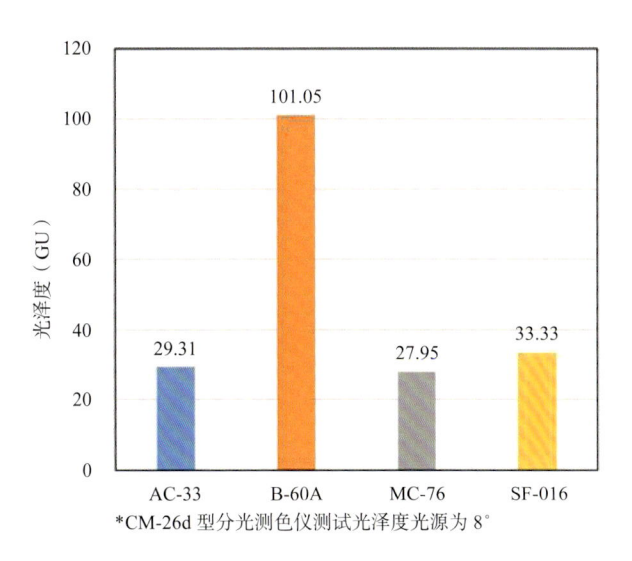

*CM-26d 型分光测色仪测试光泽度光源为 8°

图 2-1-60 Primal 系列丙烯酸树脂样块老化后的光泽度

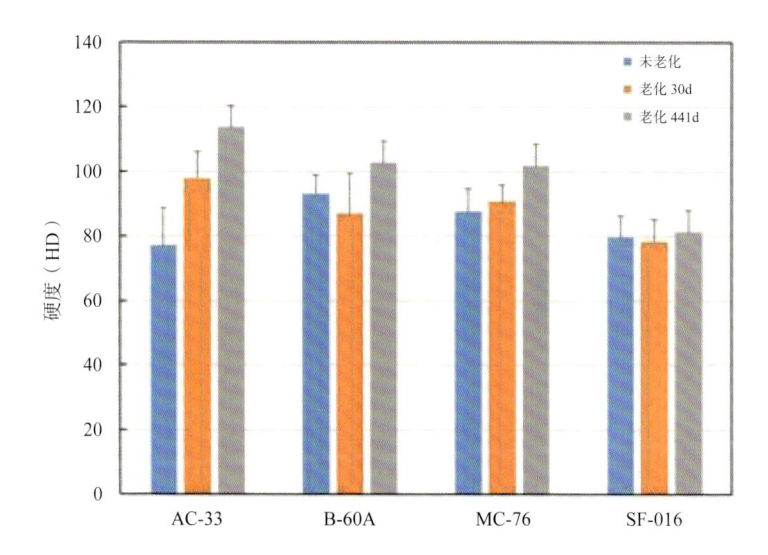

图 2-1-61 Primal 系列丙烯酸树脂样块老化过程中的硬度

化不明显，老化后硬度为 103HD 左右。

在 20μm/min（L_2）和 200μm/min（L_3）两种加载速度下，4 种加固材料的弹性模量大小排序为：MC-76 > B-60A > AC-33 > SF-016（表 2-1-19），模量的大小表示材料的刚度的大小，MC-76 是这四种材料中刚性最大的，SF-016 形变能力最强、最柔软，产生同样的形变量时的应力最小。加载速度为 200μm/min 时可以测得样品的断裂强度与断裂伸长率，进一步判断材料的强度与韧性；材料中强度最高的是 MC-76，断裂强度为 0.394 MPa，强度最低的是 SF-016，其断裂强度只

表2-1-19　Primal系列丙烯酸树脂的力学性能

	弹性模量（L_2）/MPa	弹性模量（L_3）/MPa	伸长率/%	应力/MPa
AC-33	0.397	0.696	77.3	0.334
B-60A	0.533	0.890	82.7	0.361
MC-76	0.698	0.961	81.6	0.394
SF-016	0.344	0.550	71.2	0.219

注：L_2加载速度为20μm/min，L_3加载速度为200μm/min。

有0.219 MPa；4种样品的断裂伸长度最高是B-60A，达到了82.7%，即样品中韧性最高的是B-60A；其次为MC-76，其断裂伸长率为81.6%；SF-016的韧性与强度都是样品中最低的。

10.3.3　漆膜的加固效果

在前期试验的基础上，为了评估加固材料对于漆膜的实际加固效果进行评估，选取大小近似的古代漆膜样品，使用10wt%的AC-33、MC-76、B-60A、SF-016水溶液对漆膜进行加固试验，评估材料对漆膜表面形貌、颜色的改变，并筛选综合保护效果最优异的加固材料。

（1）漆膜的形貌

从漆膜固化前后形貌的改变来说，使用10wt%AC-33、B-60A、SF-016和MC-76加固后，原本起翘的漆膜变得平整，但其中SF-016和MC-76加固后漆膜表面都残留了少量的加固材料，使得表面呈现少量的眩光；AC-33加固后表面没有眩光，但红色漆膜的颜色有加深，加固剂的痕迹较为明显；B-60A加固后对漆膜的外观形貌没有较大的改变，材料强度有所提高，柔韧性增加。SF-016加固后漆膜的强度没有较大的改变，呈现出柔性的状态；MC-76加固后漆膜的强度提高较大，但整体看起来较为硬挺，类似塑料质感，不太适合作为漆膜的加固材料（表2-1-20）。

（2）色差

由图2-1-62可知，MC-76对漆膜的颜色改变最大，ΔE最高可以达到11.69；AC-33和B-60A加固后漆膜的色差大致相同，其中SF-016对漆膜颜色改变最小，ΔE只有5.43。加固后漆膜的色差除SF-016外均相近，由于加固剂填充了漆膜孔洞和裂隙，改变漆膜的光折射率，造成颜色（Δa^*、Δb^*）与亮度（ΔL^*）的综合改变。

10.3.4　漆膜的加固工艺探究

综合Primal系列乳液型丙烯酸酯薄膜与块状样品的性能测试结构，以及材料加固漆膜后的整体效果可知：AC-33材料在4种材料中韧性较低，老化过程中收缩较大、发黄程度高、硬度逐渐增加，使用到漆膜上颜色明显加深；SF-016材料老化过程中不易变色，但韧性与强度较低、柔性大，总体力学性能相对较差；MC-76材料韧性较好，材料强度高，老化过程中有轻微的发黄变色，但对漆膜外观质感改变较大；B-60A自身韧性较高，具有一定的强度，紫外辐射对材料没有明显改变，老化后的硬度也没有明显增加，加固漆膜后外观质感没有明显改变，是4种材料中综合性能最优秀的，

表2-1-20　漆膜加固前后表面形貌（30X）

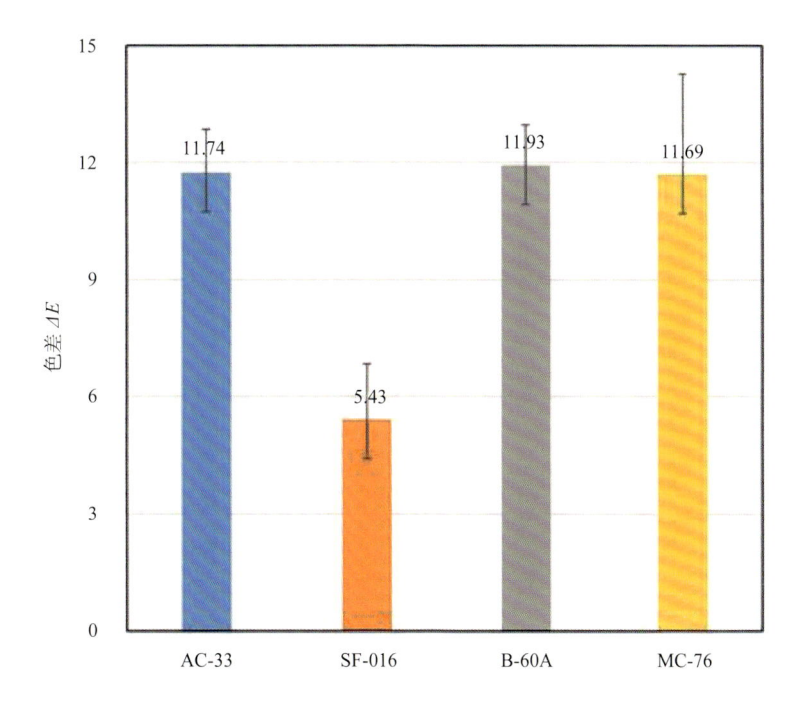

材料名称	加固前	加固后
AC-33		
B-60A		
SF-016		
MC-76		

图 2-1-62 漆膜加固前后的色差

适合作为漆膜的加固材料。

选择 B-60A 作为加固材料后，还需要对加固剂的浓度与施工工艺进行进一步研究。首先选择不同浓度梯度的加固剂进行试验，对比加固材料对漆膜的渗透效果和加固强度；同时和常用的 Primal AC-33 进行对照。

（1）加固剂浓度筛选

分别配制 10%、15%、20%、30%（wt%）浓度的 Primal B-60A 的水溶液作为漆膜的加固材料，使用移液枪滴加 150μL 加固剂在漆膜表面，加固剂自然渗透至漆膜内，固化完全后进行观察。

通过对漆膜表面与剖面显微观察发现使用 10% 和 15% 加固剂对漆膜进行加固时，表面没有明显的眩光，可能渗透较好，没有明显的加固剂堆积在表面。漆膜使用 20% 的加固剂进行加固时，表面有明显的加固剂固化后堆积形成的眩光，剖面观察也发现有明显的加固层痕迹；30% 的加固剂加固时明显渗透较慢，加固剂在漆膜表面形成不均匀的聚合物薄膜层，表面产生严重的眩光（图 2-1-63）。

乳液型丙烯酸酯由水包油的微胶束组成，当浓度较低时，分布在水分散体内的胶束间隔较大，更易在漆膜表面进行浸润、渗透；而高浓度的分散体中的胶束由于体积较大在漆膜表面不易渗透。最终选择 10%（wt%）的 Primal B-60A 对漆膜进行加固。

（2）加固后漆膜力学强度测试

①弯曲性能。

通过图 2-1-64 可以看出，考古漆膜的弯曲模量低，强度只有 0.0537MPa，约是现代漆膜的 1/5 强度；使用 AC-33 和 B-60A 加固后的漆膜弯曲强度显著提高，弯曲模量也有增加，B-60A 加固后漆膜的弯曲强度提高了 188%，

a. 10%—表面（20X）　　b. 10%—剖面（500X）

c. 15%—表面（20X）　　d. 15%—剖面（500X）

e. 20%—表面（20X）　　f. 20%—剖面（500X）

g. 30%—表面（20X）　　h. 30%—剖面（500X）

图 2-1-63 不同浓度加固剂加固效果

有效地提高了漆膜抵抗应力弯曲的能力。和现代漆膜相比，B-60A 提高的漆膜强度达到了现代漆膜强度的 40%，说明 B-60A 对考古漆膜加固强度较为适当。

②拉伸性能。

根据加固后漆膜的拉伸性能可知（表 2-1-21），与高分子材料自身的拉伸曲线对比可以看出，B-60A 和 AC-33 自身弹性模量低、拉伸性能好，施加于漆膜后，使得考古漆膜的韧性得到提高，弹性模量降低，力学性能得到改善。相比 AC-33、B-60A 加固后的漆膜拉伸性能提高更多，两种不同加载速度下得到的拉伸曲线结果较为一致。B-60A 渗透进漆膜内部进行填缝加固，漆膜断裂伸长率更高。B-60A 材料自身的弹性模量只有 0.533～0.890MPa，对漆膜进行加固后，漆膜的弹性模量由 107.4～159.8MPa，降低至 9.515～17.04MPa，断裂伸长率由 2.575% 增长为 12.17%，韧性明显提高；在加载速度较慢（L_1）时未发生分层断裂现象，表明 B-60A 与漆膜结合更加紧密，因此在加固后较好地提高了漆膜的弹性。

10.4 结论

本文利用光学显微镜、红外光谱、扫描电镜等方法来分析古代漆膜制作材料、工艺评估保存现状，开展低温高湿环境下漆膜加固材料

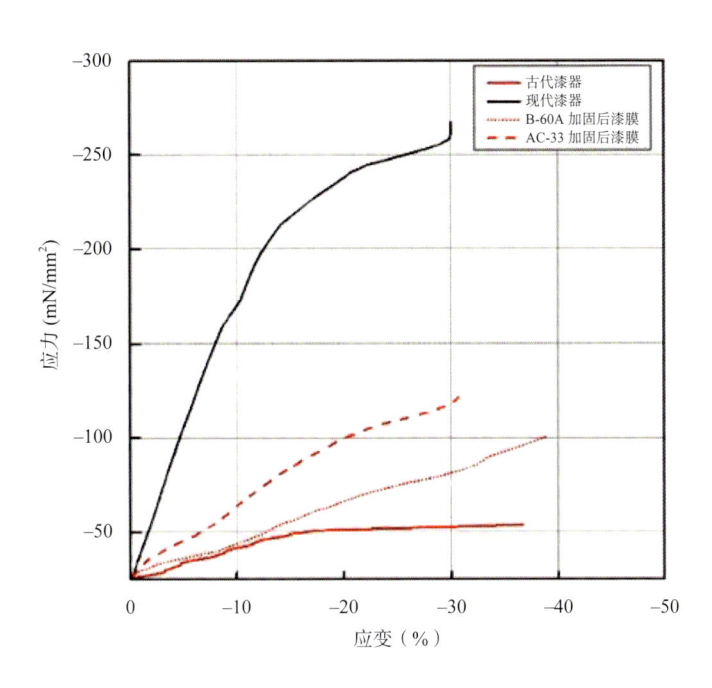

图 2-1-64 漆膜弯曲性能（F_2 模式：20mN/min）

表 2-1-21 漆膜加固后的拉伸性能

样品名称	力学性能		
	弹性模量（L_1）/MPa	弹性模量（L_2）/MPa	断裂伸长率（L_2）/%
现代漆膜	466.3	313.21	14.273
古代漆膜	159.8	107.4	2.575
AC-33加固后漆膜	24.30	50.12	4.545
B-60A加固后漆膜	9.515	17.04	12.17
AC-33	0.397	0.696	N/G
B-60A	0.533	0.890	N/G

的筛选研究。得出以下研究结论。

（1）出土古代漆膜为 3～4 层红漆，总厚度 127～141μm，由于漆酚、桐油等交联物质的氧化降解，内部产生了大大小小的裂缝和孔洞,漆膜弯曲强度和抗拉强度都大大降低，进而导致漆膜由原本坚韧光滑的韧性高、强度大的"涂料之王"变为韧性低、脆性大、抗弯强度较低的脆弱质文物。

（2）经加固材料各种性能指标的对比可知，Primal B-60A 低温高湿环境下可在 24h 内固化，老化后几乎没有变色、硬度适中、韧性强，加固漆膜后提高了漆膜的抗弯强度和韧性，并且对漆膜的外观没有较大的改变；因此最终选择 10wt% 的 Primal B-60A 水溶液作为明代考古漆膜的加固材料。

（3）根据漆膜剖面观察与力学性能测试结果，说明实际加固漆膜时，可以对漆膜进行少量多次的渗透加固，或者低浓度到高浓度的梯度加固，以提高渗透性，增加加固剂进入漆膜内部的量，减少表面堆积。使用毛笔轻轻点状按压有利于漆膜对加固剂的吸收，以提高漆膜的整体力学性能。

第十一节
薄荷醇揭取破碎漆皮模拟试验

薄荷醇是考古现场对脆弱遗迹、器物进行预加固所使用的材料。薄荷醇通常是由薄荷的茎叶经过水蒸气蒸馏提纯得到的天然挥发油产物，为无色针状或粒状结晶[1]，有8种异构体，它们的呈香性质各不相同，左旋薄荷醇具有薄荷香气并有清凉的作用，消旋薄荷醇也有清凉作用。作为药物和食品添加剂，薄荷醇的毒理毒性数据健全。

薄荷醇晶体加热融化后能够实现文物临时固形，可用于考古发掘现场出土脆弱遗迹或文物的临时固形提取。薄荷醇晶体加热到61～86℃融化后，在熔融状态可以直接涂刷或喷涂在提取对象的贴布上，冷却后固化强度变大，可以起到加固漆皮作用。在清理完污染物后，在一定温度下可挥发去除，对漆皮伤害小。能够实现文物临时固形，可用于考古发掘现场出土脆弱遗迹或文物的临时加固提取。该研究已经经过试验阶段，且已成功应用于秦始皇兵马俑博物馆1号坑发掘现场、西安唐墓壁画等多个文物保护现场[2,3]，还曾荣获2019年度国家科技进步奖二等奖等多个奖项。

赵谅墓漆棺棺内植物根系丛生，根系穿梭在红色漆皮中，导致漆皮支离破碎、大范围脱落。而且，厚达2～3cm的根系使棺底难以正常脱水，大量霉菌和虫害隐匿滋生，不利于棺体的安全，因此需要整体去除。为了使去除后的漆皮保持原有相对位置，便于后续的研究。本研究分别采用熔融后的薄荷醇和喷罐薄荷醇对漆皮表面进行涂刷和喷涂试验，对比两种工艺的优缺点，同时对比加热蒸发和酒精湿敷两种去除薄荷醇工艺的优缺点，探讨最佳施工工艺。对薄荷醇加固漆皮前及挥发后的微观形貌进行扫描电镜分析，采用红外光谱及质构仪测试薄荷醇对漆皮化

---

[1] 韩向娜、张秉坚、罗宏杰，等：《薄荷醇在墓葬壁画抢救性揭取上的应用研究》，《敦煌研究》2016年第5期，第142～149页。

[2] HAN Xiang-na, RONG Bo, HUANG Xiao, et al. The use of menthol as temporary consolidant in Qin Shihuang's terracotta army excavation. Archaeometry, 2014, 56（6）:1041-1053.

[3] 王春燕、容波、张芳，等：《薄荷醇及其衍生物对漆皮遗迹表面的影响》，《文博》2020年第1期，第88～91页。

学结构和力学性能的影响。在研究的基础上制定了揭取技术方案，采用上海大学及北京科技大学提供的喷罐薄荷醇对考古出土破碎漆皮进行整体揭取。

11.1 不同形态薄荷醇加固漆皮对比

11.1.1 熔融薄荷醇的模拟试验

（1）薄荷醇最佳熔融温度试验

对选取的棺底破碎漆片样品进行称重测色拍照。将 3g 薄荷醇分别在 60℃、70℃、80℃ 的温度下加热融化。用试管取 0.3～0.5mL 薄荷醇溶液，将三种温度的薄荷醇溶液分别隔纱布滴在样品上，用毛刷刷平。1min 后薄荷醇完全凝结。三种加热温度的薄荷醇凝固时间差别不大，但和室温相关，室温越低，凝固越快。渗透到纱布的速度并无明显区别。

（2）薄荷醇最佳施工工艺试验

选取棺底破碎样品漆片分别进行称重测色拍照。用试管取 0.3～0.5mL 薄荷醇溶液，分别将薄荷醇溶液用滴一次、滴两次、滴三次的方法隔纱布滴到漆片样品上，用毛刷刷平。1min 后薄荷醇完全凝结，分为三次滴的样品人为感受更加坚固（见图 2-1-65）。

11.1.2 喷罐薄荷醇的模拟试验

对样品漆皮进行称重测色拍照。使用薄荷醇喷罐喷淋，隔纱布加固漆皮。1min 后薄荷醇完全凝结。多次喷淋加固后表面更加坚固。

对比两种方法的优缺点可知，熔融态的薄荷醇容易凝固在滴管中，需要一直放置在水

一次滴样品　　二次滴样品　　三次滴样品

图 2-1-65 熔融薄荷醇对漆皮进行模拟加固

浴锅内保持温度。在施工中，受到地下室内温度影响易于较快固化，影响正常使用。而且，薄荷醇加热温度到 80℃ 以上后有较刺激的薄荷味，对人眼和呼吸道有一定的刺激性。该喷罐薄荷醇以丙丁烷作为推进剂，丙丁烷为液体态，沸点接近室温，使用方便。

11.2 薄荷醇去除方法对比

11.2.1 加热蒸发

（1）选取棺底破碎样品漆片分别进行称重测色拍照。

（2）将 3g 薄荷醇分别在 80℃ 的温度下加热融化。

（3）用试管取 0.3～0.5mL 薄荷醇溶液，隔纱布滴在样品上，用油画刷刷平。

（4）1min 后薄荷醇完全凝结。

（5）将漆皮样品放入烤箱，设置温度为 30℃，1min 后蒸发完成，脱离纱布，无残留。

（6）将漆皮样品放入恒温水浴锅，设置温度为 50℃，30s 后蒸发完成，冷却后发现有残留。

（7）将漆皮样品放入恒温水浴锅，设置温度为 90℃，30s 后蒸发完成，冷却后发现有少量残留。

（8）将漆皮样品放入恒温水浴锅，设置温度为 100℃，3min 后蒸发完成，冷却后没有残留。

（9）放入烤箱的漆皮样品出现卷曲、爆裂现象，水浴锅中的样品无此现象。去除薄荷醇过程中，如不能直接蒸发薄荷醇，会影响漆皮的完整性。

11.2.2 酒精湿敷

采用无水乙醇浸透麻布湿敷模拟漆皮样品去除薄荷醇。3min 后揭去麻布，薄荷醇自行挥发（见图 2-1-66～图 2-1-68）。因加热蒸发导致漆皮样品出现卷曲、爆裂现象，不适用于本漆棺漆皮。故决定采用酒精湿敷法，并利用扫描电镜观察薄荷醇加固漆皮前及挥发后的微观形貌变化，采用红外光谱及质构仪测试薄荷醇对漆皮化学结构和力学性能的影响。

11.3 薄荷醇对考古出土漆皮的影响

11.3.1 薄荷醇去除前后外观形貌及色度变化

考古漆皮薄荷醇加固及去除前后的外观形貌变化见表 2-1-22。可见，薄荷醇对漆皮外观影响不大。经分光测色仪测试薄荷醇对漆皮色度的影响可知（见表 2-1-23），三组样品，亮度值 L^* 变化均不大，红绿对比度 a^* 稍有增加，最大色差值 ΔE 为 3.56，可见薄荷醇对漆皮颜色影响较小。

11.3.2 薄荷醇去除前后质量及分子结构变化

测试去除薄荷醇前后漆皮的质量变化可知，样品 1 原样为 0.0305g，除去薄荷醇 0.0215g，减重 0.009g；样品 2 原样为 0.1401g，除去薄荷醇 0.1301g，减重 0.01g，可见漆皮较脆，采用薄荷醇喷涂加固过程中易于折断掉渣，建议喷涂前，可采用丙烯酸树脂等加固剂对漆皮进行预加固。

图 2-1-66 模拟漆皮原样

图 2-1-67 覆盖酒精麻布去除薄荷醇

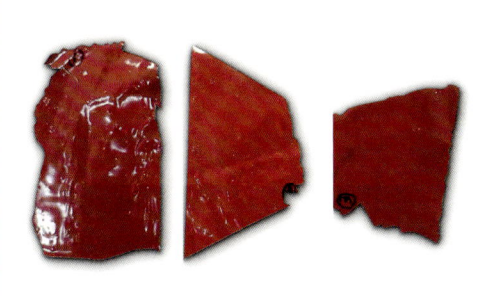

图 2-1-68 薄荷醇去除后照片

表2-1-22 考古漆皮薄荷醇加固及去除前后的外观形貌

试验	第一组	第二组	第三组
原样			
喷涂薄荷醇后			
薄荷醇加固后漆皮背面			
去除薄荷醇			
去除后显微镜照片			

表2-1-23 考古漆皮薄荷醇加固及去除前后的外观形貌

样品组	第一组		第二组		第三组	
	原样	去除薄荷醇后	原样	去除薄荷醇后	原样	去除薄荷醇后
L^*	28.86	29.16	34.90	34.02	32.15	31.63
a^*	33.55	34.16	30.96	33.23	28.11	29.10
b^*	28.98	28.73	22.45	25.05	20.12	20.48
ΔE	0.72		3.56		1.17	

采用红外光谱测试薄荷醇加固去除前后漆皮的分子结构变化，结果见图2-1-69。发现薄荷醇喷涂于漆片后，特征峰2930cm^{-1}波数左右吸收峰显著增强[1]。用无水乙醇浸透麻布湿敷模拟漆皮样品去除薄荷醇后，2930cm^{-1}吸收峰显著降低，去除效果显著。但红外光谱图依然可见薄荷醇残留，需要将漆皮室温放置，待其自动挥发。

11.3.3 薄荷醇去除前后漆皮力学性能变化

因考古出土漆皮样品较脆弱，无法采用力学测试评估薄荷醇去除前后对漆皮力学性能的影响。因此，采用模拟漆皮喷涂及去除薄荷醇前后的变化来评估。将漆皮裁成1.5cm×15cm的样品，共11个平行样。测试喷涂薄荷醇（薄荷醇喷罐B）的漆皮以及用酒精去除薄荷醇的漆皮的拉伸强度变化。由图2-1-70及图2-1-71可见，漆皮的平均拉

图2-1-69 薄荷醇加固去除前后漆皮红外光谱图

[1] 韩向娜、张秉坚、罗宏杰，等：《薄荷醇在墓葬壁画抢救性揭取上的应用研究》，《敦煌研究》2016年第5期，第142~149页。

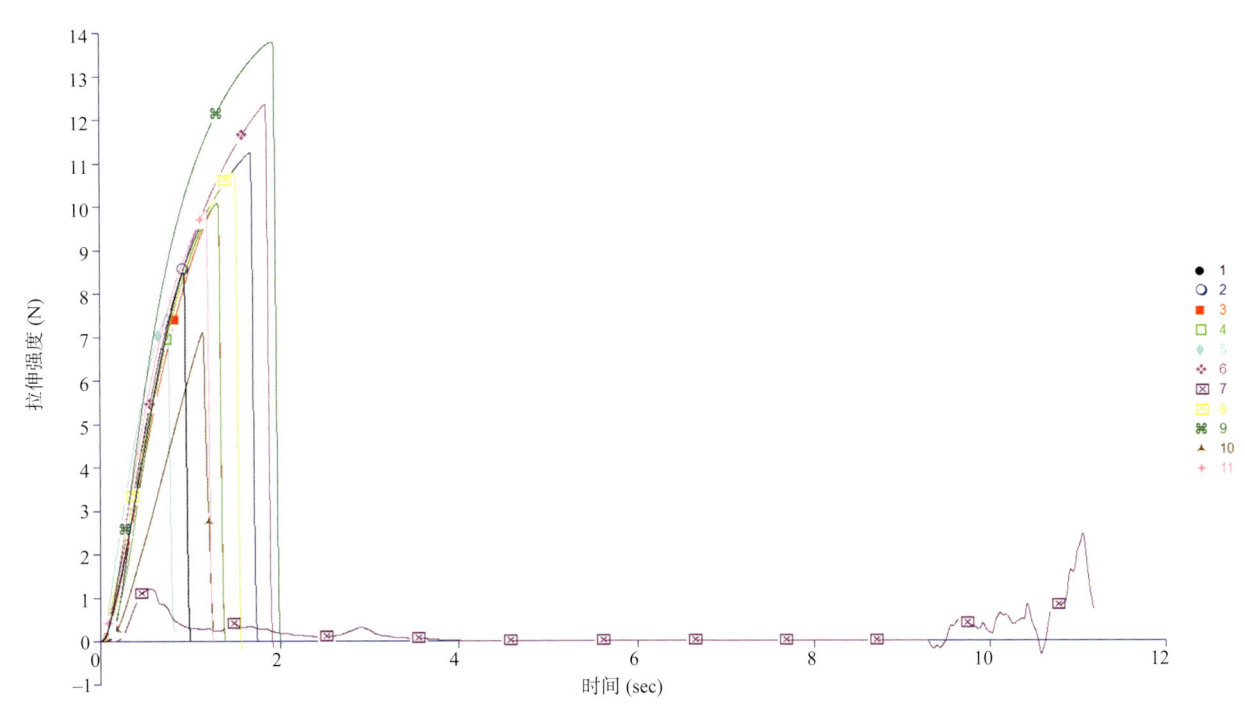

图2-1-70 喷薄荷醇后拉伸强度

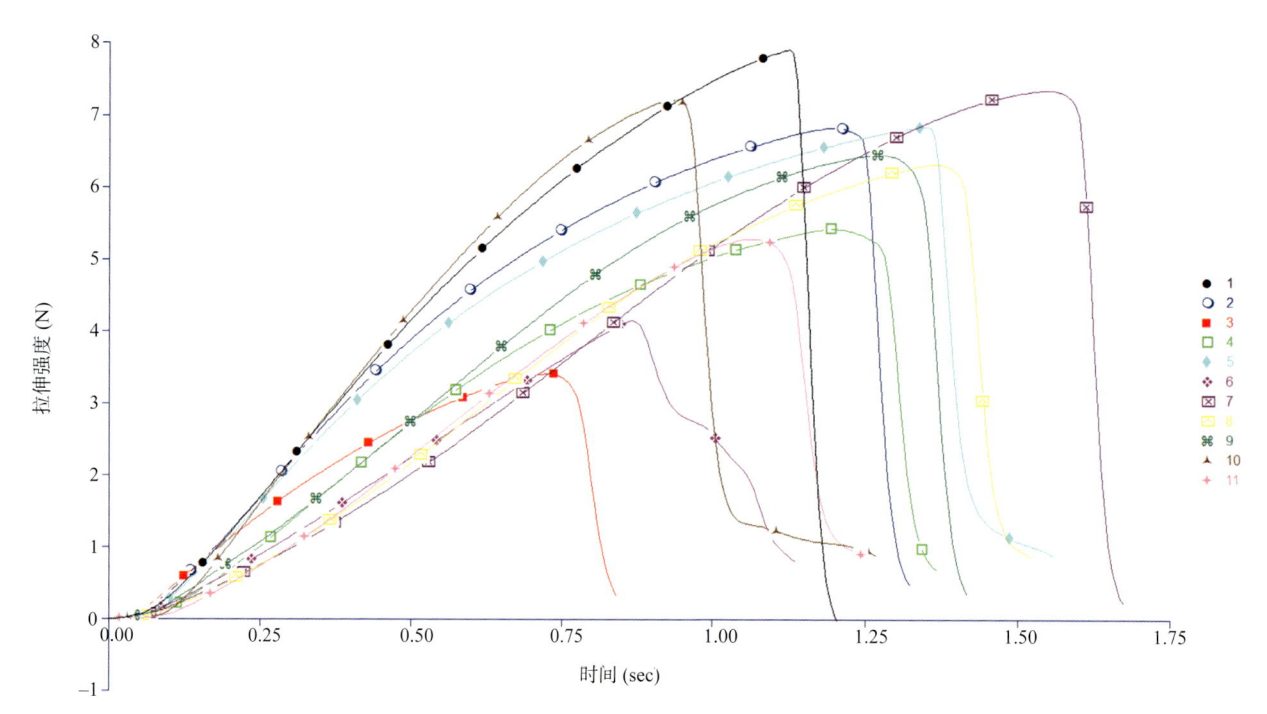

图 2-1-71 薄荷醇去除后漆皮拉伸强度

伸强度为 12.58N，喷薄荷醇后平均拉伸强度为 10.5436N，去除薄荷醇后平均拉伸强度为 8.5756N，薄荷醇挥发后拉伸强度稍有减弱。由此说明，采用 Primal B-60A 对漆皮的预加固很有必要。

11.4 彩绘漆棺棺内漆皮整体揭取技术方案

技术需求：棺内漆皮（包括棺底及四个周边）揭取，去除植物根系，漆皮相对位置不变进行保存。

环境条件：T=18℃，RH=85%。

保护材料要求：适合潮湿环境下使用，漆皮揭取、回软和加固材料。

技术方案：薄荷醇晶体需要加热到 61～86℃ 融化后使用，在不具备条件的现场使用非常不便利，本研究与上海大学及北京科技大学合作，首次利用喷罐薄荷醇对赵谅墓漆棺内部的破碎漆膜进行整体揭取。漆皮揭取采用薄荷醇及其衍生物，L-薄荷醇（98%，熔点 42℃，阿拉丁试剂，以下简称薄荷醇）。该喷罐薄荷醇以丙丁烷作为推进剂。丙丁烷为液体态，沸点很低，接近室温。回软采用 PEG200；预加固采用水溶性丙烯酸 Primal B-60A。

施工工艺：漆皮揭取前预加固，采用 40%PEG200 水溶液回软和 5%～10% 的 Primal B-60A 加固；之后采用薄荷醇喷罐喷涂，同时纱布临时固形；手工去除植物根系；采用酒精麻布湿敷去除薄荷醇。

第十二节

考古出土漆器修复用长效漆膜回软材料的研发

12.1 引言

漆器的重要价值在很大程度上体现在表面的天然生漆涂料绘制的珍贵图案纹饰。生漆是目前唯一可在自身生物酶的催化下固化成膜的天然高分子材料，也是最早被人发现并广泛使用的天然涂料。生漆的防水、防霉及防腐性能都较为突出，但在外界恶劣环境长时间的影响下，漆膜会发生不可逆的降解反应，漆膜分子链断裂，漆膜光泽度下降、脆化变硬、内部孔洞和裂隙增加。漆器文物根据其所处保存环境可分为传世漆器与考古出土漆器两大类。相较于考古出土的漆器，传世漆器大多能够较好保存下来。考古出土漆器中的饱水漆器或者非饱水状态的漆器由于长期埋藏中漆膜的降解劣化以及出土过程中环境温湿度的骤变，大多存在表层漆膜失水卷曲、起翘开裂等病害的困扰。相较于南方地区出土各具特色的漆棺，北方出土漆棺的存世数量和保存状况就显得不尽如人意。例如，北京房山金陵红漆银片錾花鎏金木棺[1]、宁夏固原北魏墓漆棺画[2]、西安高陵张栋家族墓彩绘漆棺等[3]。大多数漆棺已经糟朽坍塌，木棺板断裂分离，漆皮残碎，漆画缺失严重。

2017年9月，北京石景山南宫地区净德寺遗址附近出土一具明代朱漆地描金彩绘漆棺，该漆棺为北方地区保存相对完整且制作精美的大型漆器文物，具有极高的历史、艺术与工艺研究价值。在对其进行修复期间，发现经过埋藏近500年，漆膜机械强度大大降低，变脆易折，给后续保护修复过程中漆片回贴、复原工作带来困扰。将这些脆化的漆膜进行回软处理，使其恢复一定的弹性和挠曲性，将漆膜展平后回贴到器物原位，并使其得到长久保存是此件漆器文物修复的要点。

漆膜的回软方法可分为物理回软法与化学回软法。物理回软法是利用漆膜作为天然高分子聚合物的热塑性能，通过直接加热或

---

[1] 李宁：《北京房山金陵红漆银片錾花鎏金木棺的保护修复》，《江汉考古》2014年第S1期，第197～205页。

[2] 张莉：《宁夏固原北魏墓漆棺画的修复与保护》，《中国文物修复通讯》1996年第10期，第22～26页。

[3] 张彤：《高陵出土明代彩绘漆棺的制作工艺及材质研究》，西北大学硕士学位论文，2015年。

水浴加热即可回软舒展。蒋成光[1]在处理湖南长沙风篷岭汉墓出土的漆器时，将严重变形的漆膜浸泡于盛有开水的塑料盒中待其软化后施加外力展平。盛发和[2]在修复安徽省马鞍山市发现的三国彩绘漆案时，用温度控制在70～80℃的熨斗加热展平漆膜。漆膜加热过程中其热塑性能可在一定程度上抵消收缩应力，但去除高温、加压手段后，漆膜会较快收缩、变硬，维持舒展的时间短。化学回软法为利用多元醇等材料的保湿性及溶胀作用。回软材料可充分填充漆膜孔隙，增大漆膜分子间距离，降低分子间的相互作用，减少氢键作用，分散孔隙应力，从而提高漆膜的柔韧性。相关研究表明，目前常用的聚乙二醇200（PEG200）、丙三醇、丙二醇等回软材料起效慢，且维持时间短。例如，岳婧津[3]对安徽白鹭洲战国墓出土漆甲进行回软研究，通过试验分析认为70%的1,2-丙二醇溶液的回软效果最佳，但在常温常湿条件下漆膜柔软状态仅维持不到1天时间。本课题组发现经回软的漆膜若不施加外力夹持在常温常湿条件下维持时间不超过15分钟[4]。因此，急需找到一种有效的新型回软材料及配方，应用于类似于本次出土漆棺脆化漆膜的回软处理，并在一定程度上可加强漆膜的机械强度。

本研究通过显微观察、漆膜保湿性能测试、拉伸强度测试、色差分析等试验评估聚乙二醇200、乳酸钠、氨基葡萄糖、山梨糖醇、赤藓糖醇、海藻糖、壳聚糖、木糖醇以不同组合和配比制备的回软材料对起翘漆膜样品的回软效果，筛选出适用于漆膜回软的最佳配方，并对比浸泡、喷涂、湿敷三种方法对脆化漆膜的回软效果。研究将其应用于出土漆器文物老化漆膜的回软与保湿当中，能使经过处理后破碎、卷曲的漆膜在一定程度上恢复舒展、增加韧性并能够维持较长时间的挠曲性，为下一步脱落漆膜的回贴复原工作夯实基础。

12.2 漆膜样品制作及回软材料初筛

（一）漆膜样品制作

1. 湿度对漆膜卷曲状态的影响

出土漆器漆膜对所处环境的湿度变化极为敏感，无论是漆棺、各类漆质日常生活用具，还是含有生漆层的彩绘秦俑，都会面临出土后的生漆层在几分钟之内迅速失水收缩，发生局部卷曲、起翘甚至大面积脱落的问题。加之受到田野考古现场场地限制，许多漆器出土后并未得到充分、及时、有效的保湿处理，实验室内考古清理提取与抢救性保护衔接不紧密。常将文物放置于临时仓库存放数月之久，使其错过保水处理的最佳时机，造成漆膜深层的严重干燥脱水，为后续的保护处理带来挑战。生漆漆膜因失水而卷曲的程度会随着所处环境湿度的下降和放置时间的延长

---

[1] 蒋成光：《饱水平整漆膜保护方法在风篷岭汉墓出土漆器中的应用》，《文物保护与考古科学》2017年第5期，第77～82页。

[2] 盛发和：《三国漆器——彩绘大漆案的修复》，《文物修复与研究》，国际文化出版公司，1995年，第95～99页。

[3] 岳婧津：《安徽白鹭洲战国墓出土漆甲回软方法研究》，中国科学技术大学硕士学位论文，2017年，第30～31页。

[4] 何秋菊、张雪鸽、许璇：《出土漆器起翘漆皮回软用多元醇类材料筛选研究》，《中国文物科学研究》2020年第2期，第57～63页。

而逐渐增大,在较短的时间内,漆膜层边缘便从水平的舒展状态逐渐向内卷曲。

2. 赵谅墓漆棺主画面髹漆工艺

赵谅墓漆棺的主画面为直接在木胎上层层髹漆而成,从下而上依次由木胎、底漆、朱漆素髹、描金彩绘、罩漆组成(见图2-1-72、图2-1-73),髹漆层每层厚度为0.012～0.06mm。主画面漆彩绘共5层,最厚处才仅仅0.3mm。在对赵谅墓漆棺进行修复实践中可以发现,漆膜髹漆越薄的地方就越容易出现翘曲、破损病害,因此在开展模拟漆棺漆膜试验时制作多次髹涂后厚度在0.25～0.35mm的漆膜。

3. 模拟制作老化卷曲漆膜

原始漆膜的制作:生漆使用滤纸过滤杂质,用刮楸将其均匀刷到塑料薄膜上,漆膜制作面积为10cm×10cm,多次髹涂后,漆膜厚度均匀控制在0.25～0.35mm。放置于荫房(温度为25℃,相对湿度为75%～80%)内自然阴干,其间室内温湿度保持稳定。待其完全干透后,将整块漆膜裁制成1.5cm×10cm的长条(图2-1-74),漆膜原始样品即制作完成。

模拟老化漆膜制作:将裁剪好的原始长条漆膜浸泡在温度为100℃的热水中,停留20秒后迅速取出,使用吸水纸吸去表面水分,再使用吹风机高温加热吹风使其迅速脱水卷曲

图 2-1-72 主画面正面显微照片

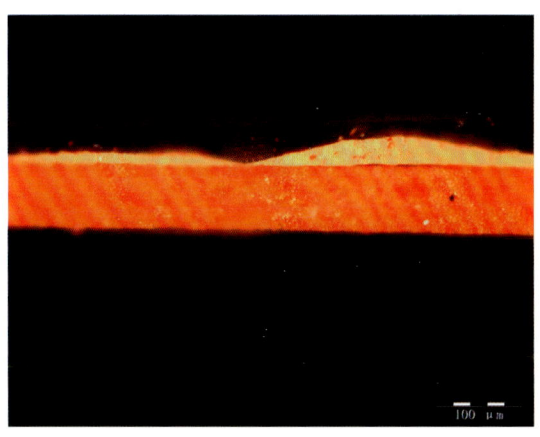

图 2-1-73 主画面剖面显微照片

图 2-1-74 1.5cm×10cm 漆膜长条

图 2-1-75 老化卷曲漆膜样品

（图2-1-75），来模拟经长时间自然老化，出现严重脱水、起翘、卷曲的漆膜样品。

（二）回软材料的初筛

1. 常用糖醇类回软材料

漆膜回软材料的组分及浓度配比决定自身流动性、黏腻程度等性状，并极大影响着脱水漆膜回软处理后的保湿效果及维持时长。目前常用的丙三醇（甘油）、聚乙二醇、丁二醇等药品回软效果有一定的局限性，如：药品溶液较黏、起效时间长、可维持时间短等。日化行业使用的保湿材料中，部分化妆品、护肤用品所使用的保湿剂为安全有效的天然保湿材料，其通过减少皮肤内水分丢失和不断吸收外部环境内的水分来维持一定的含水量，以达到防止皮肤干燥的目的[1]。甘油、丙二醇等是最早一批应用于化妆品的保湿剂，它们具有一定的吸湿与保湿效果，但由于其是丙烯、环氧丙烷合成的石油化工材料，如果作为接触皮肤的添加剂长期使用会对人体造成损害，因此全球正在逐渐减少它们作为化妆品保湿剂的使用。在处理干缩、卷曲漆皮时，研究人员曾把回软好的漆皮表面再涂刷一层液体石蜡或亚麻仁油进行封护，从而起到保湿效果。应用于化妆品的保湿剂不仅有着和漆皮回软与保湿所需试剂同样的功能和目的，而且保湿效果还更加优异，天然安全，完全符合文物保护所需绿色、无污染的要求。因此，把化妆品保湿剂应用于漆皮的保湿，具有良好的可能性与发展前景。本试验尝试通过将漆器文物回软时常用的聚乙二醇200（PEG200）溶液与不同糖醇类天然保湿剂进行交叉复配，筛选出回软效果最好的回软保湿配方与组分，应用于老化漆膜的回软，并评估新配方的作用效果。

（1）聚乙二醇

聚乙二醇（PEG）是由化学方法合成的高分子聚合物，无毒、无刺激性，具有良好的水溶性，与许多有机物组分相溶，属于传统保湿加固剂。过去聚乙二醇在文保行业最早用于木质文物的脱水与加固，使用时多采用低分子量的PEG开始浸泡木材，替换出多余的水分，后逐步提高浓度，采用高分子量的PEG置换出低分子量的PEG，使其充分填满木材内部孔隙，达到脱去水分、加固定型的效果。不过，使用聚乙二醇也有着不可忽视的缺点，这种材料有着很强的吸湿性，大量使用易造成文物本身吸收水分过多，出现返潮的现象。这种潮湿和试剂自身的黏腻状态也容易滋生细菌，为文物的长久保存带来潜在威胁。鉴于此，本研究选用了常用于漆器文物保护的分子量较小的PEG200，其曾作为秦俑彩绘漆层回软加固试剂的组分原料[2]。

（2）乳酸钠

乳酸钠为无色或微黄色透明糖浆状液体，有很强吸水能力。无臭，略有咸苦味，易混溶于水、乙醇和甘油。乳酸钠广泛应用于多种日化产品，如洗浴产品、皮肤护理产品、头发护理产品和口腔护理产品等，是天然保湿因子，人的皮肤角质层中四分之一的成分为乳酸钠。

---

[1] 李鹏飞：《天然保湿剂的合成及应用研究》，江南大学硕士学位论文，2005年。

[2] 秦俑彩绘保护技术研究课题组：《秦始皇兵马俑漆底彩绘保护技术研究》，《中国生漆》2006年第1期，第21～27页。

[3] 姚远、董庆利、熊成：《乳酸钠抑制铜绿假单胞菌生长的机理》，《食品与发酵工业》2012年第3期，第54～57页。

乳酸钠也是现在人们研究较多的天然食品防腐剂，其对铜绿假单胞菌有明显的抑制效果[3]。乳酸钠用于化妆品中时能与别的化学成分形成水化膜而防止皮肤水分挥发，使皮肤处于轻松湿润状态，防止皱纹产生，被广泛用作护肤品的滋润剂[1]。作为人体中含有的天然成分，它独特的成膜性和保湿性恰好是漆膜回软保湿所需要的特性。

（3）氨基葡萄糖

氨基葡萄糖，俗称氨基糖，简称氨糖，是葡萄糖的一个羟基被一个氨基取代的化合物，分子式为 $C_6H_{13}O_5N$。它是天然的氨基单糖，为人体关节软骨基质中合成蛋白聚糖所必需的物质，是易溶于水的亲水性溶剂[2]。氨基葡萄糖具有独特的抗菌性，对食品中常见的21种菌均有明显的抗菌作用，氨基葡萄糖盐酸盐对细菌的抑菌效果最为明显。随着氨基葡萄糖盐酸盐浓度的增加，抑菌作用逐渐变强[3]。如加入到漆膜回软材料的配方中或可防止漆膜出现霉变。

（4）山梨醇

山梨醇学名己六醇，又名山梨糖醇、葡萄糖醇，产品为白色的结晶粉末，易溶于水，同丙三醇、丙二醇等漆皮回软试剂具有相似的物理特性，可与水、丙三醇和丙二醇混溶。在日化用品行业中，山梨醇多用在牙膏中起到水分控制与防冻作用，添加量15%~20%时，山梨醇的保湿效果明显优于甘油，目前已取代甘油添加到牙膏中。山梨醇在化妆品中也被用于保湿剂，可有效增加润肤剂的延展性与保湿性。田凤来等[4]以山梨醇为保湿剂，甘油为对照样，进行山梨醇的保湿与吸湿的性能测试，试验表明山梨醇的保湿性能及在温湿度变化下水分的控制范围，均优于对照样甘油。阎世翔等[5]认为从保湿性能来看，固体山梨醇比甘油更具优势。山梨醇无毒、不易挥发、化学性质更稳定，不与酸碱反应，也不易被氧化，黏性小于甘油，完全可取代甘油作为化妆品中的保湿剂。大型漆木器出土后的脱水工作，常选用甘油喷涂在漆器表面[6]，以减缓水分挥发的速度，避免内外失水速度不一致，导致漆皮干裂、卷曲的情况发生。但甘油过于黏腻、厚重，大面积喷涂会给后续文物保护工作带来不便，如使用质地更清爽的山梨醇代替甘油，效果会更佳。

（5）赤藓糖醇

赤藓糖醇又名原藻醇，是一种天然的功能性糖醇，常见于海藻、地衣、甜瓜、蘑菇以及多种发酵食品当中，具有安全、绿色的特点。赤藓糖醇为白色结晶粉末，没有气味，易溶于水，稳定性强。与山梨醇、木糖醇、乳糖醇、麦芽糖醇等功能性糖醇相比，其分子量最低。

---

[1] 郭廷、于培星、张国宣，等：《乳酸钠的生产与应用探讨》，《第十一届中国国际食品添加剂和配料展览会学术论文集》，2007年，第322~323页。

[2] 迟海林、李菲菲、张李伟，等：《氨基葡萄糖类物质在保健食品中的应用及研究进展》，《食品工业科技》2023年第8期，第437~445页。

[3] 黄娟、蔡俊：《氨基葡萄糖产生菌的筛选鉴定及其发酵优化》，《食品研究与开发》2022年第23期，第183~190页。

[4] 田凤来、阎世翔：《山梨醇在化妆品中的应用研究》，《日用化学工业》1990年第2期，第12~17页。

[5] 阎世翔、瞿康华、刘宇红，等：《固体山梨醇在化妆品中的应用》，《日用化学工业》1995年第6期，第12~16页。

[6] 黄湛、汪灵：《中国出土漆器文物及其保护研究现状》，《南方文物》2009年第1期，第114~118页。

在日化产品中，赤藓糖醇不仅具有和甘油相同的保湿效果，还能够改善皮肤粗糙，增加皮肤弹性，它具有清爽不发黏而又足够保湿的特性[1]。添加4%的赤藓糖醇对链球菌菌株的生长和生物膜的形成有抑制作用[2]。赤藓糖醇还具有极高的稳定性能，在偏酸或碱性环境下不会发生变性与分解，且耐热性极强，是十分理想、稳定的保湿剂。其抑菌性、保湿性和成膜性都是本研究对漆膜回软材料所期待的最终要求。

（6）海藻糖

海藻糖是一种白色结晶体，由两个葡萄糖分子通过半缩醛羟基结合而成的非还原性双糖。广泛存在于酵母菌、食用菌、低等植物、昆虫等各种自然界生物当中[3]。海藻糖有着优异的保水性与吸湿性，在生物严重脱水时，能够代替细胞中水分的作用，维持自身水分的平衡[4]。它能够在高温、高寒失水干燥等极为恶劣的条件下在细胞表面形成特殊的保护膜，维持生物分子的活性[5]。海藻糖被誉为"生命之糖"，其良好的吸水性和成膜性可达到双重保湿效果。李传茂等[6]认为，海藻糖出色的保湿功能在于海藻糖分子中的羟基、羧基和其他极性基团可与水分子形成氢键，结合大量水分；糖分子链也可交织成网状，与氢键结合起到保水作用。此外，胞外基质中，海藻糖与皮肤中的其他多糖组分和纤维状蛋白质可以共同组成含有大量水分的胞外胶状基质，也可为皮肤供水。这些多重保湿机制相互叠加，效果远超于甘油、丙二醇这类作用机理单一的保湿剂。

（7）壳聚糖

壳聚糖是天然多糖甲壳素的重要衍生物，由甲壳素脱乙酰化处理而得。为白色或淡黄色半透明固体，广泛存在于甲壳类动物如虾蟹的外壳当中[7]。甲壳素是天然多糖里少有的带正电荷的高分子化合物，无毒，稳定性强，具有良好的保湿性和吸湿性。甲壳素自身携带的正电荷可与皮肤释放的负电荷结合，亲肤性强。白玉爽等[8]认为，壳聚糖本身就是玻尿酸的合成原料，而玻尿酸正是皮肤的保湿成分。因此，壳聚糖可促进玻尿酸的生成，达到增加皮肤水分，保湿、抗皱的作用。杨声等[9]对化妆品中添加的水溶性壳聚糖和三种不同分子量

---

[1] 郭传琦、葛兆强、李兆河，等：《赤藓糖醇在日化领域中的应用研究》，《精细与专用化学品》2014年第2期，第25～28页。

[2] 李俊霖、郭传庄、王松江，等：《赤藓糖醇的特性及其应用研究进展》，《中国食品添加剂》2019年第10期，第169～172页。

[3] 靳文斌、李克文、胥九兵，等：《海藻糖的特性、功能及应用》，《精细与专用化学品》2015年第1期，第30～33页。

[4] 张玉华、凌沛学、籍保平：《海藻糖的研究现状及其应用前景》，《食品与药品》2005年第3期，第8～13页。

[5] 阚洪玲、孙洪涛、董建军：《海藻糖在化妆品中的应用》，《食品与药品》2005年第9期，第48～50页。

[6] 李传茂、向琼彪、刘德海，等：《海藻在功能性化妆品中的应用》，《广东化工》2017年第16期，第157～159页。

[7] 叶光辉：《壳聚糖的应用研究进展》，《广州化工》2015年第2期，第21～22、39页。

[8] 白玉爽、刘悦、李跃，等：《浅谈壳聚糖的应用研究进展》，《化工管理》2018年第17期，第26页。

[9] 杨声、冯小强、苏中兴，等：《水溶性壳聚糖和壳寡糖的吸湿、保湿性能及对几种致病菌的抑制作用研究》，《中国化妆品》（行业）2007年第6期，第82～85页。

表2-1-24　回软材料理化性质

品种	颜色状态	酸碱性	分子量	沸点（℃）	熔点（℃）	备选原因
PEG200	无色透明液体	中性	190～210	250	-52	保湿性、吸湿性
乳酸钠	无色透明液体	中性	112.06	227.6	163～165	成膜性和保湿性、抑菌
氨基葡萄糖	白色结晶粉末	弱酸性	179.2	532.5	88	保湿、抑菌
山梨醇	白色结晶粉末	中性	182.17	295	88～102	保湿、防冻
赤藓糖醇	白色结晶粉末	中性	122.12	330	118～120	抑菌性、保湿性和成膜性
海藻糖	白色结晶粉末	中性	342	397.76	203	吸湿性、保湿性、成膜性
壳聚糖	淡黄色粉末	中性	161.2	971.8	102.5	吸湿性、保湿性、抑菌性、成膜性
木糖醇	白色结晶粉末	中性	90	216	92～96	保湿和抗冻

壳寡糖的保湿与吸湿性进行比较研究，发现壳聚糖不仅较壳寡糖能够发挥更良好的保湿作用，并通过抑菌试验证明壳聚糖还可在一定程度上抑制铜绿假单胞菌、粪肠菌和肺炎克雷伯菌这三种常见的致病菌。王丽等[1]制备低分子量壳聚糖，并采用低分子量壳聚糖和氯乙酸反应，得到低分子量N,O-羧甲基壳聚糖，进行保湿性与吸湿性试验，该研究证明了羧甲基壳聚糖和透明质酸的分子结构十分相似，分子量更小，更易吸收，并有良好的保湿效果与透气性，可作为昂贵保湿成分透明质酸的替代材料，应用于化妆品中添加的保湿剂。壳聚糖还可用作膜剂的成膜材料，制备口腔用膜剂、中药膜剂等。

（8）木糖醇

木糖醇是一种多元醇，又称戊五醇，是一种白色结晶体粉末，极易溶于水。木糖醇具有一般多元醇同样的特性，作为保湿剂的保湿效果与甘油相当，但却比甘油清爽。日化产品中多用作牙膏、化妆品的保湿剂和抗冻剂[2]。侯耀永等[3]认为山梨醇、木糖醇这类天然保湿剂的保湿性能优异，适用范围广，不易受外部温湿度环境差异变化的影响。相反，甘油与丙二醇在高湿条件下的保湿功能正常，但在干冷环境下却无法达到保湿效果，反而会通过皮肤内部吸收水分，并且有极强的厚重感与油腻感。

表2-1-24为备选各回软材料的理化性质。可见，除PEG200外，其余7种糖醇类保湿材料为白色、淡黄色的结晶粉末或颗粒，易与水互溶，利用这些材料以不同比例相互搭配，对漆膜进行浸泡回软，不会对漆膜原本颜色产生较大的影响。药品pH值均为中性或弱酸性，

---

[1] 王丽、汪琴、王爱勤：《低分子量N,O-羧甲基壳聚糖的合成及吸湿保湿性能》，《化学研究与应用》2006年第6期，第729～732页。

[2] 徐映红、黎昌健、杨松，等：《木糖醇在牙膏中的应用现状》，《口腔护理用品工业》2020年第5期，第37～38页。

[3] 侯耀永、陈刚、杨晓玲，等：《保湿化妆品与天然保湿剂》，《2005（第五届）中国日用化学工业研讨会论文集》，广州，2005年，第8页。

不会对文物的酸碱平衡造成二次损害。药品分子量比较小，其中木糖醇的分子量小于100，更容易使回软材料深层渗透到漆膜大分子中起到软化填充作用。此外PEG200、乳酸钠、山梨醇、赤藓糖醇、海藻糖、壳聚糖、木糖醇这7种材料皆在化工领域被广泛使用，具有良好的吸湿性和保湿性，有利于回软后漆膜从外部环境中吸收水分、锁住水分，保持柔软状态。另外，乳酸钠、氨基葡萄糖、赤藓糖醇、壳聚糖有天然抑菌作用，将其应用于老化漆膜的回软药品组分中能够预防霉变的发生。

2. 回软材料初筛保湿试验

本试验首先对乳酸钠、氨基葡萄糖、山梨糖醇、赤藓糖醇、海藻糖、壳聚糖、木糖醇这7种糖醇类试剂进行保湿性能初筛试验，根据糖醇类水溶液浸泡漆膜后的吸湿率和保湿率以及漆膜颜色、柔软度等变化，筛选出效果相对较好的3种材料，再与漆器文物修复常用的PEG200按照不同比例复配，继续进行后续的回软材料筛选试验。

（1）试验原理

借鉴化工领域对化妆品类产品保湿功效评价时采用的称重法，直观有效地对保湿剂的保湿性能进行评估。根据不同保湿剂分子对水分子的作用力不同，吸收水分和保有水分的能力也不同，通过保湿剂与环境水分子的相互作用进行漆膜吸水与脱水试验，计算出经不同保湿剂处理后漆膜样品的吸湿率与保湿率，综合评价试验所用单种保湿剂作用于漆膜的保湿性能。

（2）试验材料及工具

材料：生漆购于中华全国供销合作总社西安生漆涂料研究所；乳酸钠购于湖北壮美生物科技有限公司；氨基葡萄糖购于浙江金壳药业股份有限公司；山梨糖醇购于石家庄瑞雪制药有限公司；赤藓糖醇购于山东三元生物科技股份有限公司；海藻糖购于德州汇洋生物科技有限公司；壳聚糖购于卫康生物医药科技有限公司；木糖醇购于山东福田药业有限公司；二氧化硅干燥剂购于天津龙华诚信粉体技术有限公司。本组保湿试验使用的漆膜为新鲜制作的漆膜样品及干透后在实验室内稳定环境放置一年以上的老化漆膜样品两组对象。

工具：量筒、烧杯、滴管、刮楸、药勺、白瓷砖、样品袋、玻璃棒、有机玻璃板。

（3）试验方法

吸湿率测试方法：将以上7种糖醇类材料配成相同浓度（20%）的水溶液，使溶液温度始终处于实验室内的恒定温度。称量初始漆膜质量M_0，将漆膜样品分别浸泡于以上各溶液中，每隔120小时取出漆膜，用吸水纸吸去表面水分，称量漆膜重量，直至其完全饱水，质量不再增加，记录此时漆膜饱水的最大质量M_1，最后计算由不同种类保湿剂浸泡漆膜的吸湿率。吸湿率计算公式如下：

吸湿率 = $(M_1 - M_0)/M_0 \times 100\%$

M_0表示漆膜样品的初始质量（g），M_1表示放入保湿剂中浸泡一段时间后的漆膜质量（g）。吸湿率越大，试验材料的吸湿性能越好。每种材料的吸湿试验重复3次，结果取平均值。

保湿率测试方法：将上述7种材料配成相同浓度（20%）的水溶液，将漆膜样品分别浸泡于不同水溶液中，直至漆膜完全饱水，质量不再增加，拿出漆膜，用吸水纸吸去表面水分，称量饱水后漆膜质量M_2，将取出的漆膜样品放置于装有干微粉硅胶的低湿度干燥容器中，每间隔一段时间取出称量一次，直至漆膜重量不再变化，称量质量为M_3，计算样品漆膜干燥后的保湿率。保湿率计算公式如下：

保湿率 = $(M_2 - M_3)/M_2 \times 100\%$

M_2 表示样品浸泡保湿剂后完全饱水时的质量（g），M_3 表示经低湿干燥处理后漆膜样品的质量（g）。最终的保湿率越大，试验材料保湿性能越好。每种保湿材料的保湿试验重复 3 次，结果取平均值。

（4）试验结果

通过对 7 种糖醇材料进行初步配比浓度测试，可以发现，将壳聚糖的浓度设定为 20% 时，溶液明显难以溶解，呈现黏稠的固体团状形态，需降低其溶质质量。查阅相关文献[1]，在化工领域壳聚糖的添加量增加至 0.75% 时，其水合率便可以高于浓度为 0.1% 的保湿材料透明质酸。因此，吸湿与保湿试验中均将壳聚糖溶液浓度调整为 2% 和 5% 两个梯度，其余 6 种较易溶于水的糖醇材料浓度仍设定为 20%。

表 2-1-25 ~ 表 2-1-28 为漆膜样品的吸湿率和保湿率测试结果。由表可知，乳酸钠回软材料溶液为无色透明的液态，流动性强。漆膜样品在乳酸钠溶液浸泡 20 天后取出，用纸吸干表面水分，漆膜表面仍然干爽，不黏腻，无试剂残留，触感较柔软，新鲜漆膜样品和老化漆膜样品的吸湿率与保湿率结果均不佳。氨基葡萄糖溶液初始溶解性差（有白色粉末沉淀），放置一天后溶质逐渐溶于纯水，呈无色透明的液体，流动性强。漆膜从溶液中取出后表面干爽不黏腻，质地柔软。通过试验数据可知，经药品浸泡的老化漆膜样品保湿效果优于新鲜漆膜样品。山梨糖醇溶液为无色透明的液态，流动性强，浸泡 20 天后取出表面干爽不黏腻，无试剂残留，漆膜触感较柔软。从试验结果上看，老化漆膜样品及新制作样品的吸湿率较高，吸湿效果佳。赤藓糖醇水溶液无色透明，经浸泡的漆膜表面有黏性，轻微粘手，且漆膜表面有点状反光（可印证其成膜性）和少量试剂残留。新制作的漆膜样品吸湿率高，吸收水分效

[1] 常志英、肖立芳：《低聚壳聚糖的保湿特性及其在化妆品中的应用》，《香料香精化妆品》2011 年第 6 期，第 13 页。

表2-1-25 新鲜漆膜样品吸湿率

样品种类	初始质量（g）	吸湿后质量（g）	吸湿率（%）
乳酸钠	0.317	0.324	2.21
氨基葡萄糖	0.328	0.341	3.96
山梨糖醇	0.334	0.355	6.29
赤藓糖醇	0.317	0.336	6.00
海藻糖	0.325	0.344	5.85
壳聚糖（2%）	0.311	0.327	5.14
壳聚糖（5%）	0.339	0.361	6.49
木糖醇	0.330	0.346	4.85

表2-1-26　老化漆膜样品吸湿率

样品种类	初始质量（g）	吸湿后质量（g）	吸湿率（%）
乳酸钠	0.093	0.094	1.08
氨基葡萄糖	0.106	0.111	4.72
山梨糖醇	0.115	0.122	6.09
赤藓糖醇	0.112	0.115	2.68
海藻糖	0.134	0.138	2.99
壳聚糖（2%）	0.105	0.121	15.24
壳聚糖（5%）	0.094	0.116	23.40
木糖醇	0.108	0.108	0

表2-1-27　新鲜漆膜样品保湿率

样品种类	初始质量（g）	干燥处理后质量（g）	保湿率（%）
乳酸钠	0.324	0.315	2.77
氨基葡萄糖	0.341	0.325	4.69
山梨糖醇	0.355	0.340	4.23
赤藓糖醇	0.336	0.318	5.36
海藻糖	0.344	0.327	4.94
壳聚糖（2%）	0.327	0.306	6.42
壳聚糖（5%）	0.361	0.333	7.76
木糖醇	0.346	0.329	4.91

表2-1-28　老化漆膜样品保湿率

样品种类	初始质量（g）	干燥处理后质量（g）	保湿率（%）
乳酸钠	0.094	0.093	1.06
氨基葡萄糖	0.111	0.107	3.60
山梨糖醇	0.122	0.121	0.82
赤藓糖醇	0.115	0.113	1.74
海藻糖	0.138	0.132	4.34
壳聚糖（2%）	0.121	0.098	19.00
壳聚糖（5%）	0.116	0.092	20.68
木糖醇	0.108	0.107	0.93

果佳。海藻糖溶液呈无色透明的液态，流动性强，经多次试验，20天后配制好的溶液里均出现絮状霉菌。经浸泡的漆膜擦干后仍粘手，触感较硬，能明显看到干燥试验脱水后的漆膜从两侧翘起，对于老化样品的保湿率仅次于壳聚糖，保湿性能好。木糖醇溶液无色透明，流动性强，经20天浸泡的漆膜表面干爽不黏腻，质地较柔软，新鲜漆膜样品的吸湿能力较好，但老化样品吸湿性差。配制好的2%的壳聚糖为淡黄色胶液，有一定黏性，流动性稍差。壳聚糖浸泡20天的漆膜表面有黏性及胶液残留，溶液对于漆膜的包裹性强，且浸泡后漆膜质地柔软。老化漆膜样品的吸湿、保湿率均较高，综合保湿性能好；5%壳聚糖及2%壳聚糖与上述材料相比溶水性均稍差，但在一天后即可完全自行溶解，5%的壳聚糖水溶液为棕黄色胶液，黏性强，质地呈黏稠蜂蜜状，流动性差。经溶液浸泡的漆膜表面擦干后仍有黏性，并残留胶液，由于溶液密度大，漆膜可完全沉于水中被试剂包裹。浸泡20天后的漆膜质地柔软，吸湿、保湿能力均最强，5%壳聚糖浸泡的老化漆膜吸湿率可达23.4%，保湿率为20.68%，综合保湿性能佳。

综合以上测试结果可知，壳聚糖浸泡新鲜漆膜和老化漆膜的吸湿和保湿效果最好，山梨糖醇和赤藓糖醇溶液的吸湿与保湿性能也较突出。海藻糖对于老化漆膜的保湿效果较好，但考虑到其水溶液易产生霉斑的特点，不予以纳入后续考察范围。最终决定选用壳聚糖、山梨糖醇、赤藓糖醇三种材料继续进行下一步的回软复配试验。

3. 糖醇类与PEG200的复配正交试验设计及对比试验

（1）正交试验设计

漆膜回软的影响因素很多，如果想得到精确而全面的试验方案及试验数据则需设计尽量完整的影响因素试验表，影响因素数量设为m，相对应水平数为q，那么有多个因素的完全试验方案次数即可用n=qm来表示[1]。此种完全试验方案优点明确，即试验涵盖范围广，得到数据全面、精准度高，如此加以分析得到的结论可参考价值高，但相应的不足之处也较为明显，即所需试验次数呈指数倍增加，试验周期长，测试完成后要继续处理的数据量极为庞大。本试验引入了正交试验法，当模拟试验具有多个直接影响因素，每个影响因素又具有多个水平时，选取全面试验中的部分试验[2]，以一种合理科学的方法挑选出几个有代表性的试验代替工程量巨大的尽数全面试验，期望能以此优化常规材料筛选过程中冗杂庞大的试验方案，提升试验效率、增加试验结果的针对性[3]。正交法首先要根据正交表设计试验方案，确定影响本次研究的主要因素，再拟定不同因素的对应水平，制定试验方案进行规律性试验，得到每组试验数据后使用方差法分析试验数据及各因素对研究指标的影响程度，最终得到漆膜回软试剂组分的最佳配比方案。

正交试验方案设计中确定试验有关因素和对应水平是十分关键的环节，本研究通过查阅

---

[1] 刘瑞江、张业旺、闻崇炜，等：《正交试验设计和分析方法研究》，《实验技术与管理》2010年第9期，第52～55页。

[2] 盛永莉：《正交试验设计及其应用》，《济南大学学报》（综合版）1997年第3期，第69～73页。

[3] 郭梦琴、姜建文、黎泓波：《正交试验法探究葡萄糖还原氢氧化铜实验的最佳条件》，《化学教与学》2022年第9期，第86～90页。

漆器文物保护修复实践中关于漆膜回软材料使用的文献材料，确定试验因素和试验水平，以减少试验的盲目性。最终选择的4个因素分别是PEG200（A）、赤藓糖醇（B）、山梨糖醇（C）、壳聚糖（D），每个因素都对应3个水平，其中PEG200的三个水平为浓度20%、30%、40%；赤藓糖醇三个水平为浓度10%、15%、20%；山梨糖醇三个水平为浓度10%、15%、20%；壳聚糖三个水平为浓度2%、3%、5%，最终得到的正交试验因素水平表（表2-1-28）及$L_9(3^4)$正交试验设计表（表2-1-30）如下。

（2）试验方法

①显微观察。

使用日本KEYENCE超景深三维显微镜在不同放大倍数（50～200倍）下，观察漆膜剖面结构、老化前后漆膜表面显微形貌等状态的变化。对比未经处理的原始漆膜样品与模拟制作的老化漆膜样品经过不同回软配方浸泡相同时间后的状态。观察干燥处理后漆膜表面孔隙与光泽度的变化，以及正交试验设定的9组回软材料配方作用于漆膜表面展现出的不同效果。

②吸湿及保湿试验。

吸湿率测试方法：根据正交试验表配制成由不同药品及浓度组成的回软材料测试组1～9，并使溶液温度始终处于实验室内的恒定温度。将脱水卷曲的漆膜样品浸泡于试剂中，每隔120小时取出漆膜，用吸水纸吸去表面水分，称量漆膜重量，直至漆膜完全饱水，质量不再增加，记录浸泡不同溶液漆膜最大吸收溶液的重量。吸湿率计算公式如下：

吸湿率 = $(M_1 - M_0)/M_0 \times 100\%$

M_0表示样品初始质量（g），M_1表示放入回软材料中浸泡一定时间后样品的质量

表2-1-29　正交试验因素水平表

编号	A：PEG200/%	B：赤藓糖醇/%	C：山梨糖醇/%	D：壳聚糖/%
1	20	10	10	2
2	30	15	15	3
3	40	20	20	5

表2-1-30　$L_9(3^4)$正交试验设计表

编号	A	B	C	D
1	1	1	1	1
2	1	2	2	2
3	1	3	3	3
4	2	1	2	3
5	2	2	3	1
6	2	3	1	2
7	3	1	3	2
8	3	2	1	3
9	3	3	2	1

（g）。吸湿率越大，试验材料的吸湿性能越好。

保湿率测试方法：将完全饱水的漆膜样品从1～9号回软材料中取出，用吸水纸吸去表面水分，称量饱水漆膜质量，再把漆膜样品放置于装有干微粉硅胶的低湿度干燥容器中，每间隔一段时间取出称量一次，直至漆膜重量不再变化，自然干燥，计算经1～9号回软材料浸泡后经硅胶吸湿后的漆膜保湿率。保湿率计算公式如下：

保湿率 = $(M_2 - M_3)/M_2 \times 100\%$

M_2表示样品浸泡饱水时的质量（g），M_3表示经低湿干燥处理后样品的质量（g）。保湿率越大，试验材料的保湿性能越好。

③漆膜回软后可维持时间测试。

将回软后的漆膜夹持在透明有机玻璃板中进行塑形处理，使用透明材料利于实时观察漆膜形态的动态变化。待自然干燥且平整后撤掉覆盖材料放置于常温常湿环境中，观察其柔软程度的变化以及柔软效果可维持的最长时间。记录漆膜平展状态的变化以及可维持时长，以衡量正交试验中拟定不同组分回软试剂回软保湿效果的性能差异。

④漆膜拉伸强度测试。

拉伸强度测试是表现在外力作用下，样品能抵抗形变和破坏的最大能力的重要指标，测试漆膜回软前后力学性能的差异变化，以考察不同组分回软材料对劣化漆膜韧性的改变。使用 YT-WL SERIES 卧式电脑拉力仪（杭州研特科技有限公司）分别对劣化漆膜原样和经不同组分回软材料（编号 1～9）浸泡后的老化漆膜样品所能承受的最大拉伸强度进行力学测试。将漆膜样品两端固定在夹具（A/TG）上，进行横向拉伸强度测试，以 0.30mm/min 的速度均匀拉开，拉伸距离为 8cm。记录拉伸过程中的（力—距离）曲线，过程中漆膜断裂时的最大拉伸力即漆膜的抗形变和破坏的能力，测试 5 个平行样品，结果取平均值。

⑤色差分析。

色差可以清晰反映漆膜样品在回软材料浸泡前后的颜色变化。使用三恩时（3nh）NR200 便携式色差仪，光源 LED 蓝光激发，光源采用色温为 6504K 的正常日光（D65），观察角度 CIE10°；测量孔径 Φ8mm；反射分辨率：0.001%；测量光谱范围：400～740nm，每隔 10nm 按键测定。正式测量前使用专用白板进行仪器校正，每种样品选取三个测量点，重复测量 5 个平行样，分别对比漆膜原样的亮度 L^*、红绿对比度 a^*、黄蓝对比度 b^*，和经不同回软试剂浸泡后漆膜样品的颜色偏向 ΔL^*、Δa^*、Δb^*，并比较总色差 ΔE 值。由此考察回软材料对漆膜表面颜色改变的影响。

⑥抗皱缩性能评估。

试验评估基于不同特性生漆层对水分子反应不同的特点。方法为：先用吸水纸吸干浸泡过保湿剂的漆膜表面残余溶液，并观察漆膜是否平展；再给漆膜表面滴加去离子水，观察其形状是否发生变化。不平展、滴水后发生形变，即无抗皱缩效果，记为"-"，相反则有抗皱缩效果，记为"+"。

（3）试验结果与小结

①显微观察结果。

使用超景深显微镜拍摄并观察未经处理的新鲜漆膜样品，可以看到此时漆膜质地均匀，表面光滑，有少量微小气孔（图 2-1-76），推断可能是由于生漆在固化成膜后内部存在的部分自由水在干燥环境中逐渐蒸发，在漆膜表面留下圆形孔洞。随后将漆膜样品放置在盛有干微粉硅胶的低湿度密闭容器中使其失水脆化，再次对脆化漆膜进行放大观察可以发现，经过干燥后的漆膜表面仍然较为致密、平整，但出现了少量划痕和微小气孔（图 2-1-77）。

图 2-1-76 老化前原始漆膜样品（100×）

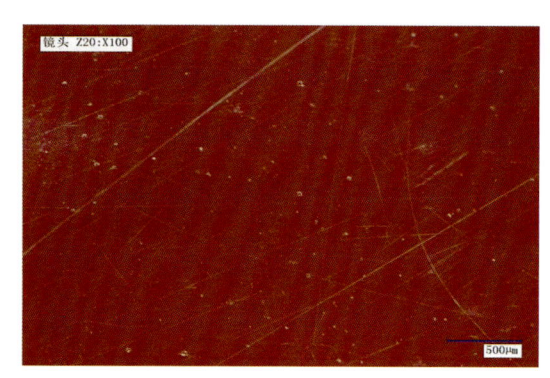

图 2-1-77 老化后漆膜样品（100×）

图 2-1-78 编号 1 浸泡后漆膜（200×）

图 2-1-79 编号 2 浸泡后漆膜（200×）

图 2-1-80 编号 3 浸泡后漆膜（200×）

将干燥后的 9 份漆膜样品分别浸入编号 1～9 的回软材料配方中，再次比对回软处理后漆膜表面产生的变化。放大 200 倍可以看到，经过编号 1 的回软材料配方浸泡 10 天后的漆膜表面形成一层致密的膜状物，较均匀地覆盖在原始漆层之上，可观察到少许未被药品完全覆盖的孔洞（图 2-1-78）；编号 2 回软材料浸泡后的漆膜表面形成一层不太均匀的薄膜，覆盖力弱、包裹性稍差，显微镜下仍可看到漆层仍有些并未被回软材料保护到的裸露部分（图 2-1-79）；经 3 号回软材料浸泡后的漆膜表面较均匀地覆盖着质地紧密的保护膜，膜层较厚，可在一定程度上遮盖原始漆膜颜色，几乎没有气孔分布（图 2-1-80）；4 号回软材料处理后的漆膜表面形成一层透明且反射光能力强的薄膜，膜层较薄，覆盖范围不均匀且含有大量未被药品遮盖的孔洞（图 2-1-81）；通过 200 倍显微镜下观察经编号 5 试剂浸泡后的漆膜可以发现，表面形成质地较为粗糙且不均匀的保护膜，膜层较厚，颜色偏白且中间区域分布有大量气泡（图 2-1-82）；编号 6 漆膜表面覆盖的保护膜相较其他样品最为细腻，也最为均匀，同时观察范围内几乎没有明显的气孔或裂纹（图 2-1-83）；经编号 7 回软材料浸泡 10 天后的漆膜表面形成了一层透亮薄膜，质地均匀但气泡和未被覆盖上的圆形孔隙也较多（图 2-1-84）；8 号回软材料回软后的漆膜表面左右两侧包裹着一层类似磨砂层的白色物质，质地细密，分布较均匀，但中间部分膜层薄且透明，夹杂着许多大气泡（图 2-1-85）；9 号回软材料浸泡后的漆膜样品放大 200 倍后可看到表面有一层较厚的保护膜，通过超景深显微镜可以明显看出覆盖在样品上的膜层呈雾面状，较为粗糙，分布不均匀并出现多条裂隙和不规则孔洞（图2-1-86）。总体来看，经过回软材料浸泡后的脆化漆膜表面都形成了一层或为雾面磨砂，或为透亮反光的保护物质，其中1、3、6号膜层较为均匀，对漆膜的覆盖和包裹性强，4、5、7、8号漆膜样品表面均出现气泡和露出底漆的孔洞，说明回软材料的黏性较弱，不能完全滞留于样品表层，形成的保护膜也不太均匀，其中4、7号样品漆层光亮，从回软材料中取出并擦干后的漆膜表面留有一层光滑、透明的保护膜，比未经处理的对照脆化漆膜更

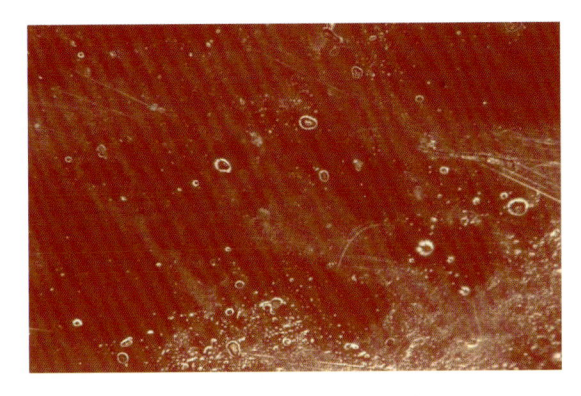

图 2-1-81 编号 4 浸泡后漆膜（200×）

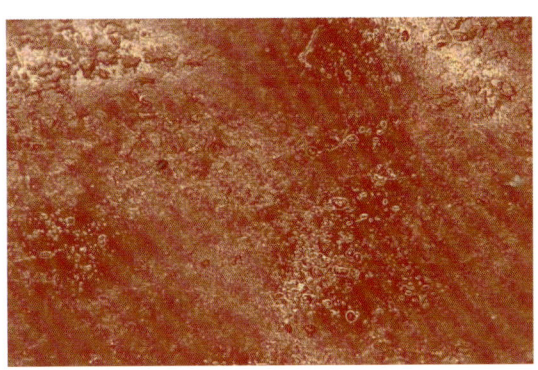

图 2-1-82 编号 5 浸泡后漆膜（200×）

图 2-1-83 编号 6 浸泡后漆膜（200×）

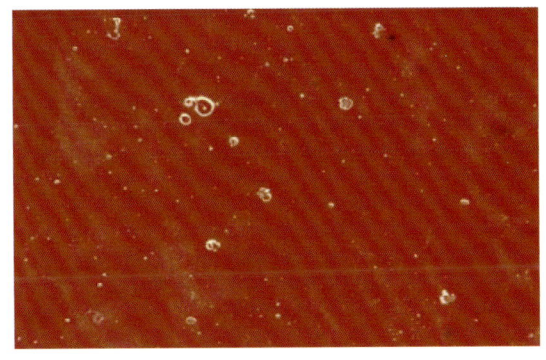

图 2-1-84 编号 7 浸泡后漆膜（200×）

图 2-1-85 编号 8 浸泡后漆膜（200×）

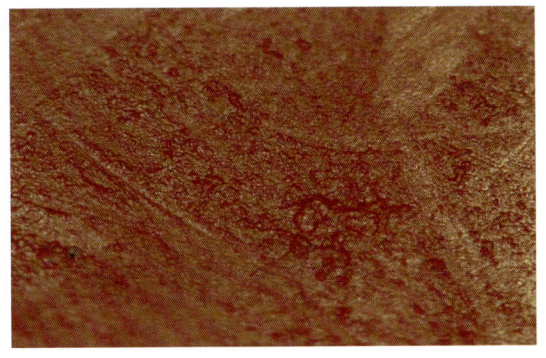

图 2-1-86 编号 9 浸泡后漆膜（200×）

表2-1-31　试验漆膜吸湿与保湿结果

编号	初始质量（g）	吸湿后质量（g）	吸湿率（%）	初始质量（g）	干燥后质量（g）	保湿率（%）
1	0.295	0.298	1.01	0.298	0.285	4.36
2	0.325	0.326	0.30	0.326	0.312	4.29
3	0.329	0.340	3.34	0.340	0.326	4.11
4	0.319	0.324	1.56	0.324	0.313	3.51
5	0.250	0.257	2.80	0.257	0.239	7.00
6	0.351	0.363	3.41	0.363	0.351	3.30
7	0.296	0.307	3.71	0.307	0.287	6.51
8	0.297	0.320	7.74	0.320	0.291	9.06
9	0.334	0.346	3.59	0.346	0.330	4.62

加光亮，且未见明显划痕，证明回软材料可渗透到漆膜内部，起到一定填充作用。

②保湿试验结果。

通过老化漆膜保湿测试可以看到（表2-1-31），回软材料编号8的吸湿率最高，漆膜质量增加也最多，吸湿率达到7.74%。编号7、编号9、编号6、编号3的回软材料配方浸泡后的漆膜吸湿率都在3%以上，吸收水分能力好，漆膜质量也有所增加。漆膜完全饱水后将其从编号1～9的回软材料中取出，放置在实验室常温常湿环境中，使其逐渐干燥，每隔24小时测量漆膜样品质量，直至质量不再改变。

10天后测得编号4、编号6漆膜样品的保湿率皆在4%以下，分别为3.51%和3.30%，失水质量与漆膜原始质量之比偏低，经这两种配方浸泡过的漆膜样品在干燥环境中保湿效果差；编号8、编号5、编号7的漆膜样品失水质量与原始质量之比较高，保湿率分别为9.06%、7.00%、6.51%。此外，这几种组合而成的回软材料配方保湿效果大多优于上述回软材料初筛保湿试验中单种回软材料的保湿效果，也证明药品组合优势明显。综合看来，回软材料配方7（40%PEG200+10%赤藓糖醇+20%山梨糖醇+3%壳聚糖）、配方8（40%PEG200+15%赤藓糖醇+10%山梨糖醇+5%壳聚糖）的吸湿率与保湿率均较高，经浸泡后的漆膜对环境中水分吸收和保存能力强，内部分子结构锁水力强，保湿剂中的水分子及小分子药品可充分填充漆膜孔隙，随之增大漆膜分子间距离，分散孔隙应力，可恢复并在一定程度上提高劣化漆膜的平展度与柔韧性。

③漆膜回软后可维持时间测试结果。

由试验结果可知，取出在回软材料中浸泡长达7天的漆膜样品（图2-1-87），擦干水分后部分呈现自两边向中间翘起状态，其中5、6、8、9号样品形变明显。但经回软材料浸泡后的老化漆膜已经恢复一定韧性，覆盖上有机玻璃板使其展平不会造成漆膜的断折或破碎。待漆膜干透后（约2天）去除玻璃板即可得到平展的待测样品（图2-1-88）。通过记录漆膜每天的舒展状态可以发现，压平的漆膜样品随着后期与试验环境中水分交换，自身水分缓慢蒸发，部分漆膜样品出现两侧的起翘弯曲。去除外力施压7天后（图2-1-89），4、8、9号试样单边明显向内翘起，其余变化不明显。去除有机玻璃板14天后（图2-1-90），9个漆膜样品都有不同程度的翘起，1、2、4、6、9号样两侧皆向中心抬升，与水平线夹角为30°～45°，20天后翘曲状态没有继续变化。

观察漆膜经回软材料浸泡取出后置于常温常湿环境，20天后柔韧性的变化情况，设定图2-1-91为未经处理的漆膜对照样，发现其仅能达到轻微弯曲形变状态，即可达到弯曲状态Ⅰ，继续施压会造成漆膜的折断。弯曲状态Ⅱ、Ⅲ、Ⅳ为经回软材料浸泡后漆膜可形变的最大幅度依次递增的示例图（图2-1-92～图2-1-94）。在9组测试样品中，编号1、2、6号样品的最大弯曲幅度为状态Ⅱ，柔韧性一般，用手弯折可达到轻微形变，继续用力便会折断；编号3、4、7、8号样品柔韧性稍好，能达到弯曲状态Ⅲ，用手捏住漆膜两端施力可使样品接近重叠；编号5、9样品的柔软度最佳，可达到弯曲状态Ⅳ，用手弯折漆膜两端完全重合，且不易折断。在文物保护实际操作中漆膜在回软处理后能够保

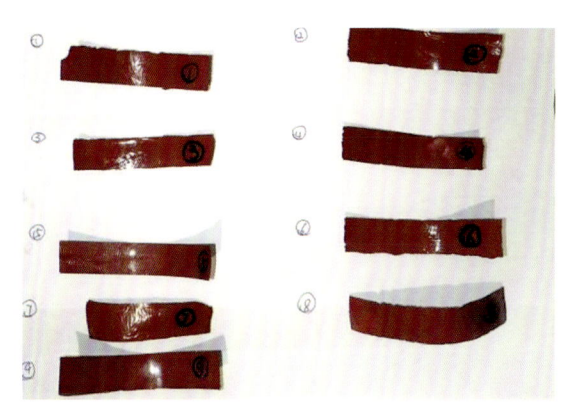

图2-1-87 漆膜样品从回软材料中取出状态

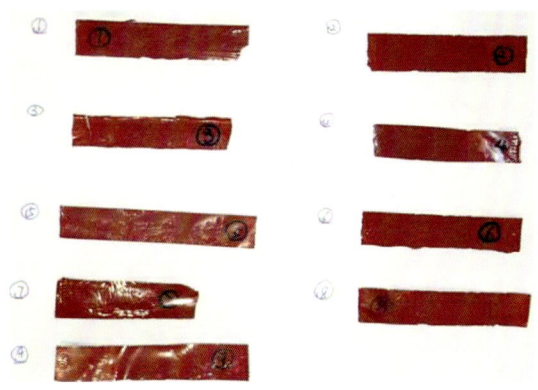

图2-1-88 透明有机玻璃板压平2天状态

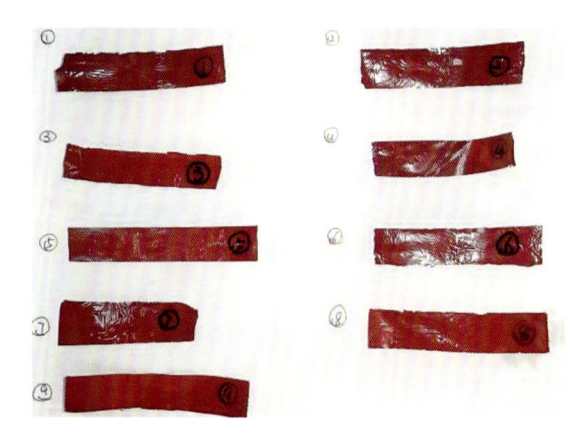

图2-1-89 去除玻璃板压覆7天状态

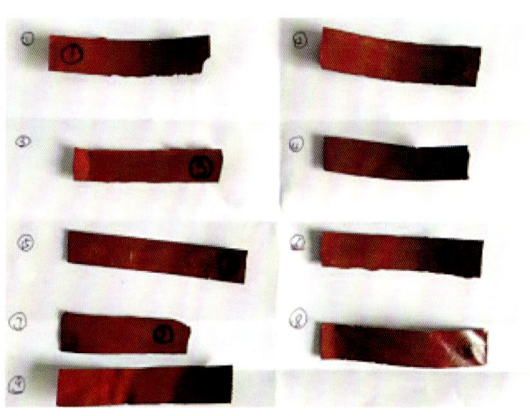

图2-1-90 去除玻璃板压覆14天状态

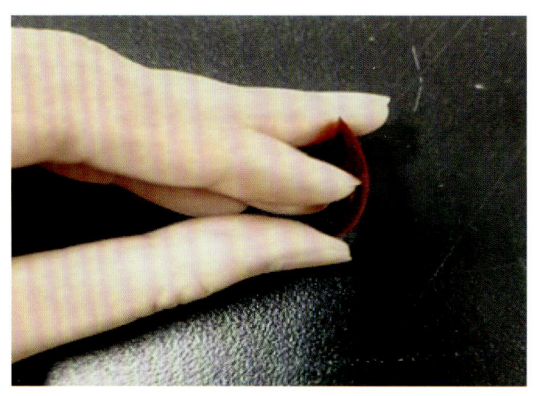

图 2-1-91 弯曲状态 I

图 2-1-92 弯曲状态 II

图 2-1-93 弯曲状态 III

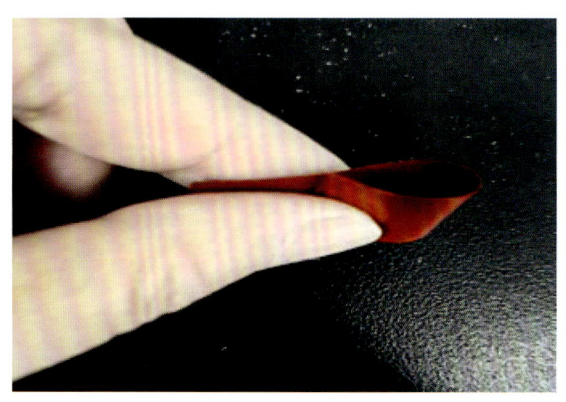

图 2-1-94 弯曲状态 IV

持舒展平整以及良好柔韧性的时间越长，越有利于回贴修复操作的进行。

④漆膜拉伸强度测试结果。

为更清晰显示试验配制回软材料作用于老化漆膜的回软效果，测试对比不同组分回软材料处理漆膜样品前后的拉伸强度。操作时使用卧式拉力仪夹住样品两端，令漆膜条展平，匀速拉伸样品取得漆膜自中间断裂时所能承受的最大拉力值。结果见表2-1-32。

从表中可以看出，未做回软保湿处理的对照组漆膜样品拉伸强度为20.1N，而经过正交试验设计得到的回软材料配方1～9号浸泡后的单层漆膜样品，除编号3、5外，可承受最大拉伸强度大多在20N以上，高于未经处理的漆膜对照样，回软增韧效果较明显。其中，经回软材料组分编号1、4、9浸泡后的漆膜横向拉伸从中间断裂时，最大可承受拉力甚至能达到漆膜对照组可承受最大拉伸强度的1.7倍，即可以说明正交试验设计的配方编号1（20%PEG200+10%赤藓糖醇+10%山梨糖醇

表2-1-32 漆膜回软拉伸强度测试结果

编号	对照组	1	2	3	4	5	6	7	8	9
拉力（N）	20.1	48.4	27.0	14.5	37.9	18.4	27.7	23.9	21.4	34.8

+2%壳聚糖）、配方编号4（30%PEG200+10%赤藓糖醇+15%山梨糖醇+5%壳聚糖）、配方编号9（40%PEG200+20%赤藓糖醇+15%山梨糖醇+2%壳聚糖）组成的回软保湿剂皆能够达到使劣化漆膜回软增韧的良好效果。

⑤色差分析结果。

试验选取9份漆膜样品，在未经任何处理前使用色差仪检测漆膜色差 $L*$、$a*$、$b*$ 值，将样品分别浸入配制好的回软材料编号1～9中，放置10天后取出漆膜样品，擦干表面残留溶液，再使用色差仪测量浸泡后漆膜颜色变化，结果见表2-1-33。

根据上表可知，经过回软材料编号3（20%PEG200+20%赤藓糖醇+20%山梨糖醇+5%壳聚糖）、编号5（30%PEG200+15%赤藓糖醇+20%山梨糖醇+2%壳聚糖）、编号6（30%PEG200+20%赤藓糖醇+10%山梨糖醇+3%壳聚糖）浸泡后的漆膜试样与标样总色差变化不明显，ΔE 值分别为0.38、0.24、0.44。经回软材料编号1（20%PEG200+10%赤藓糖醇+20%山梨糖醇+2%壳聚糖）、编号4（30%PEG200+10%赤藓糖醇+15%山梨糖醇+5%壳聚糖）、编号9（40%PEG200+20%赤藓糖醇+15%山梨糖醇+2%壳聚糖）浸泡后的漆膜样品相比未经处理的漆膜总色差变化明显，ΔE 值分别为4.51、5.63、4.70，说明使用这几种配方后会极大改变原有的漆膜颜色，肉眼即可清晰识别，不符合文物保护修复中尽量不改变文物原貌的基本原则，因此，在漆膜的回软处理操作中不宜使用。

⑥抗皱缩性能评估结果。

将经回软材料浸泡后的1～9号漆膜样品放置在实验室常温常湿（温度25℃，湿度36%）的稳定环境中缓慢干燥，在表面使用滴管滴三滴体积相同的去离子水，继续放置于稳定环境，分别在24小时、72小时后观察随着表面水分的流失，漆膜随之发生的形变情况（见图2-1-95～图2-1-98）。根据上图可以对比看出，编号1、2、3、5号回软材料配方浸泡过的漆膜在滴加水分后，水渍表面范围出现了一定程度的皱缩形变，与漆膜原始样品对比有明显舒展状态上的差别；而编号为4、6、7、8、9号的漆膜样品经滴加水分后性状改变不明显，有些漆膜如：7号和9号样品甚至比未

表2-1-33　漆膜回软处理后色差变化

编号	处理方式	$L*$	$a*$	$b*$	ΔE
1	浸泡前	7.95	64.50	7.98	4.51
	浸泡后（Δ）	-0.18	4.49	0.34	
2	浸泡前	7.99	65.21	8.70	3.75
	浸泡后（Δ）	-0.04	-3.60	-1.05	
3	浸泡前	7.98	66.23	8.77	0.38
	浸泡后（Δ）	-0.13	-0.04	-0.36	
4	浸泡前	7.95	66.97	8.74	5.63
	浸泡后（Δ）	-0.04	5.42	1.51	
5	浸泡前	7.95	67.35	8.58	0.24
	浸泡后（Δ）	-0.14	-0.04	-0.19	
6	浸泡前	7.95	66.21	8.60	0.44
	浸泡后（Δ）	-0.11	0.38	-0.18	
7	浸泡前	7.95	66.83	8.92	2.73
	浸泡后（Δ）	-0.22	-2.18	-1.63	
8	浸泡前	7.91	66.04	8.30	3.34
	浸泡后（Δ）	-0.24	-2.94	-1.56	
9	浸泡前	7.96	66.30	8.61	4.70
	浸泡后（Δ）	-0.18	-4.50	-1.34	

图 2-1-95 漆膜原始样品

图 2-1-96 漆膜表面滴加去离子水后样品

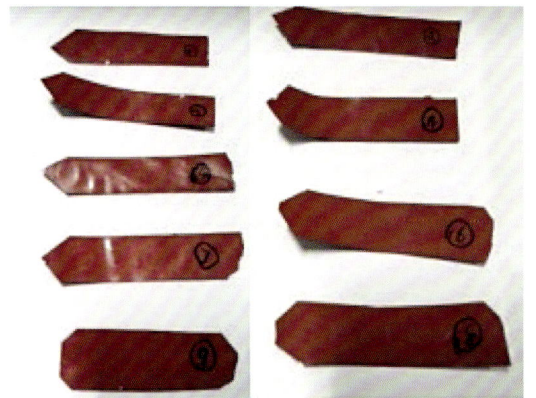

图 2-1-97 滴水 24 小时后漆膜变化

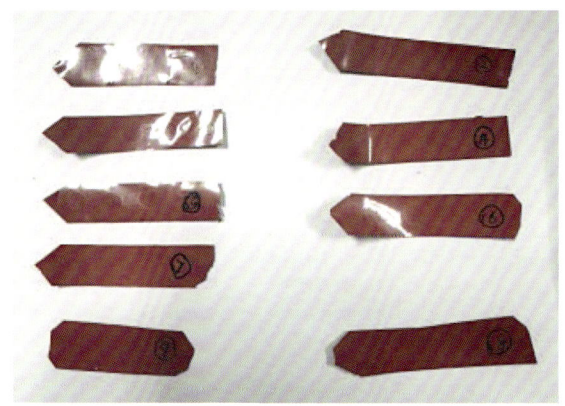

图 2-1-98 滴水 72 小时后漆膜变化

作处理的原始样更加平整、舒展，说明这几种回软材料配方浸泡后的漆膜抗皱缩性能优异，对所处环境的敏感度低，不易因湿度剧烈变化而出现表面形状的改变，将处理后的部分漆膜应用于劣化脱落漆膜的复原回贴工作中也会降低在后续保存时出现干缩，与整体漆器文物发生分离的可能。

⑦正交试验分析结果。

在回软材料体系中，使漆膜产生吸湿性和力学强度的主导因素有待研究。采用方差分析分别考察回软材料配方中各材料对模拟漆膜样品的吸湿率和拉伸强度的影响大小。将总变动平方和拆分为因素变动平方和及误差变动平方和两部分，计算出因素的平均变动与误差的平均变动，用 F 检验法（FDIST 函数）得到 P 值对因素进行显著性检验。自由度 = 因素水平 -1，F= 因素均方差 / 误差均方差，由统计学的知识可知，P 值即概率，反映某一事件发生的可能性大小。当 P 值小于 0.01 时，则可认为该系数对应的变量对试验结果影响非常显著（**），如果 $0.01 < P < 0.05$，则可认为该系数对应的变量对试验结果影响显著（*）。P 值越小，因素对结果变量的影响就越大。表 2-1-34 为漆膜吸湿率方差分析结果。可见，对比各种糖醇材料来说，PEG200 对吸湿率大小有着显著的影响。

表2-1-34　漆膜吸湿率方差分析结果

因素	平方和	自由度	F	P值
PEG200	18.949	2	1	0.037*
赤藓糖醇	4.17	2	0.22	0.478
山梨糖醇	7.747	2	0.409	0.69
壳聚糖	6.078	2	0.321	0.353

表2-1-35　漆膜拉伸强度方差分析结果

因素	平方和	自由度	F	P值
PEG200	16.229	2	1	0.875
赤藓糖醇	343.316	2	21.154	0.148
山梨糖醇	389.082	2	23.974	0.193
壳聚糖	147.209	2	9.071	0.733

图 2-1-99 浸泡法处理漆膜样品

表2-1-35为漆膜拉伸强度方差分析结果。各回软材料组成材料的影响值 P 值均未表现出显著性（$P < 0.05$），可见不同样品对于拉力结果影响区别较小。整体看来，四个回软材料因素对拉力试验结果由大到小为山梨糖醇＞赤藓糖醇＞壳聚糖＞PEG200。

4. 不同回软方法对比试验

根据本研究的相关试验，得到经回软材料处理前后漆膜外观变化、保湿能力、色差变化、可承受最大拉力、舒展状态可维持时间、抗皱缩能力以及正交试验数据分析这 7 个维度指标结果，筛选出试验结果中吸湿保湿能力最强、力学性能较好回软材料组合。其中，编号 7 与编号 8 回软材料组合的吸湿率与保湿率均较高，保湿性能好，在拉力测试中可承受的最大拉伸力为 23.9N、21.4N，也处于中等水平，色差测试中 ΔE 值分别为 2.73、3.34，在可接受色差改变范围之内，由此拟定这两组入选最终回软方法测试的试剂配方。按照配方配制回软试剂，以漆膜可弯曲程度、起效时间和可维持柔软时长为指标，进一步研究浸泡、喷涂和湿敷三种回软处理方法的优劣。

（1）浸泡法

浸泡法通常适用于干缩、起翘严重，完整性较好的脱落漆膜样品进行回软处理。浸泡过程中液温可保持在 40℃，加热浸泡促进回软材料在脆化漆膜内部的渗透和扩散。操作方法：直接将漆膜样品充分浸泡于回软材料配方 7、配方 8 中，水浴加温，使药品温度保持恒定（见图 2-1-99），试验时长 2 天。

（2）喷涂法

喷涂法通常适用于较大型漆器文物（如此次研究对象明净德寺遗址出土描金彩绘漆棺）的长期保护与修复，定期喷涂回软试剂可使漆器始终维持在湿润状态，控制文物表面湿度，减缓漆膜外部水的蒸发，为文物保护者的修复工作留出时间，或可用于对脱水、皱缩情况不太严重的漆器文物表面进行局部处理或预防性保护。操作方法：将配制好的回软材料配方 7、8 倒入喷孔细密的喷壶中，使用喷壶均匀喷洒到漆膜表面（见图 2-1-100），每隔 6 小时补喷一次回软材料，试验时长为 2 天。

（3）湿敷法

一些出土的漆器文物漆膜表面出现的裂隙病害严重或有大面积脱落，则可采用直接涂敷回软材料的处理方法，但处理时间及周期可能较长。除用作一次性处理外，湿敷法还适用于小块漆皮的回贴操作过程中的保湿，在已浸泡处理好的漆膜表面再次少量涂敷回软材料，可延长漆膜的回软效果，为文物的修复操作争取更多时间。操作方法：使用浸泡过 7 号、8 号回软材料的湿布充分覆盖、包裹住漆膜样品，外层再叠加保鲜膜减少药品的蒸发（见图 2-1-101、图 2-1-102），试验时长为 2 天。

使用浸泡法的回软材料编号 7、回软材料编号 8 处理漆膜样品（见图 2-1-103、图 2-1-104），经过 2 天回软后可弯曲幅度大，尤其是样品 8 几乎可以达到两端重合，漆膜韧性强，浸泡 1 天后柔软程度可见明显改变并能维持 2 周时间；使用喷涂法的回软材料编号 7、编号 8 处理的漆膜样品（图 2-1-105、图 2-1-106）经过 2 天时间才可从脆硬状态变得柔软，两个样品最大弯曲程度可达到可弯曲状态Ⅱ的轻微形变，柔软状态可维持时间一般，但两个样品吸湿率俱佳，最大吸水质量高；使用湿敷

图 2-1-100 喷涂法处理漆膜样品

图 2-1-101 湿敷法处理漆膜样品

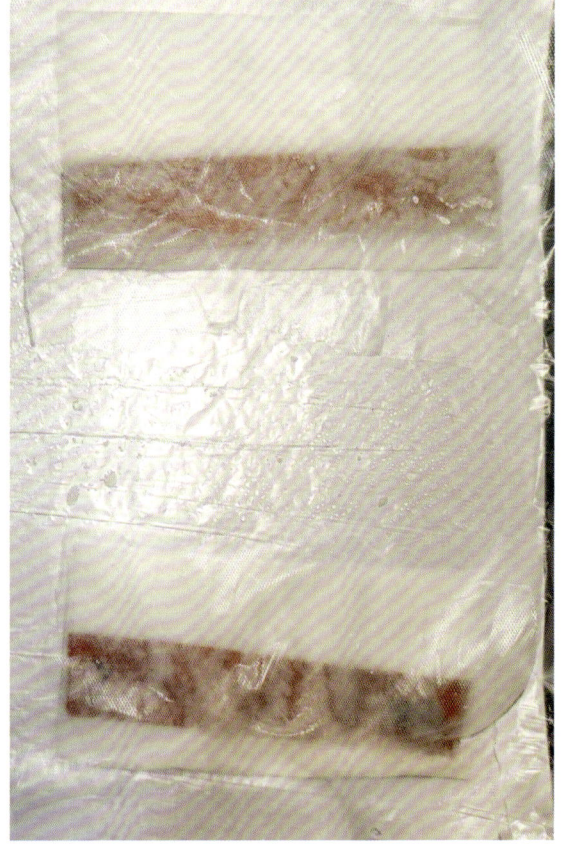

图 2-1-102 湿敷法表面覆盖保鲜膜

第一章 应急性保护方案的确定及预试验研究

图 2-1-103 浸泡法处理漆膜样品 7

图 2-1-104 浸泡法处理样品 8

图 2-1-105 喷涂法处理漆膜样品 7

图 2-1-106 喷涂法处理漆膜样品 8

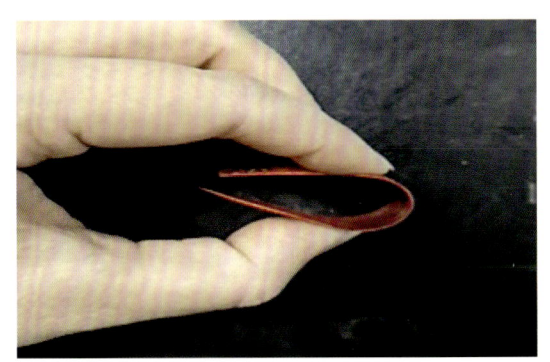

图 2-1-107 湿敷法处理漆膜样品 7

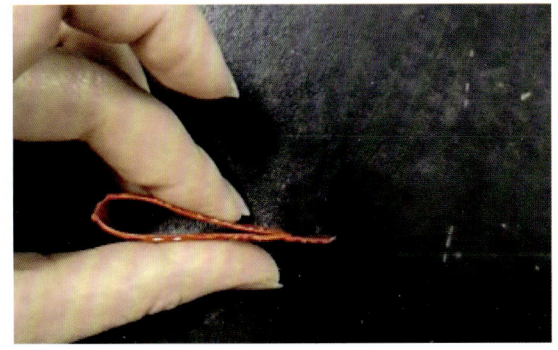

图 2-1-108 湿敷法处理漆膜样品 8

法的回软材料编号 7、编号 8 回软的漆膜样品（见图 2-1-107、图 2-1-108）回软效率高，仅需 1 天便可使漆膜挠曲性有所增强，最大弯曲幅度大，分别达到弯曲状态Ⅲ、状态Ⅳ，弯折后重叠半径值极低，且能够保持柔软状态较长时间，漆膜吸湿率中等。

表 2-1-36 和表 2-1-37 分别为漆膜不同回软处理方法效果和漆膜回软处理后质量变化对比。总体看来，浸泡法用于漆膜回软的效果最好，湿敷法次之，喷涂法效果较差；配方编号 8 的回软材料相较于回软材料编号 7，更能达到使脆化漆膜回软保湿的最终目的。

表2-1-36 漆膜不同回软处理方法效果对比

处理方法	浸泡法		喷涂法		湿敷法	
试剂编号	7	8	7	8	7	8
起效用时	1天	1天	2天	2天	1天	1天
维持时长	14天	14天	7天	7天	14天	14天
可弯曲程度	可弯曲状态Ⅲ	可弯曲状态Ⅳ	可弯曲状态Ⅱ	可弯曲状态Ⅱ	可弯曲状态Ⅲ	可弯曲状态Ⅳ

表2-1-37 漆膜回软处理后质量变化

样品	方式	原质量（g）	处理后质量（g）	吸湿率（%）
编号7	浸泡	0.896	0.915	2.12
	喷涂	0.744	0.752	1.07
	湿敷	1.001	1.031	2.99
编号8	浸泡	1.001	1.038	3.69
	喷涂	0.997	1.001	0.40
	湿敷	0.895	0.909	1.56

5. 结论

本研究从北京石景山净德寺遗址地区考古出土的明代朱地描金彩绘漆棺入手，针对该文物表面部分脆化漆膜卷曲、脱落、机械强度大幅降低，无法进行漆膜回贴复原的实际问题延伸开来，通过文献调研及初步筛选，将多种保湿回软材料进行复配，最终找到可使劣化漆膜恢复舒展、柔韧且尽量长时间保持最佳状态的回软材料配方。具体研究结论如下。

（1）通过吸湿率和保湿率试验，对乳酸钠、氨基葡萄糖、山梨糖醇、赤藓糖醇、海藻糖、壳聚糖、木糖醇这7种糖醇类材料进行初步筛选。可知赤藓糖醇分子量较小，容易进到漆膜内部填充分子孔隙，改善并提升脆化漆膜的可塑性，阻断水分流失，溶液的吸湿与保湿性能突出；经山梨糖醇浸泡后的新鲜及老化漆膜对水溶液的吸收能力均较强；壳聚糖水溶液质地呈胶状液态，对漆膜样品具有良好的表面附着力和包裹性，吸湿和保湿效果均较好。因此，决定选用赤藓糖醇、山梨糖醇、壳聚糖这三种材料继续进行下一步回软配方组分的正交组合试验。

（2）通过正交试验和方差分析法探讨PEG200、赤藓糖醇、山梨糖醇和壳聚糖9种配方组合的回软保湿性能。根据显微观察、漆膜保湿性能测试、拉伸强度测试、色差分析、抗皱缩性能、弯曲状态分析等试验评估各种回软材料的性能优劣，筛选出适用于漆膜回软保湿的最佳材料与配方，并对比经浸泡、喷涂、湿敷三种方法施加回软试剂后脆化漆膜的回软效果。结果表明，使用40%PEG200+15%赤藓糖醇+10%山梨糖醇+5%壳聚糖配制而成的回软材料配方对于劣化漆膜的保湿效果较好、机械性能显著增强，且处理后漆膜颜色改变不明显，能够达到预期效果。方差分析表明PEG200对漆膜的吸湿性能起着显著影响，对漆膜的力学性能影响显著性由大到小为山梨糖醇＞赤藓糖醇＞壳聚糖＞PEG200。浸泡法作用于漆膜回软的效果最佳，起效时间短，维持时间在14天以上，可作为出土漆器起翘漆膜回软保湿的优选方法。

第二章
保护修复实施情况

第一节

环境控制——高湿可控气密帐的建立

漆棺深埋于地下时，由于地下水中酸碱盐及生物因素等的影响，原木质中的纤维素、半纤维素和木质素等化学成分发生了显著的变化，部分纤维组织结构断裂，木材发生糟朽，漆皮与胎体间的胶结物质老化流失，漆皮降解产生裂缝，器物已经丧失了原有的机械强度。墓室一旦开启后，阴暗、少氧、低温、高湿的稳定储存环境被瞬时打破。环境温湿度等的突变会对已经严重降解的漆棺产生致命的破坏。特别是北方地区外界环境湿度较低，极易引起器物变形，漆皮迅速起翘、脱落。急需营造一个独立"湿度可控、稳定"的储藏微环境，达到延缓漆棺主要病害持续性发展，实现下一阶段彩绘漆棺保护修复方案实施前的平稳过渡。

1.1 设计思路及理念概述

因为时间紧迫，保护工作组计划为出土漆棺创造一个独立"湿度可控、稳定洁净"的应急性储藏微环境。拟将出土棺椁移入一个 39.6m³ 的"柔性气密帐"内，采用等焓控湿方式，通过帐篷外部的控湿检控装置对干空气进行加湿，再将湿度适宜的湿空气送入帐篷内，进而确保帐篷内湿度的稳定性、均匀性，同时避免棺椁漆膜表面形成水珠。通过精确调控空间内的湿度，以维持木质棺椁的形稳性，使出土文物得到完好保存。

为保证棺椁能够实现安全均匀脱水，设计了加湿量可调的等焓控湿工艺，当相对湿度设定值在 65%～95% 时，系统启动超声波雾化器，配合管路加湿方式对柔性帐进行加湿，使帐内的湿度能够较快满足使用需求；当相对湿度设定值 ≤ 65% 时，系统自动调小加湿量，仅采用管路加湿方式进行调湿。

采用手动调控模式对帐篷内湿度进行调控的部分试验数据参见表 2-2-1～2-2-3。当湿度加至 95%RH 后停机，转入维持阶段，帐内湿度基本稳定。在试验期间，未发现顶部冷凝水，帐内壁干爽无水凝结，仅地面有少量的水。

表2-2-1 柔性帐篷控湿检控试验数据（一）

序号	日期	时间	湿度(%RH)	温度（℃）	备注
1	2018/3/30	16:52:23	27.7	19.3	开始加湿
2	2018/3/30	17:02:23	72.7	17.3	
3	2018/3/30	17:12:23	90.5	15.7	
4	2018/3/30	17:22:23	93.7	15.7	停机
5	2018/3/30	17:32:23	94.7	16.2	以下为停机维持阶段
6	2018/3/30	18:02:23	95.6	16.8	
7	2018/3/30	18:32:23	95.9	16.8	
8	2018/3/30	19:02:23	96.1	16.8	
9	2018/3/30	19:32:23	96.2	16.8	
10	2018/3/30	20:02:23	96.1	16.8	
11	2018/3/30	20:32:23	96.1	16.7	
12	2018/3/30	21:02:23	96.0	16.7	
13	2018/3/30	21:32:23	96.0	16.7	
14	2018/3/30	22:02:23	96.0	16.6	
15	2018/3/30	22:32:23	96.0	16.6	
16	2018/3/30	23:02:23	96.0	16.6	
17	2018/3/30	23:32:23	96.0	16.6	
18	2018/3/31	0:02:23	96.1	16.5	
19	2018/3/31	0:32:23	96.1	16.5	
20	2018/3/31	1:02:23	96.1	16.5	
21	2018/3/31	1:32:23	96.1	16.4	
22	2018/3/31	2:02:23	96.1	16.4	
23	2018/3/31	2:32:23	96.1	16.4	
24	2018/3/31	3:02:23	95.9	16.3	
25	2018/3/31	3:32:23	95.8	16.3	
26	2018/3/31	4:02:23	95.7	16.3	
27	2018/3/31	4:32:23	95.8	16.2	
28	2018/3/31	5:02:23	95.9	16.2	
29	2018/3/31	5:32:23	95.9	16.2	
30	2018/3/31	6:02:23	95.9	16.1	
31	2018/3/31	6:32:23	95.9	16.2	
32	2018/3/31	7:02:23	96.0	16.2	
33	2018/3/31	7:32:23	96.3	16.2	
34	2018/3/31	8:02:23	96.5	16.2	
35	2018/3/31	8:32:23	96.6	16.3	
36	2018/3/31	9:02:23	96.7	16.4	
37	2018/3/31	9:32:23	96.8	16.4	
38	2018/3/31	10:02:23	96.3	16.6	

试验结果：维持阶段，累计观察16.5h帐内湿度稳定在95%RH，波动＜1.8%。

表2-2-2 柔性帐篷控湿检控试验数据（二）

序号	日期	时间	湿度（%RH）	温度（℃）	备注
1	2018/3/31	10:12:23	76.5	17.9	对帐吹风除湿
2	2018/3/31	10:22:23	56.0	18	
3	2018/3/31	10:32:23	48.4	18.5	
4	2018/3/31	10:42:23	49.3	18.2	开机加湿
5	2018/3/31	10:52:23	87.9	16.7	
6	2018/3/31	11:02:23	94.5	16.4	停机观察上升趋势
7	2018/3/31	11:12:23	95.6	16.5	
8	2018/3/31	11:22:23	95.9	16.6	
9	2018/3/31	11:32:23	96.0	16.7	
10	2018/3/31	11:42:23	96.0	16.9	
11	2018/3/31	11:52:23	95.8	17	
12	2018/3/31	12:02:23	95.5	17.1	
13	2018/3/31	12:12:23	95.3	17.2	
14	2018/3/31	12:22:23	95.1	17.3	
15	2018/3/31	12:32:23	94.8	17.4	
16	2018/3/31	12:42:23	94.6	17.4	
17	2018/3/31	12:52:23	94.5	17.5	
18	2018/3/31	13:02:23	94.4	17.5	
19	2018/3/31	13:12:23	94.3	17.5	
20	2018/3/31	13:22:23	94.2	17.6	
21	2018/3/31	13:32:23	94.6	17.6	
22	2018/3/31	13:42:23	95.7	17.6	
23	2018/3/31	13:52:23	96.2	17.7	
24	2018/3/31	14:02:23	96.4	17.7	
25	2018/3/31	14:12:23	96.5	17.8	
26	2018/3/31	14:22:23	96.5	17.8	
27	2018/3/31	14:32:23	96.3	17.8	

试验结果：维持阶段，累计观察3.5h帐内湿度稳定在95%RH左右，波动<1.5%。

表2-2-3　柔性帐篷控湿检控试验数据（三）

序号	日期	时间	湿度（%RH）	温度（℃）	备注
1	2018/3/31	14:42:23	96.1	17.9	除湿
2	2018/3/31	14:52:23	71.0	18.3	14:56开机加湿
3	2018/3/31	15:02:23	65.1	19.2	
4	2018/3/31	15:12:23	70.6	19.0	
5	2018/3/31	15:22:23	88.7	18.0	
6	2018/3/31	15:32:23	95.2	17.3	
7	2018/3/31	15:42:23	96.4	17.5	
8	2018/3/31	15:52:23	96.8	17.6	
9	2018/3/31	16:02:23	97.1	17.7	16:04停机，湿度97.2%
10	2018/3/31	16:32:23	97.5	18.3	
11	2018/3/31	17:02:23	97.6	18.2	
12	2018/3/31	17:32:23	97.7	17.8	
13	2018/3/31	18:02:23	97.8	17.6	
14	2018/3/31	18:32:23	97.8	17.5	
15	2018/3/31	19:02:23	97.9	17.4	
16	2018/3/31	19:32:23	98.0	17.3	
17	2018/3/31	20:02:23	98.0	17.3	
18	2018/3/31	20:32:23	98.0	17.3	
19	2018/3/31	21:02:23	98.0	17.3	
20	2018/3/31	21:32:23	98.0	17.3	
21	2018/3/31	22:02:23	97.9	17.3	
22	2018/3/31	22:32:23	97.8	17.2	
23	2018/3/31	23:02:23	97.7	17.2	
24	2018/3/31	23:32:23	97.6	17.2	
25	2018/4/1	0:02:23	97.5	17.2	
26	2018/4/1	0:32:23	97.4	17.1	
27	2018/4/1	1:02:23	97.3	17.1	
28	2018/4/1	1:32:23	97.2	17.1	

（续表）

序号	日期	时间	湿度（%RH）	温度（℃）	备注
29	2018/4/1	2:02:23	97.1	17.1	
30	2018/4/1	2:32:23	97.1	17.0	
31	2018/4/1	3:02:23	97.1	17.0	
32	2018/4/1	3:32:23	97.1	17.0	
33	2018/4/1	4:02:23	97.1	16.9	
34	2018/4/1	4:32:23	97.1	16.9	
35	2018/4/1	5:02:23	97.1	16.8	
36	2018/4/1	5:32:23	97.1	16.8	
37	2018/4/1	6:02:23	97.1	16.7	
38	2018/4/1	6:32:23	97.0	16.6	
39	2018/4/1	7:02:23	97.0	16.6	
40	2018/4/1	7:32:23	97.1	16.6	
41	2018/4/1	8:02:23	97.2	16.7	
42	2018/4/1	8:32:23	97.3	16.7	
43	2018/4/1	9:02:23	97.3	16.8	
44	2018/4/1	9:32:23	97.3	16.9	
45	2018/4/1	10:02:23	97.1	17.1	
46	2018/4/1	10:32:23	96.8	17.3	
47	2018/4/1	11:02:23	96.4	17.4	
48	2018/4/1	11:32:23	96.1	17.6	
49	2018/4/1	12:02:23	95.8	17.8	
50	2018/4/1	12:32:23	95.6	17.9	
51	2018/4/1	13:02:23	95.0	18.2	
52	2018/4/1	13:32:23	94.4	18.4	
53	2018/4/1	14:02:23	94.0	18.7	
54	2018/4/1	14:32:23	94.2	18.4	
55	2018/4/1	15:02:23	94.3	18.3	
56	2018/4/1	15:32:23	94.4	18.2	

（续表）

序号	日期	时间	湿度（%RH）	温度（℃）	备注
57	2018/4/1	16:02:23	94.6	18.2	
58	2018/4/1	16:32:23	94.7	18.1	
59	2018/4/1	17:02:23	94.7	18.1	
60	2018/4/1	17:32:23	94.7	18.1	
61	2018/4/1	18:02:23	94.7	18.0	
62	2018/4/1	18:32:23	94.8	18.0	
63	2018/4/1	19:02:23	94.8	18.0	
64	2018/4/1	19:32:23	94.8	18.0	
65	2018/4/1	20:02:23	94.8	18.0	
66	2018/4/1	20:32:23	94.8	18.0	
67	2018/4/1	21:02:23	94.9	18.0	
68	2018/4/1	21:32:23	94.8	17.9	
69	2018/4/1	22:02:23	94.9	18.0	
70	2018/4/1	22:32:23	94.9	17.9	
71	2018/4/1	23:02:23	94.9	17.9	
72	2018/4/1	23:32:23	94.8	17.9	
73	2018/4/2	0:02:23	94.9	17.9	
74	2018/4/2	0:32:23	94.9	17.9	
75	2018/4/2	1:02:23	95.0	17.9	
76	2018/4/2	1:32:23	95.1	17.8	
77	2018/4/2	2:02:23	95.1	17.8	
78	2018/4/2	2:32:23	95.1	17.8	
79	2018/4/2	3:02:23	94.9	17.9	
80	2018/4/2	3:32:23	94.7	17.9	
81	2018/4/2	4:02:23	94.4	18.0	
试验结果：维持阶段，累计观察36h帐内湿度稳定在97%RH，波动＜3.0%。					

说明：1. 本系统不含气体干燥装置，帐篷内的最低湿度值为现有库房环境内相对湿度值；

2. 为维持帐内湿度的稳定性，防止因温度波动带来的结露问题，要求库房环境温度日较差控制在≤2℃为宜。

1.2 系统构成及原理介绍

控湿检控装置主要由气体过滤、控湿、温湿度检测、显示与存储等单元构成，能够实现柔性气密帐内湿度的实时检测与稳定调控，与气密帐篷配套使用，可实现帐内湿度的稳定均匀调控。

使用时，将棺椁移入一个"相对气密、湿度可控"的储藏微环境，微环境内的湿度采用阶段式降低，恒定湿度维持一定时间，利用等焓蒸发使木材内水分蒸发；待棺椁的含水量趋于平稳后，继续降低湿度继续平衡，直至棺椁含水量符合要求为止。

针对气密空间内的湿度均匀性问题，利用等焓控湿技术进行湿度稳定性及均匀性试验研究，在气密空间内五个不同位置放置温湿度传感器，通过实时监测与数据分析发现，空间内湿度均匀，稳定性好，气密良好的空间能够有效减缓或隔离外界环境湿度对空间内湿度的影响。

实验表明，良好的气密性可以有效减缓外部环境湿度对气密空间内湿度的干扰；引起气密空间相对湿度变化的主要原因是温度波动。因此，应保证柔性帐所处库房环境温度稳定无波动，防止因温度变化过大造成柔性帐内湿度忽高忽低，造成棺椁变形及机械损伤。

说明：为确保棺椁均匀脱水，正式投入使用前，应进行环境调湿试验研究；使用时，适当延长恒湿稳定时间，减缓脱水速率，避免木材内外脱水不均衡造成的变形、漆皮起翘以及脱落等问题。因此，工作人员应结合实际脱水情况调整脱水速率。

1.3 柔性帐篷设计说明

展示柔性气密帐以"库中库"形式搭建于现有房间内部，以支架形成支撑框体，四周以高透膜为围护结构，库房一端开设宽 1.5m× 高 1.7m 柔性气密拉链门，底部开设约长 4.6m× 宽 2.8m 的气密拉链地膜，方便棺椁的搬运。整体尺寸约为长 4.8m× 宽 3m× 高（2+1.5）m，有效容积 39.6m³，内部棺椁周围预留 ≤ 1.0m 的通道，便于工作人员工作。使用完之后可折叠起来存放，使用灵活方便。该柔性库房具有良好的气密性，有效避免了空间内外气体交换，能够长期维持室内湿度的稳定性。气密帐平面布局图及设计效果如图 2-2-1 所示。

由于帐内湿度接近饱和状态，帐内不可避免会有凝结水滴落，为避免凝结水滴落在棺椁上；顶部采用支撑骨架进行处理，如下图 2-2-2 所示。

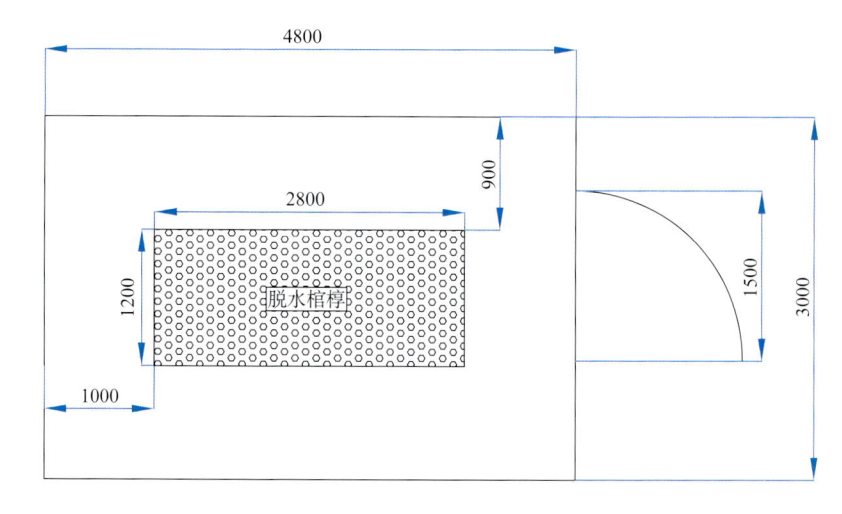

图 2-2-1 柔性气密帐平面布局设计图（单位：mm）

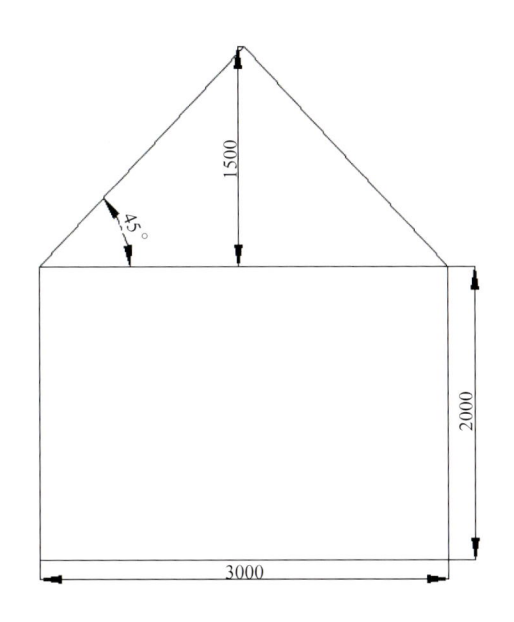

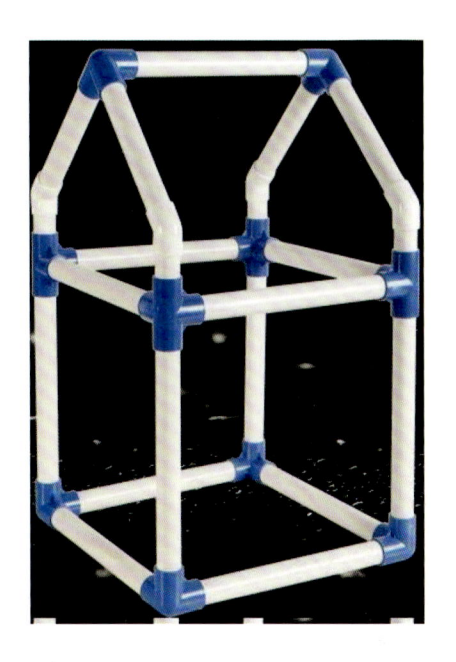

图 2-2-2 柔性气密帐立面布局设计图及支撑骨架（单位：mm）

图 2-2-3 柔性帐效果图
说明：该柔性帐内不可用环氧乙烷进行杀虫，否则会导致柔性膜溶解。

该方案中，柔性帐顶部开设出气孔，用于加湿过程中柔性帐排气；在柔性帐后部开设进气孔及温湿度检测孔，用于加湿进气及柔性帐温湿度检测；另外，该柔性帐另设两个预留孔，作为后期为柔性帐杀虫使用，两孔分别位于加湿进气孔平行位置及柔性帐气密门右侧顶部，柔性帐底部开设长 4.6m× 宽 2.8m 气密拉链门形式地膜。柔性帐效果图见图 2-2-3。

1.4 柔性帐安装说明

a）将底部气密拉链地膜铺设在地面上；

b）将医用耐酸碱地胶铺设在地膜上；

c）将棺椁移动至铺设好的地胶上；

d）将柔性帐底部气密拉链拉合；

e）在柔性帐内部用聚氯乙烯（PVC）支架作为柔性帐支撑结构，将柔性帐支撑成形；

f）连接外部加湿管路；

g）工作人员进出柔性帐时拉开柔性帐正面气密拉链门即可。柔性帐安装示意图见图 2-2-4。

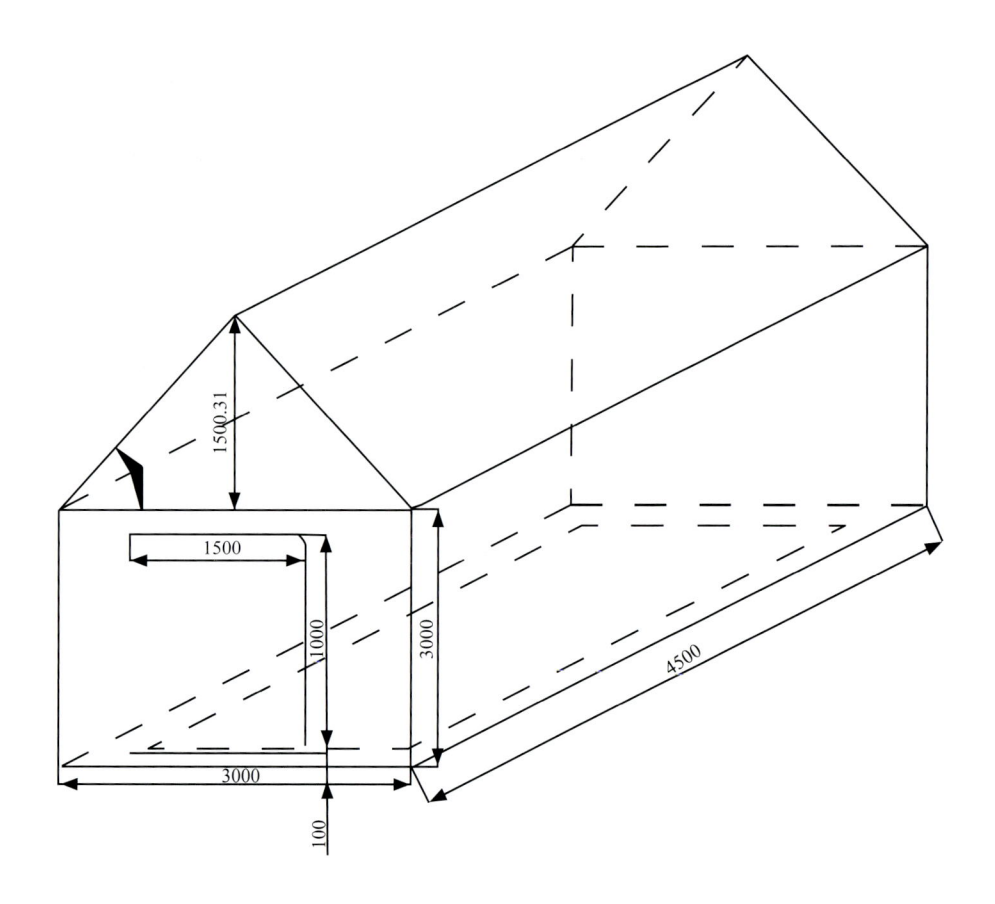

图 2-2-4 柔性帐安装示意图（单位：mm）

1.5 系统设计指标

（1）系统性能指标
- 柔性帐规格：长4.8m×宽3.0m×高（2+1.5）m=39.6m³；
- 帐内湿度调控范围：库房相对湿度值～95%RH；
- 湿度调控准确度：±5%RH；
- 过滤器等级：≤1.0μm；
- 供电电源：AC220V±10%/50Hz±5Hz/≤300W。

（2）系统功能指标
- "一键式"启停功能；
- 具有湿度参数设定、修改以及自动检测、显示、存储、查询功能；
- 具有柔性气密帐内湿度调控功能，可实现"恒湿"展储功能；
- 具有柔性气密帐气体净化、通风功能；
- 具有定时换气控湿功能；
- 具有水位自动检测、缺水报警及自动补水功能。

1.6 其他情况说明

（1）地胶选择

考虑到脱水期间可能使用酸碱等药剂消毒，且棺椁底部有钢结构，柔性地面上铺医用防滑地胶，地胶总厚约 1cm（见图 2-2-5），且耐酸碱、防潮、防水、耐压、阻燃。该地胶坚韧耐磨，平均寿命达五年。

图 2-2-5 医用地胶

（2）加湿水源

为保证洁净的供水，本方案以首都博物馆现有桶装去离子水为水源，置于控湿检控装置旁边，通过装置内置的水泵以及水位检测传感器自动为加湿水箱补水，全系统自动运行受可编程逻辑控制器（PLC）综合控制，当水箱缺水时，系统自动报警提示。为确保系统运行的可靠性与稳定性，建议定期检查水桶内水位情况，及时更换。

（3）气体过滤

本系统采用世界知名企业生产的过滤器，过滤器滤芯由"复合过滤介质"采用独特的深层床折叠式而非缠绕式制作而成。与传统缠绕式过滤器滤芯相比过滤表面积增加了 4.5 倍，与传统折叠式滤芯相比过滤表面积提高了 2 倍，尤其是深层折叠床结构形式降低了过滤介质内空气的流速进一步改善过滤性能。系统配套过滤系统可滤除 1μm 以下的固体颗粒物、水、油雾等，过滤效率可达到 99.9% 以上，最大含油量可降至 0.003ppm。

第二节

环境控制——恒温恒湿洁净玻璃房的建立

2.1 设计思路及理念概述

因气密帐有效使用空间小，且使用寿命最多为两年。考虑到长久存储及脱水需求，2019年保护工作组计划在现有柔性帐位置设计筹建"气密恒湿洁净玻璃房"。采用"荫干脱水"方式对漆棺进行脱水处理，同时配套控湿检控装置、环境监测系统等对玻璃房内微环境进行实时监测与调控。

拟将出土漆棺移入一个 $76m^3$ 的"玻璃房"内，尺寸长5500mm×宽4800mm×高2200mm+△宽4800mm×高1386mm×长5500mm，采用等焓控湿、净化通风系统组合控湿技术，通过外置控湿检控装置对干空气进行加湿，将湿度适宜的湿空气送入玻璃房内，精确实时在线调控空间内的湿度。通过稳定控湿、阶段性逐步降低湿度可使木质漆棺缓慢脱水以尽量维持木质文物形稳性。当相对湿度设定值在65%～95%时，系统启动超声波雾化器，配合管路加湿方式对玻璃房进行加湿，使玻璃房内的湿度能够较快满足使用需求；当相对湿度设定值≤65%时，系统不启动超声波雾化器，只采用管路加湿方式。

2.2 方案说明

2.2.1 系统构成及原理介绍

该方案主要由玻璃房、控湿检控装置、环境监测系统构成，以"库中库"形式搭建于现有房间内部。控湿检控装置主要由控湿、湿度检测、气体过滤、显示与存储等单元构成，能够实现湿度的实时监测与稳定调控，可实现室内湿度的稳定均匀调控。使用时，将漆棺移入一个"相对气密、湿度可控"的储藏微环境，微环境内的湿度采用阶段式降低，恒定湿度维持一定时间，利用等焓蒸发使木材内水分蒸发；定期采用木材含水率测试仪检测不同位置的含水率变化，待漆棺的含水量降低至20%～30%，且趋于平稳后，继续降低玻璃房内湿度继续平衡，直至漆棺含水量符合要求为止。

玻璃房恒湿体系

- ◆ 玻璃房规格：长5500mm×宽4800mm×高2200mm+△宽4800mm×高1386mm×长5500mm；
- ◆ 湿度调控范围：库房相对湿度值～95%RH；

- 湿度调控准确度：±5%RH；
- 过滤器等级：≤1.0μm；
- 供电电源：AC220V±10%/50Hz±5Hz/≤300W。

控湿体系
- "一键式"启停功能；
- 具有湿度参数设定、修改以及自动检测、显示、存储、查询功能；
- 具有玻璃房内湿度调控功能，可实现"恒湿、洁净"展储功能；
- 具有玻璃房气体净化、通风功能；
- 具有设备维护保养提示及停机保护功能；
- 具有系统集成、设备远程监控等功能。

控湿流程
- 由鼓风机将干燥空气通过过滤器进行过滤，过滤等级1μm；
- 干燥空气经过滤后进入加湿器；
- 经过加湿器加湿的潮湿空气最终进入到玻璃房内完成加湿过程；
- 该过程全程自动化控制，无须人工操作。

加湿水源

为保证洁净的供水，本方案以首都博物馆现有桶装去离子水为水源，置于控湿检控装置旁边，通过装置内置的水泵以及水位检测传感器自动为加湿水箱补水，全系统自动运行受PLC综合控制，当水箱缺水时，系统自动报警提示。为确保系统运行的可靠性与稳定性，建议定期检查水桶内水位情况，及时加水。

气体过滤

本系统采用世界知名企业生产的过滤器，过滤器滤芯由"复合过滤介质"采用独特的深层折叠式结构而非缠绕式制作而成。与传统缠绕式过滤器滤芯相比过滤表面积增加了4.5倍，与传统折叠式滤芯相比过滤表面积提高了2倍，尤其是深层折叠式结构形式降低了过滤介质内空气的流速进一步改善过滤性能。系统配套过滤系统可滤除1μm以下的固体颗粒物、水、油雾等，过滤效率可达99.9%以上。

2.2.2 恒湿玻璃房

恒湿玻璃房是以钢结构为主体，以6+6mm夹胶玻璃作为围护结构，配装气密门，并选用环保、长寿命的密封材料进行气密处理。为保证展示库房的美观与通透性，采用高透光率的夹胶玻璃，不仅能够有效隔离紫外线并吸收红外光中的热量，减缓了光照对文物的损伤；同时具有可视性好、强度高、防盗、防爆、防火等特性，尤其适用于文物的保护储藏，效果如图2-2-6。

该气密围护结构采用特殊气密工艺处理，其平均换气率为0.02d^{-1}，仅为欧洲同类产品换气率（＜0.1d^{-1}）的1/5，为《博物馆 气调库房 技术要求（报批稿）》（T/WWXT 0029—2018）所要求的库房换气率（≤0.05d^{-1}）的2/5。由于库房具有良好的气密性，配套设备无须持续运行即可满足需求。公司已交付的同类项目案例：容积300m^{3}库房，系统停机后26天，氧含量累计变化2.4%，湿度累计变化3.8%。

根据两棺椁的外形尺寸，以及在棺椁四周预留足够空间方便后期维护，该气密恒湿展示库房尺寸设计为长5500mm×宽4800mm×高2200mm+△宽4800mm×高1386mm×长5500mm，容积为76m^3；为方便棺椁搬运，考虑到较大的棺椁尺寸为长2800mm×宽1300mm，该工作室的气密门采用单开门，尺寸为高2000mm×宽2000mm。由于该库房施

图 2-2-6 气密恒湿展示库房效果图

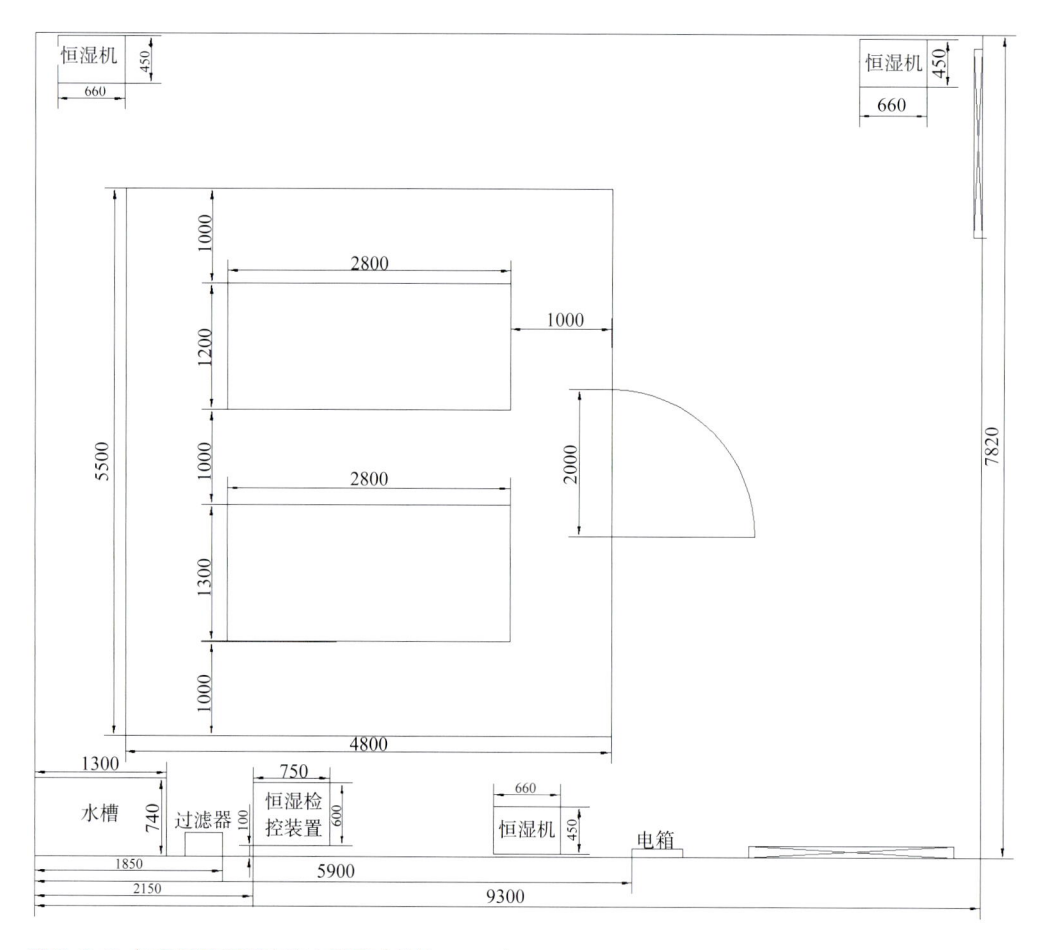

图 2-2-7 气密恒湿展示库房布局图（单位：mm）

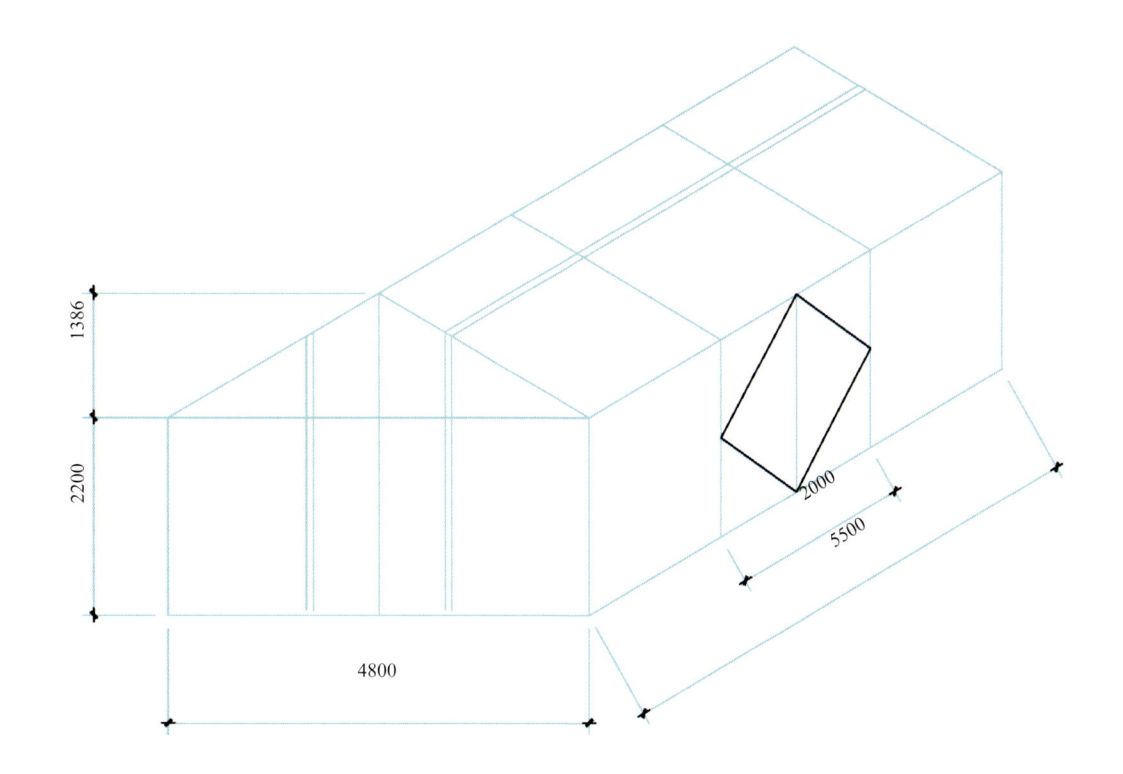

图 2-2-8 气密恒湿展示库房示意图（单位：mm）

工难度及气密门为单开门形式，其换气率为 0.05d⁻¹。库房平面布局图及库房示意图如下（图 2-2-7、图 2-2-8）。

2.2.3 文物保存环境监测系统

库房环境监测终端设备对文物保存环境内温湿度、紫外线、光照、甲醛进行监测。采用欧洲进口传感器保证了优良的精确度、安全性和稳定性。管理人员可对文物保护环境的监测指标进行实时信息监测、储存、分析、评估、预警、查询、交流和管理决策。

2.3 环境控制条件

漆棺在脱水定型过程中初始湿度应保持 90%～95%，每日变动上下幅度不超过 5%。采用木材含水率测试仪定期监测相同部位的含水率变化，逐步缓慢降低玻璃房内湿度。定期观察测试漆棺长宽高、边角及结构接口处裂隙处变化情况。待含水率降低至 50% 以下时，要控制玻璃房内湿度稳定，降低脱水速度，防止木胎形变。待木材含水率降低至 20%～30%，逐步降低环境湿度至 65% 左右。脱水期间保持温度在 15～20℃，日温差变化幅度不超过 2℃。光源不产生紫外线及热辐射，光照照度降为最低或可调。为了避免操作中外来的霉菌孢子污染，工作人员必须穿戴防护服、口罩、鞋套进行工作。

第三节

污染物及植物根系清理

对于漆棺表面的泥污、水渍等污染物，遮盖了纹饰表面。修复时可采用脱脂棉签或者棉球用蒸馏水润湿后轻轻擦除。因部分漆皮较脆，清洗时，注意方向且力度要适中。图 2-2-9 为污染物清理前后对比。

在漆棺口沿、棺内外侧、棺盖板等处的裂隙、漆层之间等位置以及漆灰层与木胎之间长满了植物根系，植物根系深入漆皮裂缝中，导致大面积分离、脱落（见图 2-2-10 ～图 2-2-12）。植物根系吸潮后膨胀、重力增加，水分挥发过程中收缩，加重了漆皮的脱落。因此，需要去除威胁漆皮安全的植物根系，对于在完整的漆层之间或者漆灰层中的植物根系不予去除，减少去除过程中的危害。采用铲子、剪刀、镊子等机械方法小心清除危害性的植物根系，标记、拍照记录随着植物根系脱落的漆片位置，以便将来贴回原位（见图 2-2-13）。修复人员对取出的植物根系全部装箱保存，以供后续研究使用。

图 2-2-9 污染物清理前后对比

第二章　保护修复实施情况

图 2-2-10 漆棺口沿植物根系

图 2-2-11 足挡木胎缝隙植物根系

图 2-2-12 棺盖板下方植物根系

图 2-2-13 植物根系清理

第四节

霉菌治理

根据本篇第一章第九节几种考古出土漆木器用防霉剂的筛选与评估的研究结果。在霉菌治理的实践中针对漆棺表面不同的霉变状况，配制 0.05%～2% 的防霉防藻剂异噻唑啉酮乙醇溶液，乙醇与水的配比为 1∶1。在漆棺局部喷淋使用后，经在原环境中观察 168 小时，未见到霉菌长出，可见该防霉剂具有优异的抑菌效果。针对已经繁衍旺盛的霉菌，先采用脱脂棉蘸 2% 异噻唑啉酮乙醇水溶液进行清除（见图 2-2-14）；对于长在漆皮下方木胎本体的霉菌，配制 2% 防霉剂水溶液采用微量注射器注入漆皮下方（见图 2-2-15）；对漆棺内部采用 0.05%～1% 防霉剂喷淋法处理。同时对贴敷在漆棺上的宣纸、海绵等采用低浓度的防霉剂处理。每周定期观察霉菌生长变化，并及时进行局部防霉灭菌处理。当发现霉菌产生抗药性以后，可采用 1.5% 季铵盐类（如新洁尔灭等）防霉剂交替处理。图 2-2-16 及图 2-2-17 为除霉前后效果对比。三个除霉周期后，肉眼可见霉菌得到有效清除，且经观察在高湿环境下，放置 1 个月无霉菌滋生。

图 2-2-14 异噻唑啉酮擦涂除霉

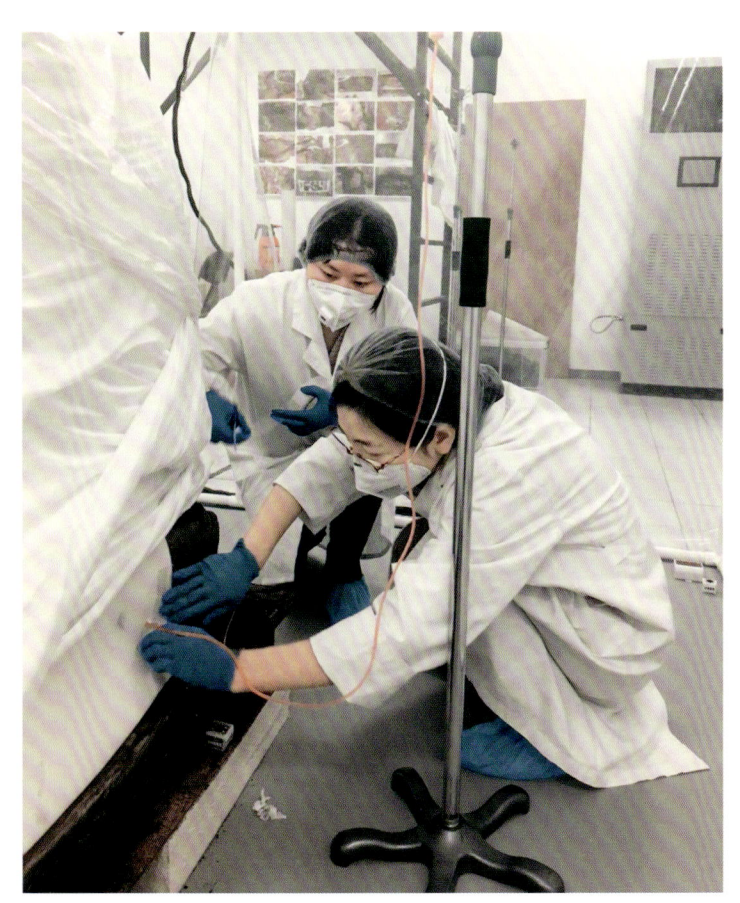

图 2-2-15 异噻唑啉酮打点滴除霉

图 2-2-16 除霉前后对比（一）

图 2-2-17 除霉前后对比（二）

第五节

虫害治理

漆棺上发现的昆虫与螨类主要包括白斑蛾蠓、眼蕈蚊科、瘿蚊科、粉螨科。这些昆虫与螨类大多数喜欢生长在阴暗潮湿的地方，吸食腐烂植物的汁液或其上生长的真菌。以上昆虫本身不会蛀蚀保存较好的木材，但对于已经糟朽的木材外观及本体影响较大。因此，研究提出了虫害治理和预防的思路。

5.1 思路及方法

5.1.1 化学防治

在纸质和木质文物保护领域，虫害的化学防治法是最常用的方法，例如，明清时期常用芸香、麝香、樟脑、皂角等作为避蠹物质[1, 2]。现代化学防治方法之一是采用杀虫剂涂刷、喷淋、浸泡、吊瓶滴注或注射处理对象等，如使用菊酯类等植物源杀虫剂灭杀成虫、幼虫。方法之二是采用高毒试剂熏蒸。将房屋密封，使用硫酰氟、环氧乙烷、对二甲苯、磷化氢、磷化铝等高毒试剂熏蒸，通过密闭熏蒸的方法将害虫杀灭[3]。使用药量根据房屋面积确定。但需要特别注意使用时的安全问题，应做好防护措施，减少对文物和人体的不良影响。方法之三是在文物密闭储存间放置可挥发药剂预防、熏杀害虫。如放置麝香、芸草、樟脑、雄黄、灵香草或各种植物精油等。

5.1.2 物理防治

物理防治方法有阻隔分离、温度控制、灯诱灭杀、微波、脱氧保存和真空充氮法等。例如：①温度控制。将藏品室温维持在15℃以下，抑制害虫的活性，降低并延缓危害速度。②灯诱灭杀。利用成虫的趋光性，利用光线吸引成虫。方法一：粘虫板法。在光源附近悬挂或放置若干粘虫板。光源可在不同方位分别设置。方法二：杀虫灯法。在不同方位放置灭虫灯。此法无法灭杀卵、幼虫、蛹。③房屋通风孔处理。通风孔安装防虫纱网，建议密度在

---

[1] 张永慧：《中药在纸质文物保护中的应用研究》，《文物鉴定与鉴赏》2022年第10期，第29～32页。

[2] 霍艳芳、张萌：《传承精华 守正创新：中药在文献防蠹防霉方面的应用研究》，《图书馆》2022年第5期，第99～105页。

[3] 申艾君：《一批雕版的防虫防霉保护》，《文物修复研究》（2017—2018），中国文联出版社，2018年，第603～608页。

图 2-2-18 赵谅墓漆棺用到的杀虫剂种类

图 2-2-19 漆皮背面螨虫

100目以上，杜绝外来虫源引入。④清除害虫生存环境。尽量在条件允许的情况下，对木质藏品的腐朽部分进行清理，破坏害虫幼虫生存环境和食物来源。⑤真空充氮杀虫灭菌。真空充氮杀虫灭菌是纯物理的消毒过程。氧气是昆虫生长的必要条件之一。当氧气的含量低于2%以下时，需氧微生物和昆虫体内的物质分解、新陈代谢及酶的活性都会受到破坏，从而缺氧窒息而死。根据这一原理，科研人员采用充氮和除氧剂等方法，制造低氧环境，对文物害虫进行杀灭处理。该方法不污染环境、对文物无化学损伤。

需要注意的是不论采用哪种防治措施，必须在确保藏品安全的前提下实施。经综合分析，因赵谅墓漆棺体量较大，从实际及文物安全角度出发，在已有虫害的治理方面，漆棺保护最终采用了右旋苯醚菊酯、溴氰菊酯、氯菊酯等多种菊酯类药物和天然柏树精油（见图2-2-18）对虫害产生的木胎表面（注意：漆皮表面不能喷洒杀虫剂）定期进行药剂喷洒，刚开始每周除虫2～3次，待观察不到活虫后，逐渐减少次数。对于木胎内部可能存在的虫害，在木材裂缝、腐烂处进行注射、点滴杀灭。

图 2-2-20 漆皮背面昆虫排泄物

5.2 实际防治效果

害虫的杀灭，实际上是杀灭害虫的任一虫态，包括卵、幼虫、蛹与成虫。经过以上综合治理手段以及定期治理，化学药剂防治效果起效。经过一个月左右的治理，可显著观察到的成虫数量逐渐减少，图 2-2-19 为漆棺漆皮背面螨虫成虫，图 2-2-20 为漆皮背面昆虫排泄物。图 2-2-21 为棺内漆皮杀虫后照片，白色的为螨虫成虫。经过一年半的定点观测，未有虫害发生，防治效果良好。

图 2-2-21 棺内漆皮杀虫前后对比照片

5.3 讨论及建议

漆木器文物储存所需的高湿环境往往易于滋生虫害。过去一轮的虫害治理并不意味着除虫防虫工作可以一劳永逸。Pinniger[1]首次将有害生物综合治理（IPM）这一概念用于博物馆行业，具体措施包括密封建筑、调节气候、定期打扫卫生、引入检疫及利用诱饵监测文物。因此，除了杀灭虫害外，还需要制订防控措施，避免虫害重新滋生。首先要保持环境洁净，及时清理积尘，在玻璃房换气管道入口设置过滤网，保护人员出入需穿戴防护服、无纺布防尘帽、鞋套、口罩或自呼吸装置，防止引入外界环境中的虫源，并做好相关巡查工作和记录。新时代下要求防虫工作中提倡"绿色环保"的理念，我们只有总结前人经验并结合现代科学技术，勇于突破创新，探究安全高效的防虫方法。通过这些综合手段，能对虫害起到良好的防治效果，且能保证考古出土有机质文物的安全。

---

[1] Pinniger D B. Pest Management in Museums, Archives and Historic Houses, Archetype Publications, London: 2004, 115.

第六节

漆皮回软与平整

图 2-2-22 漆皮植物根系去除

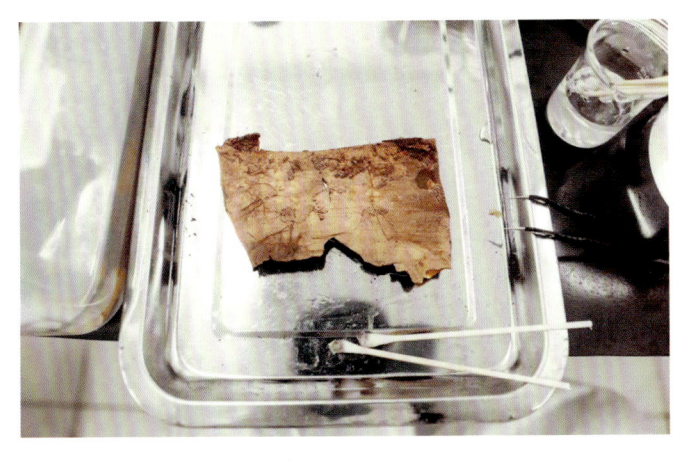

图 2-2-23 蒸馏水清洁

考古出土古代漆器虽纹饰精美，漆膜却常出现起翘、卷曲、脱落等现象。尤其是北方地区，由于气候干燥，漆器木胎迅速脱水，导致表面漆皮干裂脱落，因此漆皮回软和回贴是漆器保护中的重要步骤。漆皮回软材料是漆皮回软的主要试剂，既可以使漆皮恢复韧性，又有利于回软漆皮的保存。经本篇中第一章第四节漆皮回软材料筛选的试验结果，本次修复以40%PEG200或40%PEG400水溶液作为漆皮回软材料，用尖头镊子去除漆皮背面及漆层中间的植物根系（见图2-2-22），用棉签蘸蒸馏水清洁漆皮（见图2-2-23）后，采用以上回软材料浸泡30天以上后取出（见图2-2-24），蒸馏水洗去多余回软材料。在回软后的漆皮表面贴敷一层耐高温塑料膜，采用了电熨斗辅助加热促使漆皮软化展平。漆皮整形于两块有机玻璃板（厚度0.5～1cm）之间，固定加紧，力度适中。回软后的漆皮放置于NaCl饱和盐水体系控湿至相对湿度为75%～85%的饱和盐水体系环境中，以防漆膜失水太快而破裂或变形，让其缓慢自然脱水。图2-2-25为漆皮回软使用的试剂、工具及亚克力板夹具。图2-2-26～图2-2-28为漆皮的回软、整形及存放。

图 2-2-24 回软材料浸泡漆皮

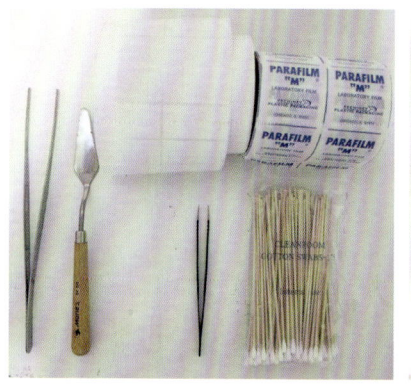

图 2-2-25 试剂、工具及亚克力板夹具

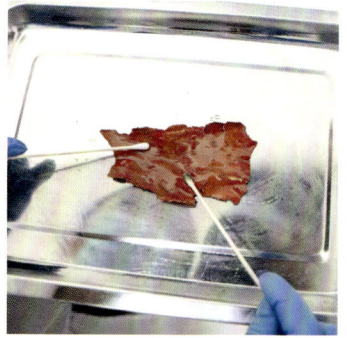

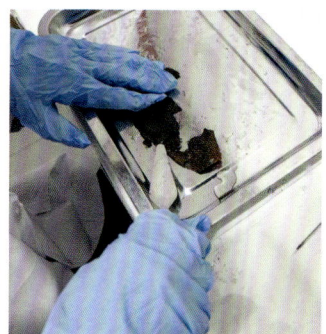

图 2-2-26 清洗展平漆皮及木胎剥离

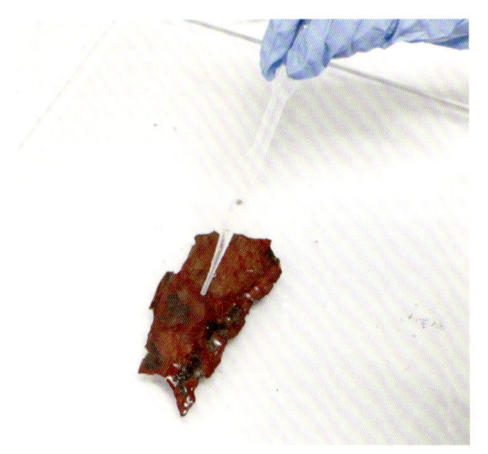

图 2-2-27 有机玻璃板整形压封

图 2-2-28 漆皮保存

6.1 漆皮回软注意事项

（1）每片回软的漆皮都需经过二次清洁，第一次是漆皮刚脱落后，需简单清理漆皮表面，之后再放入保湿溶剂浸泡，第二次是漆皮浸泡回软后，再次清洁去除残余木胎和杂质，保证压封前的漆皮干净无污垢。

（2）因漆皮成分、薄厚、保存状况不同，浸泡软化时间也有差异。应根据实际软化情况挑选软化完成的漆皮进行压封，若漆皮仍具有脆性不宜进行下一步骤，还需继续浸泡观察。

（3）漆皮保存后应定期观察，定期添加饱和盐水溶液，薄漆皮更容易发生卷曲收缩现象，如遇薄漆皮卷曲现象可考虑通过注射器从缝隙射入适量 PEG200 或 PEG400 水溶液以保持漆皮平整湿润。

（4）漆皮回软前需经过漆皮剖面成分检

测及回软试剂筛选试验，漆皮成分、保存环境不同，使用的回软试剂也有差异。

6.2 漆皮回软效果

不同厚度的漆皮回软时长不同，漆皮浸泡30天以上后取出，采用有机玻璃板进行整形保存。厚漆皮特别是带漆灰的漆皮，需要的回软时间较长。图2-2-29～图2-2-31分别为已经回软的漆皮、有机玻璃板整形及漆皮在潮湿环境下存放，待后续进行原位回贴。

图2-2-29 已经回软漆皮

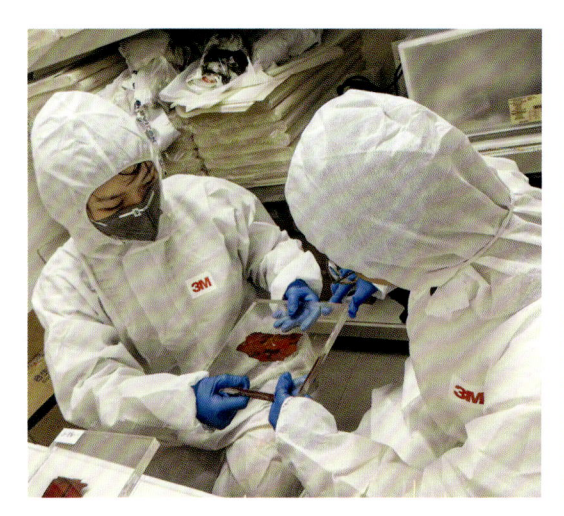

图2-2-30 有机玻璃板整形

图2-2-31 漆皮在潮湿环境中存放

第七节

漆皮回贴

以北京石景山明赵谅墓出土彩绘漆棺为实施对象，本节分别介绍回贴主画面无漆灰彩绘漆膜（厚度为 0.1～0.3mm）和四个边角、底座部位等有漆灰彩绘漆膜（厚度为 0.37～3mm）的回贴方法。

回贴画面无漆灰彩绘漆膜时，用棉签蘸取 50% 的乙醇水溶液对漆膜的背面及回贴胎体处轻轻擦拭清理（见图 2-2-32）；取无尘纸轻轻吸附已清理处残余的乙醇水溶液；回贴前清理回贴处的污染物，用漆刷蘸取配好的透明漆涂在漆膜背面及胎体回贴处，涂刷均匀，涂刷厚度为 0.1～0.2mm（见图 2-2-33）；等待 30 分钟到 1 小时后，待漆膜略氧化产生黏性，用镊子轻轻夹起漆膜，将漆膜轻轻按压回漆器本体，并调整位置、按压服帖（见图 2-2-34）；取无尘纸蘸取少许酒精擦掉边缘渗出的大漆胶黏剂，取一片大小合适的无尘纸，喷上少许水，潮湿即可，使回贴处有一定的湿度环境以利于透明漆的固化；将无尘纸覆盖在漆膜回贴处；用泡沫软垫按在漆膜回贴处（见图 2-2-35），对于主画面中间部分采用竹签和木支架进行支撑（见图 2-2-36 及图 2-2-37），起到固定漆皮、防止漆皮在干燥过程中起翘、移位的作用，对于棺口上沿部分采用 G 型夹垫泡沫软垫和稍潮湿的无尘纸后固定（见图 2-2-38），对于底座平面等位置采用稍潮湿的无尘纸上加不锈钢压铁块固定（见图 2-2-39）；待 24 小时以上粘接处透明漆完全干燥后将无尘纸和泡沫软垫取下，采用 50% 的乙醇水溶液将漆膜周边擦拭干净。

回贴带漆灰彩绘漆膜时，采用大漆与淀粉糊质量比为 1 : 1 的漆糊粘接。为了防止漆糊生霉，可添加 0.5% 的 Rocima342（二氯辛基异噻唑啉酮）防霉剂，用刮楸混匀待用，10 分钟后胶黏剂产生黏性即可使用。尽量当天使用当天配制。回贴步骤及效果：用棉签蘸 50% 的乙醇水溶液对回贴胎体处轻轻擦拭清理，取无尘纸按压吸附已清理处残余的乙醇水溶液，用漆刷蘸取配好的大漆胶黏剂涂在漆膜背面及漆灰层，涂抹均匀，涂抹厚度为 0.3～0.5mm；用镊子轻轻夹起漆片，同时以手垫着无尘纸将漆皮调整到合适位置，并按压服帖；取无尘纸蘸取少许酒精，将漆皮边缘渗出的漆糊清理干

图 2-2-32 回贴前污染物清理

图 2-2-33 回贴处涂大漆胶黏剂

图 2-2-34 漆皮涂漆后回贴

图 2-2-35 放置泡沫软垫

净；取一片新的无尘纸，喷上少量水令无尘纸潮湿，将无尘纸覆盖在漆皮回贴处，并在外边垫上合适大小的泡沫软垫；采用竹签和木支架进行支护，起到固定漆膜的作用，待 24 小时以上粘接处漆糊完全干燥后将无尘纸和泡沫软垫取下，采用 50% 的乙醇水溶液将漆膜周边擦拭干净。

在回贴中发现，脱落的脆化漆片经在回软材料中浸泡后，在玻璃板中长期夹持整形后，发生了溶胀现象。大多数漆片的长宽与原脱

第二章　保护修复实施情况　　261

图 2-2-36　采用竹签对回贴处进行固定

图 2-2-37　固定用木支架的使用

图 2-2-38　G 型夹固定

图 2-2-39　不锈钢压铁块固定

离位置不匹配，有的甚至长出 1cm 左右（见图 2-2-40）。经过讨论，修复人员清理完回软材料后，对漆皮背面进行生漆渗透加固，漆皮正面采用 15%B60A 渗透加固以避免分层。待稍干后，将漆皮放在干净的无尘纸之间，放置于玻璃房外的常温常湿条件下，使其自然收缩（见图 2-2-41），经常查看收缩情况。经过验证，大多数漆皮基本恢复到原来的尺寸，回贴后图案纹饰衔接完整。图 2-2-42 为脱落漆皮回贴前后对比。

图 2-2-40 漆片溶胀后变长

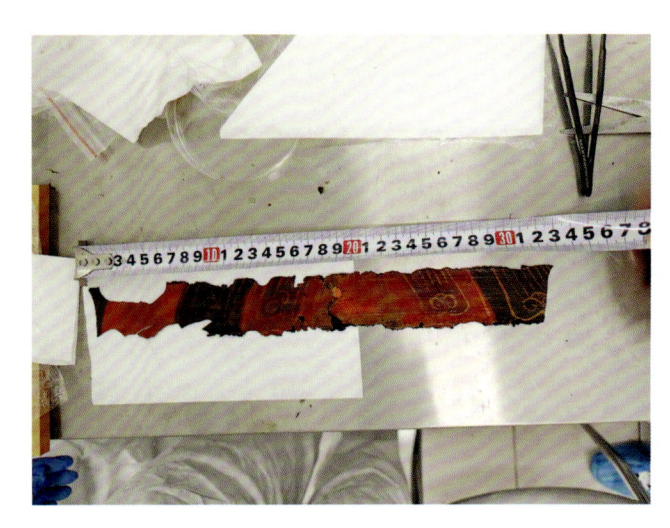

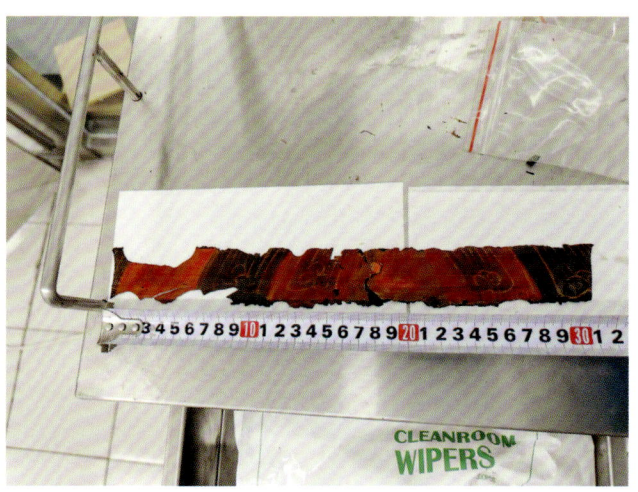

图 2-2-41 漆片常温常湿下放置后自然收缩

图 2-2-42 回贴前后对比

第八节

胎体加固与修补

生漆具有渗透性，可以渗入木材裂隙和纤维中，干燥后可以加强木材的硬度和韧度，起到加固的作用。针对漆棺严重糟朽的木胎，修复人员采用了毛刷涂刷生漆进行渗透加固，对于毛刷不能进入的裂隙处的木胎采用针管注射生漆加固木胎（见图 2-2-43）。

漆棺四个边角、口沿和部分底座的漆灰已经完全糟朽腐烂，一触即碎，不利于表面漆皮的回贴修复。需要重新进行裱布刮灰。在此之前，对于木胎糟朽缺失的部位，需要采用木屑和生漆混合对木胎表面填补平整（见图 2-2-44、图 2-2-45）。

边角漆皮收集整理及编号完毕后，先采用手术刀、刮刀等工具去除糟朽漆灰（见图 2-2-46），用生漆对木胎进行渗透加固。

裱布刮灰环节需要选择与残留麻布痕迹类

图 2-2-43 采用针管注射生漆进入裂隙内木胎加固

图 2-2-44 口沿处木胎糟朽缺失处加固填补

图 2-2-45 足挡底座木胎裂隙处加固填补　　图 2-2-46 去除糟朽漆灰层

图 2-2-47 裱糊用麻布筛选　　图 2-2-48 打糙糊

似疏密的亚麻（图 2-2-47），根据需要裱布的位置裁剪成合适的尺寸。麻布在漆灰层中起到拉接的作用，将一层薄薄的麻片均匀地压进地仗中，地仗会变得更有韧性，使得漆灰层不容易脱落、开裂，同时也可以抑制木胎变形的程度。将面粉和糯米粉等比例混合后，加水加热打成糙糊（图 2-2-48）。单独的面粉因为蛋白质含量较高，筋度比较强，制成的漆糊干燥后比较脆。故我们加入了蛋白质含量较低的糯米粉混合打制糙糊，形成筋度比较适中的淀粉糊，不仅在裱布操作时更容易刷涂均匀，干燥后也更有韧性。再用刮锹将糙糊和生漆以 1∶1 的

图 2-2-49 边角裱布

图 2-2-50 口沿裱布

图 2-2-51 调漆灰

比例混合均匀，再采用刮锹和漆刷等工具进行裱布（见图 2-2-49、图 2-2-50）。

漆灰的灰料选择中瓦灰和细瓦灰。先采用纯水润湿瓦灰，然后在瓦灰中加入生漆，比例为 1：1，入漆量可视瓦灰吃漆后的状态进行微调（见图 2-2-51）。先刮中灰两道，每道漆灰完全干透后，都要用 320 目的砂纸进行打磨，为防止胎体遇水受潮，这里以砂纸干磨。清除浮灰后，刮一道细瓦灰，调和方法与中灰相同。刮灰时尽量找平灰面，待漆灰干透后，用 600 目细砂纸干磨平整。用湿布擦净浮灰（见图 2-2-52、图 2-2-53）。再用细瓦灰调制的漆灰，在灰面的不平处进行局部补抿，干燥后使用 600 目砂纸打磨。灰面的平整度达到要求后，整体上一道生漆作为糙漆，相当于传统漆工艺中的生漆糙，可以对灰胎进行加固，同时也使灰面更加平滑细腻。生漆干燥后，用 800 目水砂纸蘸水打磨。之后上两道熟漆，相当于传统漆工艺中的煎糙，使表面漆层更厚，不露漆灰（见图 2-2-54～图 2-2-56）。

对于足挡左侧以及严重塌陷变形的部分，采用多次裱布刮灰的方法将胎体垫高，使其与右侧保持一致。

图 2-2-52 头挡刮灰

图 2-2-53 打磨漆灰层

图 2-2-54 头挡裱布刮灰完成后

图 2-2-55 糙漆

图 2-2-56 糙漆完成后

第九节

棺底漆皮的薄荷醇整体提取

棺底漆皮为红色漆素髹，可见裱布刮灰痕迹。但漆灰层已经被厚厚的植物根系顶起，分裂成数块小碎片。潮湿的植物根系层层覆盖，便于虫害隐匿滋生，极易导致霉菌发生。为了漆棺的整体安全并能够保留棺底破碎漆皮的相对位置，便于后续的研究，修复人员决定进行整体揭取。提前对四周的漆画采用宣纸、纱布、海绵等进行画面保护。根据本篇第一章中第十一节薄荷醇揭取破碎漆皮模拟试验的研究结果，修复人员站在定制、搭建好的脚手架上，采用 Primal B60A 加固剂喷淋预加固后，覆盖裁剪合适的纱布（两端较长可以搭下来，便于后续揭取），使用薄荷醇喷罐喷涂均匀，等待约 5 分钟使其完全固化。从足挡一端将轻质且牢固的薄板插入棺底。修复人员合力将已经固结在一起的棺底漆层、漆灰等抬出。棺底漆皮提取过程见图 2-2-57～图 2-2-62。

棺底漆皮提取前后对比见图 2-2-63。提取前，可以看到棺底霉菌大量滋生，漆皮破碎严重。整体揭取后，昆虫霉菌隐匿滋生的有利场所减少，同时，也便于脱水过程中，水分从棺内部逐渐散失。

图 2-2-57 裁剪纱布

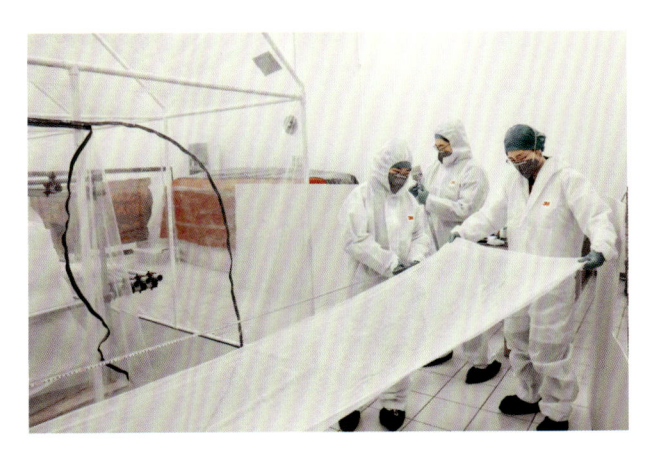

图 2-2-58 铺垫纱布

图 2-2-59 喷涂薄荷醇

图 2-2-60 等待薄荷醇固化

图 2-2-61 插入薄板整体揭取

图 2-2-62 整体揭取完毕

图 2-2-63 棺底漆皮提取前后对比

第十节

脱水过程中的防护固定及形变监测

因赵谅墓漆棺棺木出土后含水率不高（平均为 59.248%，最高处不超过 70%），木材强度整体较好。修复人员采用了逐渐降低环境湿度，使棺木含水率缓慢降低的阴干脱水法。漆棺放置环境初始湿度为 95%，在七年的修复过程中有计划地逐渐降低至库房存放或展览展示适合的漆木器保存湿度 60%±5% 左右。脱水期间保持温度在 15～20°C，日温差变化幅度不超过 2°C，相对湿度每日变动上下幅度不超过 5%。在脱水过程中，为了防止棺木形变制作了木支架（共 3 个尺寸），用于棺内木胎支护（见图 2-2-64、图 2-2-65），在棺外四周采用纱布及胶带缠绕包裹固定。使用 SD-C50 感应式木材水分仪（泰州精泰）定期监测相同部位的含水率变化（见图 2-2-66），逐步缓慢降低存放环境内的湿度，每次设置下降环境湿度不超过 5%。定期观察测试漆棺长宽高、边角及结构接口处裂隙处变化情况（见图 2-2-67）。待棺木木胎含水率降低至 50% 以下时，要控制存储环境内湿度稳定，减缓脱水

图 2-2-64 木支架设计（张航绘制）

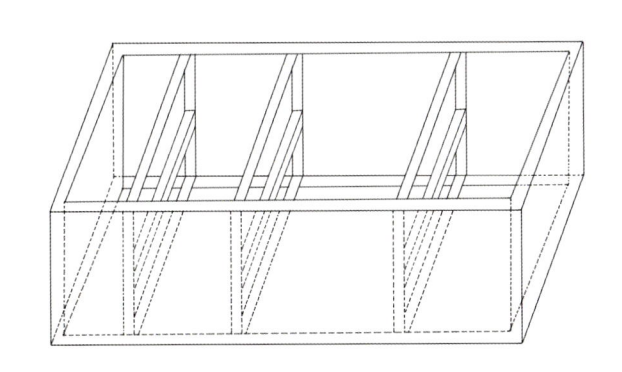

图 2-2-65 棺内木胎支护（张航绘制）

图 2-2-66 采用木材水分仪测试木材含水率

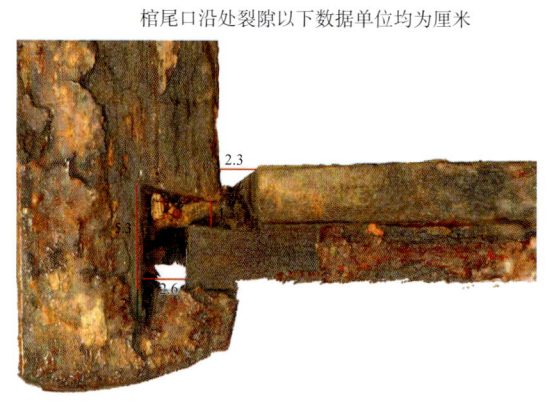

图 2-2-67 足挡口沿裂隙处图片

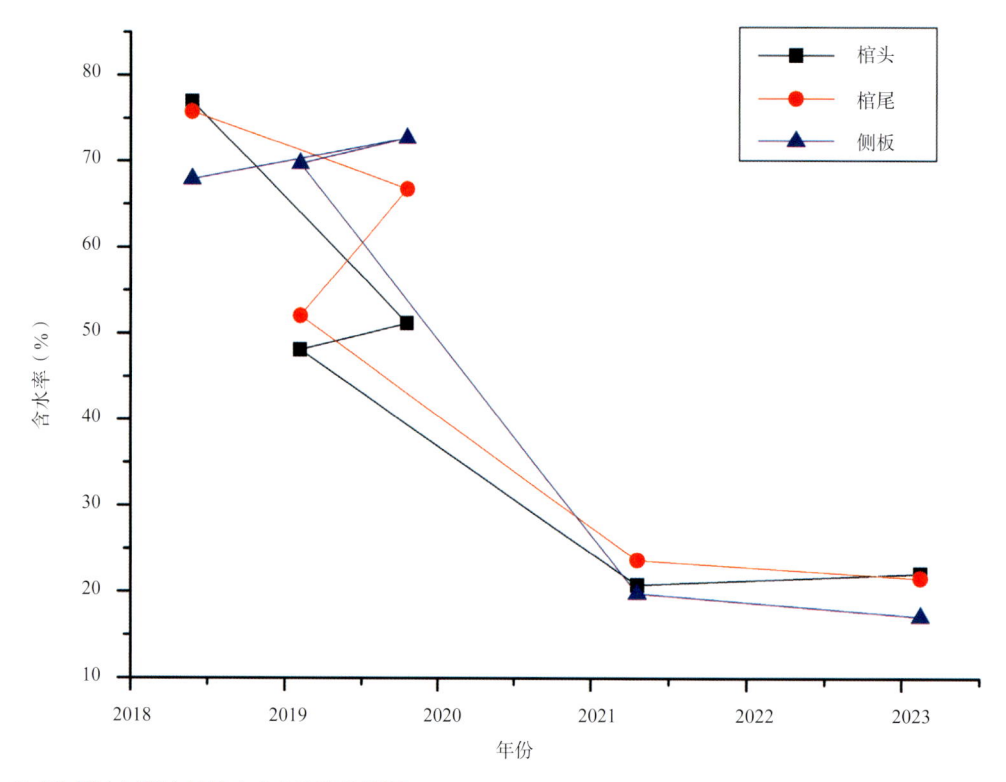

图 2-2-68 脱水过程中的棺木含水率变化情况

速度，防止木胎形变。待木材含水率降低至 20%～30%，逐步降低环境湿度至 60%±5% 左右。

经监测，脱水过程中的漆棺棺内部木胎表面含水率变化见图 2-2-68。可见，2018 年 4 月至 2023 年 12 月的五年多的时间，随着环境湿度从 95% 下降至 70% 左右，棺木含水率逐渐下降，从 2019 年到 2021 年的两年时间含水率下降较快，之后趋于稳定。表 2-2-4 为漆棺脱水过程中的漆棺裂隙监测。经定期监测足挡、头挡裂缝发育情况，发现裂隙宽度基本没有变化。在脱水基本完成后再次测量漆棺尺寸，通长与脱水前尺寸（243cm×90cm×102cm）一致，未发生明显改变。

表2-2-4 脱水过程中的漆棺裂隙监测

部位\日期	2018.12.5	2019.6.6	2019.7.3	2019.7.25	2020.1.8	2020.9.19	2021.3.9	2022.7.8	2023.12.29
足挡左侧裂隙	2.35	2.4	2.4	2.4	2.4	2.4	2.4	2.4	2.4
足挡右侧裂隙	3.8	3.8	3.8	3.8	3.7	3.8	3.8	3.8	3.5
头挡左侧裂隙	4	4.1	4.1	4.1	3.9	3.9	3.9	3.8	3.8
头挡右侧裂隙	1.2	1.3	1.3	1.3	1.2	1.2	1.2	1.1	1.0
足挡口沿裂隙	5.2	5.3	5.3	5.3	5.3	5.3	5.3	5.3	5.2

第十一节

断裂棺盖板的修复

11.1 表面污染物及植物根系清理

棺盖板表面植物根系丛生，泥污、水渍、霉斑等污染物遮盖了纹饰表面。修复时植物根系采用镊子和手术刀取出（见图2-2-69），可采用脱脂棉签或者棉球用蒸馏水润湿后轻轻擦除泥污，霉斑采用75%酒精棉球擦除（见图2-2-70）。因部分漆皮较脆，清洗时，注意方向且力度要适中。

图 2-2-69 植物根系清除

11.2 起翘严重漆皮揭取及编号整理

因植物根系密集穿插于灰层中间，导致漆皮与木胎的粘接力降低，漆皮松动分离，又因木胎干燥脱水回缩，漆皮与木胎分裂加剧，导致部分漆皮开始卷曲甚至脱落。为保证漆皮完好避免受损加剧，经修复人员咨询专家意见，对于棺盖板的漆皮分为两种情况处理。第一种是与胎体结合较好，未完全分离的盖板中部的漆皮，对其漆灰层加固后重新贴回本体。第二种对于基本与胎体分离的盖板两端及周边的部分漆皮，需要在高清拍照

图 2-2-70 表面污染物清理

的电子照片上采用 PS 软件分区、编号后揭取。下面就第二种情况漆皮的具体修复流程进行详述。

（1）拍摄及揭取的漆皮

从边缘开始，按一定顺序选取需要揭取的漆皮。记录每一块漆皮的编号为（所在位置+数字）。使用相机或手机对目标漆皮位置进行拍照。取下漆皮后，放置在漆棺板原位置稍微偏离 1cm 左右，留有边缘空隙，进行第二次拍照。将漆皮按取下的形状放置在空白板上，再次进行第三次拍照。全程需放置比例尺和色卡确保颜色和尺寸的准确（见图 2-2-71、图 2-2-72）。

（2）PS 软件进行区域标记和形状标记

首先，在 PS 软件中打开文物高清扫描图，创建新图层。在新图层上标记和描绘所揭取漆皮的位置以及形状，并进行编号。编号按照漆棺板位置首字母，例如：漆棺板左侧为 GL-1.1，GL-1.2，GL-2 等，右侧为 GR-1 等。描绘的形状应尽量贴合漆皮实物的形状，确保准确呈现。图 2-2-73 为棺盖板漆皮分区编号。

（3）清洁漆皮及回软浸泡

使用软羊毛刷和镊子对漆皮进行清洁，清理灰尘和植物根系等污染物。图 2-2-74 为清理揭取漆皮植物根系及污染物。漆皮正面使用脱脂棉签及棉球蘸蒸馏水进行清洁处理后，配制 40%PEG200 回软材料浸泡回软，回软材料需将漆皮完全浸没，放置于透明整理箱中保存（见图 2-2-75）。

采用铲刀等去除盖板上已经糟朽的漆灰层，清扫后利用生漆对木胎进行渗透加固（见图 2-2-76）。

图 2-2-71 电子照片编号　　图 2-2-72 高清拍照

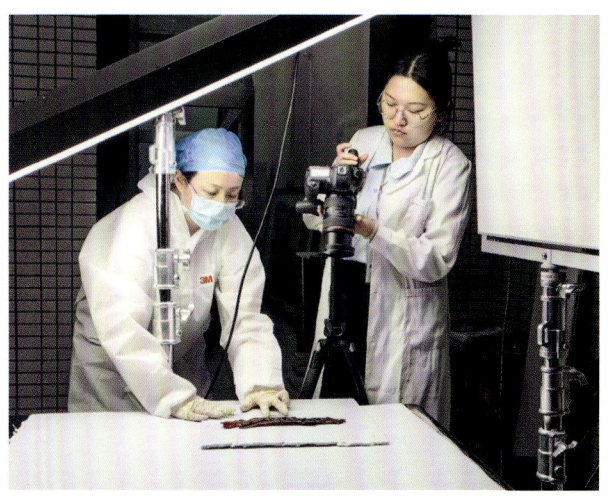

图 2-2-73 棺盖板漆皮分区编号

图 2-2-74 软毛刷清理污染物

图 2-2-75 漆皮浸泡在回软材料中保存

图 2-2-76 去除糟朽漆灰层及胎体加固

11.3 断裂木胎拼接修复

由于原有盖板系两块杉木板拼接，拼接处采用了 5 枚铁棺钉衔接。在地下潮湿环境长期埋藏过程中，铁棺钉已经严重锈蚀，并造成周边木材发生糟朽（见图 2-2-77），棺盖板从中间断裂成两块。为了棺盖上绘制漆画的回贴复原，需要对断裂木胎进行修复。

断裂木胎修复采用了传统的木工工艺，邀请了京作榫卯艺术馆的专家进行指导。在修复前首先对其拍照录像，记录其原始形态，测量比例尺寸出图、拓下损害及糟朽部位和铁棺钉的位置，对器型、纹饰和材质依次反复研究。主要包括以下内容：

（1）拍照、清理及预保护。对原始状态拍照后，清理断裂木胎裂缝处的尘土和污垢，为保证不让水分侵入而造成破坏，只能用一些软毛刷、洗耳球或气泵一点点地反复吹净。使用纯棉布初步清理灰尘。用毛刷清理桌面底部灰尘。采用生宣纸及保鲜膜等保护好盖板中间等部位的未脱落漆皮。

（2）拓稿。选择柔软干净的宣纸满铺到盖板的断裂截面，用文物专用胶带固定，然后戴上手套，把拓蓝纸叠厚或揉成团，在铺好的宣纸上用合适的力度搓拭，使断面凸凹不平的形状呈现在宣纸上，这是真实表现文物表面原榫卯、棺钉等相对位置情况的方法。

（3）采用榫卯连接与传统鱼鳔胶结合进行断板修复。原铁棺钉已经腐烂，如果取出会对棺钉周边的木材造成二次损坏，保护不了原状，而且在棺钉原处也无法装回，所以采取保留原状以待后人继续研究。两块断裂木板经讨论用与盖板相同的木材做木销进行传统榫卯连接，结构结实而且持续时间长，直至与原木材一致老化，不会出现原来的铁棺钉与木材腐烂程度不一致的情况。根据盖板的长度和厚度科学的分析，在未糟朽的两块木板连接处断面处用铅笔绘制5个方卯（见图2-2-78），中间一个跟两边的卯眼位置错开，以使结构应力平衡。采用木凿子在绘制的榫卯连接处凿出放木销（也称银锭销）的方卯（见图2-2-79）。采用杉木制作的5个银锭销（见图2-2-80）榫卯连接断裂的两块木板，并在其中销头连接处均匀涂抹德国产鱼鳔胶，在木板其他连接处涂

图2-2-77 锈蚀严重的铁棺钉和糟朽木胎

图2-2-78 绘制榫卯连接点

图2-2-79 凿出放木销的方孔

图 2-2-80 银锭销 　　　　　　图 2-2-81 熬制鱼鳔胶 　　　　　　图 2-2-82 嵌入银锭销及刷涂鱼鳔胶

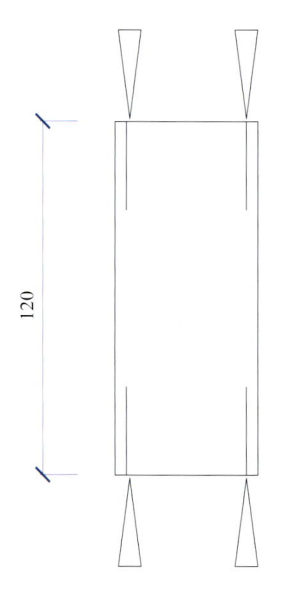

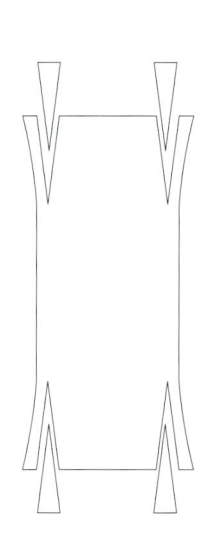

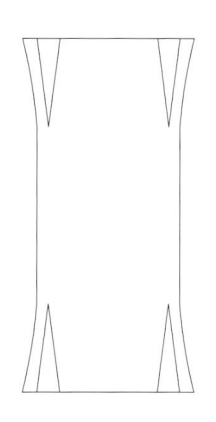

图 2-2-83 银锭销衔接原理示意图

抹熬好的黏度合适的鱼鳔胶（见图 2-2-81 及图 2-2-82）。榫头两侧再备两个豁口，在组装榫卯的时候，将提前刷好鱼鳔胶备楔放入银锭榫头豁口内，当银锭榫头捶打嵌入后，进入盖板卯眼时，备楔再次涨开银锭榫头，使银锭销在盖板卯眼内与木胎相互锁紧，可保证修复后木板的牢固稳定（见图 2-2-83）。夹上夹具固定 24 个小时，注意夹具两端要加泡沫保护，避免损坏文物。

图 2-2-84 为修复固定示意图。图 2-2-85 为采用鱼鳔胶黏接后夹具固定。图 2-2-86 为断裂棺盖板修复完成示意图。

由于两块盖板断开时间较长，收缩不一致会导致连接好后存在裂缝，按照裂缝的实际形状制作木片楔，反复对比好后再带胶嵌入裂缝，缝隙的修复是不可逆的，木片楔进去后就再拿不出来了，这个木片楔薄端不到 1mm，厚端要 19mm，制作要精准才行，归缝隙时要根据缝隙的大小以及位置的不同，采用合理的榫卯结构用鳔胶粘接。归缝的力度尽量适可而

第二章　保护修复实施情况

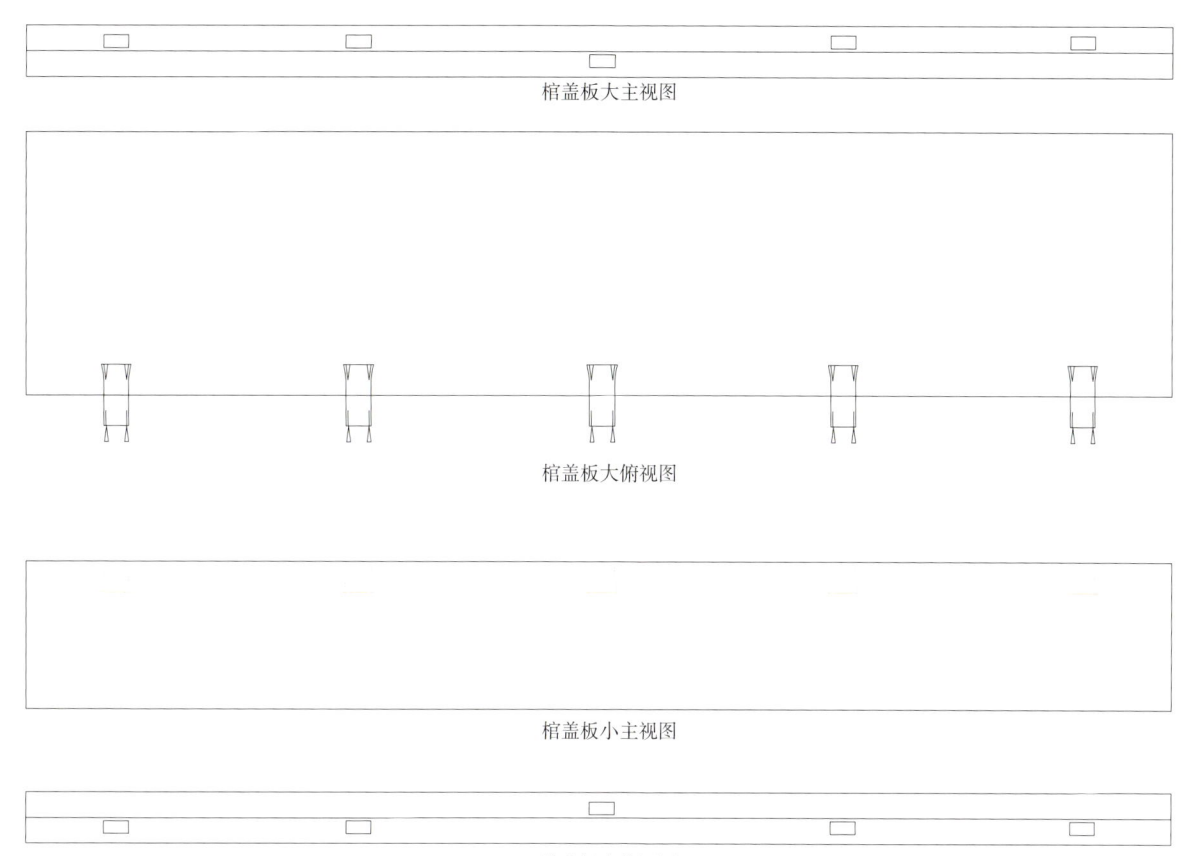

棺盖板大主视图

棺盖板大俯视图

棺盖板小主视图

棺盖板小俯视图

图 2-2-84 修复固定示意图

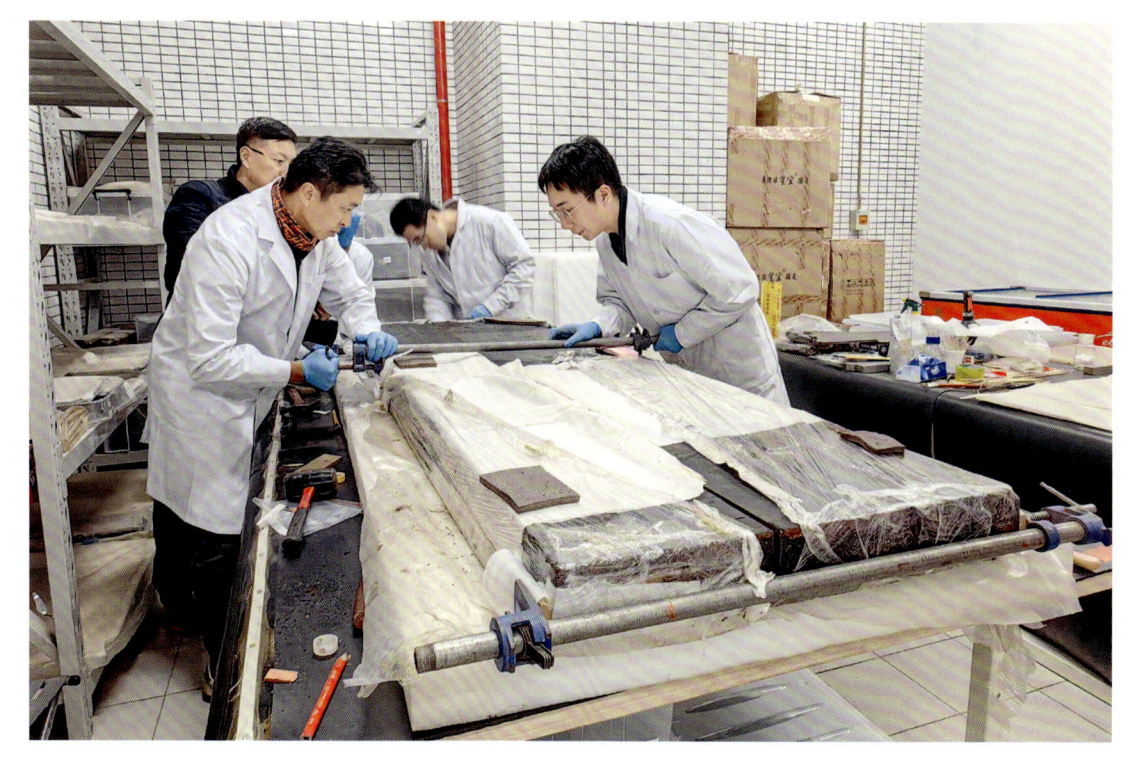

图 2-2-85 鱼鳔胶粘接后夹具固定

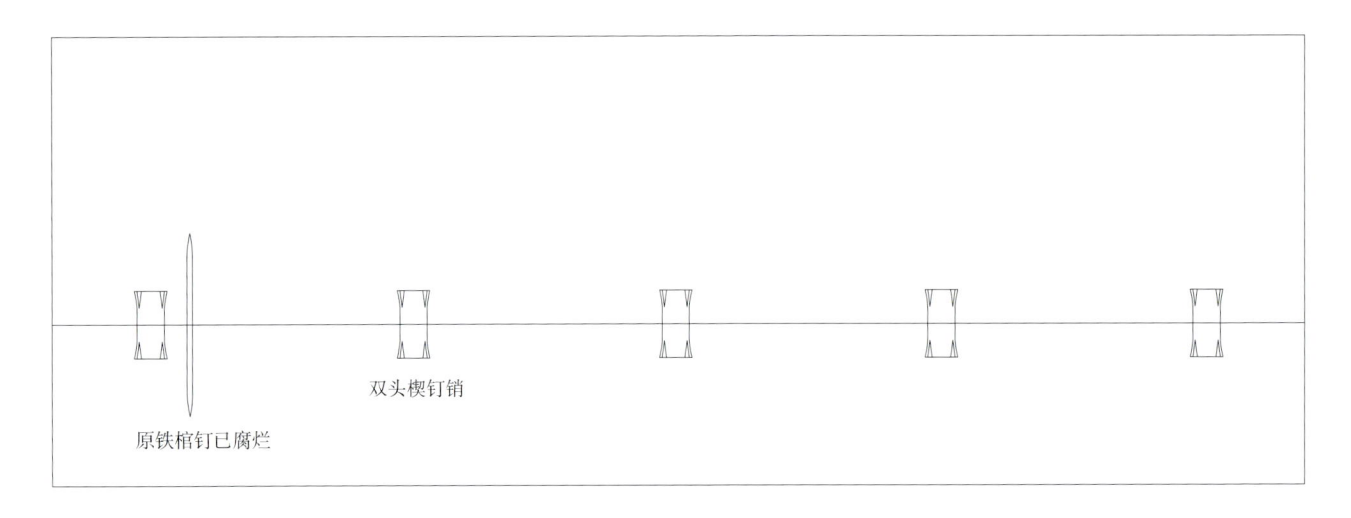

图 2-2-86 修复完成示意图

止,以免力度过大对其结构造成不必要的伤害。修复所需材料按实物匹配木料、砂纸、鱼鳔胶、木器制作工具等。断裂棺盖板拼接修复完成后照片见图 2-2-87。

11.4 胎体裱布刮灰

胎体裱布刮灰前,需要先对棺盖板上的孔洞进行填补。填补材料为木粉漆,第一步,将少量生面粉加水做成面团,面团硬度接近耳垂状;第二步,在面团中混入生漆,生漆用量不可少于 1∶1,两者调和均匀,直至均匀的拉丝糊状即可;第三步,分次加入木屑,用刮锹搅拌时注意力道手法,使木屑与糊状生漆充分融合,达到质地较硬、按压会出现裂纹的状态即可,木屑用量以最终效果为准(见图2-2-88)。为防止材料混合不均匀影响粘接效果,每次调配的填补材料不宜过多,用不完的材料可用保鲜膜密封保存。

孔洞填补可用小木条或刮锹以按压方式进行,对于较深的孔洞,需要分多次填补,每次填补不超过 3mm,以免木粉漆内部不能完全干透(见图 2-2-89)。每次填补时要注意压实

图 2-2-87 断裂棺盖板修复完成照片(局部)

图 2-2-88 填补孔洞用漆糊木屑粘接剂配制

图 2-2-89 孔洞填补

图 2-2-90 裱布筛选

图 2-2-91 裱布

图 2-2-92 调漆灰

填实，不能留有气泡或孔隙。

　　选择与棺盖板原裱布疏密接近的亚麻布进行重新裱糊（见图2-2-90）。采用面粉加水熬制浆糊，与生漆调和做成漆糊，在棺板周身裱亚麻布（见图2-2-91），阴干；分别用粗、中、细砖瓦灰与生漆调和做成漆灰（见图2-2-92），按粗、中、细的顺序刮灰三遍，每遍漆灰干燥后都要进行打磨，直至表面平滑，同时灰层厚度与未脱落原灰层接近，使用水飞灰进行补抿，进一步找平漆灰面（见图2-2-93）。髹涂生漆作为糙漆，打磨后再进行原漆皮层回贴工作。

图 2-2-93 刮灰

11.5 漆皮回贴

对于第一种与胎体结合较好，未完全分离的盖板中部的漆皮。采用生漆对其糟朽漆灰层渗透加固后，需利用熟漆将漆皮重新贴回本体。具体步骤如下。

（1）用羊毛刷清理漆皮背面和棺板表面灰尘，镊子去除植物根系，脱脂棉签蘸50%乙醇水溶液清理霉斑。

（2）清理干净后，在所回贴漆皮的背面和棺板表面涂抹生漆，然后用无尘纸按压漆皮，确保多余的生漆被压出，直至无尘纸表面没有漆残留（见图2-2-94）。

（3）等生漆涂过一段时间后，使用透明熟漆重复上述操作。注意每次按压后更换无尘纸，防止黏附的生漆影响漆皮表面。

（4）上述操作结束后，用水将干净无尘纸喷微湿，覆盖在回贴漆皮表面，再用亚克力板平整覆压并在上方放置一定重物，确保漆皮平整粘贴不移位（见图2-2-95）。

（5）为了促使棺盖板回贴漆皮的熟漆较快干燥，修复人员搭建了荫房采用潮湿纱布进行控湿，经长期监测室内湿度可达85%～90%（见图2-2-96及图2-2-97）。

图2-2-94 漆皮回贴

图2-2-95 回贴后固定

图2-2-96 荫房挂潮湿纱布控湿

图2-2-97 荫房外观

第十二节

更换糟朽底榫板

底榫板木材糟朽严重，呈现孔洞状、海绵状，一触即碎，已经断裂为两块，保存情况较差。滋生有大量的白腐菌和木腐菌，长期与漆棺底部接触，会引起漆棺底板的逐渐糟朽。因此，为了漆棺的整体安全，需要替换掉糟朽的底榫板。经研究讨论，决定制作与原底榫板大小厚度一致的新榫板替代。制作尺寸为 269cm×115cm×5cm 的杉木板，由四条杉木板拼合而成，反面设计相同间隔的穿带，防止变形（图 2-2-98）。为了预防新制作的杉木板在潮湿的存放环境中发霉，用生漆对木板进行涂刷，操作过程如下：将生漆在滤漆架上用多层无纺布或者日本的吉野纸过滤后，对杉木板进行髹涂渗透（见图 2-2-99 及图 2-2-100），之后用熟漆对木板整体进行多次髹涂，达到防止水分侵入、防霉防虫以及增强木板强度的目的（见图 2-2-101 及图 2-2-102）。

替换底榫板的过程发现，漆棺整体力学强度较好，底座两侧的圆孔先经生漆进行加固处理，使木材表面硬度加强，再放入钢管后，采用千斤顶缓慢抬升，多人配合依然可以抬起漆棺（见图 2-2-103）。将漆棺底座和糟朽的原榫板成功分离后（见图 2-2-104 及图 2-2-105），考虑到新榫板较硬的表面可能损伤漆棺底座，因此放置了有弹性的 PE 板（聚乙烯板）在新制作的榫板表面（见图 2-2-106）。

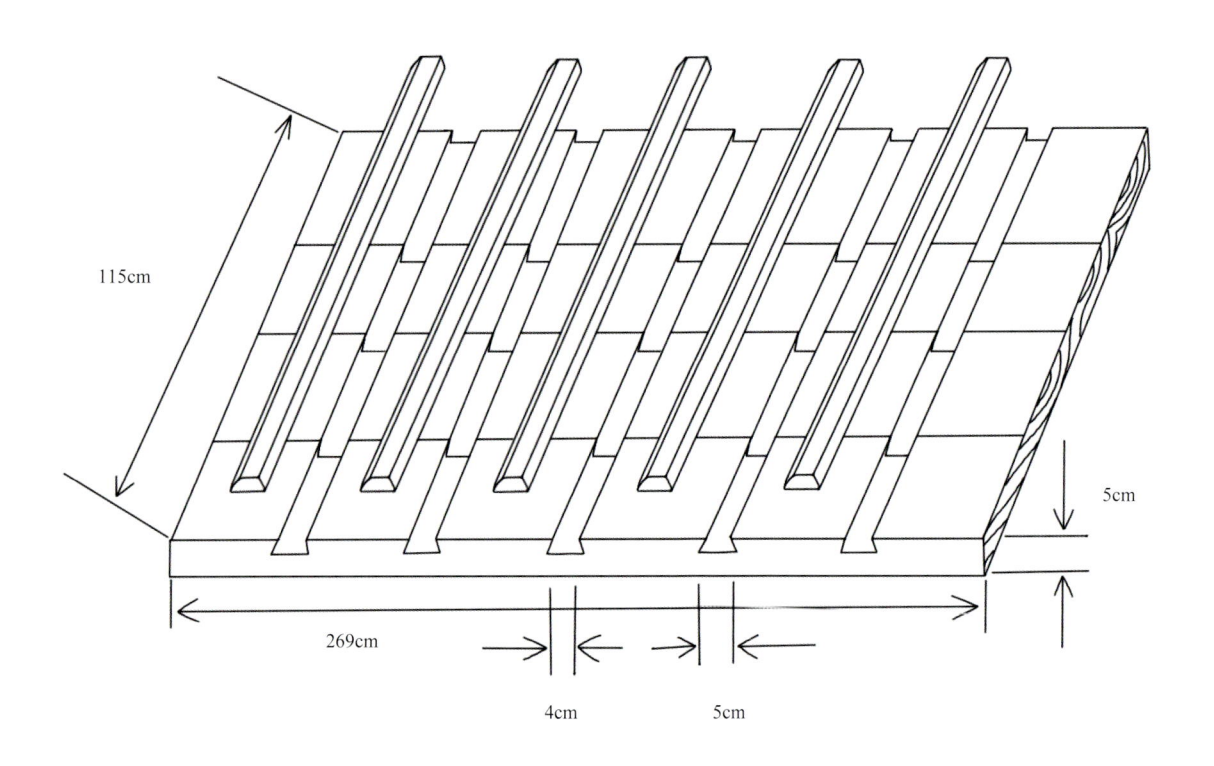

图 2-2-98 新底榫板设计图（张航绘图）

图 2-2-99 过滤生漆

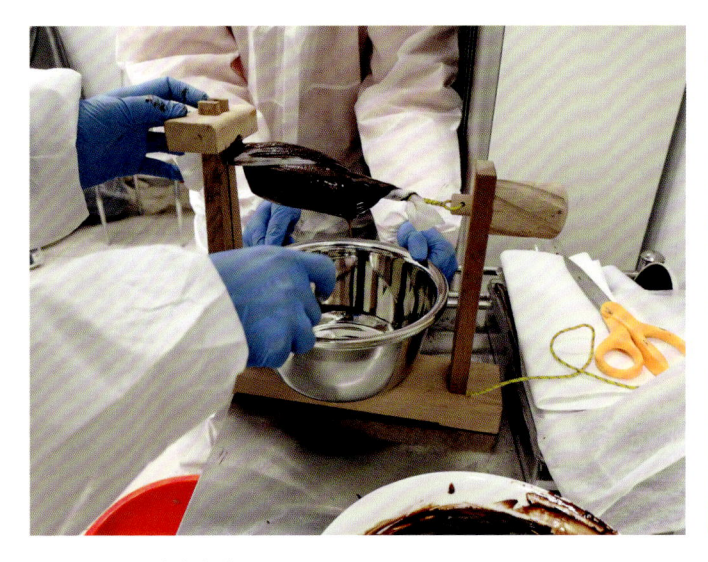

图 2-2-100 髹涂生漆

图 2-2-101 髹涂熟漆

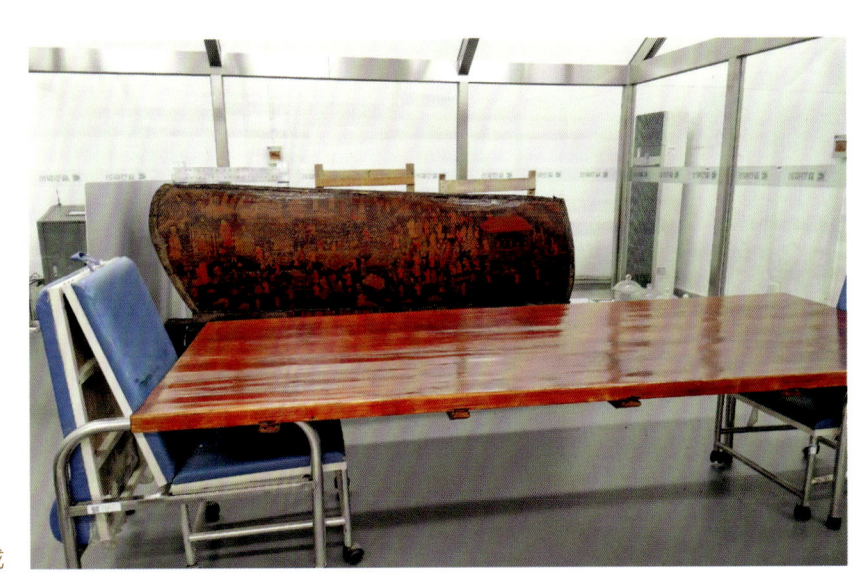

图 2-2-102 髹涂完成

图 2-2-103 采用千斤顶抬起漆棺

图 2-2-104 取出糟朽底榫板

图 2-2-105 替换下来的糟朽底榫板

图 2-2-106 新底榫板替换完成后

第三章
考古出土非饱水漆木器修复
保护流程探索

漆木器修复工作是对部分已发生损坏的漆木器给予必要的修复。具体在修复的环节中，需要遵循修旧如旧的原则，修复工艺方面则应灵活采用传统工艺与当代科学技术手段相结合的方法，以尽量恢复其历史原貌。本章针对考古出土漆器存在的典型病害——漆皮干缩、起翘、脱落问题，拟在赵谅墓漆棺七年实践修复经验的基础上，开展考古出土漆器文物漆膜回软、回贴等处理方法规范化研究。撰写普适、可行的漆膜回软、回贴技术流程，不仅可以为考古出土漆器文物修复保护提供有力的技术保障，而且也将有助于加强考古出土漆器文物修复技术标准化、规范化和高效化，同时为其他材质类型文物相关规范的制定提供参考，是传承中华优秀传统文化，实现我国文化自信的研究前提。

需要说明的是漆木器文物涉及的工艺种类繁多，技艺技巧复杂，且每件文物都有各自的病害特征和不同的修复特点，本章概述内容只是普遍性、一般性的方法。

第一节

漆皮回软流程

1.1 实验用试剂及工具

蒸馏水、乙醇、PEG200、PEG400、钝头镊子、尖头镊子、刮刀、便笺纸、棉签、耐高温膜、文物电熨斗、有机玻璃板。

1.2 操作流程

漆皮回软流程分为三个阶段，即前期准备阶段、浸泡回软阶段、展平整形阶段。

（一）前期准备阶段

1. 检查

拍照记录漆皮原始状况。

2. 清洁

用镊子夹起一片漆皮，放置于托盘上，用羊毛刷清扫去浮尘，用尖头镊子去除杂草树根，用脱脂棉签蘸蒸馏水擦洗脱落的漆皮正反面，若污染情况严重可用50%乙醇水溶液轻轻擦拭。清洁的顺序是从文物的中心向外，或从上往下，从大面到缝隙、断裂剖面。清洁需全方位、逐步、反复多次细致。需注意保护漆皮表面的纹饰，不可用力过大伤及文物。

3. 剥离木胎

通常漆皮与木胎贴合紧密，因此漆皮脱落时常会连带部分腐朽木胎一起脱落，在回软漆皮时该部分木胎需要被去除，只保留漆皮层。去除方法为：用手术刀或美术刮刀沿漆皮和木胎交界处缝隙切入，轻轻剥离木胎部分，若一次无法清除干净可分多次逐层进行。直至漆皮两面平整光滑。

（二）浸泡回软阶段

1. 配制30%～50%PEG200或PEG400水溶液作为回软剂。

2. 将回软剂倒入容器盒内，将漆皮水平放入，回软剂溶液高度浸没过漆皮为宜，密封保存。

3. 漆皮浸泡7～30天时间，至恢复弹性和韧性即可。

（三）展平整形阶段

1. 高温整形

浸泡后的漆皮韧性加强，但仍有卷曲和褶皱，不够平整，因此需要用文物专用电熨斗或热水蒸汽将其展平。采用电熨斗展平过程有两点需要注意：一是漆皮背面（即没有纹饰的一面）朝上，二是熨之前应在漆皮表面覆盖一层耐高温膜隔热，避免电熨斗与漆皮尤其是带纹饰的漆皮直接接触。

2. 压封

取一块合适尺寸的有机玻璃板，揭掉两面保护膜并擦拭干净，将处理好的漆皮放置于有机玻璃板中心或合适位置，在漆皮两面滴加适量配好的 PEG200 或 PEG400 水溶液，使漆皮完全浸润。上覆另一块同样尺寸的有机玻璃板，四周用透明胶密封，贴上编号。注意该步骤全程要保持有机玻璃板和漆皮水平，以防保湿溶液流出。

3. 保存

将压封好的装有漆皮的有机玻璃板水平叠垒放置于大的密封箱内，用蒸馏水配制氯化钾饱和盐水，将装有饱和盐水的烧杯置于密封箱内，盖好箱盖。密封箱放置于常温常湿环境中保存。

第二节

漆皮回贴流程

2.1 回贴材料及工具

透明漆、红锦漆、乙醇、面粉、生漆、鱼鳔胶、聚乙二醇200、棉签、勾线笔、油画刷、刮锹（刮刀）、薄竹片、镊子、生宣纸、泡沫软垫、竹签、支架配重、有机玻璃板、砝码、镇尺、不锈钢压铁、各种G型、F型夹具等。

2.2 回贴流程

漆皮回贴流程分为四个阶段，即前期准备阶段、回贴阶段、固定阶段、回贴完成后清洁阶段。

（一）无漆灰漆皮回贴步骤
1. 前期准备阶段
（1）清洁

用脱脂棉签蘸适量50%乙醇水溶液对起翘或脱落的漆皮背面进行清洁，清除掉漆皮背面回软材料；漆皮正面采用脱脂棉签蘸适量蒸馏水清洁；用脱脂棉签蘸适量50%乙醇水溶液对胎体的待回贴处进行清洁，去除掉尘土等影响回贴效果的污染物。待乙醇水溶液完全挥发后，进行下一步操作。以上的适量为达到潮湿不滴水状态即可。

（2）拼对

对照器物原始图片，将清洁完成后的脱落漆皮按照编号放在原脱落位置进行比对，考察需回贴的准确位置，主要考察的内容包括漆皮形状、大小与原位置的纹饰图案等的匹配情况。用划线笔画出准备贴回的位置轮廓。

（3）加固

为了防止多层漆皮相互分离，增加漆皮强度，采用漆刷蘸生漆在漆皮背面均匀涂刷，涂刷顺序为从上到下，从左至右，来回多次涂刷，可采用少量多次横竖交叉的涂法确保生漆均匀分布不留空隙，均匀渗入漆皮背面。

（4）塑形复原

漆皮经过回软整形处理后，会产生溶胀现象，尺寸往往大于原有位置，需要将其放置于常温常湿条件下，采用无尘纸上下包裹后，待其自然回缩，恢复到合适的大小。

2. 回贴阶段

（1）调配漆液

将适量大漆胶黏剂在白瓷板上翻搅平铺，静置10分钟左右，以提高透明漆黏度，可收集到一次性洁净器皿中，方便取用。

（2）涂漆

根据漆皮面积选取型号适中的勾线笔或漆刷，蘸取适量大漆胶黏剂涂抹在漆皮背面及胎体表面，涂刷顺序为从上到下，从左至右，来回多次涂刷，可采用少量多次横竖交叉的涂法确保大漆胶黏剂均匀分布不留空隙。

（3）定位按压

等待5分钟后待大漆胶黏剂产生黏性，用镊子夹持涂好漆的漆皮，将其准确放到应回贴的准确位置，调整位置使其准确定位。用刮锹或指腹轻轻按压，排出空气，按压服帖。

（4）清洁多余漆液

用脱脂棉签蘸适量乙醇溶液擦拭漆皮边缘渗出的多余漆液，再用干净的无尘纸反复按压，去除边缘渗出的多余漆液。

3. 固定阶段

（1）贴敷纸张

取一片大小合适的无尘纸，喷上少许水，使回贴处有一定的湿度环境以利于大漆胶黏剂的固化。

（2）固定

将无尘纸覆盖在漆膜回贴处，用脱脂棉球将无尘纸下的气泡按压挤出；用泡沫软垫按在漆膜回贴处，根据待回贴漆皮的位置情况选用竹签和木支架，有机玻璃板，砝码，镇尺，不锈钢压铁或各种G型、F型夹具等进行支护固定。用竹签和木支架固定时，需注意将竹签均匀分布支撑在泡沫垫和木架之间，此举可以给漆皮一个均衡的外力，使漆皮在大漆胶黏剂固化过程中平整牢固地贴于胎体，注意控制竹签长度，过短起不到支撑作用，过长可能会力度过大出现漆皮位移或竹签崩开等风险。待24～48小时以上粘接处大漆胶黏剂完全固化后将支架移开，将无尘纸和泡沫软垫取下。

4. 回贴完成后清洁阶段

揭开无尘纸或许会有少量纸纤维粘在漆皮边缘，可用少量酒精打湿后用尖头镊子摘除。

（二）有漆灰漆皮回贴步骤

1. 前期准备阶段

（1）清洁

用羊毛刷或小型吸尘器对漆皮背面进行清洁，用脱脂棉签蘸蒸馏水清洁漆皮正面。

（2）拼对

对照器物原始图片，将清洁完成后的脱落漆皮按照编号放在原脱落位置进行比对，考察需回贴的准确位置，主要考察的内容包括样品形状、大小与原位置的纹饰图案等的匹配情况。用划线笔画出准备贴回的位置轮廓。

（3）加固

为了防止多层漆皮和漆灰层相互分离，增加漆片整体强度，采用漆刷蘸生漆在漆灰层均匀涂刷，涂刷顺序为从上到下，从左至右，来回多次涂刷，使生漆均匀渗入漆灰层。

（4）塑形修整

带漆灰的漆皮往往凹凸不平，为了平整的回贴，需要将其与回贴位置进行比对，采用电动打磨机、砂纸或者手术刀等对漆灰层进行修整。用羊毛刷或小型吸尘器清理修整中产生的灰尘。漆皮若经过回软整形处理后，可能会产生溶胀现象，尺寸往往大于原有位置，需要将其放置于常温常湿条件下，采用无尘纸上下包裹后，待其恢复到合适的大小。

2. 回贴阶段

（1）调配漆液

回贴带漆灰的漆皮时，采用大漆与淀粉糊质量比为1∶1的漆糊粘接。为了防止漆糊生霉，可添加0.5%的二氯辛基异噻唑啉酮防霉剂，用刮锹混匀待用。也可选择生漆与鱼鳔胶以质量比为1∶1配成胶漆使用。以上粘接材料尽量当天使用当天配制。

（2）涂漆

根据漆皮面积选取型号适中的勾线笔或漆刷，蘸取适量粘接材料涂抹在漆灰层及胎体表面，涂刷顺序为从上到下，从左至右，来回多次涂刷，可采用少量多次横竖交叉的涂法确保粘接材料均匀分布不留空隙。

（3）定位按压

等待5分钟后待粘接材料产生黏性，用镊子夹持涂好漆的漆皮，将其准确放到应回贴的准确位置，调整位置使其准确定位。用刮锹或指腹轻轻按压，排出空气，按压服帖。

（4）清洁多余漆液

用脱脂棉签蘸适量乙醇溶液擦拭漆皮边缘渗出的多余漆液，再用干净的无尘纸反复按压，去除边缘渗出的多余漆液。

3. 固定阶段

（1）贴敷纸张

取一片大小合适的无尘纸，喷上少许水，使回贴处有一定的湿度环境以利于漆液的固化。

（2）固定

将无尘纸覆盖在漆膜回贴处，用脱脂棉球将无尘纸下的气泡按压挤出；用泡沫软垫按在漆膜回贴处，可用低黏性美纹胶带临时固定；根据待回贴漆皮的位置情况选用竹签和木支架，有机玻璃板，砝码，镇尺或各种G型、F型夹具等进行支护固定。用竹签和木支架固定时，需注意将竹签均匀分布支撑在泡沫垫和木架之间，可以给漆皮一个均衡的外力，使漆皮在粘接材料固化过程中平整牢固地贴于胎体，注意控制竹签长度，过短起不到支撑作用，过长可能会力度过大出现漆皮位移或竹签崩开等风险；待24~48小时以上粘接处粘接材料完全固化后将支架移开，将无尘纸和泡沫软垫取下。

4. 回贴完成后清洁阶段

揭开无尘纸或许会有少量纸纤维粘在漆皮边缘，可用少量酒精打湿后用尖头镊子摘除。

第三节

漆木器临时包裹材料的筛选与原则

近几十年以来，我国文物保护技术快速发展，但文物包装技术发展非常缓慢，远远满足不了出土文物保存、运输和展览的需求。主要表现为缺乏安全稳定的包装材料，包装技术多通过传帮带或自学方式来掌握，出土文物包装未形成系统性、针对性的包装材料和工艺规范等[1]。

考古出土漆木器的临时性包裹处理对于文物的安全具有重要意义。漆木器文物的包裹需要根据其材质、类型、保存状况和结构不同，进行包裹材料筛选及包装设计。本节内容将探讨出土漆木器文物包裹的目的、包裹设计原则、包裹材料选择及包裹设计。

3.1 包裹的目的

漆木器文物是质地非常脆弱的有机质文物，从潮湿的地下环境出土后，对于环境湿度和光照等的瞬时改变极度敏感。在运输和实验室存放过程中需要对漆木器文物进行包裹处理，起到保湿、防止光线直射、防震缓冲等保护目的。同时，在修复过程中包裹材料的调整也有利于漆木器木胎水分的缓慢散失，促使脱水过程的稳步进行。

3.2 包裹设计原则

包裹设计的总体原则是有利于漆木器文物的安全及修复过程的进行。在包裹材料的选择方面，首先需要确保对漆木器文物的安全性，包裹材料本身不应含有任何对文物有害的物质，材料在受外界环境因素影响后不应生成或释放出有害物质。特别在选择直接接触漆器本体的包裹材料时需要考虑材料的柔软、保湿性，同时应避免对本体造成二次污染和损伤，不能含有残留漂白剂、过氧化物、氯、酸、游离甲醛和金属离子等，不会形成挥发性有害物质，材料的pH值为中性。还要考虑到出土漆木器外表面漆膜脆弱，易受到摩擦、拉力等而损伤、脱落等的特殊性。使用前需经前期调研、论证后，根据文物的质地需求、现状及形制特征选择其包裹材料，防止因不适当、不科学包裹所带来的人为因素的损坏。此外，在设计制作包装过程中，还应考虑包裹材料的易得性、易加工和低成本等因素。

---

[1] 路智勇、惠任、张静，等：《考古出土纺织品文物包装技术与设计原则》，《江汉考古》2017年第4期，第111～117页。

3.3 包裹材料选择

目前常用的漆木器保湿包裹材料有绵纸（如桑皮纸）、生宣纸、麻布、纱布、聚乙烯塑料薄膜、海绵等。

生宣和绵纸均具有纤维长、韧性较好、吸附性强，寿命长，潮湿时柔软、变形较小等优点。此外，传统的宣纸制作工艺为碱性造纸法，在抄造过程中加入了碳酸钙、草木灰等碱性填料，纸张呈现中碱性。因此，采用生宣或者绵纸贴敷于漆器表面比较安全，遇水变软的特点不会导致漆膜表面的物理摩擦等伤害。

织物中纱布为常用的回潮材料。纱布为棉纱经喷气或梭织机织成，为平纹组织结构，具有良好的吸湿、散湿性能。文物保护中可采用纱布湿敷法进行回潮处理。用于漆器保湿的纱布应选择纯棉、柔软、未经上浆处理的纱布，白度、经纬密度及酸碱度等指标应符合《医用脱脂纱布》（YY 0331—2002）的相关标准。此外，纱布块应折叠平整，不得有毛边、毛茬外露、散线头等。由于纱布较为稀疏，经纬线之间孔隙较大不适合直接接触漆器本体，可作为外包裹材料使用。

海绵是一种多孔弹性材料，也可称为软质泡沫材料，在日常生活中常用于多孔吸水释水材料或者减震包装材料。目前，市售海绵多为聚氨酯、聚苯乙烯、聚酯及聚乙烯醇等高分子材料合成，内部具有泡孔结构，具有柔软、质轻、比强度高、可吸收冲击载荷和高频振动、隔热隔音等优良特性。其中，泡孔结构中开孔占优势的海绵对水汽具有更高的吸附能力，具有较好的透气性，柔软、蓬松度高，适合作为漆器的外包裹材料。

聚乙烯薄膜，即 PE 薄膜，是由乙烯进行加聚而成的高分子化合物，半透明、有光泽、质地较柔软，具有防潮性，透湿性小，是目前应用最广泛、用量最大的一种塑料包装薄膜。作为漆器外包装材料可起到减缓内部湿气向外挥发的作用，实际应用中的聚乙烯薄膜外观、物理机械性能及卫生标准等应该符合《包装用聚乙烯吹塑薄膜》（GB/T 4456—1996）相关要求。

3.4 包裹设计

保湿材料起着缓冲文物保存微环境中湿度波动的重要作用。出土漆器表面保湿微环境的有效性取决于材料选择的可靠性、协作性，将生宣纸或绵纸喷淋多元醇水混合液锁水保湿，纸张、纱布或者海绵发挥着吸潮、释放湿气的自我调节作用，聚乙烯薄膜起着减缓、阻隔内部湿气向外挥发的作用。经过多年的反复论证及实践经验，我们确定了漆器保湿材料的最佳包裹次序，从漆器本体向外的最佳包裹次序为：生宣纸或绵纸、纱布、海绵、聚乙烯薄膜。首先将湿润但不滴水的 1~2 层生宣纸或绵纸贴敷于漆器表面，其次包裹进行防霉防虫处理后的纱布，再次包裹海绵，最后包裹聚乙烯薄膜，包裹次序示意图见图 2-3-1。通过以上步骤，出土后漆器将处于潮湿的微环境中，可有效减缓外界不稳定环境因素对漆器的影响。随着气密帐等可控湿存放环境的建立，配合脱水过程的进行，可逐步去掉最外层的聚乙烯薄膜以及海绵，以有利于木材水分的逐渐挥发（见图 2-3-2 及图 2-3-3）。最终，当观察漆木器状态较为稳定后，可去掉所有包裹材料，并注意不进行修复时，关灯在暗室保存。

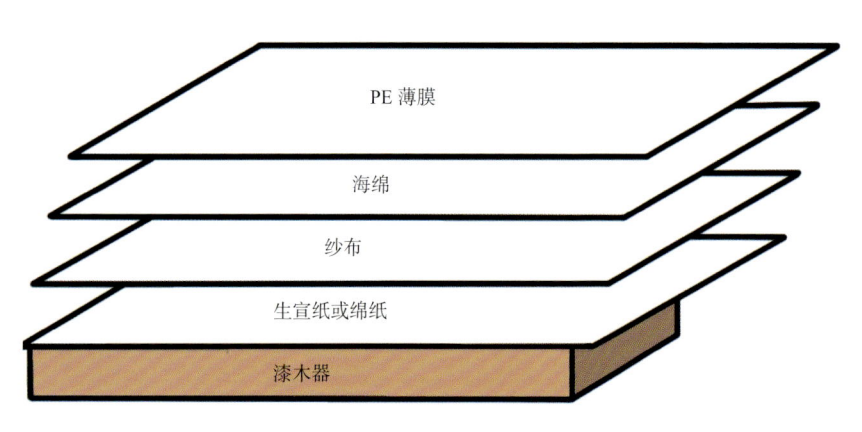

图 2-3-1 包裹次序示意图 1（张航绘制）

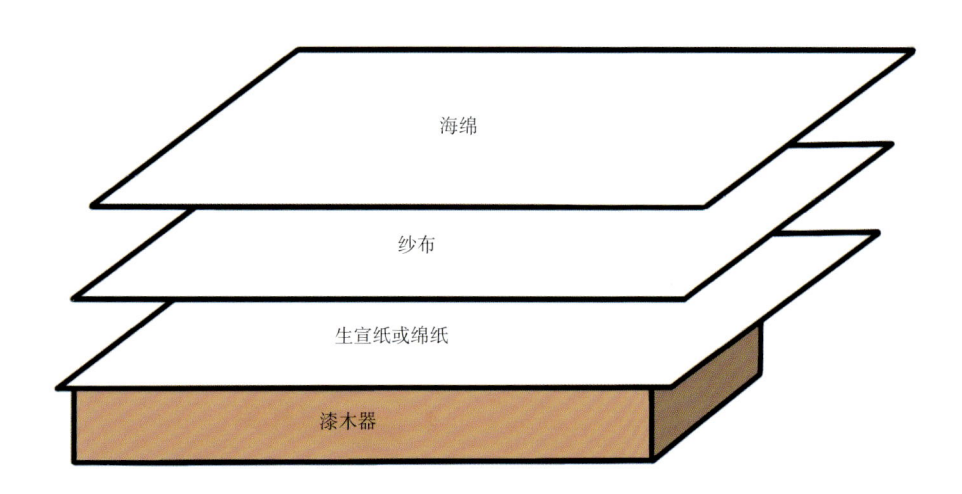

图 2-3-2 包裹次序示意图 2（张航绘制）

图 2-3-3 包裹次序示意图 3（张航绘制）

第四节

用于绘画文物修复的支护结构

我国历史文化悠久，留下了大量传世及考古出土的珍贵文物。这些文物由于时间流逝、环境变化等因素会出现不同程度的破坏或损坏，特别是如壁画、漆器及油画等具有彩绘层的绘画文物。绘画文物的彩绘层出现的问题一般包括干缩卷曲、起翘剥落等，这些问题会严重破坏文物的美观和完整性。

目前，在博物馆、考古研究所等收藏绘画文物的机构中，对于彩绘层出现卷曲、起翘或脱落的文物，一般是将这些文物先放置到修复台，然后通过胶黏剂将卷曲起翘、脱落的彩绘层牢固地粘贴复位到文物本体上，再利用砝码、镇尺或各种 G 型、F 型夹具等对修复部位进行固定支护。

但是，对于大型的壁画、大型的漆器（如大型棺椁、屏风、大型箱式漆器、大型柜式漆器等）、大型的油画等不便于移动到修复台上的绘画文物而言，其彩绘层在粘接后没有相应的支护结构能够对彩绘层进行支护，容易导致粘接后的彩绘层在胶黏剂未固化前出现移位、错位及粘贴不牢固等情况，从而影响绘画文物的修复效果。因此，需要设计制作一种可用于绘画文物修复的支护结构，用于解决相关技术领域中存在的问题。

4.1 支护结构重要技术指标要求

该支护结构包括支架、无尘纸、柔性垫以及多根抵顶杆。所述支架用于放置在地面上，所述无尘纸与柔性垫层叠设置，多根抵顶杆的第一端均可拆卸地安装于所述支架，多根所述抵顶杆的第二端用于将层叠设置的所述柔性垫（厚度为 1～2cm）和所述无尘纸抵压在绘画文物上的彩绘层粘接位置，所述无尘纸用于设置在所述彩绘层粘接位置与所述柔性垫之间。

支架包括多个横板，横板沿水平方向延伸，多个横板沿支架的高度方向间隔设置，以使每相邻两个所述横板之间具有间隙，所述间隙设置为能够供用户的手部穿过（尺寸均为 5～10cm）。用于靠近所述绘画文物的横板的一侧上设置有多个抵顶孔，呈阵列排布，每个所述抵顶孔的直径均为 0.1～0.5cm，每相邻两个所述抵顶孔之间的间距为 3～6cm。抵顶孔用于容纳所述抵顶杆的第一端。

该支架除了沿水平方向延伸的多个横板外，还有沿所述支架的高度方向延伸的第一竖直立柱和第二竖直立柱、相对于所述高度方向倾斜设置的第一倾斜立柱和第二倾斜立柱以及在竖直立柱等之间的连接杆，连接杆的底面与地面之间具有空隙。

所述支护结构还包括配重件，相邻的两个所述连接杆的顶部和／或相对设置的两个所述连接杆的顶部具有用于支撑所述配重件的支撑面。

4.2 该支护结构的优点

该支护结构有以下优点。

优点一：该支护结构中的支架可以为多根抵顶杆的第一端提供着力点，并使得多根抵顶杆的第二端均能够将堆叠设置的无尘纸和柔性垫可靠地抵顶于绘画文物上的彩绘层粘接位置，从而使得彩绘层粘接部位能够牢固地被定位在修复位置，进而避免粘接后的彩绘层因自重或外力作用等原因而脱离或移位。

优点二：对大型壁画、大型漆器、大型油画等不便于移动的大型绘画文物而言，无须将绘画文物搬运至修复台上，通过本研究提供的支护结构就可以对粘接后的彩绘层提供稳定的支护和定位，一方面能够提高这些大型绘画文物的修复效果，另一方面也使得这些大型绘画文物的修复过程更加简单、方便，尽可能地避免搬运大型绘画文物而对绘画文物造成进一步的损伤。

优点三：层叠设置的柔性垫和无尘纸具有良好的形变能力，能够较好地贴合于彩绘层的表面，进而使得彩绘层的粘接部位能够较好地贴合在大型绘画文物上，有助于提升对于绘画文物不同弧度的表面的贴合性。其中，柔性垫一方面可以起到缓冲抵顶杆的抵顶力的作用，避免安装抵顶杆时的抵顶力破坏粘接位置的彩绘层；另一方面，柔性垫可以起到将抵顶杆的抵顶力较为均匀地分散到整个柔性垫表面（进而使得抵顶力较为均匀地分散到整个无尘纸的表面）的作用，避免在支护过程中较为集中的抵顶力会破坏粘接位置的彩绘层。无尘纸设置在彩绘层粘接位置与柔性垫之间，可以避免粘接位置的彩绘层与柔性垫粘接，从而保证绘画文物的修复效果。

4.3 设计图及说明

图 2-3-4 是本研究一种示例性实施方式提供的用于绘画文物修复的支护结构使用时的立体示意图，其中，还示出了待修复的彩绘层在竖直方向为平面的绘画文物；

图 2-3-5 是图 2-3-4 中 A 处的局部放大图；

图 2-3-6 是本研究一种示例性实施方式提供的用于绘画文物修复的支护结构使用时的立体示意图，其中，还示出了待修复的彩绘层在竖直方向为曲面的绘画文物；

图 2-3-7 是图 2-3-6 中 B 处的局部放大图；

图 2-3-8 是本研究第一种示例性实施方式提供的支护结构的支架的立体图；

图 2-3-9 是本研究第一种示例性实施方式提供的支护结构的支架的局部连接方式图；

图 2-3-10 是本研究第一种示例性实施方式提供的支护结构的横板的立体图；

图 2-3-11 是本研究第二种示例性实施方式提供的支护结构的支架的局部图；

图 2-3-12 是本研究第二种示例性实施方式提供的支护结构的横板抵顶孔的立体图。

图 2-3-4 支护结构示意图

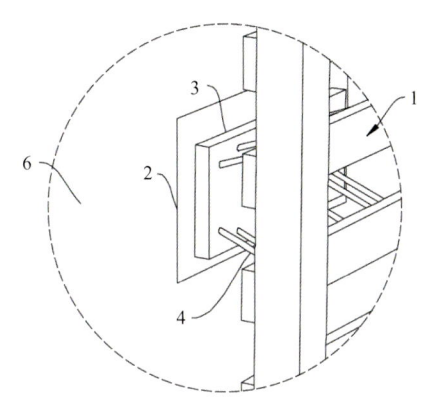

图 2-3-5 支护结构 A 处的局部放大图

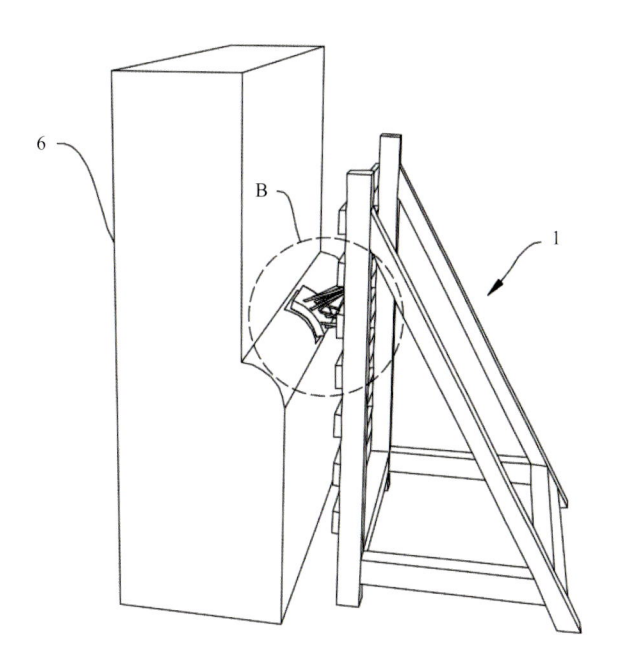

图 2-3-6 修复时支架的立体示意图

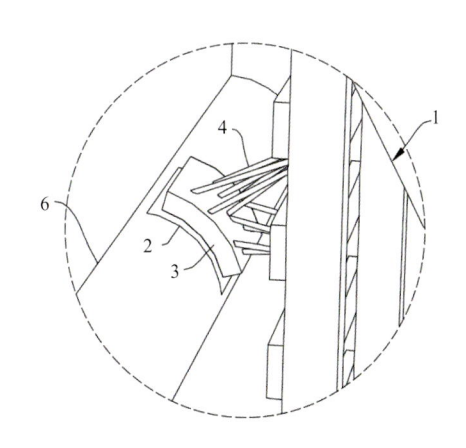

图 2-3-7 支护结构 B 处的局部放大图

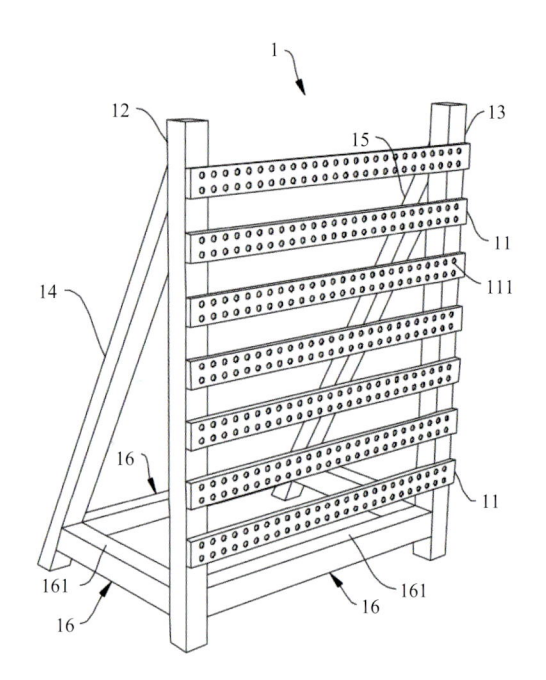

图 2-3-8 支架示意图

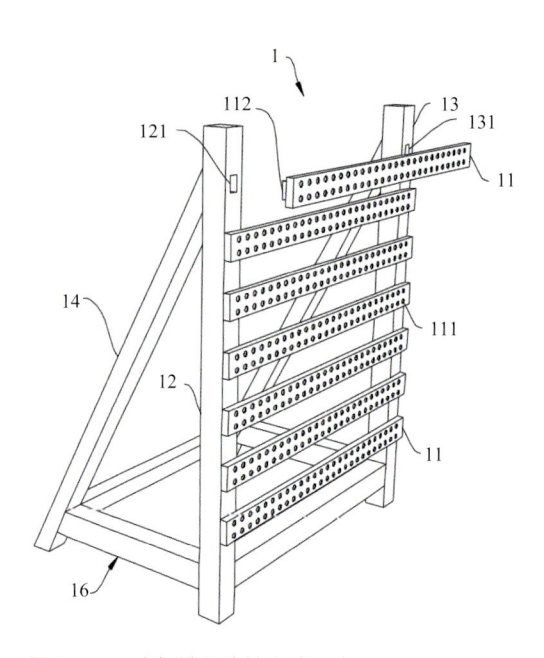

图 2-3-9 支架榫卯连接方式示意图

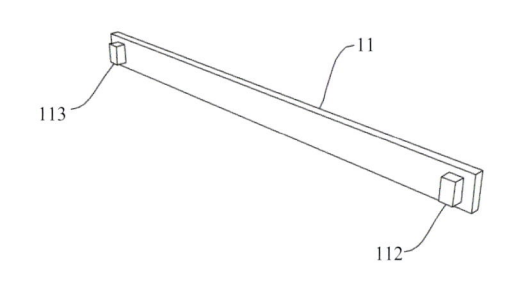

图 2-3-10 支架横板示意图

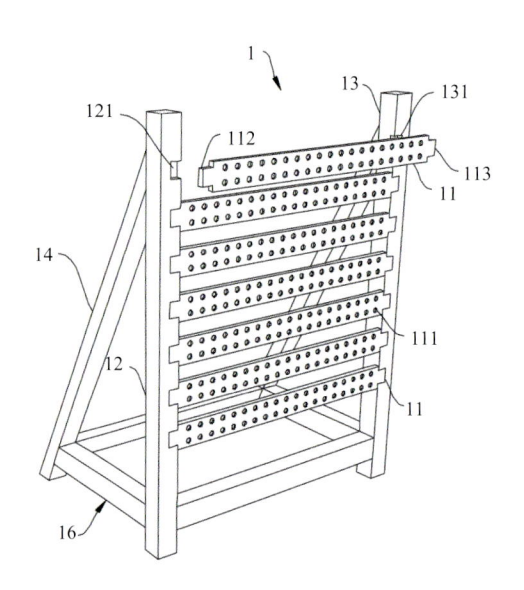

图 2-3-11 支架连接方式示意图

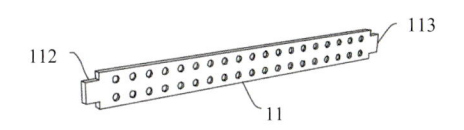

图 2-3-12 横板抵顶孔示意图

附图标记说明
1- 支架；11- 横板；111- 抵顶孔；112- 第一拼接块；113- 第二拼接块；12- 第一竖直立柱；121- 第一拼接槽；13- 第二竖直立柱；131- 第二拼接槽；14- 第一倾斜立柱；15- 第二倾斜立柱；16- 连接杆；161- 支撑面；2- 无尘纸；3- 柔性垫；4- 抵顶杆；5- 配重件；6- 绘画文物。

4.4 具体实施方式

以下结合 4.3 的附图对该支护结构具体实施方式进行详细说明。

如图 2-3-4 至图 2-3-12 所示，研究提供一种用于绘画文物修复的支护结构，包括支架 1、无尘纸 2、柔性垫 3 以及多根抵顶杆 4，支架 1 用于放置在地面上，无尘纸 2 与柔性垫 3 层叠设置，多根抵顶杆 4 的第一端均可拆卸地安装于支架 1，多根抵顶杆 4 的第二端用于将层叠设置的柔性垫 3 和无尘纸 2 抵压在绘画文物 6 上的彩绘层粘接位置，无尘纸 2 用于设置在彩绘层粘接位置与柔性垫 3 之间。

支架 1 可以为多根抵顶杆 4 的第一端提供着力点，并使得多根抵顶杆 4 的第二端均能够将堆叠设置的无尘纸 2 和柔性垫 3 可靠地抵顶于绘画文物 6 上的彩绘层粘接位置，从而使得彩绘层粘接部位能够牢固地被定位在修复位置，进而避免粘接后的彩绘层因自重或外力作用等原因而脱离或移位。层叠设置的柔性垫 3 和无尘纸 2 具有良好的形变能力，能够较好地贴合于彩绘层的表面，进而使得彩绘层的粘接部位能够较好地贴合在大型绘画文物上，有助于提升对于绘画文物 6 不同弧度的表面的贴合性（如图 2-3-4 至图 2-3-7 所示）。其中，柔性垫 3 一方面可以起到缓冲抵顶杆 4 的抵顶力的作用，避免安装抵顶杆 4 时的抵顶力破坏粘接部位的彩绘层，另一方面柔性垫 3 可以起到将抵顶杆 4 的抵顶力较为均匀地分散到整个柔性垫 3 表面（进而使得抵顶力较为均匀地分散到整个无尘纸 2 的表面）的作用，避免在支护过程中较为集中的抵顶力会破坏粘接部位的彩绘层。无尘纸 2 设置在彩绘层粘接位置与柔性垫 3 之间，可以避免粘接部位的彩绘层与柔性垫 3 粘接，从而保证绘画文物 6 的修复效果。

需要说明的是，选用柔软的无尘纸不会损伤脆弱的彩绘层表面，在各种环境条件下均可以提供足够的干、湿强度。同时，在使用溶剂挥发型和乳液型的胶黏剂时，具有大量纤维孔隙的无尘纸更加有利于这两种胶黏剂固化，这是由于无尘纸上的纤维孔隙更加有利于胶黏剂中的溶剂和水分的挥发，从而可以使得这两种胶黏剂的固化速度加快。在使用遇水反应型的胶黏剂时，无尘纸的含水率越高越有利于该胶黏剂的固化，这是由于遇水反应型胶黏剂（如大漆）在潮湿的环境中更容易固化，从而可以使得遇水反应型胶黏剂的固化速度加快。故而，在实际使用时，可以根据胶黏剂的不同类型，选择合适含水率的无尘纸或者选择带不同孔隙率的无尘纸。

可以理解的是，本研究中的抵顶杆 4 可以是具有一定强度的杆状结构，也可以是具有一定弹性形变能力的杆状结构。例如，抵顶杆 4 可以是较细的金属杆，在实际抵顶支护作业时，根据实际需要选择不同长度的抵顶杆 4 即可。抵顶杆 4 也可以选择为塑料杆、竹制杆、橡胶杆等具有一定弹性形变能力的杆状结构。此外，抵顶杆的数量和布置方向可以根据实际修复支护的面积和位置进行调整。对于抵顶杆 4 的结构、材质、数量和布置方向均不做具体限定。

在本次的漆棺修复中，抵顶杆 4 采用的竹制杆，一方面，竹制杆具有一定的强度，能够产生较大的抵顶力，可以有效地将柔性垫 3 和无尘纸 2 抵顶于修复部位的彩绘层。另一方面，竹制杆还具有一定的弹性形变（弯曲）的能力，可以适应于不同间距的抵顶作业，并且，处于弯曲状态的竹制杆提供的抵顶力更大，能够更有效地抵顶于修复部位的彩绘层。此外，竹制杆具有材料易得、造价低廉、制作简单、可循环使用等优点，能够广泛地用于各种绘画文物 6 的修复场景。

作为本研究的一种示例性的实施方式的工作过程 / 工作原理为：在将绘画文物 6 的脱落、弯曲翘起的彩绘层粘接回文物本体上的原位置之后，在修复位置上覆盖一层无尘纸 2，然后再在无尘纸 2 上再覆盖一层柔性垫 3，最后利用多根抵顶杆 4 分别抵顶在柔性垫 3 和支架 1 之间，调整多根抵顶杆 4 的位置，使得多根抵顶杆 4 能够均匀且稳定地抵顶在整个修复位置。

在实际修复过程中，绘画文物的彩绘层可能具有多种弯曲起翘、脱落或损坏情况，例如，彩绘层可能是散落分布的局部部位的弯曲起翘、脱落或损坏；沿水平方向延伸的条状部位的弯曲起翘、脱落或损坏；沿竖直方向延伸的条状部位的弯曲起翘、脱落或损坏；整体或大部分的弯曲起翘、脱落或损坏等。

鉴于此，本研究的支架 1 可以具有多种实施方式。例如，在本研究的一种示例性的实施方式中，如图 2-3-8 至图 2-3-12 所示，本研究的支架 1 可以包括横板 11，横板 11 沿水平方向延伸，横板 11 用于靠近绘画文物 6 的一侧上设置有多个抵顶孔 111，抵顶孔 111 用于容纳抵顶杆 4 的第一端。如此，横板 11 可以作为抵顶杆 4 的着力点，使得抵顶杆 4 的第一端能够有效地抵顶于横板 11 上。由于横板 11 是沿水平方向延伸的，可以十分贴合于彩绘层散落分布的局部脱落或损坏的情况、彩绘层沿水平方向延伸的条状脱落或损坏的情况以及彩绘层整体或大部分的脱落或损坏的情况。并且，在横板 11 上设置的抵顶孔 111 可以为抵顶杆 4 的第一端提供更稳定的着力基础，使得抵顶杆 4 能够更稳定地抵顶在支架 1 和堆叠设置的无尘纸 2、柔性垫 3 之间。

可以理解的是，包括横板 11 的支架 1 也是可以用于彩绘层沿竖直方向延伸的条状脱落或损坏的情况，在修复时，只需要在竖直方向上分层修复即可。也就是说，当面对彩绘层沿竖直方向延伸的条状脱落或损坏的情况时，可以由下至上或由下至上分层进行修复支护。此外，本研究中的抵顶孔 111 可以是圆形孔也可以是多边形孔（如三角形孔、方形孔），只要抵顶孔 111 能够具有容纳抵顶杆 4 的第一端的空间即可，本研究对于抵顶孔 111 的形状不作具体限定。

在本研究的另一种实施方式中，本研究的支架 1 可以包括竖板，竖板沿竖直方向延伸，竖板用于靠近绘画文物 6 的一侧上也可以设置有多个抵顶孔 111，以用于容纳抵顶杆 4 的第一端。如此，包括竖板的支架 1 可以适用于彩绘层沿竖直方向延伸的条状脱落或损坏的情况。

可以理解的是，本研究的支架 1 可以同时包括竖板和横板 11，可以进一步地提升支架 1 对于不同彩绘层的脱落情况的适用性。

本研究的抵顶孔 111 具有多种实施方式，例如，在本研究的一种示例性的实施方式中，如图 2-3-8、图 2-3-9 和图 2-3-11 所示，本研究的多个抵顶孔 111 可以呈阵列排布。阵列排布的抵顶孔 111 可以使得横板 11 能够具有更多、更均匀分布的着力点供给抵顶杆 4，进而使得抵顶杆 4 的设置位置能够更多、更均匀。

可选地，多个抵顶孔 111 可以呈线性排列、矩形阵列、圆形阵列分布，本研究对此不作限定。

可选地，每个抵顶孔 111 的直径均为 0.1～0.5cm，每相邻两个抵顶孔 111 之间的间距为 3～6cm。如此，通过将抵顶杆 4 的第一端至少部分地插入抵顶孔 111 中，就可以使得抵顶杆 4 能够稳定地抵顶在支架 1 和绘画文物 6 之间，即可满足对于绘画文物 6 的修复支护的实际需要。

本研究的横板 11 具有多种实施方式，如图 2-3-8 至图 2-3-12 所示，在本研究的一种示例性的实施方式中，本研究的横板 11 可以设置为多个，多个横板 11 沿支架 1 的高度方向间隔设置，以使每相邻两个横板 11 之间具有间隙，间隙设置为能够供用户的手部穿过。多个横板 11 的设置形式可以使得抵顶杆 4 在高度方向具有更多的着力点，也就使得本研究在绘画文物 6 的待修复部位更大的情况下也能够适用。在此实施方式中，多个横板 11 之间的间隙能够供用户的手部穿过是为了更方便地安装或拆卸抵顶杆 4。因为在当绘画文物 6 的待修复部位较大的情况时，由于横板 11 中间部分需要作为修复支护的抵顶位置，但是此时从支架 1 的左侧或右侧方向均可能无法将抵顶杆 4 放置或安装到支架 1 和绘画文物 6 之间，所以此时用户就可以通过两个横板 11 之间的间隙将抵顶杆 4 安装到位或拆卸下来，如此，有助于用户更方便地安装或拆卸抵顶杆 4。

可选地，每相邻两个横板 11 之间的间隙在高度方向上的尺寸均为 5～10cm。如此，就可以满足大多数的用户将手部较为顺畅地从两个横板 11 之间穿过，以便于安装或拆卸抵顶杆 4。此外，可以理解的是，每相邻两个横板 11 之间的间隙在具有高度方向上的尺寸的基础之上，还可以具有在水平方向上的尺寸，也就是说，每相邻两个横板 11 可以在空间上交错布置。

在实现安装横板 11 的基础之上，为简化支架 1 的结构，在本研究的一种示例性的实施方式中，如图 2-3-8 至图 2-3-12 所示，本研究的支架 1 可以包括沿水平方向延伸的多个横板 11、沿支架 1 的高度方向延伸的第一竖直立柱 12 和第二竖直立柱 13，以及相对于高度方向倾斜设置的第一倾斜立柱 14 和第二倾斜立柱 15，第一竖直立柱 12 的顶部与第一倾斜立柱

14 的顶部连接，第二竖直立柱 13 的顶部与第二倾斜立柱 15 的顶部连接，第一竖直立柱 12 用于设置在第一倾斜立柱 14 和绘画文物 6 之间，第二竖直立柱 13 用于设置在第二倾斜立柱 15 和绘画文物 6 之间，多个横板 11 沿高度方向间隔设置，且每个横板 11 的两端分别安装在第一竖直立柱 12 和第二竖直立柱 13 上，抵顶杆 4 的第一端可拆卸地安装于横板 11。支架 1 还包括连接杆 16，第一竖直立柱 12 与第二竖直立柱 13 之间、第一竖直立柱 12 与第一倾斜立柱 14 之间、第二竖直立柱 13 与第二倾斜立柱 15 之间、第一倾斜立柱 14 与第二倾斜立柱 15 之间均连接有连接杆 16，连接杆 16 的底面设置为与地面之间具有空隙。

如此，整个支架 1 的结构十分简单且稳定，并且能够实现多个横板 11 的安装。其中，竖直设置的第一竖直立柱 12 和第二竖直立柱 13 更靠近绘画文物 6，这样，能够使得支架 1 的结构不易与绘画文物 6 之间产生空间上的干涉，更有利于绘画文物 6 的修复工作。倾斜设置的第一倾斜立柱 14 和第二倾斜立柱 15 可以起到使得整个支架 1 更稳定的效果。连接杆 16 依次连接第一竖直立柱 12、第一倾斜立柱 14、第二倾斜立柱 15 和第二竖直立柱 13，能够有效提升支架 1 的结构整体性和稳定性。同时，连接杆 16 的底面设置为与底面之间具有空隙可以使得第一竖直立柱 12、第二竖直立柱 13、第一倾斜立柱 14 和第二倾斜立柱 15 的底部均具有一部分伸出于连接杆 16 的支脚部分，这样，就可以使得支架 1 能够适用于地面凹凸不平的情况，提升本研究的环境适用性。

可以理解的是，本研究的第一竖直立柱 12、第二竖直立柱 13、第一倾斜立柱 14、第二倾斜立柱 15 和连接杆 16 之间的连接方式可以是固定连接（如焊接、粘接等），也可以是可拆卸式连接（如螺栓连接、销钉连接、榫卯连接等）。只要其连接强度能够满足需要即可。此外，本研究的第一竖直立柱 12、第二竖直立柱 13、第一倾斜立柱 14、第二倾斜立柱 15 和连接杆 16 可以采用金属材料、塑料材料、木质材料、竹制材料等各种材料制造，只要具有足以满足修复支护的结构强度即可。本研究对于上述结构的材质及其之间的连接方式不作具体限定。

在其他实施方式中，支架 1 也可以为多个横梁和多个纵梁组成的桁架结构。

本研究的横板 11 安装在支架 1 上的实施方式具有多种，例如，在本研究的一种示例性的实施方式中，如图 2-3-10 至图 2-3-12 所示，第一竖直立柱 12 远离第一倾斜立柱 14 的一侧设置有向内凹陷的多个第一拼接槽 121，第二竖直立柱 13 远离第一倾斜立柱 14 的一侧设置有向内凹陷的多个第二拼接槽 131，多个第一拼接槽 121 和多个第二拼接槽 131 均沿高度方向间隔设置，第一拼接槽 121 的数量和第二拼接槽 131 的数量相同，且第一拼接槽 121 的数量和第二拼接槽 131 的数量均大于横板 11 的数量，每个横板 11 的两端分别设置有与第一拼接槽 121 和第二拼接槽 131 相匹配的第一拼接块 112 和第二拼接块 113。

如此，通过拼接的形式将横板 11 安装在第一竖直立柱 12 和第二竖直立柱 13 上，可以方便地实现横板 11 的安装和拆卸。同时，第一拼接槽 121 的数量可以大于横板 11 的数量，这样，可以在竖直方向上选择合适的位置安装横板 11，以适用于绘画文物 6 的不同位置的待修复部位。

并且，在横板 11 通过拼接的形式安装在支架1上的基础之上，横板11具体的拼接形式也有多种实施方式，例如，在本研究的一种示例性的实施方式中，如图2-3-9和图2-3-10所示，每个横板11上与抵顶孔111相对的侧面上形成有突出于该侧面的第一拼接块112和第二拼接块113，第一竖直立柱12和第二竖直立柱13上均形成有与第一拼接块112和第二拼接块113相匹配的第一拼接槽121和第二拼接槽131。如此，即可实现横板11十分方便地安装和拆卸，并且，可以根据绘画文物6实际的修复位置进行对应的横板11的安装。

在本研究的另一种示例性的实施方式中，如图2-3-11和图2-3-12所示，每个横板11的两端延伸出有突出于横板11的两侧端面的第一拼接块112和第二拼接块113，第一竖直立柱12和第二竖直立柱13上均形成有与第一拼接块112和第二拼接块113相匹配的第一拼接槽121和第二拼接槽131。这样，也能够实现横板11的拼接式安装。

可以理解的是，本研究的横板11也可以直接通过焊接、粘接、销钉、螺栓连接等方式连接在第一竖直立柱12、第二竖直立柱13上。

需要说明的是，当本研究支架1采用较为轻质的材料制造时，例如，木质支架1、竹制支架1、塑料支架1等。此时，由于这些轻质材料制成的支架1自重较小，在支护过程中可能存在不稳定的情况。

鉴于此，如图2-3-4所示，本研究的用于绘画文物6修复的支护结构还可以包括配重件5，相邻的两个连接杆16的顶部和/或相对设置的两个连接杆16的顶部具有用于支撑配重件5的支撑面161。如此，通过将配重件5放置相邻或相对的两个连接杆16上，就可以增加支架1的稳定性，使得支架1在支护过程中能够具有更良好的支护效果。

其中，可以理解的是，本研究的配重件5可以是任意能够放置在支架1上的重物，例如：石板、铁板、重木板、水桶等重物。

此外，为了便于移动本研究的支架1，还可以在支架1的底部设置可升降结构和滚轮。例如，可升降结构可以是伸缩杆、气缸或者液压缸等具有可伸缩部件的结构，以便于调整支架1的高度，使其能够满足待修复部分不同高度的需要。滚轮可以是万向轮或者是带有锁止功能的移动轮，以在支架1比较重时，可以方便地移动整个支架1的位置。

为了使得柔性垫3相对于绘画文物6的表面能够具有更好的贴合性，在本研究的一种实施方式中，可以将柔性垫3的厚度设置为1～2cm。这样的柔性垫3既能够具有缓冲和分散抵顶力的作用，还可以更容易被弯曲以贴合在绘画文物6的表面。

在本研究的一种具体示例的实施方式中，可以将第一竖直立柱12和第二竖直立柱13选择为：厚度2.5～4cm、宽度3～5cm、长度60～150cm的木板。第一倾斜立柱14和第二倾斜立柱15选择为：厚度3cm、宽度5.5cm、长度120cm的木板。连接杆16选择为：厚度3～10cm、宽度3～5.5cm、长度6～100cm的木板（第一竖直立柱12和第一倾斜立柱14之间的连接杆16较短、第一竖直立柱12和第二竖直立柱13之间的连接杆16较长），连接杆16的底面距离地面10cm。横板11选择为：厚度2.5～3cm、宽度3～5cm、长度60～100cm的木板，相邻两个横板11的间距为10cm。横板11上开设有等间距阵列排布的圆形抵顶孔111，抵顶孔111的间距：3～6cm，抵顶孔111的直径：0.1～0.5cm，抵顶孔111

的深度：0.1～0.5cm。抵顶杆 4 选用为竹制抵顶杆 4，抵顶杆 4 长度：1～15cm。

其中，此具体示例的实施方式的工作原理或工作过程为：在将绘画文物 6 的脱落、弯曲翘起的彩绘层粘接回文物本体上的原位置之后，先将支架 1 摆放至靠近绘画文物 6 的合适位置，在支撑面 161 上放置配重件 5，然后通过两个横板 11 之间的间隙在修复位置上覆盖一层或多层无尘纸 2，然后再在无尘纸 2 上再覆盖一层柔性垫 3，最后逐次手持多根抵顶杆 4 穿过两个横板 11 之间的间隙，利用抵顶杆 4 抵顶在柔性垫 3 和支架 1 之间，调整抵顶杆 4 的位置，使得多根抵顶杆 4 的第一端分别能够稳定地容纳且抵顶于抵顶孔 111 中，多根抵顶杆 4 的第二端分别能够均匀且稳定地抵顶在整个修复部分处。

以上结合附图详细描述了本研究的优选实施方式，但是，本研究并不限于上述实施方式中的具体细节，在本研究的技术构思范围内，可以对本研究的技术方案进行多种简单变型，这些简单变型均属于本研究的保护范围。

另外需要说明的是，在上述具体实施方式中所描述的各个具体技术特征，在不矛盾的情况下，可以通过任何合适的方式进行组合，为了避免不必要的重复，本研究对各种可能的组合方式不再另行说明。

此外，本研究的各种不同的实施方式之间也可以进行任意组合，只要其不违背本研究思想，其同样应当视为本研究所公开的内容。

第四章 彩绘漆棺图像的数字化采集与研究

博物馆文物数字化是文化遗产保护中的重要组成部分。文物三维信息数字化包含文物尺寸、结构、表面纹理等在内的所有信息的数字化，通过计算机、图像学等先进技术相互融合而成，最终可获得文物精确的尺寸信息和高清的三维立体图像信息[1]。

首都博物馆保护部在2007年木樨地新馆开放之初就开始率先尝试文物数字化保护工作，并取得了一定进展。杜侃[2]应用三维激光扫描技术开展了一系列在文物保护分析过程中的数字建模工作，特别是对文物修复和复制的辅助作用进行了有益的尝试。针对工作过程中遇到的技术难点诸如偏色、背景干扰等问题也提出了解决办法。2016年，在对渎山大玉海这件元代文物进行科学检测时，北京市文物局课题组[3]利用三维激光扫描技术对渎山大玉海进行扫描，通过数字图像建模、计算机数据处理，首次精确计算出了渎山大玉海的实际体积、加工该器物所用独山玉原材料的最小体积和最小质量，以及可以盛放液体的准确容积。除此之外，对大玉海圆浮雕表面的高精度三维激光扫描也获得了很好的效果。

近些年，文物数字化保护越来越受到国家的重视。习近平总书记[4]在党的二十大报告中指出：要继续繁荣发展文化事业和文化产业，实施国家文化数字化战略，加大文物和文化遗产保护力度。其中，文物三维扫描工作就是针对文化遗产数字化中的重要环节。去年同期，由故宫博物院和北京市文物局牵头、中国兵器工业集团五洲设计院中兵勘察设计研究院有限公司为技术主导共同编制的《文物三维数字化技术规范 器物》（以下简称《标准》）开始实施[5]，正式对文物三维数字化工作的技术指标和量化评价方法提出了依据和指导。今年两会期间，来自文博界基层单位的全国人大代表王瑞霞再次提出，还需进一步推进文物数字化保护工作[6]。数字化技术在博物馆中的应用不仅仅是馆藏文物信息的更好保存和文物展览的鲜活展示，对于珍贵文物的修复与研究也具有很重要的意义。

[1] 张永春、潘思文：《结构光扫描技术在文物数字化中的应用分析》，《文博》2012年第3期，第93～96页。

[2] 杜侃：《馆藏文物保护中数字建模技术应用研究》，《文物保护与考古科学》2011年第1期，第62～67页。

[3] 于平主编：《渎山大玉海科技检测与研究》，科学出版社，2020年。

[4] 习近平：《高举中国特色社会主义伟大旗帜为全面建设社会主义现代化国家而团结奋斗——在中国共产党第二十次全国代表大会上的报告（2022年10月16日）》，中国政府网，http://www.gov.cn/xinwen/2022-10/25/content_5721685.htm。

[5] 周锡霞、程倩、周华，等：《国内外文物数字化标准现状分析与发展建议》，《标准科学》2023年第1期，第67～72页。

[6] 徐秀丽：《进一步推进文物数字化保护》，《中国文物报》2023年3月7日第3版。

第一节

文物三维数字化方法的选取

在文物领域，主流的三维重建的方法主要有三种。第一种是以斯坦福大学的"米开朗琪罗项目"[1]、"秦俑博物馆一号坑遗址三维数字建模"[2]、"渎山大玉海"为代表的三维激光扫描技术，该方法因操作方便，技术成熟，灵活性强，对操作人员要求不高，在业内应用广泛，但该方法需要在文物本体上贴大量坐标点，且坐标点密度每 10cm² 不小于 4 个，但对于刚考古出土的脆弱漆棺来说，该方法存在较大风险，并不适用。第二种是工业计算机断层扫描（CT）法，利用工业 CT 设备对被测文物进行断层截面的扫描，接着让计算机用数学方法计算出不同断层界面的扫描图像，最后根据这些扫描图像进行完整立体图像的建模。该方法的应用须有大功率 CT 设备作为硬件支撑方可进行，首都博物馆暂不具备相关条件。第三种是以浙江大学任卿[3]为代表的线结构光扫描技术。该技术原理是在三维空间内投影结构光编码图案，以分析图案在扫描物体上的畸变来获取文物的三维数字化信息。该方法利用扫描仪对文物表面丰富的纹理进行三维空间的定位，不须与文物有任何接触即可获得数字化信息，大大降低了文物受损的风险。综上，本研究选用了最适合本项目的线结构光扫描技术来获取漆棺的三维数字化信息。

---

[1] Levoy M, Pulli K. The Digital Michelangelo Project: 3D scanning of large statues, Siggraph'2000. [s.l.] ACM Press, 2000.

[2] 王婷：《文物真三维数字建模技术在秦始皇兵马俑博物馆中的应用——以一号坑陶俑为例》，《文物保护与考古科学》2012 年第 4 期，第 103～108 页。

[3] 任卿：《基于多深度图像的三维重建技术研究》，浙江大学硕士学位论文，2006 年。

第二节

赵谅墓漆棺数字化保护具体实施过程

首博保护部虽在文物数字化保护上有一些成功的经验，但对于抢救性发掘出土文物的数字化保护还是第一次。在对净德寺遗址出土漆棺的保护工作中，根据文物保护原则，在利用先进科学考察的文物保护技术进行保护的同时，项目组必须采取抢救性的数据采集措施。漆棺出土后，存储环境发生了巨大变化，漆皮表面随时都在改变，因此项目组必须在有限的时间内进行漆棺数字化信息的采集工作。

项目组首先使用德国生产的专用灯管进行拍摄。这种灯管的灯光光谱相对饱和，同时还能过滤对文物有害的紫外线，从而最大限度地保护文物，并采集到最原始的文物色彩。后期，项目组采用国际认证的色彩管理技术进行色彩把控，以确保文物色彩的准确还原。

除了色彩把控，漆棺的特殊形状也是本次工作的难点之一。漆棺是一个不规则的多面体，既有外表面又有内表面，如此复杂的结构对于研究人员日后将漆片重新定位到"多维空间"的漆棺上时会面临很大挑战。针对以上情况，项目组采取了如下具体措施。

（一）现场考察

首先进行现场考察，收集漆棺的物理形态、环境状况、文物拍摄重点、难度等几个方面的信息。这些信息将为后续定制数字化拍摄方案提供至关重要的数据支撑。

（二）数据采集和记录

对收集到的信息进行数据采集和记录，形成新的数据，以备分析后定制更好的拍摄方案。这些数据包括文物的尺寸、形状、材质、表面反射率等相关信息，有助于漆棺立体图像的后期还原的处理工作。

（三）影像采集

影像采集，即使用摄影测量技术对漆棺内外表面的形貌进行拍摄。对于摄影测量，最直观的理解就是利用各个角度的照片对文物进行"粉刷"一遍。具体操作流程如下：在进行拍摄前，需要先对拍摄场地和文物进行勘察和测量，确定相机的位置和拍摄角度，确保摄影师和相机的活动范围是安全的。在确定好拍摄位置和角度后，将柯达 Q—14 色卡以及比例尺等标尺固定摆放在漆棺附近。使用高分辨率的相机进行拍摄，拍摄过程中要注意锁定白平衡和色彩模式，保持相机的稳定性，确保拍摄出的照片清晰、曝光准确。拍摄期间尽量避开移动的人和物品，以免造成干扰因素，增加点云计算不必要的难度。

（四）三维扫描

在这一步骤中，项目组首先采用了精度为 0.02mm 的白光扫描仪，该设备具有极高的测量分辨率和网格分辨率，可以通过测量几何形状或被测物体颜色来获得精确的点云数据。此外，该设备的测量速率也非常快，每秒可达 260 万次测量，可以有效地减少数据采集的时间成本。为配合白光扫描仪工作，项目组同时采用了精度为 0.08mm 的纹理捕捉扫描仪，该设备支持纹理捕捉和色彩捕捉，可以快速重建被测物体的三维（3D）模型。该设备的三维实时融合重建速度高达 19fps，数据捕获速度每秒可达 480 万个点，可帮助计算机快速生成漆棺的大面积模型，进行比例的精确控制。

文物的安全是数据采集的基础，无论任何检测工作都不能对漆棺造成额外的伤害。项目组通过 360 度无死角的数据采集方式，对漆棺进行全面、准确的数字化采集。通过两次三维采集的数据互相验证，确保漆棺的体积不存在精度误差，得出了理想的彩色模型。之后，项目组利用计算机使用这些原始数据对漆棺进行三维模型重建，并通过这些具体影像来展示漆棺的尺寸和形貌细节。这些数字化采集的数据和模型可为未来的保护和修复工作提供有价值的参考。

（五）数据提取和校准

最后，项目组采用图像处理技术和计算机辅助识别技术，从三维扫描的数据中提取高精度的空间点云信息和模型数据。通过摄影测量数据提取扫描无法采集的高精度纹理以及盲区数据。通过这些信息，项目组可精准地重建出漆棺的数字化信息，形成漆棺的数字化档案。通过这种数字化方式，可帮助更好地保存和展示文物，为之后的研究提供更多的数据支持。

第三节

三维数字化信息在漆棺修复保护中的应用

目前，文物数字化技术在文物保护工作中已有广泛的应用。经过漆棺的三维数字化采集工作，计算机整合后的数字漆棺图像不仅可三维展示，也可展开形成高清的平面彩图和考古线图。这些珍贵的数据资料帮助项目组解决了很多漆棺修复中的难题。

（一）提高病害图绘制效率

利用计算机三维数字化采集的电子图像，工作人员可有针对性地对其存在的病害问题进行分析和研究，结合漆棺本体状态，项目组找出包括表面污渍干扰、植物根系、边角漆灰层降解、霉菌、虫害等在内的十余种内部和外部病害，并以此为模板绘制了清晰完整的病害图，为后续的修复与保护工作打下了基础。

（二）有助于漆皮回贴工作顺利进行

出土漆棺的三维数字化信息虽最大程度保留了漆棺刚出土时的形貌，但无法减少北方地区外部环境巨变给脆弱漆皮带来的伤害。漆皮起翘，木胎裂开，榫板糟朽，导致棺体内部及边缘漆皮不可控制地自然脱落。为更好地帮助脱落的漆皮回贴，项目组使用大幅面艺术数字微喷技术输出打印并装裱了漆棺外表面1∶1的正射影像。为最大限度地还原漆棺色彩，项目组又遵从国际色彩管理办法，使用进口原装墨水以及德国哈内姆勒纸张，力保输出的照片经久不褪色。

正射影像的高清还原照片对于工作人员的后期漆皮回贴工作起了很大帮助，工作人员在寻找脱落漆皮位置时不必大海捞针般地肉眼识别、比对，且在漆棺存放空间外即可完成大部分漆皮的定位工作。

（三）有利于漆棺变化的实时监测

文物实时监测是文物预防性保护的重要方法。采用三维信息采集技术可以高精度地记录漆棺最初的形态、结构和尺寸，从而实现对漆棺前后变化的对比分析。通过采集不同时间段的漆棺三维信息数据，可以对比分析漆棺在不同时期的形态和结构变化，进而得出文物的变化特点，如新的裂纹、起翘、漆皮回缩、褪色等问题，修复人员可根据其实时变化及时采取保护措施，防止病害进一步延续和发展。

（四）为虚拟修复做准备

赵谅墓漆棺现在已有成百上千块漆皮需要拼对、回贴。传统的修复方法需要耗费大量时间和精力。因此，下一步工作中，项目组拟采用数字人工智能（AI）图像处理的方法[1]，利用计算机技术对赵谅墓漆棺的图像进行深度学习，将脱落的漆皮图像输入到深度学习模型中，训练出一个能够自动识别漆片边缘并且拼接的模型，将脱落的漆皮进行虚拟组合修复，不仅为提高修复效率，更是为保证每一块漆皮的准确回贴和对珍贵文物的最小干预。

（五）为后期研究和展示提供资料

文物三维信息数字化采集不仅可以为文物保护提供重要的参考依据，还可以为漆棺研究和展示提供珍贵的数据支持。因漆棺体积庞大，无论是木胎或者漆皮都对存放环境要求十分苛刻，不便于频繁移动和外出展览，要想把这么精美的艺术瑰宝原汁原味地展现给观众，除了利用漆棺的高清三维图像展示外，三维打印技术也是很好的方法，利用漆棺的三维数字化信息可轻松还原出漆棺的原始模型，高效便捷地制作出漆棺的复制品，同时保证了漆棺的长久保存和完美展示。漆棺的三维数字化信息采集不仅有利于漆棺的数字化修复保护，更是为文物的传承和推广提供了有利条件。

（六）存在的问题

三维数字化采集技术虽在古建筑和壁画上已广泛使用，但在出土漆棺的保护上还是第一次，在对漆棺进行保护修复的工作中，我们也发现了一些问题。这些问题主要体现在两个方面，一是漆棺三维数字图像与实际图像有微小的色差，扫描图像会比实际图像略显鲜艳。这是由于无自然光的室内采集环境局限所致，通常工作人员采集的文物色彩是以色卡的准确度来判断的，而色卡所指示的标准颜色相当于漆棺在正午阳光下的颜色。漆棺体积大，搬运困难，对温湿度等环境要求又极其严格，不具备室外采集的条件，因此会产生少许色差问题。二是漆棺三维数字图像相比于漆棺本体有部分细节的缺失，导致这一问题的原因除了漆棺出土时的病害问题外，还与计算机混合计算的方法有关，当前的摄影测量数据是混合计算了不同景深的图像，所以计算机在混合计算的时候可能会误用了景深外的图，这是线结构光扫描方法的通病，据笔者所知，目前还无更好的解决办法，还需结合人为肉眼识别进行准确判断。

---

[1] 侯妙乐、赵思仲、杨溯，等：《文物三维模型虚拟修复研究进展、挑战与发展趋势》，《遗产与保护研究》2018年第10期，第1~10页。

下篇

漆棺纹饰纹样解读及相关问题思考

明赵谅墓出土漆棺画解读

扬之水（中国社会科学院文学所）

婚丧，俗称红白喜事，而后者的热闹，不输前者。宋元以前不论，约定俗成的各种仪轨，明代以来已经形成，延续到晚清乃至近世，虽具体事项或增或减，但并没有大的变化，检视金受申《老北京的生活》、齐如山《中国风俗丛谈》关于丧仪的记述，即可看出沿用的轨迹。丧礼之排场，即如齐如山所说，不过以下数事：一是待客之席面，二是点主、书主，三为棺椁，四为糊明器，五则搭席棚，六为念经，七是棺罩执事[1]。此已成为深入民间的习俗，排场大小，其要在于财力。只是与文字对应的摹绘丧葬场景的图像，历来不多。由小说《金瓶梅》和《红楼梦》中的插图，差可得见仪式一角。日人中川忠英《清俗纪闻》、青木正儿《北京风俗图谱》所绘稍稍具体，不过仍是择要而绘，摹画大概。难得北京石景山区净德寺遗址明内官监赵谅墓出土一具彩画漆棺，棺之前后左右[2]以及上盖皆满布彩绘，历时六年的精心修复，使它重现昔日容颜，左右两侧棺板竟分别展现出人物众多、内容丰富的丧仪图，且诸般细节历历在目。年代为嘉靖三十八年。而对它的解读，贴切莫过于《金瓶梅词话》（以下简称《词话》）中李瓶儿出殡情形的描写，二者主要内容的对应，近乎契合无间。

场面盛大的出殡图，绘于左侧棺板。右侧棺板为回灵图，以此构成完整的叙事。

出殡图系由左向右展开（图1）。占据整个画面的是簇簇队队各司其职的行柩人众，惟上方中间位置独立一身身量格外高大的四目神将，左手秉盾，右手持一枝方天画戟（图2）。神将背后一溜建筑（图3），从形制和布局来看，当为寺院：依次为山门、碑碣、殿宇、伞幢、佛塔，因此可以断定这一位神将，乃纸糊的险道神。便是《词话》李瓶儿出殡中的"忽忽洋洋，险道神端秉银戈"。险道神之身量高大，也可见同书中的一句歇后语，第三十回"踩小板凳儿糊险道神——还差着一帽头子哩"。

险道神即方相。唐代段成式《酉阳杂俎·前集》卷十三《尸穸》："四目曰方相。"北宋高承《事物纪原》卷九"方相"条："《轩辕本纪》曰帝周游时，元妃嫘祖死于道，令次妃嫫母监护，因置方相，亦曰防丧，此盖其始也。俗号险道神，抑由此故尔。《周礼》有方相氏，狂夫四夫（人），大丧，先柩，及墓，入圹，

---

[1] 齐如山：《中国风俗丛谈·出殡》，辽宁教育出版社，2006年，第22页。
[2] 本文设定观者面对赵谅棺足挡，左手一侧为"左侧棺板"，右手一侧为"右侧棺板"。

明赵谅墓出土漆棺画解读　　　　　　　　　　　　　　　　　　　　　　　　　　　　　　　　　　317

图1 出殡图（棺板左侧）

图2 险道神

图3 寺院

以戈击四隅,驱方良。故葬家以方相先驰柩头。"所引《周礼》,见《夏官·方相氏》,即"方相氏掌蒙熊皮,黄金四目,玄衣朱裳,执戈扬盾,帅百隶而时傩,以索室驱疫"。漆棺画把险道神安排在这个位置,当有两重含义：一是象征出殡队伍之首,即所谓"大丧,先柩"；二是象征墓圹所在,即所谓"及墓,入圹"。明刘若愚《酌中志》卷二十二："中官最信因果,好佛者众,其坟必僧寺也。"从漆棺画的这一表现形式,可以推定赵谅的坟茔当位于僧寺或僧寺近旁。明《三教源流搜神大全》又称险道神为"开路神君",形容他的一身穿戴是武将打扮,又"左手执玉印,右手执方天画戟,出柩以先行之,能押诸凶煞恶鬼,藏形行柩之吉神也"。不过《三才图会》中的方相图是右手盾牌,左手方天画戟（图4）,正是《周礼》所云"执戈扬盾"。漆棺画中险道神的手中持物与此方相图一致。

出殡图前端中间行列,是手持如意的寿星老儿,《词话》第四十一回"险道神撞见那寿星老儿,你也休说我的长,我也休嫌你那短"。在漆棺画上正见出这一前者长后者短的比例。这里的寿星腰下绘出一个人面,可知原是真人扮出来的,类同于肉傀儡。

寿星老儿引导的是四人抬杠四角垂流苏的吊挂大影亭（图5）。影,即容像,也称真容。大影,指全身像。《词话》第六十三回,西门庆请韩先生为死去的李瓶儿传神,道"你用心想着,传画一轴大影,一轴半身,灵前供养"。画面中的大影前边中间设一具香炉,一对烛台分设两旁。走在吊挂大影亭后面一个二人抬杠的小亭子,可见中设供具为香炉,当即吊挂半

图4 《三才图会》方相图　　图5 影亭

身，虽然这里没有画出来，但右侧棺板的回灵图中却是前有大影，后有半身，半身前设供具与大影相同，因可推知。

寿星上方立着八仙。最右边的一个是手捧花篮的韩湘子，旁边的一个紫棠脸、头顶双髻、一部虬髯，自是汉钟离，上方何仙姑手持笊篱，下方头戴华阳巾的是吕洞宾，曹国舅紧挨着，脸朝着张果老，拿葫芦的是铁拐李，持拍板的是蓝采和（图6）。影亭之侧各有两个真人扮出来的神仙，亦肉傀儡之属。上方靠前的一个手里拿笤帚，为拾得（图7）。一个左手拄拐，右手持葫芦，是拐仙（图8）。下方靠前的一个，从形象看似是刘海（图9）。后面一个展卷，当为寒山（图10）。与李瓶儿出殡中的"逍逍遥遥八洞仙，龟鹤绕定；窈窈窕窕四毛女，虎鹿相随"情景相似。"寒山两手执卷，拾得一手握帚"，见南宋僧绍昙《天台三圣图赞》[1]。东京国立博物馆藏元颜辉（传）《拾得图》，所绘便是握帚的形象（图11）。又日本知恩寺藏颜辉（传）《铁拐仙人像》（图12）与对幅《蛤蟆仙人像》[2]（图13），后者则即刘海戏蟾，可见此二仙的组合。至明商喜《四仙拱寿图》，则拐仙负葫芦、踏拐杖，刘海驭金蟾，寒山拾得持卷踏蕉叶，四仙会聚一堂，而以云端驾鹤的寿星点明题旨[3]（图14）。漆棺画的图像设计，自然不乏粉本。

出殡图前端下方，一人青衣骑马举着令旗，是走马卖解的一队。衣白者马鞍独立，衣黑者倒立马背，衣红者翻身吊挂在鞍下。李瓶儿出殡所云"卖解犹如鹰鹞，走马好似猿猴。执着一杆明枪，显朱红杆令字蓝旗。竖肩桩，打斤斗，隔肚穿钱，金鸡独立，仙人打过桥，镫里藏身"，此便是了。衣白者，金鸡独立也；衣黑者，竖肩桩也；衣红者，则即镫里藏身（图15）。

---

[1] 关于寒山、拾得的形象演变，见刘涛《金代红绿彩寒山拾得像小识》，《精彩：金元红绿彩瓷器中的神祇与世相》，文物出版社，2009年，第302～309页。按北京石刻博物馆藏明代石雕墓家的群仙图中，有握卷的寒山与持帚的拾得。同样的构图也见于东瀛画笔，如日本德川美术馆藏一帧室町时代（1366～1573年）的《寒山拾得图》（传贤江祥启），为寒山展卷、拾得持帚的对页形式。

[2] 杨振国主编：《海外藏中国历代名画·四》，湖南美术出版社，1998年，图七六、七七、七九。

[3] 王耀庭、童文娥编：《长生的世界：道教绘画特展图录》，台北故宫博物院，1996年，第62页。

图6 八仙 　　　　　　　　　　　　图7 拾得 　　　　　　　　图8 拐仙

图9 刘海 　　　图10 寒山 　　图11 元颜辉（传）《拾得图》东京国立博物馆藏 　　图12 颜辉（传）《铁拐仙人像》日本知恩寺藏 　　图13 对幅《蛤蟆仙人像》

图14 明商喜《四仙拱寿图》台北故宫博物院藏 　　图15 走马卖解：镫里藏身与竖肩桩

图16 道士队

图17 永乐宫纯阳殿元代壁画中的云璈

后面一队衣黑袍者，当为道士。头前一个击云璈（图16），第二个吹唢呐，第三个吹笙，末后一个击札鼓[1]，左边是二人抬着的一面大鼓。李瓶儿出殡云"清清秀秀小道童一十六众，众众都是霞衣道髻，击坤庭之金，奏八琅之璈，动一派之仙音"，情景似之。"奏八琅之璈"，此璈，即云璈，已见于永乐宫纯阳殿元代壁画（图17）。《元史》卷七十一《礼乐五》："云璈，制以铜，为小锣十三，同一木架，下有长柄，左手持，而右手以小槌击之。"云璈，又名云锣，见《三才图会·器用》。或称作铮，见明《增补易知杂字全书》。

再后，是四人抬杠的一个亭子，前设香炉一具，两边各一个烛台（图18）。李瓶儿出殡"香烛亭，供三献之仪"，此即是也。紧接着的是僧人队。"肥肥胖胖大和尚二十四个，个个都是云锦袈裟，排大钹，敲大鼓，转五方之法事"，李瓶儿出殡中的情形也与此大体相合。

大小影亭的后面一辆戏车，车里戏台子上正在扮演悬丝傀儡戏（图19）。悬丝傀儡，也称提线傀儡或提线木偶。《词话》第五十九回写官哥儿的丧事，道"打发僧人去了，叫了一起提偶的"。又第八十回西门庆死后"首七"，"叫了一起偶戏"，皆指此。戏车后边一个满载伎乐的船车，数人引拽推扶而行，船车上六个伎乐，头前一个和最末一个是女伎，第一人击锣，第二人击鼓，中间三人是表演者，第四人头戴浑裹，乃插科打诨的角色，末一人击钹（图20）。船车前后五人踩高跷。如此情形又恰便合于李瓶儿出殡中的形容："热热闹闹采莲船，撒科打诨；长长大大高跷汉，贯甲顶盔。"这里的"采莲船"，即指载歌舞伎乐的船车[2]。

高跷后面一人挑一具花灯，乃刘海灯（图21），属于花灯中的像生人物类。《词话》第十五回详述正月十五灯市里的各色花灯，"刘

---

[1] 《元史》卷七十一《礼乐五》："札鼓，制如杖鼓而小，左持而右击之。"同卷："杖鼓，制以木为匡，以皮冒之，细腰，上施五彩绣带，右击以杖，左拍以手。"
[2] 明袁宏道《迎春歌和江进之》"采莲舟上玉作幢，歌童毛女白双双。梨园旧乐三千部，苏州新谱十三腔。假面胡头跳如虎，窄衫绣裤挝大鼓。金蟒缠胸神鬼装，白衣合掌观音舞"。

图 18 香烛亭　　　　　　　　　　　　　图 19 悬丝傀儡戏

海灯，背金蟾，戏吞至宝"，便是像生人物灯之一。清代花灯仍有这一品种。顾禄《清嘉录》卷一记正月苏州灯市中的"刘海戏蟾招财进宝"，即此。挑灯人后面一个衣绿者，手擎之物是一个小型的烟火架，各色烟花封置在架子上的一个个小盒子里，按照燃放顺序用药线连接。宋人或称之为"烟火簇"，如詹无咎《鹊桥仙·题烟火簇》"龟儿吐火，鹤儿衔火。药线上、轮儿走火。十胜一斗七星球，一架上、有许多包裹"[1]。《词话》第四十二回写元夕西门庆家放烟火，所云"一丈五高花桩"，则是固定在地上的大型烟火架，行进行列中自然用不得。李瓶儿出殡说到"烟火架进千枝花炮"，当有夸饰的成分，但可知出殡行列中是有烟火架的，并且必是手擎者。而所谓"起火轩天，中散半空黄雾"中的"起火"，原是烟火之一种，明沈榜《宛署杂记》卷十七记放烟火，道"高起者，曰起火"。

画面中央是四人抬杠的明器，乃好大一所宅院（图 22），略同于"天仓与地库相连"（李瓶儿出殡）。其旁，四人抬着一个置放坛坛罐罐的三层台（图 23），此即"醮厨"，适所谓"掌醮厨，列八珍之罐"（李瓶儿出殡）。总之是象征居所广大，衣食丰足。

至此，为画面之前半段。后半段，是棺柩出场。

头前为鼓乐。三人负鼓在前，三人击鼓在后，乃是㧬鼓三面。㧬鼓，也作刚鼓。㧬，即扛。玄应《一切经音义》卷十一"㧬舆"条注引《文字集略》："相对举物曰㧬也。"方以智《通雅》卷三十："刚鼓即鼖，谓㧬之也。""㧬鼓大，使人㧬之也。"鼖，即大鼓，㧬鼓须扛，以其大也。上方吹笛者一，敲锣者一，击鼓者一。下方背对着画面的一位衣红，头上戴个大笠子，手拿一柄羽扇，和他对面的一位杏黄衣，头戴巾，耸肩举袖，是应和鼓乐而做戏。这一组，当是带有傩戏性质的"地吊锣鼓"（李瓶儿出殡）。两边四对执事分别手举纸扎的花树或雪柳，两两相间（图 24），是所谓"把花与雪柳争辉"（李瓶儿出殡）。

---

[1] 唐圭璋编：《全宋词》，中华书局，1965 年，第 3415 页。

图 20 采莲船

图 21 刘海灯与烟火架

图 22 宅院（明器）

图 23 醯厨（明器）

图 24 把花与雪柳

图 25 执罐

图 26 捧巾

后面二人孝服拄杖,掩面而泣,乃孝眷。其后五人举翣,扛增架的一队紧随在后。两侧各一身立在须弥座上的偶人,上方衣绿者为男,手里捧罐(图25),下方衣红者为女,手里捧巾(图26),正是"执罐捧巾,两下侍妾,尽梳妆如活。功布招飐,孝眷声哀"(李瓶儿出殡)。这类偶人可在冥衣铺里定制。《词话》第六十三回:"来兴又早冥衣铺里,做了四座堆金沥粉侍奉的捧盆巾盥栉毛女儿。"这里的"毛女儿",即指出殡行列中执罐捧巾的偶人。

紧接着一个大场面,《词话》中的形容也不妨直接拿来——"金字幡,银字幡,紧护棺舆;白绢伞,绿绢伞,同围增架","六十四名青衣白帽,稳稳抬定五老云鹤华盖顶、四垂头流苏带、大红销金宝象花棺罩,里面安着巍巍不动锦绣棺舆"。受限于画面空间,出殡图自难绘出青衣白帽六十四,其他则分毫不爽(图27)。增架的使用,见《词话》第六十五回,道发引之时,"六十四人上杠,有作作一员官立于增架上,敲响板,指拨抬材人上肩"。

棺舆之后,是简笔勾勒的三乘小轿掩映在腾起的烟尘黄雾中,为此幅出殡图之收束。《词话》细写李瓶儿出殡,先赞一声"果然好殡",然后是近乎赋体的一大段韵语,末了又是四句:"锣鼓冬冬霭路尘,花攒锦簇万人瞻。哀声隐隐棺舆过,此殡诚然压帝京。"漆棺上的出殡图"锣鼓冬冬霭路尘"之排场,"花攒锦簇"之风光,也正可当得"果然好殡"之赞。

右侧棺板为回灵图,画面由右向左展开(图28)。起首城门一座,城门外,一位乘椅轿者补服束带,前有导从,后有执事擎一柄打扇,

图 27 棺舆

方由郊外寺院的坟茔送葬归来，正待进城（图29）。城门内，四顶湘帘低垂的暖轿当是眷属（图30），乃尾随于大小影亭之后，孝眷二人分别在吊挂半身的小影亭两旁（图31、图32）。此大小影亭先已见于出殡图，只是出殡图影亭中的半身像没有画出来，而这里吊挂大影亭中的大影，面相却比出殡图中的年轻。推测两图

当非出自一人之手。在漆棺画的修复过程中，了解到它的制作是很匆忙的，如此内容庞大的场面，亦非一人可在短时间内完成。那么漆棺画中两幅容像的面貌不同也就在情理之中了。所谓"回灵"，当指神主与真容返回宅邸，安放于室。《词话》第六十五回："后晌回灵，吴月娘坐魂轿，抱神主、魂幡，陈经济扶灵床。"

图 28 回灵图（棺板右侧）

图 29 乘椅轿者

图 30 眷属

图31 吊挂大影亭　　　　　　　　　图32 小影亭

又道当晚西门庆还来李瓶儿房中，"见灵床安在正面，大影挂在旁边，灵床内安着半身"，即此情景。

影亭前面，是二人抬的四个小亭子，亭子四下扎缚彩花（图33）。《词话》"六座百花亭，现千团锦绣"，此即是也。又有顶覆绿绢、下垂走水的五个小亭子（图34），当为绢亭。绢亭前方两列鼓乐。《词话》述回灵情景道："玉色销金走水、四角垂流苏吊挂大影亭，大绢亭，小绢亭，香烛亭。鼓手细乐，十六众小道童两边吹打。"此景似之[1]。

鼓乐对着的是一所宅第。中间洞开两扇黑漆门，阶前一人俯身举火，前边一个黑盆，盆边一堆干柴（图35）。这便是《词话》所云"到家门首，燎火而入"。直到近世，仍有此俗。金受申《老北京的生活》："随丧主回家的人，到大门口全要在水盆中磨一下菜刀，然后进门。也有在门前焚柴草的，取越草避外鬼的意思。"[2]

回灵图下方以山石点景，行进其间的一列，为骑马者、乘肩舆者，均有持骨朵肩凉伞的导

[1] 可与此互证者，尚有朝鲜李朝时代汉语教科书《朴通事谚解》中关于出殡的一段话："仵作家赁魂车、纸车、影亭子、香亭子、诸般彩亭子，花果、酒器、家事，都装在卓儿上抬着。"注云："影亭子，画死者之真容，挂于小腰舆，以为前导。彩亭子，亦以彩绢结作小舆为前导。汉俗皆于白日送殡，凡结饰车舆、幢幡、伞盖及纸造人马为前导者，连亘四五十步。僧尼、道士及鼓乐钟钹填咽大路，远近大小亲邻男女，前后导从不知几人，后施夹障从之。"

[2] 金受申：《老北京的生活》，北京出版社，1989年，第131页。

图 33 百花亭　　　图 34 绢亭

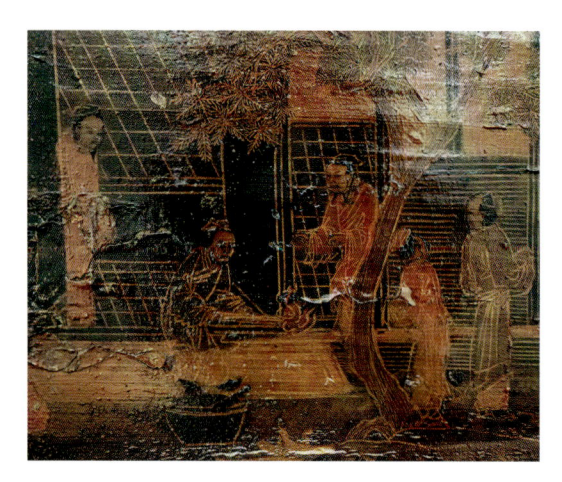

图 35 燎火

从或执事,当为送葬的亲朋好友。宅第下方,是一个道别的场景。小童手挽马缰绳,前方衣袍者显见得是方从马上下来,向着对面三人拱手言别。《词话》曰:"西门庆还令左右放桌,留乔大户、吴大舅众人坐,众人都不肯,作辞起身。"此景似之。是为回灵图之收束。

漆棺画虽为出殡与回灵两幅,情景各不相同,但两幅有所重合之外,又有着呼应和互补。比如影亭,已见前述。又出殡与回灵俱有的绢亭与百花亭,漆棺画乃安排在回灵图,当是因为出殡图里已经不易容纳。又眷属乘坐的暖轿,在出殡图上掩映在烟尘中,而完整表现于回灵图。再如回灵图下方的骑乘者与乘肩舆者(图36),在出殡图里乃是步行于棺舆左近,而各有仆从或挽缰牵马或抬着肩舆相跟在后(图37)。

考古发现中的明代彩绘漆棺,赵谅墓出土者并不是孤例。与之时代相近者如四川剑阁明兵部尚书赵炳然夫妇墓出土的两具,前后左右以及棺盖均红漆描金,出土时保存尚好。赵炳然的一具头挡描画灵牌,两侧瑞云仙鹤,脚端绘摩尼宝(图38~图40)。据墓志铭,知时代为万历十二年[1]。然而因为长期陈放在觉苑寺,没有保护措施,已是彩漆褪色,漆皮起甲。赵谅墓漆棺出土后倾注全力的保护与修复工作,因而尤其令人钦敬。今一般认为,《词话》的成书约当明隆庆至万历年间,那么写作

---

[1] 四川省博物馆、剑阁县文化馆:《明兵部尚书赵炳然夫妇合葬墓》,《文物》1982年第2期,第34页。按此云赵炳然的一具脚端为灵牌,据考察所见,似非。

图 36 乘肩舆者

图 37 牵马与抬肩舆

图 38 明兵部尚书赵炳然墓出土漆棺彩绘之一

图 39 明兵部尚书赵炳然墓出土漆棺彩绘之二

图 40 明兵部尚书赵炳然墓出土漆棺彩绘之三

时间自当更早一些。所述丧仪与赵谅墓漆棺画的对应近乎丝丝入扣，文字与图像共同完成的风俗故事，自然是可信的。以此为标尺，对于丧仪在后世的沿用与演变，也可以有一个比较清楚的认知。

最后，将前面反复对照的李瓶儿出殡一段完整引录如下。

那两边观看的人山人海。那日正值晴明天气，果然好殡。但见：

和风开绮陌，细雨润芳尘。东方晓日初升，北陆残烟乍敛。鼕鼕咙咙，花丧鼓不住声喧；叮叮哨哨，地吊锣连霄振作。名旌招颭，大书九尺红罗；起火轩天，中散半空黄雾。狰狰狞狞，开路鬼斜担金斧；忽忽洋洋，险道神端秉银戈。逍逍遥遥八洞仙，龟鹤绕定；窈窈窕窕四毛女，虎鹿相随。地吊鬼晃一片锣筛，烟火架迸千枝花炮。热热闹闹采莲船，撒科打诨；长长大大高跷汉，贯甲顶盔。清清秀秀小道童十六众，众众都是霞衣道髻，击坤庭之金，奏八琅之璆，动一派之仙音；肥肥胖胖大和尚二十四个，个个都是云锦袈裟，排大钹，敲大鼓，转五方之法事。一十二座大绢亭，亭亭皆绿舞红飞；二十四座小绢亭，座座尽珠围翠绕。左势下，天仓与地库相连；右势下，金山与银山作队。掌醢厨，列八珍之罐；香烛亭，供三献之仪。六座百花亭，现千团锦绣；一乘引魂轿，扎百结黄丝。这边把花与雪柳争辉，那边宝盖与银幢作队。金字旛，银字旛，紧护棺舆；白绢伞，绿绢伞，同围增架。斧符云气，一边三把，皆彩画鲜明；执罐捧巾，两下侍妾，尽梳妆如活。功布招贴，孝眷声哀。簇捧定五出头六歌郎，仰覆运（莲）须弥座。六十四名青衣白帽，稳稳抬定五老云鹤华盖顶、四垂头流苏带、大红销金宝象花棺罩，里面安着巍巍不动锦绣棺舆。只见那两边打路排军，个个都头戴孝巾，身穿青衲袄，腰系孝带，脚鞁腿绷〈革翁〉鞋，手执榄杵，前呼后拥。两边走解的，头戴芝麻罗万字头巾，扑匾金环飞于脑后。穿的是两三领纻丝衲袄，腰系紫缠带，足穿鹰爪四缝干黄靴，衬着五彩翻身抢水兽纳纱袜口。卖解犹如鹰鹞，走马好似猿猴。执着一杆明枪，显硃红杆令字蓝旗。竖肩桩，打斤斗，隔肚穿钱，金鸡独立，仙人打过桥，镫里藏身。人人喝采，个个争夸。扶肩挤背，纷纷不辨贤愚，挨睹并观，攘攘那分贵贱。张三蠢胖，只把气吁；李四矮矬，频将脚躃。白头老叟，尽将拐捧拄髭须；绿鬓佳人，也带儿童来看殡。正是：锣鼓鼟鼟霭路尘，花攒锦簇万人瞻。哀声隐隐棺舆过，此殡诚然压帝京。

附记： 感谢首都博物馆修复组团队两番惠允观摩，且一起切磋，坦诚交流，并提供高清照片。感谢廉萍博士在图像解读方面提出了很好的意见。

眼目之荣
——明赵谅彩绘描金漆棺初论

郑岩（北京大学）

承首都博物馆同仁邀约，我有机会观摩正在进行保护修复的明嘉靖三十八年（1559年）内官监太监赵谅彩绘描金杉木漆棺。赵谅棺2017年发现于北京市石景山区五里坨街道原净德寺村2号墓，出土后得到及时而成功的保护与修复，令人欣慰。该棺内壁罩红漆，外壁以彩绘描金罩漆工艺绘制内容丰富的画像，是研究明代丧葬美术与礼俗不可多得的材料。

先秦时期高等级葬具即有彩绘，如陕西丰镐西周墓发现多例彩绘棺木，其中保存较好的张家坡170号墓棺板上绘有兽面纹和对称卷尾鸟纹，论者认为即《左传·成公二年》所谓"翰桧"[1]。东周以迄汉唐，棺木上的彩绘装饰亦有不少发现，既有延续古制的一面，也呈现出丰富的变化；各种石质葬具上的雕刻更是胜意迭出，为研究者所重视。此外，中古时期棺椁状的舍利函及其装饰亦有相当多的研究成果，也是讨论赵谅棺历史渊源需要考虑在内的。此前还曾有若干明代彩绘漆木棺出土，如山西太原风峪口明奉训大夫李醇庵墓漆棺[2]、陕西西安南郊泾阳端懿王朱鏛墓漆棺[3]、西安南郊市广电中心工地明奉国将军朱惟熤及两夫人合葬墓（26号墓）和24号墓多口漆棺[4]、河南洛阳铁路分局供电段办公楼工地明辅国将军朱褒焌及两夫人合葬墓漆棺[5]、陕西高陵县泾河工业园区明秦藩王府知印张栋墓漆棺[6]、甘肃兰州上西园肃藩某郡王夫妇墓漆棺等[7]。这些棺木上有佛像、龙凤、花卉等彩绘，绘画内容及水准皆不及赵谅棺。

---

[1] 中国社会科学院考古研究所：《张家坡西周墓地》，中国大百科全书出版社，1999年，第28～32页；王一凡：《"棺有翰桧"：丰镐遗址西周墓葬棺板彩绘初探》，《形象史学》2022年冬之卷（总第二十四辑），中国社会科学出版社，2022年，第125～135页。

[2] 山西省文物工作委员会代尊德、冯应梦：《太原风峪口明墓清理》，《考古》1965年第9期，第486页，图版拾。

[3] 西安市文物保护考古所：《西安南郊皇明宗室泾阳端懿王朱公鏛墓清理简报》，《考古与文物》2001年第6期，第29～45页，封二、封三。

[4] 陕西省考古研究所、西北大学文博学院：《西安明代秦藩辅国将军朱秉橘家族墓》，《文物》2007年第2期，第24～38页。

[5] 洛阳市文物工作队：《洛阳三座伊藩家族墓发掘简报》，《中国国家博物馆馆刊》2012年第4期，第21～41页。

[6] 冽玮：《西安发掘明代家族墓，巨幅彩棺漆画成保护重点》，http://culture.people.com.cn/n/2013/0121/c172318-20263231.html，2023年8月3日16:28最后检索。

[7] 甘肃省博物馆：《兰州市上西园明墓清理简报》，《考古》1960年第3期，第42～44页。

眼目之荣——明赵谅彩绘描金漆棺初论 331

图1 赵谅棺左帮彩绘（首都博物馆提供）

赵谅棺左右帮外侧绘规模浩大的游行场面[1]，人员百计，物事纷繁，头挡绘字牌，足挡绘佛塔，盖顶绘缠枝莲纹，基座等边缘处饰有花卉和多种几何纹样。李吉光女史将左右帮两个画面的主题认定为葬礼，对部分细节有翔实的考述，提出了许多重要的意见[2]。目前田野考古材料尚未全面公布，我结合首博同仁的介绍、已公布的部分发掘信息[3]，以及现场观摩的印象，尝试对该棺所涉及的图像、器物和礼仪的关系作初步探讨。除了从空间角度来解析三者之间的关系，还试图将这种关系理解为动态而非静止的模式。在方法上，既依赖于文献与图像的互证，也不忽视对图像内在逻辑的分析。结合文献材料而进行的图像志研究，当然是这类讨论的重要基础，但对于纷繁复杂的绘画母题的考释，既难以毕其功于一役，也不是本文唯一的目的。我更希望借此机会提出一种思考问题的方向，至于一时难以论定的图像细节，则有待更多学者的玉见。

一

先简要谈一下我对赵谅棺左右帮两个画面的直观印象。

这两个画面构图相近，其视平线设定较高，上下描绘绵延起伏的山峦，上为远景，下为近景，游行队列作为中景，以鸟瞰的角度在山峦间由右而左次第展开。在游行队伍和山峦之间，清晰地绘出舒卷萦流的云气，同样的云气也见于头挡和足挡画面的底部，暗示着这些画面并非事件的"实录"，而更具有某种神圣性。

先看左帮的画面（图1）。画面右上角隔着山峦遥见城门一角，城内一人坐于显轿（亦可称作肩舆）中，仆从前呼后拥，与游行队列主体部分的方向相反，这几个人由左而右即将

---

[1] 本文设定观者面对赵谅棺头挡，左手一侧的棺帮为"左帮"，右手一侧为"右帮"。
[2] 李吉光：《一场葬礼的预演——首都博物馆藏赵谅彩绘漆棺初探》，见本书。
[3] 冯双元：《北京石景山南宫净德寺遗址》，《2018中国重要考古发现》，文物出版社，2019年，第159～166页；李泱、马燕、任静怡，等：《北京五里坨M2明墓出土铭旌的考古修复与内涵初探》，《首都博物馆论丛·2022年》（总第36辑），北京燕山出版社，2022年，第225～234页。

通过城门，显示出队列迤逦而来，未尽其尾（图2）。出城门之后是画面右端中路四顶小轿，屏帷密闭，各由两人抬举。其前方中路有两顶四人抬的暖轿，应为队列的核心（图3）。居前者为红顶而稍大，居后者为黄顶而略小。李吉光认为两轿内的人物均为墓主。我赞同红顶轿内穿红色圆领衬摆者为墓主，黄顶轿中人物身材较矮小者，疑是女性，但其服饰的性别特征不甚明显[1]。轿内两个人物身前皆设香炉及烛台，可证明是用于祭祀的偶像而非生人。2000年清理的山西长治北石槽明万历十四年（1586年）沈藩永年辅国将军朱勋滕夫妇墓，曾出土墓主琉璃塑像，高约40厘米（图4）。该墓还出土一件琉璃女像，端坐在带双轮的暖

---

[1] 感谢赵琰哲博士提示笔者注意这个细节。

图2 赵谅棺左帮彩绘局部之一（吴宛妮摄影）

图3 赵谅棺左帮彩绘局部之二（吴宛妮摄影）

图4 山西长治北石槽明朱勋滕夫妇墓出土琉璃塑像之一（长治市博物馆提供）

图5 山西长治北石槽明朱勋滕夫妇墓出土琉璃塑像之二（长治市博物馆提供）

图6 山西长治北石槽明朱勋滕夫妇墓出土琉璃塑像之三（长治市博物馆提供）

鼓吹齐鸣。在左右侧路，还有若干乘暖轿、骑马和步行者，这些人物应是死者同僚、亲属及其仆从。

在中路队列最前端，有的人已下马，与前来迎接的人彼此揖拜，四匹马交付侍仆安顿。画面左端是一处四合院（图8），正门面向画外，

轿内（图5），一件男像坐在圈椅中，轿顶、帷屏及双轮已残（图6）[1]。该墓发掘报告尚未公布，三件塑像彼此的关系不详，但可证明当时丧葬中存有此类墓主塑像。画面中后一顶轿子里较小的人物，很可能是墓主配偶的形象，可理解为从属于墓主的供奉，性质如"阴婚"之类，而未必是其生前事实的写照[2]。对于这个细节的解释尚缺少足够的证据，于此暂备一说。

两暖轿之前有四具两人抬的绢亭[3]，皆装饰色彩鲜艳的花束。再向前是五具两人抬的小亭，曲盖覆顶，四柱直立，不施屏帷，疑为食案、香案之属。远处山崖上可见一茅亭，亭下无人。这一传统绘画母题是隐逸的典型符号，意味着墓主已心归道山（图7）[4]。在食案、香案之前有两行乐工，每行六人，八音并作，

[1] 感谢长治市博物馆提供图片，感谢徐胭胭博士提供该墓信息。

[2] 据传"太祖开国时，亦有赃官剥皮囊草之令。遭此刑者，即于所治之地，留贮其皮以示继至之官。……而内官娶妇者亦用此刑"[（明）沈德符：《万历野获编》卷十八，中华书局，1959年，第457页]。此后的制度时紧时松，往往不能严格执行，不少宦官娶妻，永乐、宣德时甚至有皇帝赐婚之事，颇为混乱。如卒于景泰五年（1454年）的内官监太监成敬先后娶李氏、孙氏（铜川市考古研究所：《陕西铜川明内官监太监成敬墓发掘简报》，《考古与文物》2017年第5期，第26～36页，封二、封三）。有关研究见高艳：《浅析明代宦官的婚姻形态》，《重庆科技学院学报（社会科学版）》2015年第2期，第89～91页；胡丹：《明代宦官制度研究》，浙江大学出版社，2018年，第334～335页；陈宝良：《明代社会生活史》，中国社会科学出版社，2004年，第75～77页。

[3] 此从李吉光说。

[4] 绘画中的空亭最早的例子是西安市长安区郭庄唐开元二十八年（740年）韩休夫妇墓北壁山水屏风壁画（陕西省考古研究院、陕西历史博物馆、西安市长安区旅游民族宗教文物局：《西安郭庄唐代韩休墓发掘简报》，《文物》2019年第1期，第4～43页，封二、封三）。日本奈良正仓院藏八世纪密陀绘盆（第六号）描绘水边树下的草庐，庐内置书案，亦空无一人。水中的瑞兽和天上的凤鸟说明，图中描绘的是仙境（正仓院事务所：《正仓院の绘画》，東京：日本経済新聞社，1968年，插图90）。更为人所熟知的是元末明初画家倪瓒的画作，如台北故宫博物院藏明洪武五年（1372年）所作《容膝斋图》。

图 7 赵谅棺左帮彩绘局部之三（吴宛妮摄影）

图 8 赵谅棺左帮彩绘局部之四（吴宛妮摄影）

图 9 赵谅棺右帮彩绘（首都博物馆提供）

中有一五开间殿堂，正间极开阔，可见其檐下的垂幛。四合院前廊多扇板门开启，出出进进的数名男子蓄发留须，服色各异，不似僧人或道士，说明这一院落并非寺院或道观，而可能是祠堂享殿之类。有一人跪于门前起火，近前火盆内有黑色的燃料。两小童欢快地奔跑在乐队和庭院之间。这处院落与右上角的城门彼此呼应，使整个画面成为一个相对闭合的单元。

再看右帮的画面（图9）。画面右上角，隔着山峦有三顶暖轿，自左上而右下，呈45°角前行，只见其上部。这一细节呼应了左帮画面城内的部分，似暗示与后者具有连续性。游行队列主体部分的焦点是右部中路的辒车（或称柳车、柩车）（图10），车上载一彩绘棺，红色高篷（竹格）装饰缠枝莲纹，顶部安设寿星驾鹤塑像。车四轮，无辕，由八人分两行徒步执绋牵引，车上棺前站一戴官帽的人，应为执事者。车后和两侧有十余人，或推车，或持幡。执绋者之前，十人肩桁架（疑为踏梯）并举翣，其前后有三人服斩衰，执哀杖，掩泣前行。左右两路有骑马者、抬显轿者、步行者，另有持人偶者、肩物者多名，难以一一名举。

画面左部中路以若干击鼓和持仪仗的人区隔，有四人抬一方形黑案，案上有一组建筑模型，由于只有四人抬举，可知其重量有限，应是以纸材制作。这组建筑有红色围墙，两进院落，主体建筑为歇山重檐（图11），李吉光认为是奉献给死者的阴宅，甚是。阴宅模型两侧，有抬祭器或明器者、提偶者[1]。再向前，中路是一双轮旱船，前后有多人牵引、助推。旱船上有六人组成的锣鼓队，设长方形帷盖。旱船前方有人力牵引的双轮小车，车上有带卷棚前檐的歇山屋顶状车厢，车厢内有表演傀儡戏者。旱船远端一路，有五人踩高跷；近处一路是一组奏乐诵经的僧人，其前还有五位身穿黑衣的奏乐者，应为道士。僧道之间有四人抬绢亭，绢亭内设烛台。

在画面左端队列中路，与左帮所见十分相似的两顶暖轿再度登场，规模较大的前一顶内可见墓主像，其面容消瘦而多皱纹，身前仍设香炉和烛台，后一轿内只见香炉而看不到人物。在两顶暖轿前方和两侧有五名"巨人"，居于前方者为寿星，两侧为持扫帚的拾得、挂拐杖的铁拐李、蓬发的刘海蟾和展开手卷的寒山（图12）。同样的人物组合，还见于台北故宫博物院藏传为宣德时宫廷画家商喜的画作《四仙拱寿》[2]。寿星、拾得、

图10 赵谅棺右帮彩绘局部之一（吴宛妮摄影）

图11 赵谅棺右帮彩绘局部之二（吴宛妮摄影）

---

[1] 在官哥儿的丧礼上，西门庆"打发僧人去了，叫了一起提偶的，先在哥儿灵前祭毕，然后西门庆在大厅上放桌席管待众人"。见（明）兰陵笑笑生著，陶慕宁校注：《金瓶梅词话》第五十九回，人民文学出版社，2008年，第740页。

[2] 台北故宫博物院编辑委员会编：《故宫书画图录》（六），台北故宫博物院，1989年，第167、168页。相关研究见吴雪杉《人人笑我四蓬头——明代"四仙"图像研究》，《故宫学刊》总第5辑，紫禁城出版社，2010年，第423~453页。

铁拐李腹部均开一小窗，窗内有人面露出，可知是由真人扮演的神像，类似今东南沿海，特别是闽台所见贺岁游神社火中的"神将"（又称"神壳""童仔"，闽南语称作"大仙尪仔""大神尪""大身尪"）[1]。这组社火表演还包括画面左下角的马戏，其中有在马上执旗者，有单脚独立者，有倒立者，有仰面藏身于马腹一侧者，热闹非凡。一总角小童被这些有趣的情节所吸引，振臂雀跃。

葬礼行列的终点应是墓地，但这个死亡之境已被转换为左上角山峦深处的仙境。仙境中的物事反向展开，迎接着对面浩浩荡荡的游行队列，自左而右有八仙、一覆钵式塔、五宝幢、一花楼、一重檐阁、三石碑、一带顶的旌幡（？）、一庙宇、一花塔，最后是身躯巨大、手执戟的四眼方相（图13）[2]。其中的重檐阁似为圆形，令人联想到明嘉靖二十四年（1545年）重建的天坛祈年殿[3]。

赵谅棺左帮右上角的城门为葬礼的起点，右帮左上角的仙境为终点，所表现的是从"发引"到"掩圹"的葬礼仪式。两个部分所展现的内容并不完全相同，如柩车只出现于右帮，显示出不同阶段的仪式有所差别，但重复出现于左右帮的墓主的轿子[4]，又暗示两个画面有着内在的关联。

这两个画面与文学性绘画的叙事有很大的差别，如清人孙温所作《红楼梦》绘本中有五幅表现秦可卿葬礼的画面[5]，并未采取全景的方式，其中贾宝玉在途中农家休息玩纺车的情节，只在远处山峰间隐约露出部分葬礼仪仗的顶部（图14）；即便是描绘送葬队伍出宁国府、走在大街上的一幅，也只画出队伍的局部，以营造北静郡王水溶与贾宝玉会面的环境（图15）。之所以如此，是因为孙温作品的

图12 赵谅棺右帮彩绘局部之三（吴宛妮摄影）

[1] 黄午妍：《漳州浦南"大神尪"文化初探》，《北京舞蹈学院学报》2009年第2期，第41～48页；郑玉玲：《台湾"大神尪仔阵"研究——以台湾宜兰头城镇为例》，《北京舞蹈学院学报》2010年第1期，第94～100页；龚诗文：《台湾大溪神将与民俗艺术》，《民艺》2018年第1期，第65～68页。
[2] 《大明集礼》卷三十七，"方相"条："周礼，方相氏，狂夫为之，掌蒙熊皮，黄金四目。玄衣朱裳，执戈扬盾。柩行，先使之为道。及圹，以戈击四隅，殴去凶邪。唐制，四品以上，方相四目；六品以下，两目，为魌头。宋制，九品无。"（徐一夔等撰：《大明集礼》卷三十七，明嘉靖间内府刊本，第9叶）棺画所见方相，形象与《大明集礼》附图（徐一夔等撰：《大明集礼》卷三十八，明嘉靖间内府刊本，第30叶）基本相合。
[3] 感谢于保田教授提示笔者注意这个问题。祈年殿作为当时北京城内用以敬天奉神的重要礼制性建筑，应是画工塑造仙境的重要视觉资源。
[4] 左右帮两组轿子大同小异，细节的差别可能只是绘制技术的问题。
[5] 孙温绘，张庆善、郭光主编，何卫国撰文：《清·孙温绘全本红楼梦》，中国青年出版社，2019年，第76～83页。

目的并不在于呈现葬礼的制度与结构，而在于为推进故事的展开，表现人物性格和彼此关系，铺垫一个貌似真实的背景。

与之不同，赵谅棺彩画主要用以表现葬礼规模和礼仪程序，其中的人物只是概念性的角色，有身份而无性格。游行队列由横向和纵向排列的不同部分组成，每个角色在其中各安其位，各司其职。尽管参与者的肢体和情绪在行进过程中有或急或缓的变化，但总是控制在一定空间范围内，人与人可彼此穿插，但其相对位置不能有颠覆性变化，否则整个表演场面将被破坏。在时间中维持相对稳定的空间结构，

图 13 赵谅棺右帮彩绘局部之四（首都博物馆提供）

图 14 清孙温绘《红楼梦》之一（采自孙温绘，张庆善、郭光主编，何卫国撰文：《清·孙温绘全本红楼梦》，中国青年出版社，2019年，第83页）

图15 清孙温绘《红楼梦》之二（采自孙温绘，张庆善、郭光主编，何卫国撰文《清·孙温绘全本红楼梦》，中国青年出版社，2019年，第79页）

是礼仪场景的基本特征，变化和秩序的冲突与均衡，构成了其视觉性重要的一面。

赵谅棺彩画的构图很容易使人联想到台北故宫博物院所藏明人《出警图》（图16）和《入跸图》[1]。《出警图》所绘是明代某位皇帝（以神宗朱翊钧的可能性较大）乘马出北京德胜门，往天寿山祭陵的盛况，画中的队伍由右而左展开。《入跸图》描绘这支庞大的队伍取水路以还，队伍由左而右展开。这两幅手卷每幅的画心长度都在30米左右，其规模当然是赵谅棺所无法相比的，但棺画与两手卷的基本构图仍多有相近之处，如二者皆为开阔的鸟瞰式和广角式，队列都在山野中穿行，其组成与结构皆面面俱到。甚至一些细节的表现，也有可比之处，如《出警图》起首的城门与旌旗（图17），大可与赵谅棺左帮画面右上角的部分对比。当然，这并不意味着它们具有直接的传承关系，而可能是这一时期的宫廷画家在处理这种大型游行题材时，采取了他们所熟知的同一种图式。

《出警图》遵循了手卷从右向左展开的传统，而《入跸图》反向的结构则可能意在强调画中队列起点与终点的调转。作为手卷，《出警图》和《入跸图》在展示和观看时随展随收，呈现出清晰的时间性。与之不同的是，赵谅棺

---

[1] 关于这两幅画发现与研究历史的综述，详吴美凤：《旌旗遥拂五云来，不是千秋戏马台——试探〈明人出警入跸图〉与晚明画家丁云鹏之关系》，《故宫学刊》总第2辑，紫禁城出版社，2005年，第97～131页。

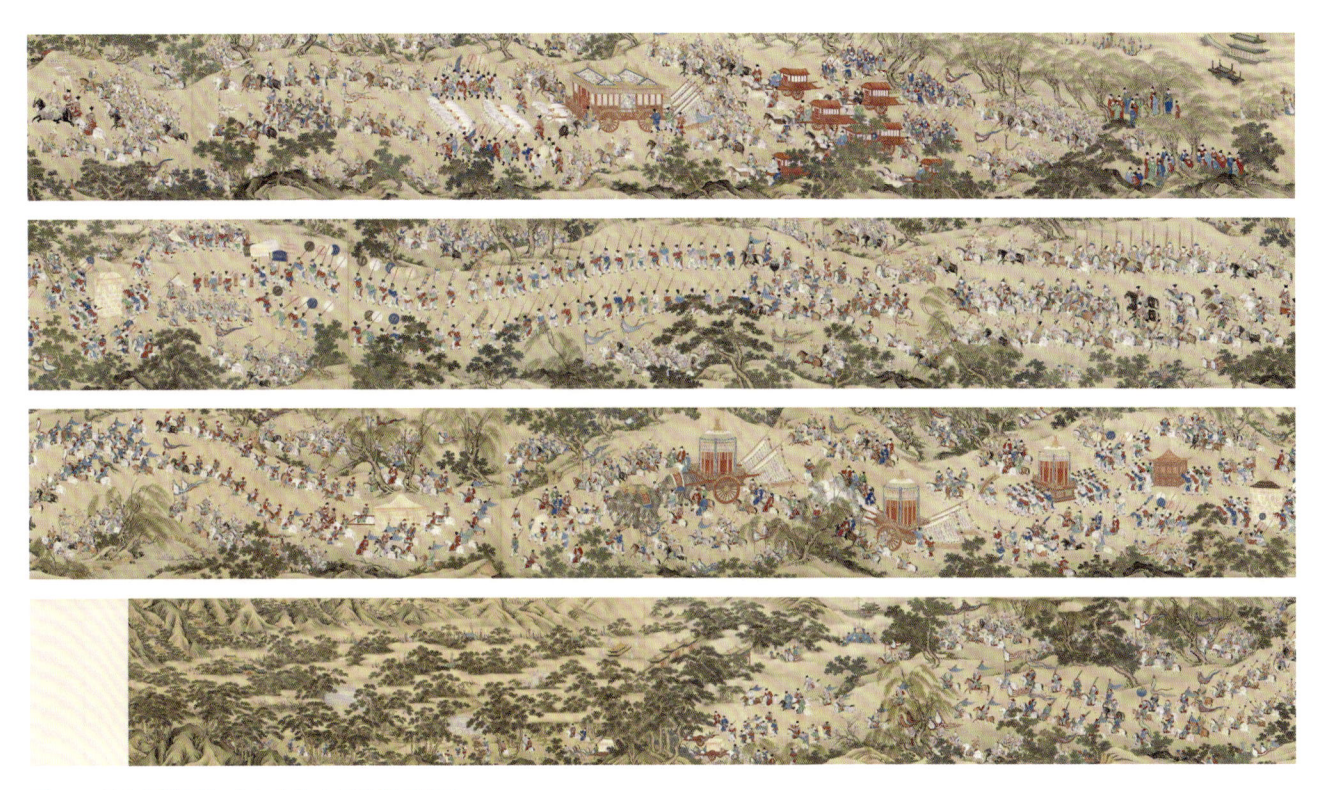

眼目之荣——明赵谅彩绘描金漆棺初论

图 16　明《出警图》（台北故宫博物院提供）

图 17　明《出警图》局部（台北故宫博物院提供）

上的两个画面是完全打开的，队伍皆从右端开始，到左端结束，一览无余，表现的既不是出发的那一刻，也不是结束的那一刻，而是将开始、行进和结束的多个"时刻"合并为一。换言之，它们是涵盖了多个时段和过程的完美"时刻"，既包含着变化，又像是一个静态的方案。但是，如果我们将赵谅棺的各个面联系起来观察，则感受又会大不相同。关于这一点，将在下文展开。

二

以上对赵谅棺彩画的描述，主要基于对画面本身的观察。本节结合文献，对其内容作进一步的讨论。

中国古代的丧葬制度和礼仪，涵盖从始死到葬毕虞奠的整个过程，可大致分为葬前、葬、葬后三个前后相继的阶段[1]。初步看来，赵谅棺彩画表现的主要是第二个阶段，即送葬的仪节。明洪武三年（1370年）修成的《大明集礼》"……本之周经，稽诸唐典，而又参以《朱子家礼》之编，列其名物之概，次其仪文之节，斟酌之"[2]，其中有对凶礼较详细的规定。《明实录》《明会典》《明史·礼志》等文献，对明代丧葬制度与习俗也有较丰富的记载，特别是皇室丧葬的记述尤为详细[3]。如永乐二十二年（1424年）明成祖朱棣的葬礼发引仪式为：在行启奠、祖奠、遣奠礼后，"司礼监官率仪卫、谥册宝舆等前行。皇帝、后妃、皇太子、亲王以下皆哭尽哀"。皇帝与后妃还宫。梓宫升大升舆，灵驾进发。"皇太子、亲王以下哭送灵驾，出至端门外，行辞祖礼。"礼毕梓宫出承天门、大明门。"皇太子、亲王以下俱由左门出，步送至德胜门外，送至陵。在途并至陵，俱朝夕奠哭临。"途中诸王以下及百官，军民耆老、四品以上命妇，沿途设供物以为"路祭"。至陵，灵驾降舆，升龙楯，诣献殿，奉梓宫入。内侍将皇太子及亲王以下带至梓宫前下跪，奏请灵驾前往玄宫。将梓宫安放于皇堂后，陈明器、行赠礼；在皇堂门外设酒馔，在香案前设拜位；赞者跪拜奠酒后，皇太子受玉帛，行献礼后掩圹[4]。

与皇帝复杂的丧葬程序相比，品官葬礼的仪式要简单得多，主要以《大明集礼》所载流程为序。《明史》记品官自始死到服阕（迁于正寝至禫祭）的程序，大致是对先秦至唐宋丧葬礼制的改造和发挥，但对从发引到反哭之间的记述却极为简略，曰："既发引，至墓所，乃窆。施铭旌志石于圹内，掩圹复土，乃祠后土于墓。题主，奉安。升车，反哭。"[5]

各种文集笔记所揭示的品官丧葬与礼典多有不合之处。明人吕柟（1479～1542）《泾野先生礼问二卷》卷二"渭阳公丧仪"条，记其父吕溥丧礼极为详备，可为参考。其仪仗构成如下：

> 宗人乃礼里人以一献之礼，使司执事，为柩帷于门外中街，为宾帷二于柩帷东西，为帷，皆七人，司宾二十人，司货五人，司书二人，司具馔者四十人，司亭舆十人，司魂马二人，礼儒士以再献之礼。使司仪，左右祝名（各）

---

[1] 李安宅：《〈仪礼〉与〈礼记〉之社会学的研究》，上海人民出版社，2005年，第44～45页；高崇文也将丧葬分为装殓仪节、埋葬仪节及葬后祭祀仪节（见高崇文：《试论先秦两汉丧葬礼俗的演变》，《考古学报》2006年第4期，第447～471页）。

[2] 徐一夔等撰：《大明集礼》卷三十七上，明嘉靖间内府刊本，第1叶。"周经"即《仪礼》，"唐典"指《开元礼》。

[3] 有关讨论，见陈戍国：《中国礼制史·元明清卷》，湖南教育出版社，2002年，第263页；池雪丰：《明代丧礼仪节考》，浙江大学博士学位论文，2017年，第128～129、134页。

[4] 《明仁宗实录》卷五上，"中央研究院"历史语言研究所汇勘本，1962年，第168～169页；（清）张廷玉等撰：《明史》卷五八，中华书局，1974年，第1448页；申时行等修：《明会典》卷九六，中华书局，1989年，第544页。

[5] （清）张廷玉等撰：《明史》卷六〇《礼志十四》，中华书局，1974年，第1490页。

一人，二祝二人，司迎母柩之奠二人，司启殡乃（及）朝祖之奠二人，司祖奠二人，司遣奠二人，司召设仪仗一人，司空二人，司祝本茔土地及题主二人，司盥洗二人，司三虞者十人，皆前人互为之。礼蒙士之师以一献，使教振铎者八童，挽歌者二十童，歌《薤露》《蒿里》《蓼莪》之篇。礼乡大夫士以再献之礼，以应宾，有翼爵者至，则应之，左宾帷三人，右宾帷三人，凡礼宾主人皆稽颡再拜，礼役夫一食，以应役。举三柩三十六人，执翣各六人，执铭旌各一人，执功布各一人，举冠带、玄纁、舆四人，举苞筲、罂、舆四人，举下帐舆四人，举明器舆四人，举二椁三十人，举志车三人，举驼马诸仪仗二十五人，举执事仆早八人，举奠桌香案六人，执纸百有二十人，食工十二人以一食，击鼓二人，为方相及举者十人，礼宗人之才者四人以一献，使设灵帷于圹左，迤南，南面，柩帷在圹，南面，上宾帷在墓南东偏，次宾帷在其左，皆布席，茶厨在墓西，宾至则具献。[1]

该条又记吕溥葬礼发引仪式，亦甚为详细：

昧爽，鼓人击鼓，鼓歌，左命舁人加杠于夷床，遂召执事者设遣奠，彻祖奠之初桌、二桌，其余改馔不改桌。左祝北向跪曰：迁柩就舆，敢告。彻者入，实诸苞，主人以下哭拾踊，挽歌者接绋而俟行，翣人障柩，铎人振铎，主人载父夷床，宗人、友人执绋披，弟梓载母夷床，母党丈夫执绋披，妇人在后，帐以行，帷内外各以其班祖（袒）哭踊。祝止哭，鼓人击鼓，鼓歌，左祝召执事者各执其事，纸先引魂，马次之，执事隶人次之，诸仪仗次之。鼓人再击鼓，鼓歌，乃行。主人兄弟徒跣，哭踊无算。灵车及墓，入于灵帷，执事者设奠，如朝夕奠。须臾，彻之。柩至，设于圹南。脱载，置席上，主人以下袒，各就位，冯柩哭踊，妇人哭于行帷。主人拜宾，有归者则辞以归。乃窆。椁先，柩从。左右祝以主人入圹，右祝以铭旌、谷幦于椁上，冠带在铭上，迤首。左祝以主人稽颡哭擗，跪于柩前，执事者以玄纁授主人，右祝受而纳诸椟中，翣人倚于圹内柩旁，下帐设于幽堂，南向，苞实在下帐南，明器析设于仓库。左祝告毕，遂以主人稽颡再拜，兴，执事者扶出圹外哭踊。袭役人掩圹，杵筑八尺，纳志石，又筑，左祝止主人哭，乃请学师祀本茔土地于墓东北。[2]

吕溥"号渭阳，有隐德"[3]，是一位无官职的士人。但其子吕柟累官至南京礼部右侍郎，又是卓有影响的理学家，极注重礼仪。这个规模浩大的仪仗在制度中无明文可依，应是据传统、习俗和财力而议定。文中所言食馔、亭舆、铎、挽歌、执翣、执铭旌、举明器、举帐舆、举奠桌香案、执纸等，般般样样，多在赵谅棺彩画中可寻得相类者。发引仪式中击鼓、柩车前挽歌者引绋，翣人障柩，铎人振铎等，也多

---

[1] 吕柟撰：《泾野先生礼问二卷》卷二，《四库全书存目丛书·经部一一四》，齐鲁书社，1997年，第668~669页。池雪丰首先注意到这条文献，见《明代丧礼仪节考》，浙江大学博士学位论文，2017年，第130~131页。

[2] 吕柟撰：《泾野先生礼问二卷》卷二，《四库全书存目丛书·经部一一四》，齐鲁书社，1997年，第671页。池雪丰首先注意到这条文献，见《明代丧礼仪节考》，浙江大学博士学位论文，2017年，第130页。

[3] 冯从吾：《关学篇》卷四《泾野吕先生》，中华书局，1987年，第41页。

可与赵谅棺彩画比对。如所谓"纸先引魂，马次之，执事隶人次之，诸仪仗次之"，大致与四仙拱寿为引导的行列相若；魂，则可能是坐在轿子中的死者之像。赵谅棺右帮画像所见魂轿与载棺的四轮柩车前后相继。在早期葬礼中，也可以看到魂车与柩车先后而行的做法[1]。

赵谅棺的结构决定了左、右帮的绘画必须分解为一种对应的双幅形式，两个画面当为一次葬礼前后相继的两个阶段，而不是两次葬礼。明成祖的葬礼在出德胜门之后、到陵地之前，沿途设祭。到陵地后，梓宫入献殿。赵谅棺上的葬礼则大为简化，但部分环节仍可对比，如左帮所见城门应是北京通往西郊的某城门，四合院则可能是献殿之类用于祭祀的建筑，所行或是与皇帝"朝夕奠"之类相似的中间祭祀环节。当然，也不能完全排除另一种可能性，即只有右帮表现的是发引至入圹的葬礼，左帮表现的是葬后虞奠之礼。如果这种说法成立，那么在时间次序上，便是右帮画面在前，左帮画面在后。总之，这个问题还有很大的讨论空间，在此不敢遽断。

右帮所绘可以确定为入圹之前最后的一段游行。这部分所见百戏等社火表演，以及佛教、道教元素，更多杂合了民间的信仰和习俗。沈德符（1578～1642）《万历野获编》卷二十六"王上舍刻木"条记葬礼中的偶人，云：

近日，有一松江太学生王葬则者，乃父辛未进士，名（文炳），殁后，亦斫乃父像，高数尺，具机发，动如生人。遇通家世契者至，即引与相揖让，已为怪事。至丙申年，孝安皇太后升遐，王亦制缞冠麻苴被之木人，牵以哀临，尤可骇异。王久居京师，予丙午入北雍，亦相往还，其木偶未之见。而予友沈千秋（圣岐）往年在京，则亲睹偶人执丧。为予言，予犹未信，及问王同乡数友，始知不妄。[2]

李吉光试图从文学作品和其他图像材料中寻找证据，以补正史之不足，是一个极富启发性的思路。除了李文所引征《金瓶梅》中的史料，《红楼梦》也值得重视。《红楼梦》成书较晚，书中朝代概念甚为模糊，其中记秦可卿死后大出殡，其礼仪或包含有明代传统。秦可卿本无诰命，身份低微，贾蓉的五品龙禁尉是在秦可卿死后临时捐纳的。因为贾珍在秦可卿后事上无度挥霍，本应朴素的葬礼变得规模盛大，可知制度的约束并不严格。《红楼梦》写秦可卿丧礼七七停灵时的水陆道场，僧人和道士并用：

这四十九日，单请一百零八僧众在大厅上拜《大悲忏》，超度前亡后化鬼魂；另设一坛于天香楼，是九十九位全真道士，打十九日解冤洗业醮。然后停灵于会芳园中，灵前另外五十众高僧，五十位高道，对坛按七作好事。[3]

七七仪式来自佛教"中阴七日转生"的观念，也杂入了道教因素，在明代民间已十分流

---

[1] 高崇文：《西汉诸侯王墓车马殉葬制度探讨》，《文物》1992年第2期，第37～43页；〔美〕巫鸿著，郑岩译：《从哪里来？到哪里去？——汉代丧葬艺术中的"柩车"与"魂车"》，《礼仪中的美术——巫鸿中国古代美术史文编》，生活·读书·新知三联书店，2005年，第260～273页。

[2] （明）沈德符：《万历野获编》，中华书局，1959年，第675～676页。

[3] 曹雪芹、高鹗著，启功、张俊、武静寰、周纪彬、聂石樵、龚书铎整理：《红楼梦》卷十三，中华书局，2001年，第98页。

行[1]。停灵之后是送殡，即把秦可卿棺柩送到城外贾府家庙铁槛寺中寄存。"至天明吉时，一般六十四名青衣请灵。前面铭旌上大书：'诰封一等宁国公冢孙妇防护内庭紫禁道御前侍卫龙禁尉享强寿贾门秦氏宜人之灵柩。'一应执事陈设，皆系现赶新做出来的，一色光彩夺目。宝珠自行未嫁女之礼外，摔丧驾灵，十分哀苦。"大批公侯王孙送殡，"堂客也共有十来顶大轿，三四十顶小轿，连家下大小轿车辆，不下百十余乘。连前面各色执事陈设百耍，浩浩荡荡，一带摆三四里远来"。沿途各家的路祭，"彩棚高搭，设席张筵，和音奏乐"。"一时只见宁府大殡浩浩荡荡，压地银山一般从北而至。"宝玉等人"忽已赶上大殡。早已见前面法鼓金铙，幢幡宝盖，铁槛寺中僧众已列路旁。少时到了寺中，另演佛事，重设香坛，安灵于内殿偏室之中"[2]。

清人李绿园小说《歧路灯》写明嘉靖间故事，其第六十三回"谭明经灵柩入土，娄老翁良言匡人"写谭绍闻为其父谭孝移操办的葬礼，"把一个累代家有藏书、门无杂宾之家，弄成魑魅魍魉，塞门填户，牛溲马勃，兼收并蓄了"。其中于起灵发引一节写道：

扛夫一声喊，黑黝黝棺木离地。孝眷两队分，乱攘攘哀号动天。打路鬼眉目狰狞，机发处手舞足蹈。显道神头脑颠顶，车行时衣动带飘。跑竹马的，四挂鸾铃响，扮就了王昭君出塞和亲。耍狮子的，一个绣球滚，装成那回回国朝天进宝。走旱船的，走的是陈妙常赶船、于叔夜追舟，不紧不慢，恍如飘江湖水上。绑高抬的，绑的是戟尖站貂蝉、扇头立莺莺，不惊不闪，一似行碧落云边。昆腔戏，演的是《满床笏》，一个个绣衣象简。陇州腔，唱的是《瓦岗寨》，一对对板斧铁鞭。一百个僧，披袈裟，拍动那[金]铙铜钹，声震天地。五十双道，穿羽衣，吹起来苇管竹笙，响遏云霄。纸糊的八洞仙，这个背宝剑，那个敲渔鼓，竟有些仙风道骨。帛捏的小美人，这个执茶注，那个捧酒盏，的确是桃面柳眉。马上衙役，执宝刀、挎雕弓，乍见时，并不知镶嵌是纸。杠上头夫，抬金箱、抬银柜，细审后，方晓得髭髯非真。五十对彩伞，满缀着闺阁奇巧。十二付挽联，尽写着缙绅哀言。两张书案，琴棋书画摆就了长卷短轴。一攒阴宅，楼阁厅房画定的四户八窗。鹿马羊鹤，色色都像。车马肩舆，件件俱新。香案食桌，陈设俱遵《家礼》，方弼方相，戈盾皆准《周官》。三檐银顶伞，罩定了神主宗祏。十丈大布帏，遮尽那送葬内人。[3]

这段描述中提到的旱船、僧道奏乐、八仙、纸帛人、彩伞、阴宅、香案食桌、方相等，皆在赵谅棺上披图可鉴。

---

[1] 池雪丰：《明代丧礼仪节考》，浙江大学博士学位论文，2017年，第112～113页。关于七七仪式的讨论，还可参考 Timothy Brook, "Funerary Ritual and the Building of Lineages in Late Imperial China", *Harvard Journal of Asiatic Studies*, 49 (2), 1989, pp. 465-499。

[2] 曹雪芹、高鹗著，启功、张俊、武静寰、周纪彬、聂石樵、龚书铎整理：《红楼梦》卷十三—卷十五，中华书局，2001年，第98～111页。秦可卿托梦王熙凤道："目今祖茔虽四时祭祀，只是无一定的钱粮；第二，家塾虽立，无一定的供给。依我想来，如今盛时固不缺祭祀供给，但将来败落之时，此二项有何出处？莫若依我定见，趁今日富贵，将祖茔附近多置土庄、房舍、地亩，以备祭祀供给之费皆出自此处，将家塾亦设于此。"可知寺院中停放的棺柩，最终要归故土祖茔安葬。（《红楼梦》卷十三，第96页）

[3] 李绿园：《歧路灯》，新世界出版社，2013年，第443～444页。

需要强调的是，尽管可以在多种文献与赵谅棺彩画之间建立起许多细节上单一的对应关系，但是，这些文献的性质复杂，或来自官方，或来自民间，我们找不到任何一种单独的文献，可以与赵谅棺的彩画进行一一比对。官方的制度并没有具体到官员葬礼的每一个环节，而画像也不是对某一文字性文本的图解。如果说上述文献与图像可以相比的话，主要并不在于细节上的符合，而是在于文字和绘画以不同的语言，营造了相似的现场感官氛围和意象。只有在这个更为宏观的层面上，各种文献才能帮助我们将赵谅棺彩画安置到明代丧葬文化的大背景之中。

与上述针对明清时期具体丧葬案例的描写不同，从晚明开始进入中国的一些欧洲传教士对于中国丧葬礼仪充满兴趣，基于与天主教丧礼的对比，他们丰富的文字更倾向于概括中国丧礼的总体特征。钟鸣旦（Nicolas Standaert）指出，欧洲教堂内的送葬仪式虽然在16世纪后半叶变得日益复杂和拥挤，但比起中国的送葬仪式来说，则显得相当简单，其中一个原因是距离问题：欧洲城市居民的居所不会离教堂太远，而教堂的墓地也在附近，在短距离的路程中，仪式的内容便十分有限[1]。阿姆斯特丹医师欧弗尔·达伯尔（Olfert Dapper, 1639～1689）编辑，1670年在荷兰出版的《荷兰东印度公司在大清帝国沿海的非凡事业》（*Gedenkwaerdig bedryf der Nederlandsche Oost-Indische Maetschappye, op de kuste en in het keizerrijk van Taising of Sina*）一书的插图虽是"半想象的图片"，但可以清楚地看到中国丧礼留给传教士的深刻印象（图18）。该图以之字形构图表现丧礼迤逦奢华的手法还见于法国艺术家伯纳德·皮卡特（Bernard

图18 中国葬礼（采自 Olfert Dapper, *Gedenkwaerdig bedryf der Nederlandsche Oost-Indische Maetschappye, op de kuste en in het keizerrijk van Taising of Sina*, Amsterdam: by Jacob van Meurs, 1670, opposite 422-423）

图19 中国葬礼（采自 Marcia Reed and Paola Demattè ed., *China on Paper: European and Chinese Works from the Late Sixteenth to the Early Nineteenth Century*, Los Angeles, Getty Research Institute, 2007, p. 153, fig. 60）

---

[1]〔比〕钟鸣旦著，张佳译：《礼仪的交织——明末清初中欧文化交流中的丧葬礼》，上海古籍出版社，2009年，第64～69页。感谢尹冉旭博士提示笔者注意这条材料。

Picart，1673～1733）创作的一幅绘画（图19）。尽管这些画作在细节上漏洞百出，但总体的意象大致不误，而"身在此山中"的中国艺术家却很少将这类凶礼用作其绘画的主题，如此说来，赵谅棺上的彩绘画面的确十分独特而珍贵。

三

在讨论了明代丧葬制度、习俗与赵谅棺彩画的关系之后，还有必要更具体地考察赵谅的身份以及明代宦官丧葬实施的情况。

赵谅棺出土时，顶部覆盖丝织的铭旌，铭旌书"内官监太监仙台赵公之柩"[1]。棺头挡字牌书"已故内官监太监赵公讳谅之柩"。内官监是明宦官"十二监"之一，《明史·职官志三》载，十二监"每监各太监一员，正四品，左、右少监各一员，从四品，左、右监丞各一员，正五品，典簿一员，正六品，长随、奉御无定员，从六品"[2]。明代内臣升擢的顶点便是四品的太监，赵谅作为内官监太监，位列宦官最高层。

《明会典》记明洪武五年规定，品官用油杉朱漆棺[3]，赵谅棺与此相合；记官员柳车"上用竹格，以彩结之，旁施帷幔，四角垂流苏"[4]，基本与右帮所见柳车图像相合；又记墙翣"公、侯六，三品以上四，五品以上二"[5]，右帮画面所见翣达五件，已逾制。可知彩画所见葬礼与制度亦合亦离。从吕溥、秦可卿、谭孝移等人的葬礼来看，其具体细节在实际操作中大有可发挥的空间。

丰富的文献与金石材料证明，明代宦官有预作寿藏的习俗[6]，如江苏南京出土弘治七年（1494年）钱溥撰司礼监左监丞梁端寿藏铭，记梁端晚年"乃预为寿域于聚宝门之南、聚宝山向阳之地，堪为千年寿域，树木立石，又作石门、石兽。是地系古刹塔院，今七十余年，岁久颓废，公特捐己赀，从新修理……予惟公之预为寿藏而不讳，可谓达生知命者矣，其贤于人也远哉……"[1]。所谓"达生知命""贤

---

[1] 赵谅墓铭旌的文字，与《仪礼·士丧礼》记铭旌书"某氏某之柩"的制度相合（阮元校刻：《十三经注疏》，中华书局，1980年，第1130页。参见马雍：《论长沙马王堆一号汉墓出土帛画的名称和作用》，《考古》1973年第2期，第118～125页），铭旌覆于棺上的做法也与古礼一致。战国到汉代覆于棺上的铭旌已有多例发现，最著名的当属湖南长沙马王堆一号西汉墓内棺所覆T形帛画，论者多认定为铭旌（湖南省博物馆、中国科学院考古研究所：《长沙马王堆一号汉墓》，文物出版社，1973年，第39～45页）。明墓中棺上覆盖铭旌的例子亦多有所见，如北京昌平天寿山定陵万历皇帝和孝端皇后棺（中国社会科学院考古研究所、定陵博物馆、北京市文物工作队：《定陵》，文物出版社，1990年，第22～23页）、江苏泰州刘鉴墓刘妻田氏棺（泰州市博物馆发掘资料）、泰州森森庄明墓许氏棺（泰州市博物馆：《江苏泰州森森庄明墓发掘简报》，《文物》2013年第11期，第36～49页）上皆覆盖铭旌。

[2] 阮元校刻：《十三经注疏》，中华书局，1980年，第1130页。

[3] 申时行等修：《明会典》卷九九，中华书局，1989年，第556页；又见（清）张廷玉等撰：《明史》卷六〇《礼志十四》，中华书局，1974年，第1485页。

[4] 申时行等修：《明会典》卷九九，中华书局，1989年，第556页。

[5] 申时行等修：《明会典》卷九九，中华书局，1989年，第556页；又见（清）张廷玉等撰：《明史》卷六〇，中华书局，1974年，第1485页。

[6] 李军：《养老与寿藏：明代宦官崇奉佛教的一个侧面》，《福建论坛》（人文社会科学版）2014年第1期，第104～109页。

于人也远"皆为谀辞，营建寿藏本来就是一个渊源久远的传统[2]。预先准备的项目包括寿衣、葬具、墓穴、墓地、陵园、碑刻等，除了以备不虞，寿藏还被视为延寿的手段。《金瓶梅词话》写西门庆爱妾李瓶儿病重，西门庆为之备一副棺木"冲喜"[3]。在近代北方农村，女子为其父母向男方索要棺木作为婚嫁彩礼，被视为孝行。

梁端捐钱所营造的，还包括与墓地为一体的寺院。明人刘若愚《酌中志》称："中官最信因果，好佛者众，其坟必僧寺也。"[4]生前捐建寺院，并将寿藏设于寺院，是明代宦官普遍的做法。赵谅卒于嘉靖三十八年（1559年），葬于净德寺[5]。赵谅棺右帮左上角彩绘的覆钵式塔、宝幢、重檐阁、花塔等，可看作对净德寺意象化的表现。该寺遗址此前曾出土万历五年（1577年）司礼监监管事太监郑真墓志[6]，而赵谅墓是在发掘区东南部新发现的甲组4座大墓之一，编号为M2。在赵谅安葬之前，墓地中已有成化十年（1474年）内官监太监陈瓒墓（M3）、弘治二年（1489年）内官监太监陈贵墓（M4）。在赵谅安葬之后，该墓地又增加了隆庆元年（1567年）内官监太监高隆墓。作为坟寺的净德寺始创年代早于成化十年，是高级宦官们所共同捐助营造的，而墓地也是寺院的一部分，墓园的结构、墓葬排列的方式，是这些宦官在生前早就议定的。

预制棺木是营造寺院和寿藏这一系列工程的组成部分。明代品官身后例有恩恤，廷臣三品以上有祭有葬，四品有祭无葬。但宦官身份特殊，其尊显者，朝廷皆有赗赠，遣礼部谕祭，工部给棺营墓，比其他品官待遇高得多。多例明代宦官墓志记其殁后，皇帝诏令工部赐棺木[7]。但工部往往只折算工料银、夫价银[8]，棺的制作渠道、场所，因人而异。

内官监前身是设立于吴元年（1367年）

---

[1] 北京图书馆金石组编：《北京图书馆藏中国历代石刻拓本汇编》第53册，中州古籍出版社，1989年，第28页；录文据胡丹辑考：《明代宦官史料长编（中册）》，凤凰出版社，2014年，第858页。亦有预作墓志的例子，见许志强：《南京三座明代宦官墓葬的发掘与认识》，《东南文化》2019年第2期，第58～74页。

[2] 杨爱国：《汉代的预作寿藏》，《汉代考古与汉文化国际学术研讨会论文集》，齐鲁书社，2006年，第271～281页。

[3] （明）兰陵笑笑生著，陶慕宁校注：《金瓶梅词话》第六十二回，人民文学出版社，2008年，第783～787页。

[4] （明）刘若愚：《酌中志》卷二十二，北京古籍出版社，1994年，第200页。关于明代宦官与北京佛寺关系的研究，详马明达、杜常顺：《明代宦官与佛教寺院》，《暨南学报》（人文科学与社会科学版）2004年第5期，第108～116页；何孝荣：《明代北京佛教寺院修建研究》，南开大学出版社，2007年，第345～493页。

[5] 北京附近另有成化四年（1468年）宦官李棠重建的同名寺院，在宛平玉河乡童子山。见何孝荣：《明代北京佛教寺院修建研究》，南开大学出版社，2007年，第434～435页。

[6] 胡丹辑考：《明代宦官史料长编（下册）》，凤凰出版社，2014年，第1724页。

[7] 胡丹：《明代宦官制度研究》，浙江大学出版社，2018年，第341～343页。

[8] 如地方官员的丧葬仪式，多由当地基层政府具体承办，朝廷只是发放丧葬公文用以限定丧葬礼仪的规格。丧葬的开销要由地方政府先行拨款垫付，事毕造册登记，再到中央报销开支。见宋继刚、赵克生：《明代文官丧葬公文与丧礼制度建设》，《古代文明》2014年第2期，第84～92页。

九月的内使监，其职掌包括预宫廷礼仪，提调、监督内府宫殿造作工匠等。洪武二十八年（1395年），内官监升为正四品，"掌成造婚礼妆奁、冠冕伞扇、衾褥帐幔仪仗及内官、内使贴黄诸造作，并宫内用首饰与架阁文书诸事"[1]。据《酌中志》卷十六《内府衙门职掌》"内官监"条曰：

> 掌印太监一员。其所属有总理、管理、金书、典簿、掌司人数、写字、监工。自典簿以下，分三班，宫中过夜。每班掌司第一人曰掌案，所管十作，曰木作、石作、瓦作、搭材作、土作、东作、西作、油漆作、婚礼作、火药作，并米盐库、营造库、皇坛库、里冰窖、金海等处。凡国家营建之事，董其役。御前所用铜、锡、木、铁之器，日取给焉。外厂甚多，各有提督、掌厂等官。[2]

内官监相当于外廷的工部，内府营造之事是其核心职能。司礼监也"掌婚姻丧祭礼仪"之事[3]，与内官监所司界限并不明显，更像是一种合作关系。根据成化二十一年（1485年）吏部的统计继续存留的内府各监局及工部匠官"精于艺者一千二百九十二人"，其中司礼监79人，御用监379人，尚衣监87人，内官监365人，司设监71人，内织染局110人，针工局38人，兵仗局99人，银作局23人，御马监3人，巾帽局5人，供用库1人，工部33人。这些匠官只是因传奉得到升迁，并具有文思院副使、大使和营缮所丞等职者，而不包括没有官职的普通工匠[4]。其中由内官监所管辖的匠官数量仅略次于御用监，而远高于其他诸监局和工部。根据弘治十八年（1505年）八月大学士刘健等人奏章称，"内官监等监匠官、御用等监画士多至数十百人"[5]。由这两种数据，可知内官监所辖工匠、画士之众多。

在办理贵族和品官丧事时，除工部给棺木，内官监也有此职能，内官监还常常与工部、司礼监等部门一样，负责办理丧仪。北京石景山八大处出土弘治四年（1491年）固安郡主、王宪妻朱氏圹志云："讣闻，上哀悼，赐棺椁、斋粮、麻布，命司礼监左监丞王珍董丧事，遣官致祭，仍命内官监办丧仪，工部营葬域，恩典皆从厚。"[6] 弘治十一年（1498年），御马监太监阎通卒，"讣闻，上哀悼之，特赐新钞三万贯、白米五十石、麻布五十匹，及□香油蜡等物，命礼部谕祭，工部造坟安葬，建享堂，赐额'旌勤'，仍命内官监太监杨公雄、杨公旺、杜公恭董丧事"[1]。北京石景山何家

---

[1]《明太祖实录》卷二四一，"中央研究院"历史语言研究所汇勘本，1962年，第3511页。有关研究，见胡丹：《明代宦官制度研究》，浙江大学出版社，2018年，第14～18、317页。

[2]（明）刘若愚：《酌中志》，北京古籍出版社，1994年，第102页。

[3]《明太祖实录》卷二四一，第3511页。

[4] 以上诸数相加，实际上是1293人。《明宪宗实录》卷二六二，"中央研究院"历史语言研究所汇勘本，1962年，第4437页。赵晶首先注意到这组数据，见赵晶：《明代画院研究》，浙江大学出版社，2020年，第103页。

[5]《明武宗实录》卷四，"中央研究院"历史语言研究所汇勘本，1962年，第123页。赵晶首先注意到这组数据，见赵晶：《明代画院研究》，浙江大学出版社，2020年，第105页。

[6] 中共石景山区委宣传部、石景山区档案局（馆）、石景山区文化委员会，等编：《北京市石景山区历代碑志选》，同心出版社，2003年，第46页。录文据胡丹辑考：《明代宦官史料长编（中册）》，凤凰出版社，2014年，第829页。

坟BM12号墓出土嘉靖二十一年（1542年）王满墓志记志主升任内官监太监后，曾"总理奉圣夫人造茔丧事"；王满卒后，"命浣衣局奉御陈公铣、内官监右监丞许公智、尚膳监太监刘公彪、内官监奉御李公做董丧"[2]。又据《酌中志》卷十六"安乐堂"条，底层内官"如不幸病故，则各有送终内官，启铜符，出北安门，内官监给棺木，惜薪司给焚化柴，抬至静乐堂焚化，皆祖宗为中官始终之大恩也"[3]。从这些材料可知，内官监是主管丧仪的部门之一。

在预作寿藏的过程中，有的宦官亲自参与意见，如万历四十七年（1619年）内官监太监羊朝修茔记曰："己未（1619年）已经九载，春三月乞假归梓里，亲为度势相宜，筑土山一座，耸然秀拔，命堪舆氏曰：'某处为墓，某处为祭台，某处祠堂，一一为我详志之，勿移。'"[4]宦官段聪甚至自撰墓志，记述自己在天顺、成化、弘治、正德四朝，从司礼监书办到司礼监太监的仕宦以及辞官的经历[5]。

总之，赵谅生前有动机、有条件依据常年管辖丧仪、制作棺木而积累的专业知识，调用所属的匠师，为自己预制一口讲究的棺木，并亲自主导和参与彩画内容的设计。

四

我们必须反复穿行于图像内外。

接下来的分析除了对赵谅棺彩画各部分的主题作必要的补充，更强调图像内在的逻辑，以及图像与器物结构、仪式程序之间关联。而上文关于明代丧葬习俗、死者身份的研究，都是这种分析重要的基础。

《礼记·曲礼下》曰："（人死）在床曰尸，在棺曰柩。"[6] 在入圹之前的发引环节，盛放遗体的棺已有了柩的名义，因此，运送棺的柳车也被称作柩车。赵谅棺右帮所绘四轮柩车的帷幔打开，可以看到车上的棺，这口棺上又清晰地绘出五位合掌前行的僧人，应是对一个葬礼场面简化的表现（图20）。这种棺上棺、画中画的双重结构，为我们更深入地理解赵谅棺及其彩绘，提供了关键的线索。

早期葬礼以柩车运棺，棺外常以帷荒之类织物覆盖[7]。如山东微山沟南西汉墓石椁葬礼画像中可见施高篷的四轮柩车，车前十人徒步牵引，棺上覆盖"荒"，棺本身不可见

---

[1] 《明故御马监太监阎公墓志铭》，胡丹辑考：《明代宦官史料长编（中册）》，凤凰出版社，2014年，第915页。

[2] 北京市考古研究院（北京市文化遗产研究院）：《何家坟墓地考古报告》，科学出版社，2023年，第34页。

[3] （明）刘若愚：《酌中志》，北京古籍出版社，1994年，第124页。

[4] 胡丹辑考：《明代宦官史料长编（中册）》，凤凰出版社，2014年，第2112页。

[5] 曲金丽：《明〈守愚子寿藏记〉考》，《文物春秋》2009年第3期，第70～73页。

[6] 阮元校刻：《十三经注疏》，中华书局，1980年，第1269页。

[7] 《仪礼·既夕礼》："商祝饰柩。"郑玄注："饰柩为设墙柳也，巾奠乃墙，谓此也。墙有布帷，柳有布荒。"贾公彦疏云："云'饰柩为设墙柳也'者，即加帷荒是也。"（阮元校刻：《十三经注疏》，中华书局，1980年，第1148页）《礼记·丧大记》郑注："饰棺者，以华道路，及圹中，不欲众恶其亲也。荒，蒙也，在旁曰帷，在上曰荒，皆所以衣柳也。"孔颖达疏："'黻荒'者，荒，蒙也，谓柳车上覆，谓鳖甲车也。"（阮元校刻：《十三经注疏》，中华书局，1980年，第1584页）

图20 赵谅棺右帮彩绘局部之四（吴宛妮摄影）

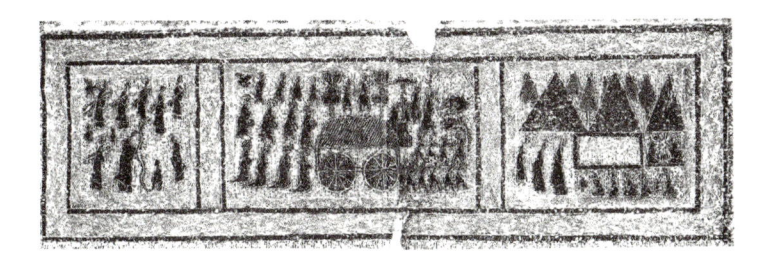

图21 山东微山沟南西汉墓画像石（采自赖非主编：《中国画像石全集》第2卷，山东美术出版社、河南美术出版社，2000年，第46～47页）

图22 山东青州傅家村北齐墓画像石（郑岩绘图）

（图21）[1]。但亦有棺暴露在外者，如山东青州傅家村北齐武平四年（573年）墓出土的一件画像石，刻画一人牵引四匹马，马驮一小型木构房屋，房屋是葬礼上暴露在人们视野中的葬具（图22）[2]。这些早期的例子彼此差异较大，但至少可以说明，葬礼中柩车使用荒帷的传统并非不可更易。

在赵谅棺右帮彩画中，柩车所载棺及其画像同时暴露在参加葬礼者的视野中，赵谅棺与其所绘葬礼中的棺平行，赵谅棺彩画与画中柩车所载棺上的彩画平行。进一步说，赵谅棺彩画所表现的葬礼，也与画中柩车所载棺上表现的葬礼相平行。如果我们可以凭借赵谅棺上的彩画复原赵谅的葬礼，那么，在赵谅的葬礼上，赵谅棺及其彩画也会展现于众人眼前，就像我们在赵谅棺彩画所表现的葬礼中，看到柩车所

[1] 王思礼、赖非、丁冲、万良：《山东微山县汉代画像石调查报告》（《考古》1989年第8期，第707页）和江苏沛县龙固镇三里庙村画像石（刘尊志：《徐州汉墓与汉代社会研究》，科学出版社，2011年，第284页）；朱蔚：《〈仪礼·士丧礼〉、〈既夕礼〉所反映的丧葬制度研究》，厦门大学硕士学位论文，2008年，第20～21页。

[2] 夏名采：《青州傅家北齐线刻画像补遗》，《文物》2001年第5期，第92～93页。该墓画像受到西域粟特人丧葬美术的影响，与儒家传统的礼仪有所不同，详郑岩：《魏晋南北朝壁画墓研究》，文物出版社，2002年，第241～246页。我曾在另一篇文章中提出，北朝石棺上的画像，可以被参加葬礼的人观看，从而使得其上装饰的孝子画像产生特别的含义，见《北朝葬具孝子图的形式与意义》，《美术学报》2012年第6期，第42～54页。

图 23 赵谅葬礼示意图（郑岩据首都博物馆提供底图改制）

载棺上的彩画一样。我以一幅线图来表示现实的葬礼，而将赵谅棺的照片植入其中，更直观地呈现这种关系（图23）。

这段绕口令式的文字表达了三重平行关系，显示了图像、器物和仪式的一致性。有几个细节可以说明，这种一致性是赵谅棺画的设计者——赵谅本人——精心布置的。第一，"画中画"虽然尺幅较小，但所绘僧人的形象的确也曾出现于赵谅棺右帮的队列中（图24）。第二，"棺上棺"顶盖显露的面积过小，不易加绘图案，但柩车竹格的彩篷上精细地绘制缠枝莲纹，与赵谅棺盖顶的纹样（图25）极为相近。第三，在棺画所见的柩车上，四周的帷幔被刻意打开，我们甚至可以看到将帷幔收束，以及固定在四柱上的一些小夹子或钩子。与柩车上各个木质构件的坚挺不同，柔软的帷幔可收可放，是一种动态的、不稳定的结构。像汉代画像中闭合的荒帷一样，在荷兰阿姆斯特丹《电讯报》（*De Telegraaf*）驻北京记者的亨利·博雷尔（Henri Borel）1908年11月9日拍摄的慈禧太后葬礼照片中，柩车的帷幔是闭合的（图26）[1]。而帷幔打开，也必然有着特定的意图。赵谅的意图，便是要通过建立图像、器物和仪式的一致性告诉后人，他的棺上的彩画也必须

图 24 赵谅棺右帮彩绘局部之五（吴宛妮摄影）

图 25 赵谅棺盖顶彩绘（首都博物馆提供）

[1] Henri Borel, *The New China: A Traveller's Impressions*, trs. by Carel Thieme, New York: Dodd, Mead and Company, 1912, pp.144-156.

图26 慈禧太后的葬礼（Henri Borel, *The New China: A Traveller's Impressions*, p.153）

在葬礼中得到展示。那时，所有参加葬礼的人，将对照棺上的彩绘，来验证实际的葬礼是否合乎他的设计。

但是，这种周密的设计只是赵谅棺的一个方面。在上述平行关系的内部与外部，同时存在着不协调的一面。第一点：绘画总是与所表现的事实有一定距离，"画中画"比赵谅棺上的画面要小得多，五位僧人只是一次葬礼简化性的表现，同样的道理，赵谅棺上的画面也会与实际的葬礼有所差别，棺画所见葬礼的规模既可能小于实际举行的葬礼，也可能相反。更重要的是第二点：从赵谅棺右侧来看，无论"棺上棺"，还是"画中画"，其方向都完全一致，平行关系相当明确，但是，棺左帮画像的方向则由头端向脚端展开，这意味着行走在赵谅葬礼另一侧的人们，看到的是在画像中逆向展开的另一场葬礼。换言之，左帮上的彩绘，可能并不是为在赵谅葬礼上展示而准备的，至少是不便于在实际的葬礼中被观看的。

即使是赵谅棺右帮的画像，在实际的葬礼中也难以被看清楚。赵谅棺彩画中描绘的上百个人物、各种建筑与器具，以及结构复杂的队列，以其精妙的绘画风格，预设了一种近距离阅读的目光，远观则不能尽其精微。路边观看

葬礼者必定与载棺的柩车相隔一定的距离，他们只能获得一种大致的视觉印象——琳琅满目，光彩粲然，却又龙蛇莫辨，更不用说那些身处队伍内部，而不能随意前后转移的参与者。亨利·博雷尔用荷兰语写的《新的中国：一位旅行者的印象》一书详细描述了他在慈禧太后葬礼现场看到的柩车：

红色的三角旗在空中光色夺目，成排的骑手迤逦而来，更多黄色的小轿由高处走下，轿子后面一团巨大的火球，高高地离开地面，金色煌耀。这个帝国的灵柩呈方形，顶部装有一个硕大的金珠，外面包裹着巨幅黄色织物，缓缓而来。数百名轿夫用长长的竹杠将灵柩举过头顶，以极其庄严的方式向前移动。太阳在半个小时之前就升起来了，帝国的黄色火焰像金色的液体流淌在天空中。我第一次意识到这黄色便是帝王专有的颜色。我从来没有见过如此神圣的黄色，确如太阳一般辉煌。在金色的灵柩之前，有数百条各式各样的黄色旗子，以红色和金色的旗杆高擎在空中。在阳光下走来的这支金色车马行列，似乎是以神秘色彩塑造的尊灵，仿佛一位神明正在走向墓坑。[1]

博雷尔当时身处于外务部专为国外贵宾及媒体在东直门附近设立的观礼亭台上，位置极佳，但即使有这样的优势，他仍难以捕捉到所有的细节，给他留下的最为深刻的印象，是灵柩和旗帜绚烂的色彩。

只有当棺静置、观者靠近时，赵谅棺两侧的画面才能被逐一辨认。在死者入殓之前，人

---

[1] Henri Borel, *The New China: A Traveller's Impressions*, trs. by Carel Thieme, New York: Dodd, Mead and Company, 1912, p.150.

图 27 纳尔逊 - 阿特金斯艺术博物馆藏北魏孝子棺（纳尔逊 - 阿特金斯艺术博物馆提供）

们的确是有机会近距离接触葬具的。美国纳尔逊 - 阿特金斯艺术博物馆（The Nelson-Atkins Museum of Art）所藏洛阳出土北魏孝子棺上的蔡顺画像，是"棺上棺"更早的例子（图27、图28）[1]。这幅画像表现了火灾袭来时，蔡顺以血肉之躯保护亡母之棺的事迹[2]，客观上呈现了葬具制作完毕而"未及得葬"时存放的情况。在河北曲阳出土的一件北齐造像底座的涅槃图浮雕中，右侧包裹严密的释迦遗体置于尸床，弟子们伏其身上恸哭，左侧的弟子则伏在一口棺上（图29）。后一个例子虽是佛教题材，但画面形式则出自中国人的理解，它启发我们认识到赵谅棺还曾展现于发引前的礼仪环节。

棺从制成到下葬，多有一定的停放时间。虽然《大明律》有惩治条令，禁止经年停柩[3]，但常有违犯的现象，如湖北武汉东湖朱鲁湾村明通城王朱英焴继室邵夫人墓志称："邵夫人逝于隆庆辛未（1571年）季秋廿有壹日之戌时也，停柩于堂，越壬申（1572年）仲冬择廿日之戌时，扶葬于城东山之原。"其停柩时间超过一年。同墓出土的徐妃墓志则称："嘉靖元年（1522年）七月十五日戌时薨逝，王

图 28 纳尔逊 - 阿特金斯艺术博物馆藏北魏孝子棺画像局部（郑岩摄影）

[1] 黄明兰：《洛阳北魏世俗石刻线画集》，人民美术出版社，1987年，第1～10页。
[2] 蔡顺故事见于《后汉书·周磐传》："母年九十，以寿终。未及得葬，里中灾，火将逼其舍，顺抱伏棺柩，号哭叫天，火遂越烧它室，顺独得免。"《后汉书》，中华书局，1965年，第1312页。
[3] 《大明律》规定："凡有丧之家，必须依礼安葬。若惑于风水及托故停柩在家，经年暴露不葬者，杖八十。"姚思仁：《大明律附例注解》卷十一，北京大学出版社，1993年，第495页。

图29 河北曲阳北齐造像座（郑岩摄影）

未袭爵，四年册封为通城王，七年讣闻于上，恩赐册追封为通城王妃，遣内官赐祭，择八年十二月二十二日未时，葬于江夏县永丰山之祖原。"死者等待丈夫的册封，从卒到葬，长逾九年，棺的停放时间相当长[1]。

当然，无论是停柩，还是发引前的吊丧，所有的礼仪程序强调的是生者对死者的礼敬，而非艺术品鉴。赵谅棺头挡书写"已故内官监太监赵公讳谅之柩"（图30），清楚地表明了棺与盛放在其中的遗体合为一体——"在棺曰柩"[2]。这行字以白粉工整地书写在一个字牌上，字牌并非死者的神主[3]，它只是完成了文字的物质性和视觉性转化。字牌顶部的云冠和两侧的云翼皆饰仙鹤，再向上覆华盖，华盖两端垂挂杂宝，底部饰莲花，置于须弥座上，两侧各有一童子捧"龙挂香"供奉[4]，多层的曈事增华，强化了文字的神圣性，使得庞大的柩浓缩为一个易于把握的焦点[5]。赵谅本人在世时，字牌上"已故"二字不合时宜，因此，这行字应是在赵谅死后才题写在棺上的。题字的行为本身，可能是一个重要的礼仪环节，它意味着吊丧活动的开始，作为容器的棺转化为人们致祭的对象。字牌上的文字在去往墓地的

[1] 武汉市文物考古研究所：《武汉市明通城王朱英焌家族墓地发掘简报》，《江汉考古》2014年第6期，第26～34页，封二、封三。

[2] 四川剑阁县卧龙山明万历十二年（1584年）兵部尚书赵炳然夫妇彩绘木棺足挡皆绘字牌，分别以金粉楷书"皇明进士兵部尚书赠太子太保谥恭襄剑门赵公讳炳然神柩""皇明兵部尚书恭襄赵公妻赠一品夫人王氏神柩"（四川省博物馆、剑阁县文化馆：《明兵部尚书赵炳然夫妇合葬墓》，《文物》1982年第2期，第34～38页，图版伍），是与赵谅棺相似的例子。

[3] 《大明集礼》卷三七上"神主"条曰："古者始死，未作主，以重主其神。……周人既虞，乃作主而埋之。"（第14叶）死者未葬之前，以所谓的"重"代主。正式的主称"虞主""桑主"，葬后为虞祭而作。卒哭次日祔祭时则作"练主""吉主""栗主"。《大明集礼》所记神主的形制和书写方式（徐一夔等撰：《大明集礼》卷六，明嘉靖间内府刊本，第17～19叶；卷三十七，第14～15叶）也与赵谅棺头挡所见图像不合。关于神主的研究，见谭思健：《古代的"主"考》，《江西教育学院学报》1991年第4期，第33～38页；〔日〕吾妻重二著，吴震译：《木主考——到朱子学为止》，《云南大学学报》（社会科学版）2011年第5期，第39～46页。

[4] 《长物志》卷一二"安息香"条："内府别有龙挂香，倒挂焚之，其架甚可玩。"[（明）文震亨原著，陈植校注，杨超伯校订：《长物志校注》，江苏科学技术出版社，1984年，第403页]《遵生八笺》卷十五"燕闲清赏笺"中卷："龙挂香有黄黑二品，黑者价高。惟内府者佳，刘崔所制亦可。"[（明）高濂著，赵立勋校注：《遵生八笺校注》，人民卫生出版社，1994年，第600页] 台北故宫博物院藏《明熹宗坐像》画面右边高几上一金龙俯首衔一倒挂的香，即所谓龙挂香。此承李健先生指教，特此致谢。

[5] 类似的例子还见于四川宜宾第七中学明代周洪谟墓，在该墓并列的东、西两后室的后壁各有一龛，龛内雕仿木式的字牌，形制与赵谅棺头挡所见类似，其中西后室字牌上无字，东后室字牌上阴刻"明故太子少保周文安公之墓"。见四川省文物考古研究院、宜宾市博物院：《四川宜宾市明代周洪谟墓发掘简报》，《四川文物》2015年第1期，第10～23页，图版壹、图版贰。

图 30 赵谅棺头挡彩绘（首都博物馆提供）

图 31 赵谅棺右帮彩绘局部之六（吴宛妮摄影）

葬礼中是难以被识读的，在右帮的画面中，柩车上一位执事者站在棺前，这个站位正好遮挡了字牌（图 31）。不早不晚，题写了文字的字牌，只有在吊丧的那一环节才有其意义。

如上所论，左右帮两个画面是葬礼中前后相继的两个环节，更准确地说，它们既是同一个队列行进在不同空间中的截图，也是同一场表演的不同幕次，它们的联系既是空间性的，也是时间性的。左帮的画面由漆棺的头端开始，到脚端结束；右帮的画面由脚端开始，到头端结束，形成一种右旋的结构，而观者的目光，也必须与这种结构相一致。

《红楼梦》写秦可卿停灵时的宗教活动，还提到为死者诵经的仪式。开始念经的那天叫作"起经"，和尚绕棺念诵佛经以超度死者灵魂，称作"绕棺"。如尤二姐向尤三姐说宝玉不糊涂，理由之一就是贾敬去世，"那日正是和尚们进来绕棺，咱们都在那里站着，他只站在头里挡着人"[1]。《金瓶梅词话》第五十九回记官哥丧礼中，"吴道官庙里，又差了十二众青衣小道童儿来，绕棺转咒《生神玉章》，动清乐送殡"[2]。今天许多少数民族丧礼中仍有绕棺的仪式，佛、道并用[3]。

赵谅棺足挡绘一座藏式覆钵塔（图 32），

---

[1] 曹雪芹、高鹗著，启功、张俊、武静寰、周纪彬、聂石樵、龚书铎整理：《红楼梦》卷六六，第 577 页。
[2] （明）兰陵笑笑生著，陶慕宁校注：《金瓶梅词话》，人民文学出版社，2008 年，第 741 页。
[3] 简兆麟：《鄂西土家族的拾骨葬和绕棺习俗》，《中南民族学院学报》（社会科学版）1986 年第 1 期，第 85～87 页；吴合显：《苗族丧葬礼仪的变迁——以湖南省凤凰县山江苗族地区为例》，《民族论坛》（学术版）2011 年第 12 期，第 78～82 页；孔瑞：《渝东南一场葬礼仪式冲突解读》，《广西民族大学学报》（哲学社会科学版）2017 年第 1 期，第 116～121 页；纳日碧力戈、黄镇邦：《布依族拖耙绕棺经文与仪式——贵州望谟县弄纳寨个案研究》，《民族研究》2020 年第 6 期，第 88～102 页。

图32 赵谅棺足挡彩绘（首都博物馆提供）

与头挡的字牌彼此呼应，一体两面：字牌遵循儒家的传统，定义了盛尸之棺的性质为"柩"；覆钵塔从佛教的立场，赋予死者遗体舍利一般的神圣性，也使得绕棺与绕塔变成了同一件事[1]。有趣的是，在右帮描绘仙境的部分，一座汉式的殿堂与一座覆钵式塔并置，二者再度从不同的角度，定义了墓葬的性质。

字牌与佛塔的加入，使得赵谅棺四个外壁形成闭环，整套图像因此不再是从起点到终点的直线，而成为周而复始的循环。右旋绕棺，与左右帮画面中葬礼的方向一致。从绕旋的方式重新来看这两幅画，就会发现左帮右上角城外的部分、右帮右上角和左上角远山另一侧的部分，都使整个画面呈"U"形，在自右而左展开的同时，也蕴含着右旋的动感[2]。

绕棺的僧人以及现场其他人士，的确可以看到棺两帮的彩画。但是，"看到"与细读仍是两回事。最关心这次葬礼的，还是赵谅本人。左右帮的画面是他图像化的遗言，当他俯下身

来，锱铢必较地审查每一个环节时，画工细腻的笔触，才散发出特有的灵光。

五

在制作、停柩、绕棺、吊丧、发引等不同的时间点上，观者与赵谅棺上的彩画有三种联系方式：第一种为"近距离"地观看，包括设计者和制作者精密的实施与推敲、验工者细致的核查；第二种是吊丧者在礼拜和绕棺仪式中"中距离"地观看；第三种是葬礼游行中参与者"远距离"地观看。不同距离的观者，从画面中获取的视觉信息有所差别，例如，牵引柩车者的人数、四仙的角色特征、方相氏的四只眼睛等，只能通过近距离细看获得；百余人构成的队列、前后挡的灵牌与佛塔、棺盖上绚烂的缠枝莲花，既可以被近距离观看，也能为中距离的视线所涵括；至于身处葬礼队伍之中，或从远处遥望的人们，则只能夹杂着锣鼓、说唱、哭泣，感受到漆棺上的亮朱深绛、斑斑金光。

这耀眼的光彩稍纵即逝，精心制作的漆棺，最终隐入幽暗的地下世界。

面对"掩圹"的转换，我们的视角似乎应及时地从社会艺术史转向宗教艺术史。或许可以预设一种新的理论模型，即赵谅棺彩画并不只具有一种现实的功利性，正像笔者过去所讨

---

[1] 覆钵式塔具有典型的藏传佛教特征。自明成祖始，宫廷即崇尚藏传佛教，宦官也深浸于藏传佛教的气氛中，与藏僧过从甚密。相关研究，见杜常顺：《明代宦官与藏传佛教》，《西北师大学报》（社会科学版）2006年第1期，第64～69页。
[2] 感谢吴雪杉教授和万笑石博士提示笔者注意这个问题。

论过的秦始皇陵铜车马那样,所有的"机械之变"全是为死者在另一个世界的"生活"所预备的[1],而死者拥有一种超越自然的知觉能力,即所谓"神明之极,照知乎万物"[2]。在早期,也确有一些例子试图将发生过的葬礼转化为一种永恒的记录,陪伴在死者左右[3]。但这种理论并不适用于赵谅的身后之事。赵谅墓葬的情况也从另一个角度证明,赵谅棺彩画表现的是一场虚拟的葬礼,而非对一场葬礼的同步直播或后期重播,其时态是将来时,而非现在时和过去时。

赵谅以八十岁高龄长眠于北京西山的净德寺。他的墓室以坚硬的青石构筑,由墓道、墓门、墓室等部分组成,通长9.7米,宽4米,墓道内有石踏道直达墓门。石板雕制的两重门扉扣合严密(图33),外有门闩封锁,内有"自来石"支顶。棺椁和弥座式石棺床占据了墓室大部分空间。棺床南侧设石供桌,桌上摆放石五供(图34)。

时间停止了。华美的漆棺上覆盖着不复飘扬的铭旌,再由一形体更大的木椁密封。葬礼已结束,筹划那场葬礼的图像也被封存起来,不再具有展示性。石头雕刻的供桌、供品意味着死者在另一个世界可以永享血食。一香炉、二烛台、二宝瓶,奉献的对象不是棺内的遗体、棺头的字牌、棺帮上的葬礼、棺盖上的铭旌等任何单一的物事或图像,而是尸体、棺、棺画、铭旌、椁整体性的组合。供桌前十分有限的空间,是为内重石门向墓内开启而预留的,而不是要设计一场空间结构合理的虚拟的祭祀。一方墓志,写明了墓主赵谅的籍贯、生平和年寿。赵谅棺彩画中描绘的那些器物,并没有出现于墓葬中。除了棺内未完全腐朽的殓衣、一件犀角带板,随葬品只有一个青瓷罐(图35)和

图33 赵谅墓墓门(采自国家文物局编:《2018中国重要考古发现》,文物出版社,2019年,第162页)

图34 赵谅墓墓室(采自国家文物局编:《2018中国重要考古发现》,文物出版社,2019年,第163页)

---

[1] 郑岩:《机械之变——论秦始皇陵铜车马》,《文艺研究》2021年第3期,第126~141页。
[2] 黎翔凤撰,梁运华整理:《管子校注》,中华书局,2004年,第937页。
[3] 郑岩:《葬礼与图像——以两汉北朝材料为中心》,《美术研究》2013年第4期,第64~76页。

图35 赵谅墓出土龙泉窑青瓷罐（采自国家文物局编：《2018中国重要考古发现》，文物出版社，2019年，第166页）

若干铜钱。尽管这座青石构筑的墓室在施工质量上可圈可点，但就其空间规划和随葬品安排而言，却乏善可陈。沉重的墓门关闭后，墓内的黑暗、冰冷、坚硬，与漆棺彩绘所展现的辉煌、热烈、喧嚣，形成巨大的反差。

根据2012年的统计，北京地区已发现明代宦官墓三百余座[1]。仅2006年发掘的石景山福田寺北京射击场墓地就发现163座，其中规模最大的4号墓为带墓道的单室墓[2]，墓室长度不过3.69米，宽2.16米，大部分空间为棺床所占据，石供桌只能靠在侧壁上，失去了明确的针对性。这座墓葬的形制与赵谅墓相近，但规模更小。由此可知，赵谅墓已是明代宦官墓葬等级极高的一座。有研究者注意到，京西地区发掘许多中高等级明代宦官墓葬，虽然墓室构筑讲究，但是罕有随葬品丰富者[3]。《酌中志》卷十六云：﹁是以先监坐化，常太监病故，李公永贞死后，累臣所分遗念堪付一笑。﹂[4]除了捐建寺院、预先制作的墓室与棺木，赵谅的其他财产（遗念）很可能也已为关系较为亲近的宦官所瓜分。

以﹁忠﹂为名义而形成的宦官制度，带给宦官肉体和精神的双重创伤。﹁去势﹂不仅损伤了他们受之父母的身体发肤，也导致其死后因缺少子嗣而断绝血食。祭祀的缺失意味着血脉最终的结束，在血缘关系贯穿于社会各个层面的传统中国社会，这是极为冷酷的人生遭际。虽然许多宦官可以依靠养子或过继近亲来解决这一问题，但毕竟只是退而求其次。宦官暮年的焦虑，是远大于常人的。《酌中志》记：﹁凡内臣稍富厚者，预先捐资摆酒，立老衣会、棺木会、寿地会、念经殡葬，以为身后眼目之荣。﹂[5]赵谅作为最高等级的宦官，不只是﹁稍富厚者﹂，他对身后之事的焦虑并不起于财力，

---

[1] 李永强：《北京考古史·明代卷》，上海古籍出版社，2012年，第44页。

[2] 原报告所说的﹁前室﹂，应为墓道。见北京市文物局、北京市文物研究所：《北京奥运场馆考古发掘报告》，科学出版社，2007年，第489～490页，彩版八八、彩版八九。

[3] 北京市文物研究所、丰台区文化委员会：《北京丰台靛厂村明代宦官墓发掘简报》，《中国国家博物馆馆刊》2022年第2期，第50～59页。当时亦有掌有实权的宦官大肆营建豪华墓葬，如嘉靖三十六年（1557年）二月，﹁掌锦衣卫事都督陆炳劾奏司礼监太监李彬侵盗帝真工所物料及内府钱粮，以数十万计；私役军丁，造坟于黑山会，起丁字大券，循拟山陵，大不道，亦置诸法。﹂（《明世宗实录》卷四四四，﹁中央研究院﹂历史语言研究所汇勘本，1962年，第4437页。）

[4] （明）刘若愚：《酌中志》，北京古籍出版社，1994年，第124页。

[5] （明）刘若愚：《酌中志》，北京古籍出版社，1994年，第124页。

而来自精神层面。嘉靖年间，司礼监高级宦官们曾塑造宦官祖神刚铁，并依据所谓的刚铁墓组织"黑山会"，建立祠庙，以作为其公墓，并以此沟通京师民间社会[1]。几代内官监太监聚葬于五里坨建净德寺，也是宦官结义、建立寺院和墓地的又一个典型案例。

赵谅墓的规模在明代宦官中虽属较高规格，但其空间的逼仄和随葬品的稀少，仍出乎我们的想象，这与历史上许多高等级墓葬有着显著的差别。对于这位身体已不复完整的宦官来说，他对肉体与灵魂的认识与常人有所不同，在他眼中，安置其肉身的地下墓葬不再那么重要，他毕生积累的钱财，几乎都用来为净德寺增砖添瓦，以求佛教能接受他的灵魂。

赵谅的"眼目之荣"，也包括那场精心筹划并诉诸图像的葬礼。棺上的彩绘曾是古代制度的一部分[2]，但此前发现的明代棺上只有极少数有彩绘，棺上是否施彩绘、彩绘题材如何选择，并不在官方制度范围内。无论吊丧时的绕棺，还是去往墓地的途中，所有的程序原本不需要绘画的加入。赵谅不过是在惯常的礼俗中，植入了这些特殊的图像——不是保佑他去往佛国的佛像或去往仙境的龙凤，也不是与彩楼绢亭相协调的灿烂花卉，而是对一场葬礼面面俱到的安排。他把这些殷殷叮咛留给他的亲属、同僚和故交。

明代内官监遗址位于今北京北海公园北门东侧恭俭胡同。从这里到净德寺，大约有五十里的路程，当年，这位名不见经传的宦官梦想着在这段路上体面地谢幕。但是，我们终究无从得知，葬礼是否真的曾如他所设想的那般华丽。赵谅自己也不知道。

---

[1] 梁绍杰：《刚铁碑刻杂考——明代宦官史的一个谜》，《大陆杂志》1995年第5期，第9~25页；赵世瑜、张宏艳：《黑山会的故事：明清宦官政治与民间社会》，《历史研究》2000年第4期，第127~139页；赵世瑜：《狂欢与日常——明清以来的庙会与民间社会》，生活·读书·新知三联书店，2002年，第324~341页；梁绍杰：《黑山会护国寺：明清两代宦官的祖庙及其变迁》，《明清史集刊》第6卷，香港中文大学出版社，2002年，第195~271页。上文所引北京石景山何家坟嘉靖二十一年（1542年）王满墓所出墓志即言明死者"葬于都城西黑山会之原"，同一墓地的司礼监太监李瓒墓也是"葬于阜成门外黑山会延庆寺旁之原"。见北京市考古研究院（北京市文化遗产研究院）：《何家坟墓地考古报告》，科学出版社，2023年，第34、37页。

[2] 如司马彪《续汉书·礼仪志》称皇帝死后，"东园匠、考工令奏东园秘器，表里洞赤，虞文、画日、月、鸟、龟、龙、虎、连璧、偃月、牙桧梓宫如故事"。诸侯王、公主、贵人则用"樟棺，洞朱，云气画"。文见《后汉书·礼仪志》，中华书局，1965年，第3141~3142、3152页（今本《后汉书》三十卷志即司马彪《续汉书》的志）。关于东园秘器的考证，见孙机：《"温明"和"秘器"》，《寻常的精致》，辽宁教育出版社，1996年，第223~229页。

一场葬礼的预演
——首都博物馆藏赵谅彩绘漆棺初探

李吉光（首都博物馆）

2018年，北京市石景山区五里坨街道南宫地区发现寺院遗址一处，墓葬九座，发掘面积达10000平方米以上。据《北京石景山南宫净德寺遗址》一文介绍，发掘区分为甲、乙、丙三组，其中，甲、乙两组均为明代宦官墓葬。其发掘情况如表1所示[1]。

其中，甲组M2内官监太监赵谅墓出土有朱漆地描金彩绘罩漆棺一座，承蒙技术部同仁的信任，笔者有幸先睹为快。发掘者和修复者都认为，这是明代墓葬艺术中难得的发现，具有很高的历史与艺术价值。然而，任何发现都不是横空出世的，赵谅墓彩棺同样有其产生的历史语境、空间语境和人的语境。

从历史与空间看，北京是发现宦官墓葬最多的地区之一。赵谅墓就是净德寺宦官墓群中的一座墓葬。此外，2006~2007年，为配合奥运基建项目，在石景山奥运射击场地，一次性发掘宦官墓葬163座[2]。2011年丰台靛厂

---

[1] 冯双元：《北京石景山南宫净德寺遗址》，《2018中国重要考古发现》，文物出版社，2019年，第159~166页。

[2] 张治强、韩鸿业，等：《北京射击场工程考古发掘报告》，《北京奥运场馆考古发掘报告（下册）》，科学出版社，2007年，第664页。

村发掘宦官墓葬一座[1]。2014年海淀区玲珑巷发掘宦官墓葬一座[2]。2013年和2016年两次发掘的石景山区何家坟墓地，共发掘宦官墓葬39座[3]。

从材质与物性看，漆棺是赵谅墓彩棺的另一重语境。承蒙郑岩老师告知，明代彩绘漆棺散见于西安、洛阳、兰州等地，但是以人物图像为主体的只有此棺。

从人的语境看，赵谅作为内官监太监，对各种宫廷器物的做法与使用了如指掌。

当我们把此棺置于此三重语境下，试图解决如下问题：第一，彩棺的图像内容是什么，这些内容有何意义；第二，漆棺画面结构和图像元素与传世作品的关系如何；第三，将赵谅其人其墓还原到宦官与宦官墓葬的环境中，讨论为什么会在宦官墓葬中出现这样题材的作品，这一题材与宦官这一特殊的群体有何关系。

---

[1] 北京市文物研究所、丰台区文化委员会：《北京丰台靛厂村明代宦官墓发掘简报》，《中国国家博物馆馆刊》2022年第2期。

[2] 北京市考古研究院：《北京海淀玲珑巷明代宦官马永成墓发掘简报》，《文物》2022年第12期。

[3] 北京市考古研究院（北京市文化遗产研究院）：《何家坟墓地考古报告》，科学出版社，2023年，第177页。

表1 北京石景山南宫净德寺遗址甲、乙两组墓葬发掘情况

组别	甲组				乙组	
墓号	M1	M2	M3	M4	M5	M6
墓类	石室墓	石室墓	竖穴土坑木椁墓	竖穴土坑木椁墓	石室墓	砖室墓
尺寸	长10.08米，宽3.4米	长9.7米，宽4米	长4.5米，宽2.5米	长3.78米，宽2.25米	通长18.9米，宽5.9米	通长28.5米，宽8.3米
葬具	一棺一椁	一棺一椁，棺为朱漆地描金彩绘罩漆棺	一棺一椁	一棺一椁	木棺	木棺
出土物	出土有石供桌、墓志、买地券、铜钱、玉带、蟒衣、腰牌等	棺上覆铭旌"内官监太监仙台赵公之柩"，出土有石供桌、石"五供"、墓志、瓷罐、未朽尽的殓衣、角带、铜钱等	出土鹿角、玉带、料串珠、金十字杵、金锭、锡酒器、铁箭镞、瓷罐、陶罐、墓志、买地券等	出土玉带、料串珠、木串珠、瓷罐、墓志、买地券等	墓道内有砖砌明堂，其内出土铜镜、瓷罐、瓷香炉、铁犁铧、铜钱、买地券等。墓室多次被盗，仅出土石供桌、残买地券、铜钱等	多次被盗，未有随葬品出土
墓主及卒年	墓主卒于隆庆元年（1567年），内官监太监高隆	墓主卒于嘉靖三十八年（1559年），内官监太监赵谅	墓主卒于成化十年（1474年），内官监太监陈瓒	墓主卒于弘治二年（1489年），内官监太监陈贵	墓志未见，推测卒于晚明，墓主身份为太监	墓志未见，推测卒于晚明，墓主身份为太监

一、赵谅墓彩棺的绘画内容

今人言"考古美术",意在拓宽美术史的视野,将最初诞生时功用与艺术无关的"物"与图像作为美术史研究的范畴,运用美术史的方法讨论作品诞生的过程、图像的意义,及其在艺术史中的地位。当我们把这一彩棺定义为作品时,首先考量的是这一彩棺画了什么,画给谁看。

对这一彩棺来说,观看者与绘画目的应当是比较容易解决的问题。据《酌中志》记载,明代宦官有为自己建造寿藏的习惯,且非常在意其奢华程度:"大抵天启年间,内臣性更奢侈争胜,凡生前之桌椅、床柜、轿乘、马鞍,以至日用盘盒器具,及身后之棺椁,皆不惮工费,务求美丽。甚至坟寺、庄园、第宅,更殚竭财力,以图宏壮。且叠立名目科敛各衙门属僚,今日曰某老太太庆七十、八十,某太爷、太太祭吊,明日曰某宅上梁庆贺,某寿地兴工立碑。即攘夺府怨总不恤,糜费工本心所甘。习以成风,亦可鄙可笑也。"[1] 棺,作为人死后的安身之处,自然是最为重要的寿藏。因此,不论是制作的木材,还是绘画的内容,应当都经过非常周密的考虑,也就是说,墓主本人,或许也包括其同僚曾观看过棺板上的图画。

此棺由杉木制成,据《明会典》,杉木为正四品死后所用之板材。据《李童墓志》,明代宦官中品级最高者称太监,级别为正四品,因此,此棺的材质符合墓主身份。

因北京地区未曾在明代宦官墓葬中出土过绘画彩棺,故无法通过同类材料的比对来说明其内容,但可通过与相关文献材料的关系推测如下。此棺以"已故内官监太监赵公讳谅之柩"作为观看起点,只有以头挡—左帮—足挡—右帮[2]的顺序观看此棺,画面才能与观看者的视线相对,棺上人物的行进方向与观者行进方向一致,棺的左右两面才有可能构成完整叙事,其观看顺序如图1-1到图1-4所示。

因是新出土之材料,笔者还未见对此棺图像的解读,那么对其图像的分析只能根据其时间前后的文献、图像和出土环境来推测。《酌中志》作者刘若愚曾为司礼监太监,此书记录了明万历至崇祯初年的宫廷事迹;嘉靖三十八年距万历朝不远,且赵谅与刘若愚同为太监身份,故此书可作为图像判断的文

---

[1] (明)刘若愚:《酌中志》,北京古籍出版社,1994年,第182~183页。
[2] 本文设定观者面对赵谅棺头挡,左手一侧的棺帮为"左帮",右手一侧的棺帮为"右帮"。

图1-1 头挡(首都博物馆文保部提供)

一场葬礼的预演——首都博物馆藏赵谅彩绘漆棺初探 363

图 1-2 左帮（首都博物馆文保部提供）

图 1-3 足挡（首都博物馆文保部提供） 　　图 1-4 右帮（首都博物馆文保部提供）

献参考之一。《明会典》中有对葬礼的规定与描述，也可以作为参考。另外，《金瓶梅》中诸多对"物"与习俗的描写，也可以作为判断图像内容的参照。然而，《金瓶梅》的作者认为西门庆对物的使用全部不合规矩，言语间不无讽刺，也让今天的读者难辨其真伪。故只能将其作为判定图像内容的辅助之一。然而，图像的描述与言辞的记录之间总会有缝隙，而且图像的绘画者未必读到过或者认真阅读了我们今天看到的材料，故文献与图像的佐证只能作为对某些细节的考订，而不是以此来复原一场纸面的葬礼。

笔者以为，此棺记录了墓主赵谅生前参加他人葬礼的实景和对本人死后葬礼情形的想象。图 1-2（左帮）为墓主参加他人葬礼之实录与想象。其中器物图像多可考证。

图2-1 墓主偶像乘轿
（李吉光摄影）

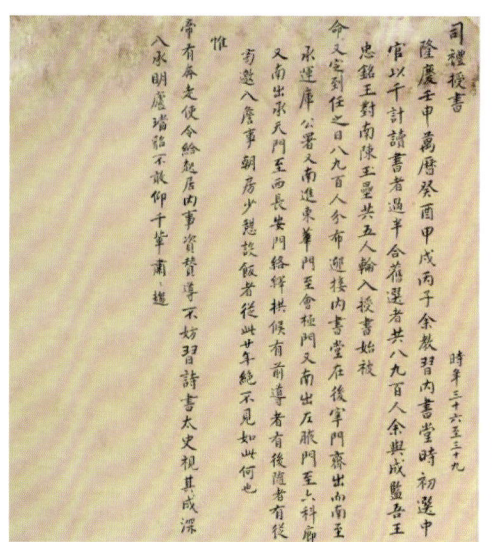

图2-2 《徐显卿宦迹图》第十开《司礼授书》（故宫博物院提供）

第一，在图1-2中先后出现了4次墓主形象，其中中层出现的两次穿红色圆领衬摆者当为墓主本人之偶像[1]。山东博物馆藏有深青暗花罗斗牛补圆领，故宫博物院藏《徐显卿宦迹图》第十开为《司礼授书》，记录了隆庆六年徐显卿在内书堂为司礼监太监教书的场景。看图中太监服饰（图2-2），与图2-1中乘轿者的服饰基本相同，可为一旁证。

图3、图4中墓主所乘坐者，应为椴机。据《酌中志》记载："椴机 凡司礼监掌印、秉笔之年高最有宠眷者，方能得此。其制如靠背椅，而加两杠于旁。用皮襻如轿，前后各用一横杠。然抬者不在辕内，只在杆外横插杠抬，而正行之。"图3所见与《酌中志》记载完全相同，然墓主为内官监太监，地位应不及司礼监诸人，此图或可说明此棺的图像或有不合规矩之处。但值得注意的是，明代有赏赐太监乘坐肩舆（轿子）的先例，"乙丑（弘治十八年，1505——引者按），承顾命，以东宫为托，公

（指太监萧敬——引者按）泣对曰：'臣敢不极力！'正德初，告归私第。壬申（正德七年，1512——引者按），复起，命掌本监事，赐坐蟒，许乘肩舆禁中"[2]。因此，其图像也可能是墓主生前荣耀之记录。

因墓主了然此棺为身后所用，故图1-2中层应为墓主偶像参加丧主葬礼，有死后仍不忘同侪之意。画面左侧尽头为一高门大户，其格局为三开门，一正门，两旁门，应是明代建筑常见的样式。建筑右侧为行进场面，墓主乘轿，前有肩舆五顶，后有绢亭四顶，均为空底，似不是生人乘坐之物。查《金瓶梅》写李瓶儿死后"首七"，乔大户上祭，祭品有猪羊、金银山、

---

[1] 郑岩老师有《眼目之荣——明赵谅彩绘描金漆棺初论》一文，认为此为墓主死后之偶像，当从其说。

[2] 胡丹辑考：《司礼监太监梅东萧敬墓表》，《明代宦官史料长编（中册）》，凤凰出版社，2014年，第1497页。

图 3 墓主常服像之一（吴宛妮摄影）

图 4 墓主常服像之二[1]（吴宛妮摄影）

缎帛彩缯、冥纸烛香共五十余抬。“四七”后三日出殡：“一十二座大绢亭，亭亭皆绿舞红飞；二十四座小绢亭，座座尽珠围翠绕。”[2]在此，画面整体容纳了多个与葬礼有关的场景：墓主人乘欚杌 / 轿出发，去往丧家参加葬礼，一路锣鼓开道，响板呼应；墓主并送上丧礼，丧家出门迎接，安顿下马。装烧明器纸扎，下葬埋土后回灵。丧家与吊丧之人回程，前往灵

[1] 笔者之所以认定此二图像均为墓主常服像，是因为此二像面容相似，而且与偶像面容相似，故此四像应均为墓主像。当然，也可能是同一画师用同样的笔法绘画了不同的形象，因而容貌类似；但后者不易解释为什么两偶像的面貌相似而轿子、服饰不同，且年龄长幼有别，故仍然应解释为同一人物形象。

[2] 兰陵笑笑生著，戴鸿森校点：《金瓶梅词话（下册）》，人民文学出版社，1994 年，第 890 页。

堂。足挡的佛塔图像，或有舍利的意义[1]。

第二，图1-4（右帮）与图1-2（左帮）都是对丧葬场面的描述，但图1-2中出现过的墓主像出现在图1-4的左侧，与图1-2的布局方法相似，图1-4左侧1/3处，墓主在迎接前来参加葬礼的人群。此处墓主图像与图1-2右侧1/3处的形象基本相同，形成了颇为有趣的重复，即，一为参加他人的葬礼，一为在此处迎接前来吊丧的人群。如表1所示，在甲组区域内的四座墓葬中，出土此彩棺的M2时间晚于M3和M4，早于M1，且四座墓葬的主人均为内官监太监，埋葬时间差不过百年，墓葬所在的净德寺遗址应为坟寺。也就是说，四座墓主生前为自己预留坟寺于此，死后相继葬在此地，图1-2或为描述参加M3和M4墓主葬礼的过程，而图1-4则是墓主对自己死后场景的想象。画面最右侧为抬棺出行，其中顶盖的花纹与此棺棺盖的花纹一致，如图5-1、图5-2所示，因此，所抬之棺当为墓主此棺，这证实了这些画面应当被墓主，或许还有其同僚，认真观看过。图1-4中部为高跷、吹打等杂耍演出，其中所抬之阴宅与图1-2中宅院之侧视图相似，具体比对如图6-1、图6-2和图6-3所示：图6-1右旋90°后形成了图6-2，其右上角房屋与图6-3右上角几乎是同比例复制完成的。

第三，画面中出现了一些或专属于葬礼的娱乐项目，兹列如下。仅是偶人的形象就有三种。第一种是手提傀儡，中国国家博物馆藏《宪宗元宵行乐图》中孩童手中所提之傀儡，与右帮中部阴宅旁杂耍手中所提之傀儡几乎如出一辙。《金瓶梅》中曾提到，在官哥儿的丧礼上，西门庆"打发僧人去了，叫了一起提偶的，先

---

[1] 此处采纳郑岩老师的意见，认为头挡的牌位"已故内官监太监赵氏讳谅之柩"体现了儒家传统的丧葬思想，足挡的佛塔体现了释家的思想，棺本身具有舍利函的意义。

图5-1 右帮右侧棺罩上的纹饰（李吉光摄影）

图 5-2 棺盖的纹饰（首都博物馆文保部提供）

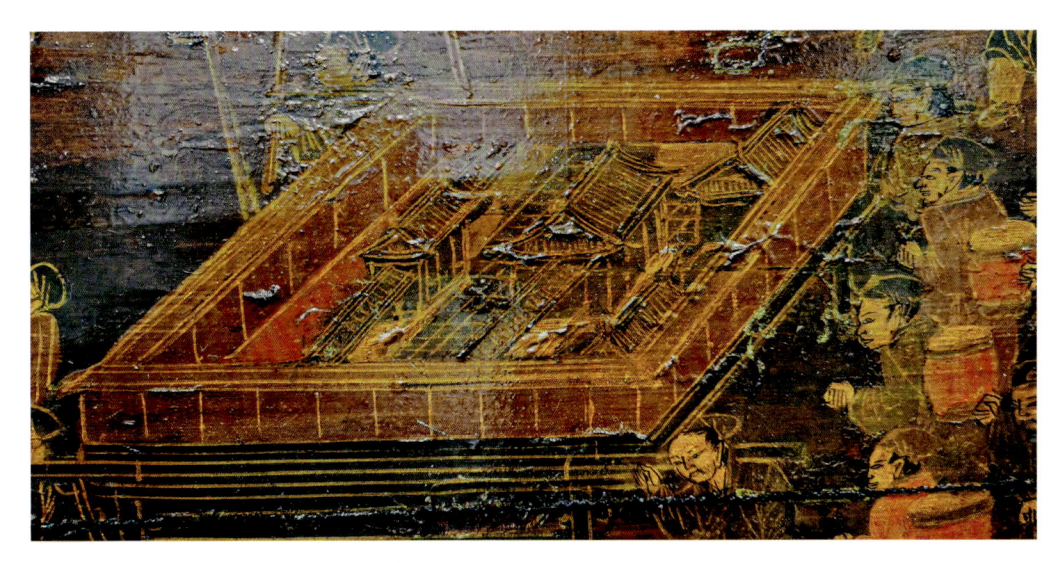

图 6-1 右帮中部的阴宅（吴宛妮摄影）

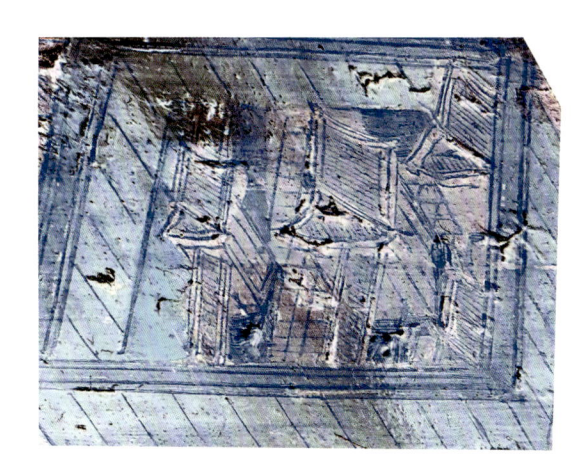

图 6-2 改绘后的右帮宅院的鸟瞰图
（李吉光制图，底图吴宛妮摄影）

图 6-3 左帮左侧的院落（郑岩摄影）

在哥儿灵前祭毕，然后西门庆在大厅上放桌席管待众人"[1]，应也是此物（图7-1、图7-2）。第二种是纸扎人像，在图1-4中出现了两次，一人像手托脸盆，另一人手搭毛巾，似乎构成了相对完整的梳洗程序。《金瓶梅》写李瓶儿死后，"登时小殓停当，照前停放端正，放下帐子，合家大小哭了一场。来兴又早冥衣铺里，做了四座堆金沥粉侍奉的捧盆巾盥栉毛女儿"[2]（图8-1）。画中出现一对，应是表意而已。第三种是神偶，即体型巨大的傀儡下，将表演者的身体隐藏在傀儡腹部的开光中，这种表演形式，今日仍可见于台湾宜兰等地[3]（图8-2、图8-3），侯孝贤在电影《戏梦人生》中亦有表现。

高跷在《金瓶梅》中只见于丧礼，或为其专属娱乐项目。人言红白喜事，如前文所述，彩棺左右侧之图案，是将一场葬礼拆分成了主与客两部分，墓主先为客，后为主，且无一女宾，女性形象只出现在左帮演出队伍中，说明墓主交往未出中官范畴，图像不过记录墓主生前之交往而预演死后之情形也。

图7-1 右帮阴宅周围杂耍手中之傀儡（首都博物馆文保部提供）

图7-2 《宪宗元宵行乐图》中孩童手中之傀儡（图截取自中国国家博物馆官网）

---

[1] 兰陵笑笑生著，戴鸿森校点：《金瓶梅词话（下册）》，人民文学出版社，1994年，第797页。
[2] 兰陵笑笑生著，戴鸿森校点：《金瓶梅词话（下册）》，人民文学出版社，1994年，第867页。
[3] 龚诗文：《台湾大溪神将与民俗艺术》，《民艺》2018年第1期。

图 8-1 右帮中部捧盆捧巾人偶
（李吉光摄影）

图 8-2 表演者隐藏在人偶腹部的开光中
（李吉光摄影）

图 8-3 今日台湾宜兰所见人偶
（图采自《台湾大溪神将与民俗艺术》，《民艺》2018 年第 1 期）

二、图像的拼凑与画面的重组

彩棺表面人物繁复，场景众多，当我们把彩棺作为"图像"时，会发现其人物动态与场景多可以从其他传世或出土的绘画作品中找到蛛丝马迹；而画面整体由不同元素拼接而成。具体来说，如前文所述，当我们把彩棺看作平展的图像时，画面包含视觉横纵两条线索，从纵向（即从上到下）看，分为上中下三层。图9-1是笔者拼合图1-2和图1-4之后形成的图像。郑岩老师认为上中下三层应为远景、中景和近景，笔者意见略有不同，认为应为两条不同叙事线索的交错：即，对丧礼的描述与墓主人升迁之路的记录。上中下三层，灵魂与身体交错，想象的身后之事与现实的生前之礼纠结，画面繁杂，让人目眩。左帮，也就是图9-1右侧的画面右上方是墓主常服出行，如前文所述，这是墓主去参加他人的葬礼。图9-1右侧画面左下方呼应了右上方的常服出行，但画面中层的大部分却被墓主的偶像占据。在图9-1的左侧画面（图1-4）中，中层描述了墓主人对自己

图 9-1 每个场景以"物"为中心，人的活动围绕物展开（李吉光制图，底图首都博物馆文保部提供）

图 9-2 《宪宗元宵行乐图》场景以建筑为中心展开，人物和建筑关系并不密切（李吉光制图，底图中国国家博物馆提供）

一场葬礼的预演——首都博物馆藏赵谅彩绘漆棺初探　　371

死后葬礼的想象，其中载着彩棺的柩车占据了醒目的位置。柩车前方的上下层则是海外仙山，四皓八仙在窥探人间的葬礼。而把两场葬礼联系在一起的，就是在画面中层反复出现的，墓主的偶像。在拼合后的图9-1中，一共出现了五次墓主形象。其中，左帮（图9-1右侧）出现了四次，右帮（图9-1左侧）出现了一次。五次墓主形象中，生前的常服像出现两次，都出现在左帮，死后的偶像出现三次，左帮两次，右帮一次。死后的偶像三次衣着基本相同，都是红色圆领衬摆，但左帮（图1-2、图9-1右侧）第一次出现时，形象稍小，衬摆没有花纹；左帮第二次出现时，形象比第一次略大，衬摆有飞鱼纹；到右帮出现时，形象最大，衬摆有飞鱼纹，且面部有皱纹，腰间有带。

彩棺的画面经营或借鉴了场面宏大的民俗或仪式类手卷的画法，《宪宗元宵行乐图》即是一例。如果将图9-1与《宪宗元宵行乐图》即图9-2对读，会看到两幅画面异乎寻常地相似：两幅画面整体分别由五组场景组合。所不

同的是，图9-1中，"物"在画面中所占的比例不大，但人的活动却围绕着"物"展开。画面最右侧第一场景是墓主灵魂出行，这一场景以轿子中墓主的灵魂为中心。第二场景以墓主到访的丧主的院落为中心，第三场景（也就是图1-4最右侧场景）以墓主彩棺为中心，第四场景以墓主的阴宅为中心，第五场景以画面最左侧墓主灵魂为中心，与第一场景形成了有趣的呼应关系。《宪宗元宵行乐图》中，却是建筑成为场景间的分隔。因画面表现的是宫中赏灯之事，宫墙蜿蜒曲折应为实景。人物疏朗，无论是货郎还是表演，从画面上都与高大的建筑保持一定距离，然第一场景中的皇帝观灯、皇子嬉戏却仍与第五场景中的皇帝观赏百戏形成了呼应关系。我们今天无法肯定地判断彩棺的绘画者一定看到过这幅行乐图，但至少这样的画面模式应当是其绘画者所熟悉的，也应当是得到了墓主人认可的。然而，这样的画面经营并不止限于《宪宗元宵行乐图》，如果翻检故宫博物院保存的明代各种行乐图[1]，会发现这种从右至左、场景平铺的构图方式几乎如出一辙。此外，柯律格曾提到维多利亚与阿尔伯特博物馆保存的明代漆盒，漆盒以婚礼为主题，一套三个，自上而下摆放时，与垂直悬挂的卷轴类似，会构成有序可读的画面[2]。

从对物的图像元素看，右帮桁架的画法，与明代童蒙识字课本《新编对相四言》中梯子的画法完全一致（图10-1、图10-2）。此外，

---

[1] 因为笔者未见到刚刚出版的《明画全集 第一卷 宫廷画家卷》（浙江大学出版社，2020年），只能依靠其目录把其中收录的馆藏于故宫博物院和中国国家博物馆的画作网上浏览一遍，确实没有发现例外。
[2] 〔英〕柯律格著，黄晓娟译：《明代的图像与视觉性（第三版）》，北京大学出版社，2016年，第134页。

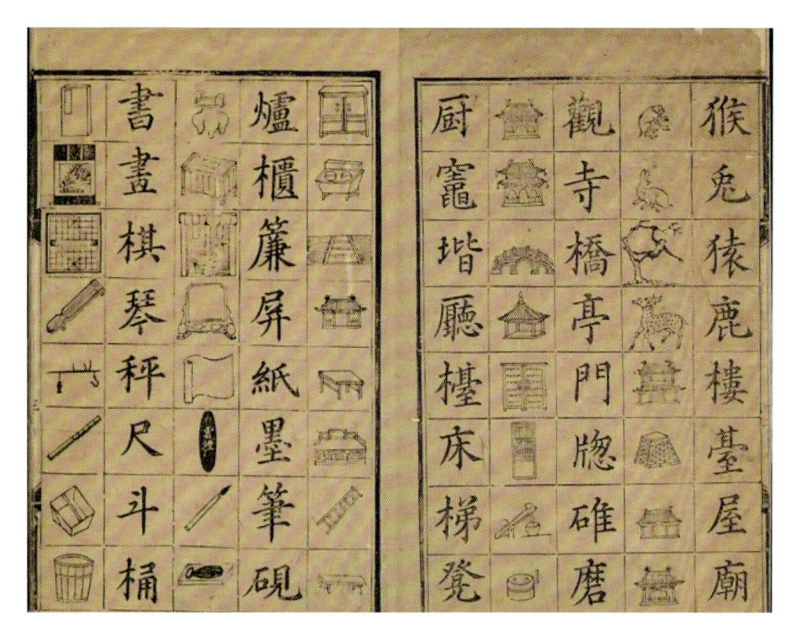

图10-1 《新编对相四言》中的梯子画法
[图采自《新编对相四言》（祝氏藐园收藏本）第四、第五叶]

图10-2 右帮局部的桁架（李吉光摄影）

图 11-1 张宏《石屑山图》局部（图采自〔美〕高居翰著，王嘉骥译：《山外山：晚明绘画（1570～1644）》，生活·读书·新知三联书店，第 44～45 页）

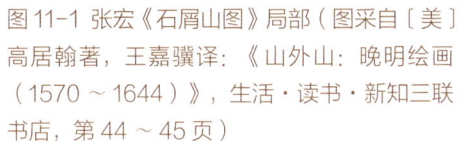

图 11-2 张宏《止园》册页[1]（图采自〔美〕高居翰著，王嘉骥译：《山外山：晚明绘画（1570～1644）》，生活·读书·新知三联书店，第 53 页）

明代初期另有《对相四言杂字》，彩棺中鼓、铃、铙、钹的图像，几乎与此书完全一致。

如前文所述，右帮阴宅的图像与左帮宅院形成了对应关系。在传世作品中，如张宏在 1613 年完成的《石屑山图》（图 11-1）、1627 年完成的《止园》册页中（图 11-2），都出现了与图 6-1 呈现方式类似的房屋图像。高居翰认为这样的再现技法源自西方传教士来华对中国绘画艺术造成的影响[2]。然而，西方传教士在 1580 年以后才进入中国。在这个彩棺的图像上，我们看到了这类再现技法的另一个源头：也许这样的技法就产生于宫廷内部。

笔者无意在此说明出土文物中图像与传世绘画究竟存在怎样确凿的关系，因为对绘画者而言，他们可观看到的作品或许远远超过了几百年后的我们。当然，我们也有可能看到他们所不曾看到的。但通过比对，我们可以得到的结论是，画家在工作时，是用画"图"而不是"物"的方式来创作的，物的功能如何并不是画家主要关注的内容，他只是替换了行乐图中的部分元素，把长长的卷轴一分为二，就得到

---

[1] 这一册页中的房屋屋顶、间柱与人物的关系，与图 6-3 中的三者关系基本一致。

[2]〔美〕高居翰著，王嘉骥译：《山外山：晚明绘画（1570～1644）》，生活·读书·新知三联书店，2009 年，第 55～56 页。

了我们看到的"物"。他们熟知这样的"物"中必须出现什么"图",也知道如何把死后的阴冷孤独表现得繁华热烈;但是,没有人可以见到死后的世界,画家的创作来源,只能是他熟悉的、流行在宫廷内的作品。

三、图有何用：宦官的陪葬与彩棺的用途

宦官多薄葬,《酌中志》中已记载颇多,据说此墓群发现时考古队员已经判断不会有太多随葬品出土。在这次发掘的六座明代宦官墓中,M1、M2、M5都是石室墓,但随葬品并不丰富;且以往北京地区发掘的宦官墓葬中,也少有随葬品丰厚的墓葬。当我们把此棺置于这样的语境中,需要解决的问题是,"棺"与"葬"关系是什么,墓主或其丧葬的操办者为什么会想到绘制这样一口彩棺?

葬礼,向来是人生大事,也是礼仪关注的重点之一。《明会典·丧礼四·品官》一节,将葬礼分为"初终""小殓""大殓""成服""吊奠赙""择地 祭后土""葬""虞""卒哭""祔""小祥""大祥""禫"共十三个环节,从至亲故去到除去孝服,共二十七个月[1]。民间葬礼或不及皇家的繁文缛节,但也有"头七"之类的说法。前文所引《金瓶梅》中浓墨重彩地表现了李瓶儿的葬礼,从咽气到下葬要经过近三十天的光阴。直到今天,还有"大出殡"的说法,也多少说明了人对于死亡的关注。然而,文字的描述并不能再现死亡之后的礼仪与规制,图像的创作与再现也未必可以让几百年后的我们对一场葬礼了然于心：事实上,各位专家学者对彩棺左右帮的观看顺序与图像意义的认识并不统一。有学者认为应当以先右帮后左帮的顺序观看,认为左帮最终指向了阴冷的墓地,那是一场葬礼的终结;也有学者认为左右帮描述了一场完整的葬礼,而不是笔者认为的先后两次葬礼的缩写。可是,当跳出对图像与礼仪的关注,重新将其回归到宦官墓与明代漆棺的双重语境后,笔者更关注的是,为什么目前只发现了这唯一一口出现了诸多人物的明代漆棺[2],而且,恰好是宦官墓葬的出土?

明代墓葬考古成果并不鲜见,这也为我们提供了颇多可以比对的案例：方城镇国太夫人赵氏墓出土有陶立俑十三件,骑马俑十件;辅国将军朱襃焌及诰封夫人王氏、潘氏合葬墓出土有陶男女俑、陶马、陶屋、铅罐、铅盘等[3];淮安王镇墓出土有字画二十五件,衣物和其他随葬品三十余件[4]。笔者无意罗列明代墓葬的考古成果,但这些成果至少可见随葬之丰厚与多样。在赵谅墓中,并不曾见过这些随葬;但这些随葬品与仪式中用具的图像,却多多少少地罗列在了这具绚烂的彩棺上——没有丰富的衣物,就描绘一个五层的桁架;没有作为明器的陶屋和杯盘,就让屋的图像反复出现在棺的左帮和右帮,杯盘也不可缺少……其他墓葬中出土的器物与这具彩棺的图像形成了颇有意思的"互文",也许,明器与随葬品同样可以通过图像的方式来完成,彩棺上的人物未必不具

---

[1] (明)申时行:《明会典·丧礼四·品官》,中华书局,1988年,第552～555页。
[2] 据首都博物馆文保部的同事统计,画面中的人物形象应达二百余位。
[3] 洛阳市文物工作队:《洛阳三座伊藩家族墓发掘简报》,《中国国家博物馆馆刊》2012年第4期。
[4] 江苏省淮安县博物馆:《淮安县明代王镇夫妇合葬墓清理简报》,《文物》1987年第3期。

图12 赵谅墓角带出土场景（首都博物馆文保部提供）

有卤簿的功用；图像的内容本身记录了墓主认为墓葬中应有的豪华的随葬，弥补了"薄葬"的不足。

从这个意义讲，也许我们今天对这一彩棺图像中叙事的讨论多少有点多余；可能画家只是按照墓主的要求在其面前呈现了葬礼可能出现的环节，以及死后所需的明器；而这些，对一个宦官墓来讲，恰恰是比较缺乏的。而且，这种对自身葬礼的观看并不是赵谅的特例。在他身后五百余年，作家汪曾祺曾在散文《名优逸事》中，记录了丑角贯盛吉病重时的逸事。

家人知道他的病不治了，已经为他准备了后事，买了"装裹"——即寿衣。他有一天叫家里人给他穿戴起来。都穿齐了，说："给我拿个镜子来。"

他照照镜子："唔，就这德行呀！"

有一天，他让家里人给他请一台和尚，在他面前给他放一台焰口。

他跟朋友说："活着，听焰口，有谁这么干过没有？——没有。"[1]

贯盛吉对死亡的体验是通过活动与观看共同完成的，赵谅的体验或许也没有局限于观看，今日在其墓葬中出土有角带（图12）、殓衣残片等，这些也许就是他生前曾经享用过的。

四、图像之外：画师与墓主

当我们暂且离开纷繁的画面，来看这些墓葬的基本情况和文献中对这些墓主人的记录时，会发现作为宦官群体中的一员，赵谅的生与葬，都无法离开他所处的时代。如文章开头所述，净德寺遗址共发掘六座明代墓葬，其中墓主人明确的四座，均为内官监太监，其墓葬具体情况如表1所示。因宦官材料多为正史不采，且有明一代，宦官屡屡把持朝政，一直为人诟病，因此对其群体的研究主要依靠《明实录》《酌中志》等。今人胡丹完成《明代宦官史料长编》，除以上两书外，旁及各地方志和前人研究成果。笔者查阅了《明代宦官史料长编》内自正统四年（净德寺建寺）到隆庆元年的全部内容，发现仅有一次提及M3的墓主人陈瓒，兹引如下。

艺文·碑铭·护国寺题名碑[2]

明宪宗御撰《乐助善缘之记》："大明成化七年，皇帝自出金帛，傺工市材，重建大隆善寺，加额曰：'护国'。于是内侍太监等臣钦惟皇上至善深仁，发乎圣心，不胜欣悦，亦

---

[1] 汪曾祺：《名优逸事》，《老人情》，中国青年出版社，2013年，第15页。
[2] 胡丹辑考：《明代宦官史料长编（上册）》，凤凰出版社，2014年，第558～559页。

各乐助私财，共成胜事。兹以毕工，特镌名于下方，以示久远者。成化八年十二月初二日。"

（以下录名）

（第二行）裴当、许安、钱喜、黄赐、韦泰、覃文、潘洪、廖恭、邓瑢、何瑀、金辅、陈贵、陈瓒、韦恽、尹福、王亨、阮安、金胜、张璘、戴义、潘瑛

提及M4墓主陈贵，亦有一次。

成化十七年十一月：戊寅，命内官监太监陈贵、泰宁侯陈桓、工部右侍郎张颐督工，修大德显灵宫。[1]

此后，成化一朝，大德显灵宫不绝于书[2]。

成化十九年五月：丙申，太监怀恩传奉圣旨，升太常寺少卿顾玒为本寺卿。玒，大德显灵宫庙祝，自幼扶鸾，假神降言祸福，夤缘中官以达内庭，遂得幸。二子传其术，亦皆得官。

成化二十二年三月：庚戌，太监韦泰传奉圣旨：大德显灵宫真人王应祎兼本宫住持，高士陈应、刘绍先俱升真人。

成化中，梁芳、韦兴等用事，奇技淫巧、祷祠宫观宝石之事兴，于是十窖俱罄悬。久之，上一日指示芳等曰："帑藏之空，皆尔二人为之。"兴惧，不敢言，芳仰言曰："臣为陛下造齐天之福，何谓虚费？"因数三官庙、显灵宫之类曰："此皆陛下后世齐天之福也。"上不怪，起曰："吾不与汝计，后之人必有与汝计者。"

由以上材料可以看出，显灵宫等的建造，应当是成化年间权宦梁芳的主意。陈贵可以得到给大德显灵宫监工的差事，应当离不了梁芳的举荐。大德显灵宫一成，自然又会有顾玒、王应祎等人得到提拔。也难怪梁芳等人热衷于此，"为陛下造齐天之福"自然是托词，恐怕真实意图在于让依靠此宫牟利之人攀附自己。

关于陈贵的记载虽然只此一处，但可以见得其背后层层叠叠的关系网络。

M2墓主赵谅，也就是本文讨论的彩棺的主人，文献中无载。

M1墓主高隆，亦仅有一次提到。

嘉靖七年八月，南京织造制帛丝料，例坐上元、江宁二县铺户买办，后从应天府尹王㷆议，请于南京丙字库所收贮丝内择取应用。至是守备太监高隆疏言本库丝料不堪织造，上曰："制帛乃奉享祀至重，仪物宜照祖宗旧例行。"[3]

嘉靖即位伊始，就开始裁汰内官，但从对高隆的记载看，在贡品的选用上，内官还是有一定权力的。

这些留在文献中的蛛丝马迹，让我们有机会从另一个角度来审视没有在文献中留痕的赵谅和他的彩棺。明代宦官专权是中国古代史研究中的共识，宦官的一大权力即决定宫廷器物的制作、留存与淘汰。从文献看，新皇帝即位，往往整顿内官，整顿的内容之一即是节省开支，减少礼器、祭器、服帽等的制作。成化二十一年，吏部尚书尹旻等言二事：……在京文职额外增多及传奉升授写经书儒士、匠官等通计二千余人，其俸禄、皂隶皆出于民，不可

---

[1] 胡丹辑考：《明代宦官史料长编（上册）》，凤凰出版社，2014年，第658页。

[2] 关于大德显灵宫的内容散见于《明代宦官史料长编》上册第683、741页，中册第781、782页。

[3] 胡丹辑考：《明代宦官史料长编（中册）》，凤凰出版社，2014年，第1495页。

胜算，宜如正统四年放还冗官例，悉记名放回，待缺取用，匠官则选留其精于艺者，余并革之。同年二月，吏部又奏内府各监局及工部匠官其精于艺者一千二百九十二人皆宜存留，其老疾者三十五人皆宜黜退，司礼监留七十九人，御用监三百七十九人，尚衣监八十七人，内官监三百六十五人，司设监七十一人，内织染局一百十人，针工局三十八人，兵仗局九十九人，银作局二十三人，御马监三人，巾帽局五人，供用库一人，工部三十三人。俱允之。一方面是裁汰与留任，另一方面是屡屡见于记载的寻访画士的材料：弘治七年十一月，工科右给事中柴昇言：臣往时闻有旨，令各处守臣访取画士，以为风闻，不敢妄言。及见山东副使杨茂元所奏，内开司礼监太监覃昌等传旨，始得其实。……已而山西镇守太监刘政奏送画士白玺等十八人，俱送御用监，是则画士之索不止山东，殆将遍于天下矣[1]。在这样的管理制度下，宦官成了匠人的顶头上司，匠人若要留任、升职，必须和这些宦官搞好关系。事实上，明代也确实不乏匠人因与内监关系密切升职的例子，著名的宫廷画家吕纪、林良都曾夤缘内监[2]。M1—M4的太监都在内官监工作，而这，恰好是负责皇室工程的部门："内官监 掌印太监一员。其所属有总理、管理、佥书、典簿、掌司人数、写字、监工。自典簿以下，分三班宫中过夜。每班掌司第一人曰掌案。所管十作，曰木作、石作、瓦作、搭材作、土作、东作、西作、油漆作、婚礼作、火药作，并米盐库、营造库、皇坛库、里冰窖、金海等处。凡国家营建之事，董其役。御前所用铜、锡、木、铁之器，日取给焉。"[3]也就是说，内官监的太监应当熟悉油漆、雕刻、绘画等技艺，他们的手下，有一批能够从事这些工作的匠人。

柯律格曾在《明代的图像与视觉性》一书中讨论过"礼物"这一概念："……明代流传下来的物品，其中有相当大的比例都深陷于互利互惠的人际关系网，物品交换这一事实，使我们得以理解图像流通的全过程。"[4] 当我们把这口彩棺置于"礼物"的语境下，会发现无法解释的问题有了可能的答案。如前文所述，宦官群体普遍不在意生死，却比其他人更在意身后之事，《明代宦官史料长编》中收录了大量寿藏铭，或可作为旁证。画家或工匠完全有可能投其所好，用这样一口绚烂热闹的彩棺作为夤缘的手段，供职锦衣卫，飞黄腾达。收礼人自然熟悉布局的来历与细节的出处，他的内心或许感激画家表达了他的心声：毕竟，宫中的行乐图，其表现对象以皇家为主，把这样的画面布局用于对葬礼的铺陈，无论如何都是对收礼人莫大的抬举。

---

[1] 整顿内官与寻访画士是胡丹著作中反复收录的内容，二者的关系颇为有趣：整顿内官必然裁汰工匠，裁汰工匠必然导致器物数量的不足与品质的下降，然后又开始了新一轮的寻访。文中引文见于该书的第719、726、853页，但这类内容远不止于此。

[2] 单国强：《林良、吕纪生平考略》，《故宫博物院院刊》1997年第1期。

[3] （明）刘若愚：《酌中志》，北京古籍出版社，1994年，第102页。

[4] 〔英〕柯律格著，黄晓鹃译：《明代的图像与视觉性（第二版）》，北京大学出版社，2016年，第64页。

五、余论

目前，我们仍然没有看到这四座墓葬的墓志，这时刻提醒我们，关于墓主与画师关系的推论很有可能被推翻，当然那也意味着另外的、我们所不曾想到的可能。

本文试图将彩棺剥离成"画"与"棺"两部分，从对图像的讨论延伸至对"物"的关注；但在其他方面仍有颇多未及之处：从艺术创作的角度看，本文未能讨论彩棺的"物性"——为什么选择漆这一古老的材质作为棺的装饰；画家在创作这一作品时如何协调自我的个性与宫廷行乐图的共性；从丧葬制度与礼仪的角度看，未能讨论这一葬具在葬礼中的使用方式。

更为重要的是，这是一件在博物馆完成修复并最终在展厅中面见观众的文物。如将其置于这一语境中，我们下一步将要讨论的是如何向观众呈现"画"与"棺"的关系，如何平衡学术讨论与知识文化普及的关系；如何将此物融入博物馆历史叙事的链条而不掩盖其光芒……

可能，考古发现材料的面世是问题讨论的起点而非完成，本文权作抛砖，恳请各位方家的指正。

附 录

附录1

彩绘漆棺高清扫描图与考古线图

彩绘漆棺高清展开图

附 录

漆棺内部

附 录

三维立体图

漆棺高清图（头挡）

考古线图（头挡）

附 录

漆棺高清图（足挡）

考古线图（足挡）

漆棺高清图（右帮）

附　录

考古线图（右帮）

附 录

漆棺高清图（左帮）

附 录

考古线图（左帮）

附 录

漆棺高清图（盖板）

附 录

考古线图（盖板）

附录 2
棺内出土文物的科学分析

第一节　铭旌

铭旌为覆盖于赵谅墓彩绘漆棺上具有文字内容的织物，是标识墓主人身份的丧葬用具[1]。铭旌整体呈现黄褐色，宽54cm，残长348cm，书写内容为"囚官监太监仙台赵公之柩"，"内官监"采用金色颜料书写，"太监仙台赵公之柩"为墨书。前段布满植物根系，破损、糟朽严重。

1.1 显微图像分析

图1为铭旌织物结构，可见铭旌为平纹组织，织物密度的经向密度为12根/cm，纬向密度为4根/cm，较为稀疏，力学强度不高。此外，铭旌还存在金色颜料粉状脱落、植物根系缠绕、虫害霉菌滋生以及污染物覆盖等多种病害，织物糟朽严重（见图2～图6）。

图1 铭旌织物结构

图2 铭旌上的金色颜料

---

[1] 李泱、马燕、任静怡，等：《北京五里坨M2明墓出土铭旌的考古修复与内涵初探》，《首都博物馆论丛·2022年》（总第36辑），北京燕山出版社，2022年，第225～234页。

附 录

图 3 植物根系缠绕于铭旌表面

图 4 铭旌表面的虫害

图 5 微生物孢子滋生

图 6 白色污染物

1.2 织物种类判定

采用红外光谱仪对铭旌织物种类进行判定（见图 7）。可知，在 3300cm^{-1}、1640cm^{-1}、1516cm^{-1} 含有较明显的丝蛋白的 N—H 和 C=O 伸缩振动，为特征酰胺吸收谱带，推断为丝纤维，经谱库检索比对，确定材质为丝纤维。

1.3 金字颜料成分

经电子探针对金字上的金色颜料进行分析可知，金色颜料元素成分主要为金、银、硅、镁、铝等，其中硅、镁、铝为土壤污染物，去掉污染物影响，金含量可以达到 80% 以上。电子探针分析结果见图 8。

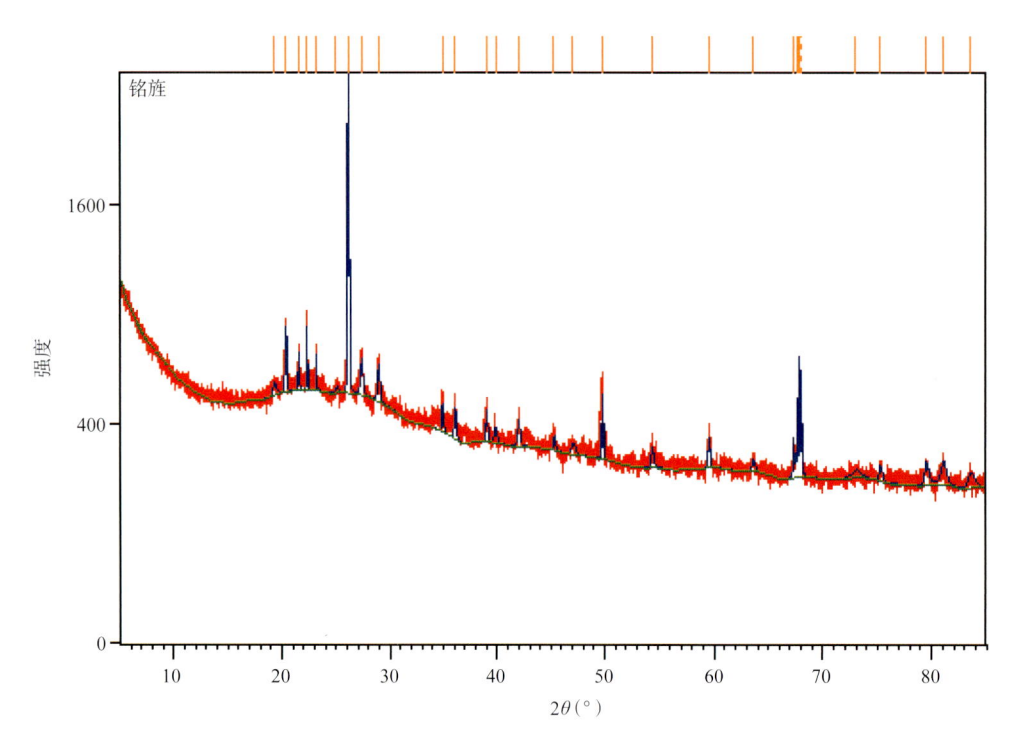

图 11 铭旌污染物 X 射线衍射测试结果

Pattern List

Visible	Ref. Code	Score	Compound Name	Displ.[° 2θ]	Scale Fac.	Chem. Formula
*	01-076-1761	10	Iron Phosphate Oxide	0.000	0.080	$Fe_3(PO_4)O_3$
*	01-076-8734	6	Potassium Aluminum..	0.000	0.126	$K(AlSi_2O_6)$
*	01-077-0126	16	Silicon Oxide	0.000	0.086	SiO_2
*	01-073-3251	5	Calcium Carbonate	0.000	0.232	$CaCO_3$

1.4 污染物分析

经 X 射线荧光光谱分析 M2 铭旌白色污染物所含元素（见图9），可知铝 Al 为 22.74%、硅 Si 为 31.79%、钙 Ca 为 30.37%、硫 S 为 6.83%、磷 P 为 3.9%、铁 Fe 为 4.38%，推测为硫酸钙与黏土类物质的混合物。经拉曼光谱分析 M2 铭旌污染物种类为：片沸石 [Heulandite, $Ca(Si_7Al_2)O_{18.6}H_2O$]、直闪石 [Anthophyllite $(Mg,Fe)_7Si_8O_{22}(OH)_2$] 等（见图 10）。X 射线衍射光谱结论为磷酸铁氧化物、硅酸铝钾、二氧化硅及碳酸钙等黏土类物质（见图 11）。因三种仪器检测位置及范围的不同，推测白色污染物为以上物质的混合物。

第二节

其他纺织品

通过红外光谱、X射线荧光光谱对织物金色线、红色线纤维种属、金线成分进行测试（见图12～图16）。红色和金色纺织品的纤维均为丝，金线主要含金、铜、铁等元素。

图12 金色纺织品残片

图13 红色纺织品残片

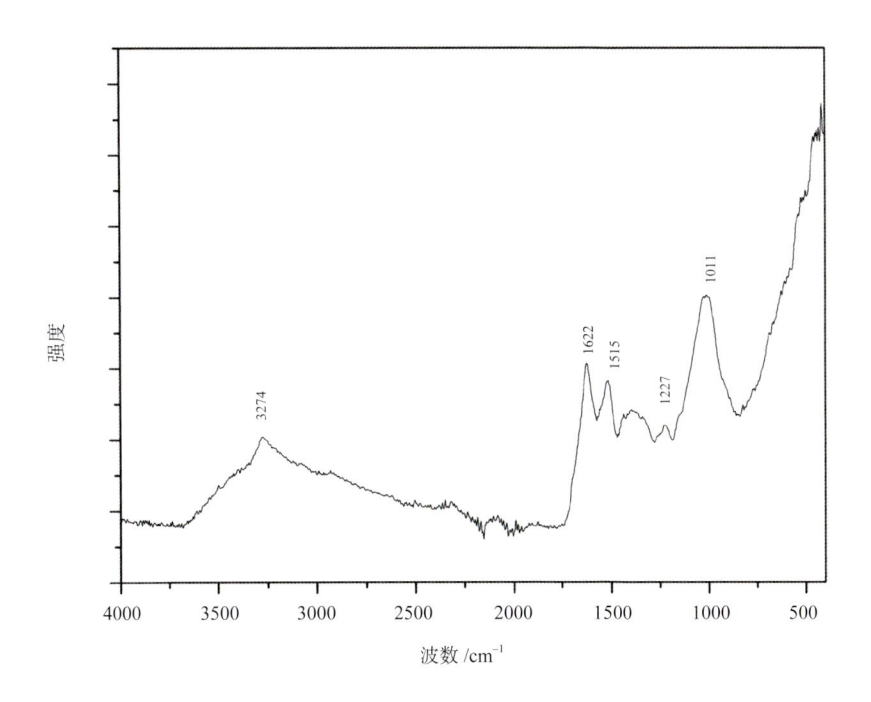

图14 红色织物纤维红外光谱

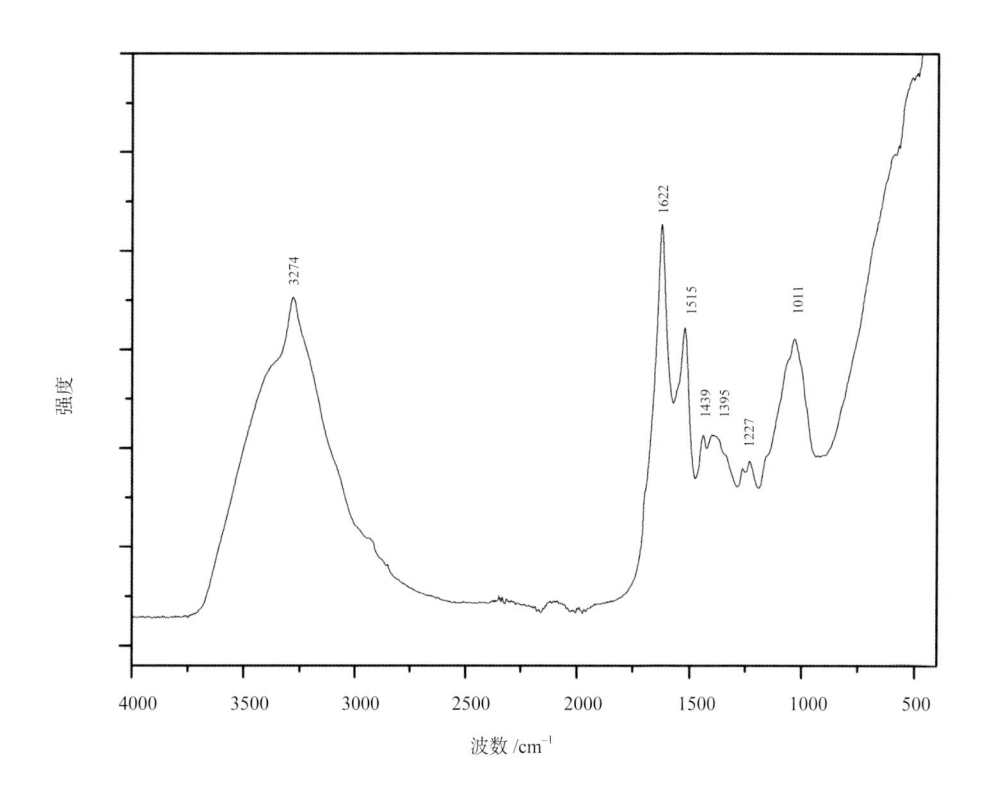

图 15 金色织物纤维红外光谱

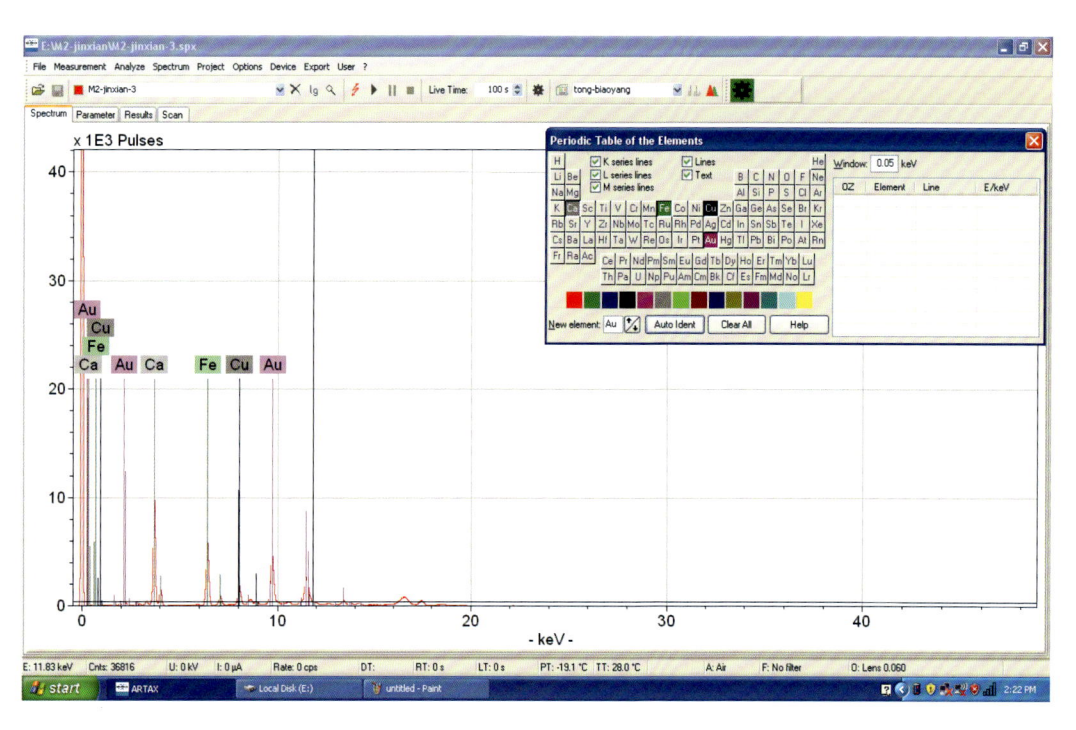

图 16 金线 X 射线荧光测试结果

第三节

铜钱

赵谅墓共出土20枚铜钱，均为宋钱（崇宁重宝），铜钱照片及其锈蚀物显微照片见图17～图20。由于与随葬丝织物和土壤锈蚀相互粘接，呈不规则片状叠压粘连。图21为铜钱基体X射线荧光检测结果，钱币为由铜、锡、铅组成的青铜钱币，由于检测位置有锈蚀物，结果中的铜、锡、铅含量不是铜钱的各组分精确含量。图22为铜钱浅绿色锈蚀物检测结果，由图可知，M2铜钱绿白色锈蚀物的成分，含磷19.78%、氯4.31%、钾2.78%、钙8.20%、铜51.97%、铅12.96%，其中氯元素为有害锈的主要成分。它们以结构疏松的锈蚀物或表面硬结物的方式沉积在器物表面，大大影响器物的外观。图23为铜钱白色锈蚀物检测结果，白色锈蚀物的成分，含铅95.54%、铜3.06%、钙1.40%。X射线衍射检测分析显示M2铜钱表面污染物、锈蚀物有$CaCO_3$、$Cu_3(PO_4)(OH)_3$、SiO_2和$CuCl_2$，其中铜的氯化物$CuCl_2$为有害锈蚀物（见图24）。

图17 崇宁重宝铜钱

图18 铜钱方口处锈蚀

图 19 白色锈蚀

图 20 浅绿色有害锈显微照片

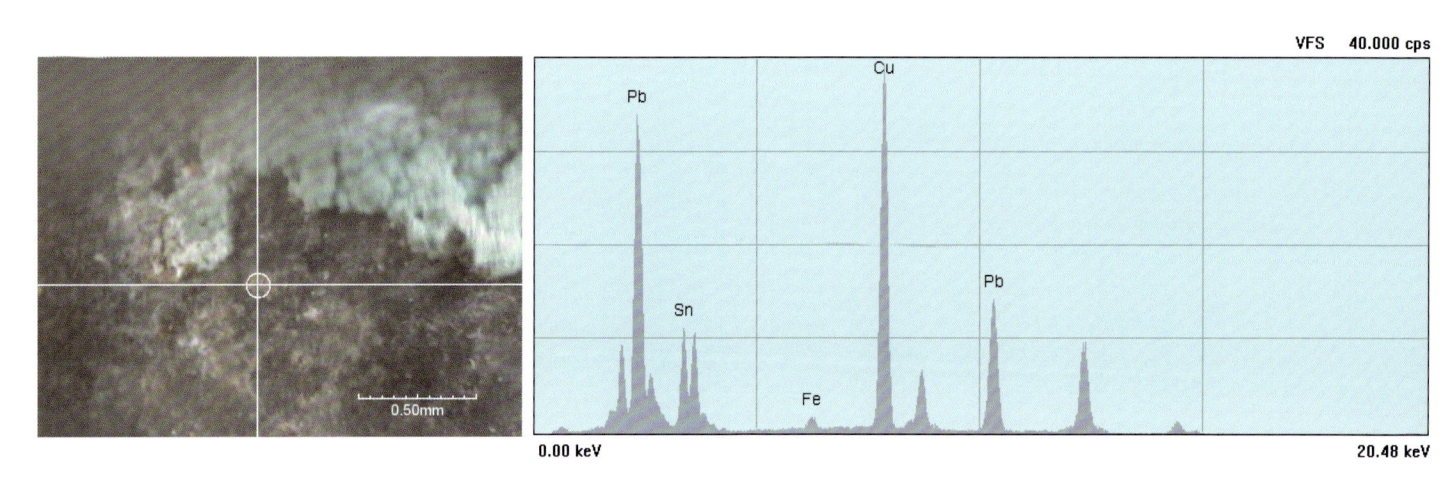

图 21 铜钱基体 X 射线荧光检测结果

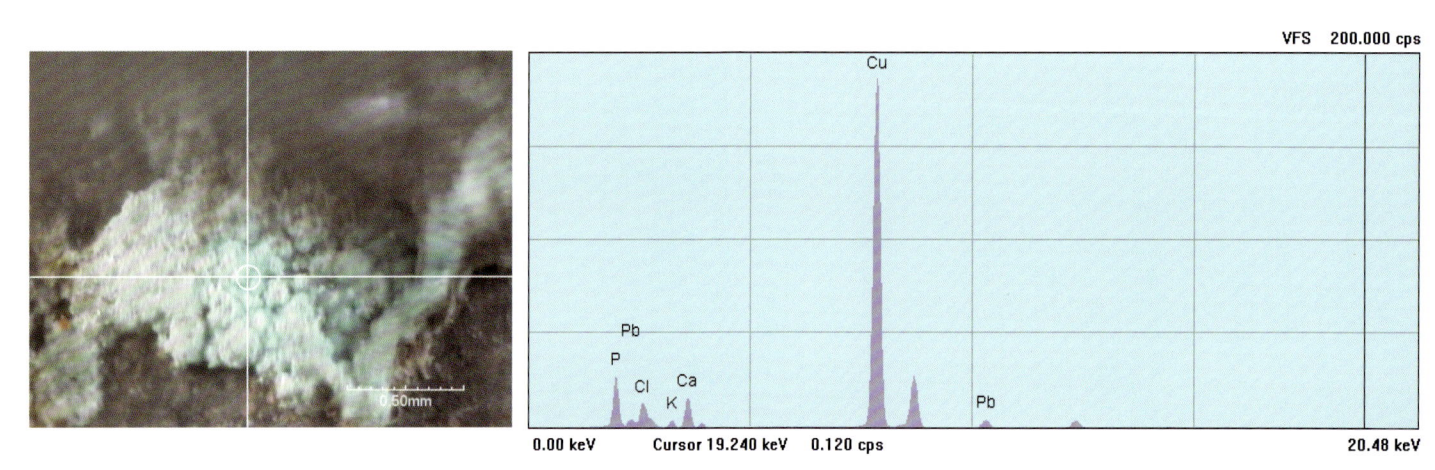

图 22 浅绿色锈蚀物 X 射线荧光检测结果

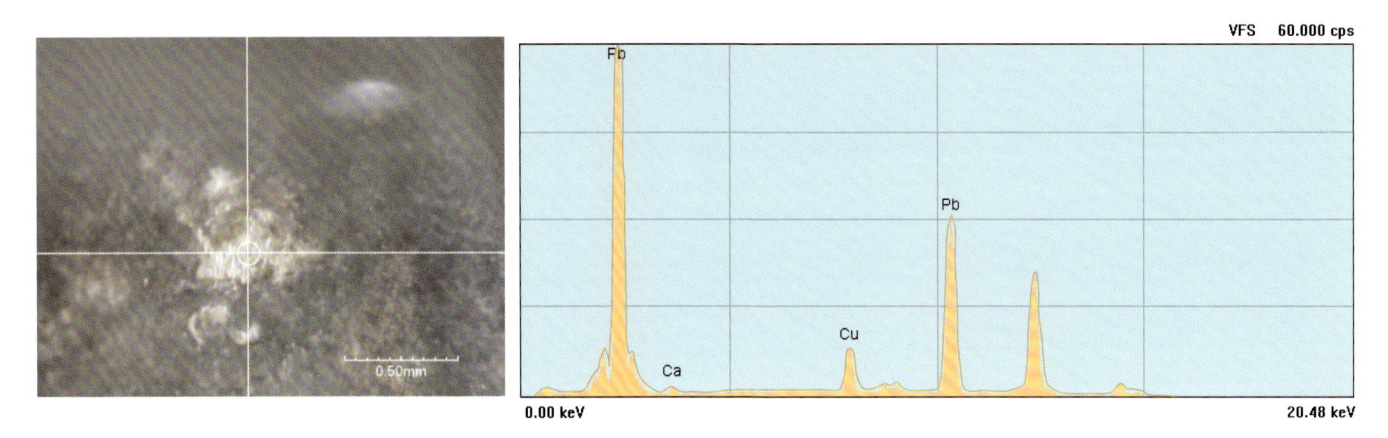

图 23 白色锈蚀物 X 射线荧光检测结果

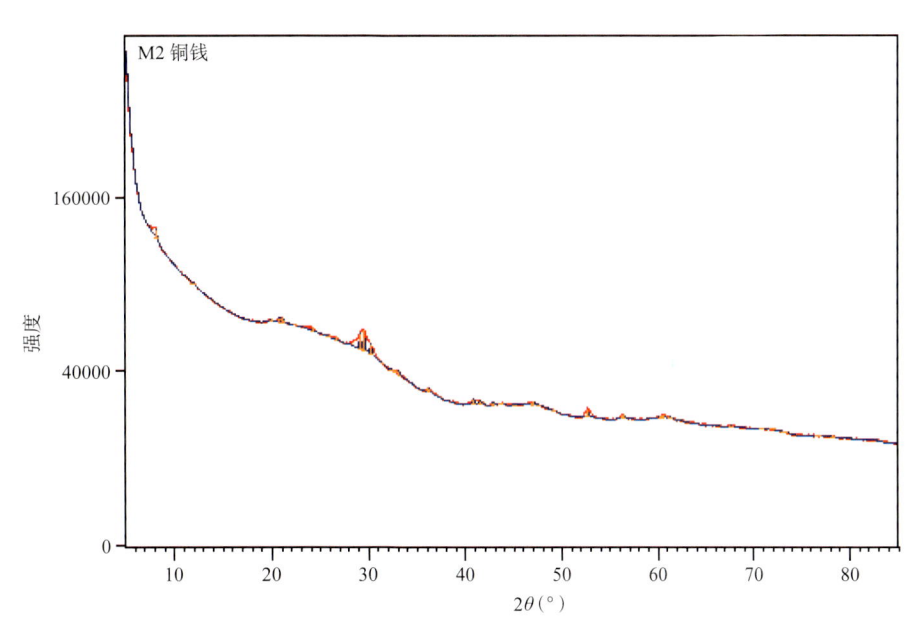

图 24 铜钱锈蚀物 X 射线衍射检测

Visible	Compound Name	Scale Fac.	Chem. Formula
*	Calcium Carbonate	0.702	$Ca(CO_3)$
*	Copper Chloride	0.214	$CuCl_2$
*	Copper Phosphate H..	0.396	$Cu_3(PO_4)(OH)_3$
*	Silicon Oxide	0.766	SiO_2

第四节

铜腰带

铜腰带宽 28mm，残长 1064mm。形制与玉腰带相仿，前面三台一个、圆桃六个，两边各有一个辅弼鱼尾、后面排方七个，腰带铜座为铜鎏金，中间镶嵌角类饰物，圆桃铜座的铜无鎏金，腰带背面有镂空花纹。文物整体遍布灰尘、坑土，器物表面布满锈蚀。角有裂痕，覆盖有污染物（见图 25～图 28）。

经三维视频显微镜、X 射线荧光、红外光谱及 X 射线衍射分别对腰带铜座基体、绿色锈蚀物、铜带扣背面金色织物、黑色镶嵌物和腰带表面污染物进行测试（见图 29～图 37）。结果表明，通过三维视频显微表面形态分析可知，所有锈蚀样品结构疏松，且为多种物质混合在一起形成的层状锈蚀和表面硬结物。铜带扣上的绿色锈蚀物呈现树状晶体。黑色镶嵌物出土后，瞬间失水，龟裂严重。铜座为铜鎏金，铜座表面及锈蚀物均有氯，含有有害锈；铜腰带铜带扣表面鎏金，中间有镶嵌物，形制与玉带相似。黑色镶嵌物为角类物质，经文献调查应为乌角。X 射线衍射检测分析显示 M2 腰带表面污染物、锈蚀物有 $Cu_4H(PO_4)_3 \cdot 3H_2O$、$Mg(CO_3)$、$CaMg(Si_2O_6)$、$SiO_2$ 和 $(ClHg)_3OCl$（即 $2HgCl_2 \cdot HgO$）。

图 25 铜腰带正面

图 26 铜腰带反面

图 27 铜带扣

图 28 铜带扣底部

图 29 腰带铜座锈蚀物显微照片

图 30 腰带乌角表面锈蚀物

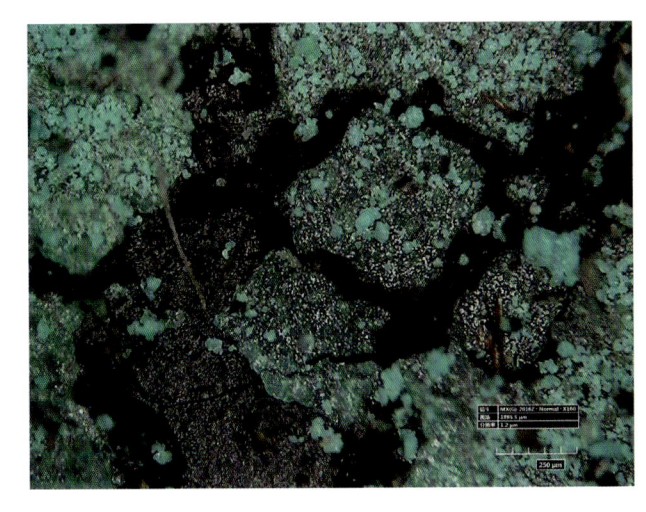

图 31 乌角龟裂

图 32 铜带扣上的锈蚀物树状晶体

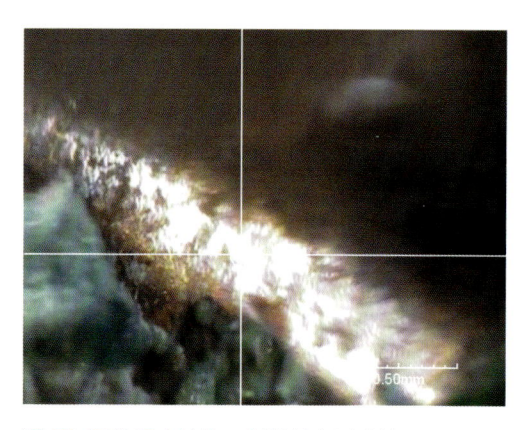

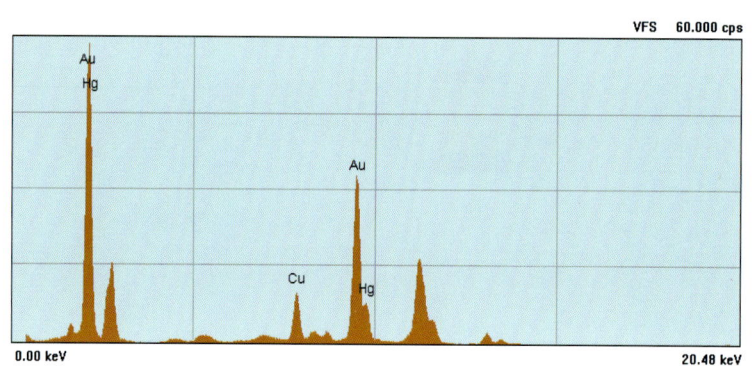

图 33 腰带铜座基体 X 射线荧光测试结果

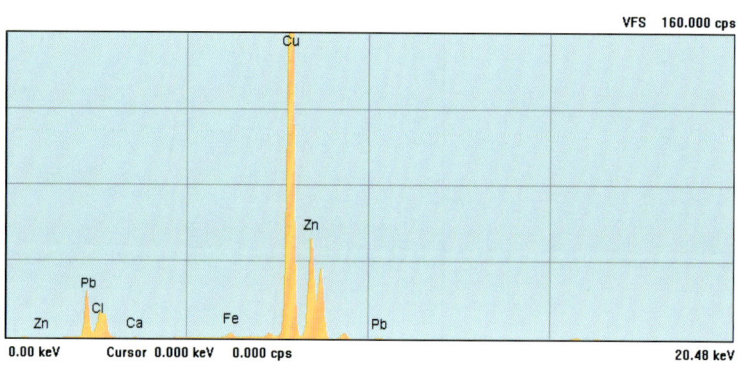

图 34 腰带绿色锈蚀 X 射线荧光测试结果

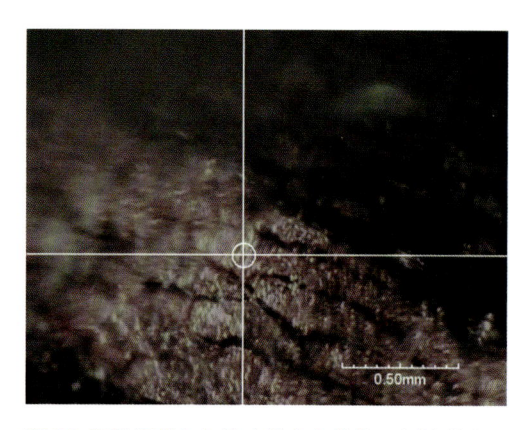

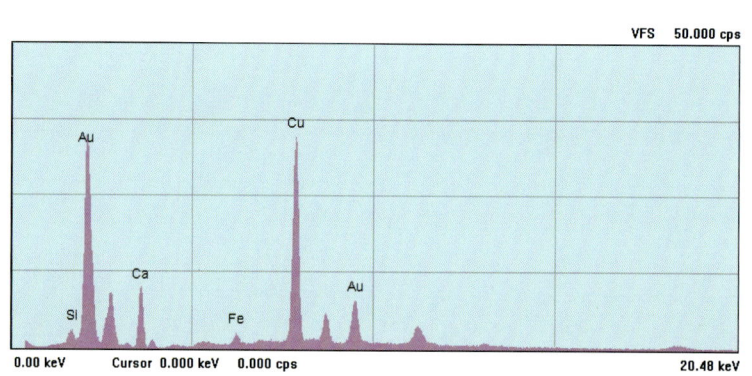

图 35 腰带铜带扣织物中的金色花纹 X 射线荧光测试结果

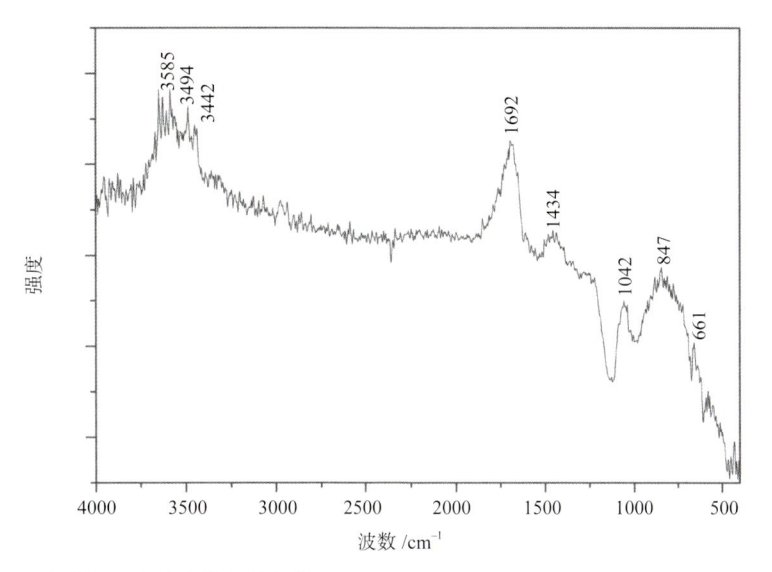

图 36 铜带扣黑色镶嵌物红外光谱

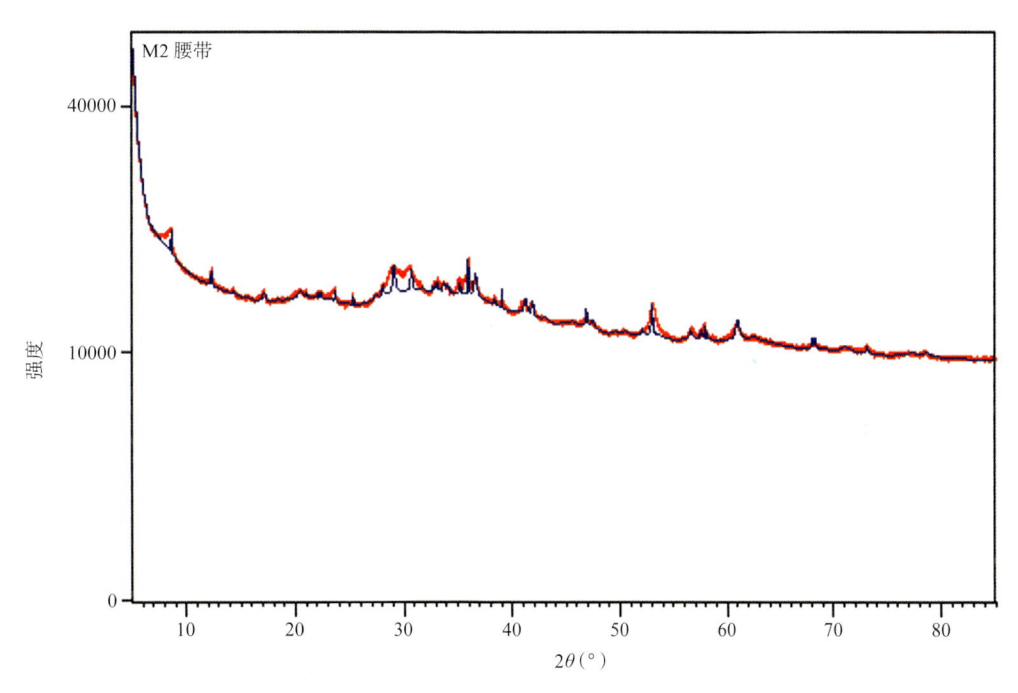

图 37 腰带表面污染物 X 射线衍射结果

Visible	Compound Name	Scale Fac.	Chem. Formula
*	Copper Hydrogen Ph..	0.752	$Cu_4H(PO_4)_3 \cdot 3H_2O$
*	Mercury Oxide Chlo..	0.517	$(ClHg)_3OCl$
*	Magnesium Carbonate	0.384	$Mg(CO_3)$
*	Calcium Magnesium ..	0.899	$CaMg(Si_2O_6)$
*	Silicon Oxide	0.663	SiO_2

附录3

授权相关专利及获奖

赵谅墓漆棺修复项目实施以来，共授权国家专利4项。其中，国家发明专利1项，实用新型专利3项，并荣获第七届全国十佳文博技术产品及服务优秀奖。主要内容如下：

1. 一种考古出土非饱水漆器保湿剂及其保湿处理方法，2023年，专利号：ZL202110984374.1，何秋菊、张雪鸽、许璇（颁发单位：国家知识产权局）

附　录

2. 用于绘画文物修复的支护结构，2023年，专利号：ZL2022 22568426.X，何秋菊、张雪鸽、许璇、王颖竹、张航（颁发单位：国家知识产权局）

3. 一种可大范围调节的超景深体式显微镜, 2022年, 专利号: ZL2021 23413379.3, 赵瑞廷、张雪鸽(颁发单位: 国家知识产权局)

4. 一种用于文物显微观察的可移动平台,2022年,专利号:ZL2022 21668965.4,张雪鸽、赵瑞廷(颁发单位:国家知识产权局)

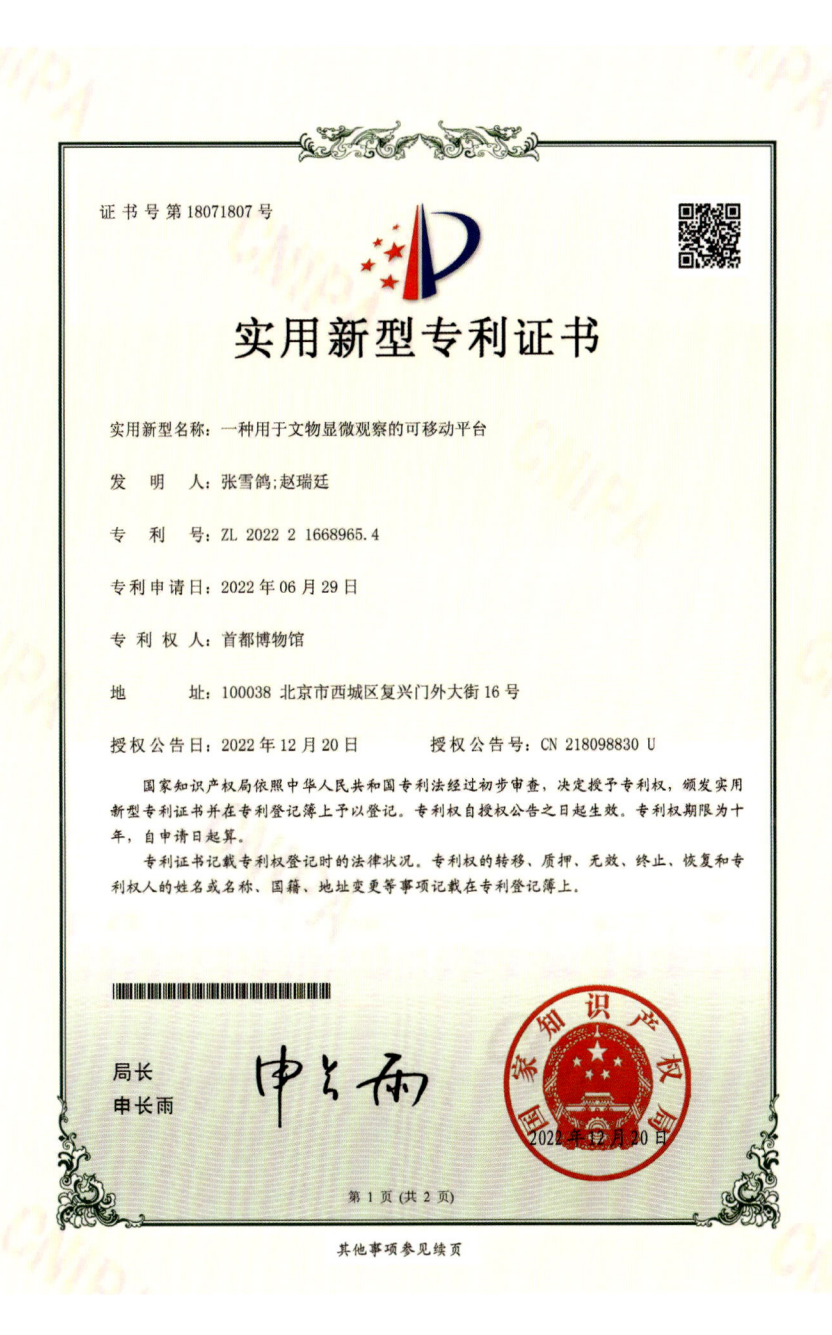

5. 修复项目研发产品"文物精准控湿脱水/还潮（抑菌）系统"荣获第七届全国十佳文博技术产品及服务优秀奖（颁发单位：中国文物报社、文物保护装备产业化及应用协同工作平台、三峡文物科技保护基地）

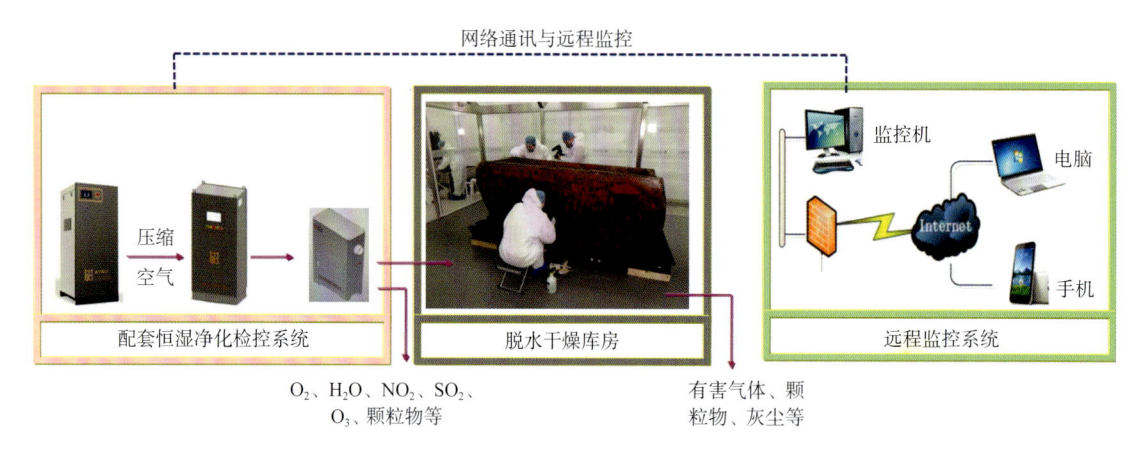

文物精准控湿脱水/还潮（抑菌）系统原理图

后 记

在同类出土文物的保护修复尚无成功经验可供参照、借鉴的情况下，对首都博物馆的文物保护人员来说，承担明赵谅墓出土彩绘漆棺的抢救性保护工作，既是难得的机遇，更是全新的挑战。经过七年的努力与积淀，首都博物馆的漆棺保护团队从无到有、筚路蓝缕，在摸索与实践中成长，终于收获喜人的成果。在本书付梓之际，我们要特别感谢对赵谅墓漆棺保护给予了大力支持和热心指导的相关单位及同仁们！

针对目前我国出土非饱水类漆木器的保护短板，北京市文物局始终将队伍建设、人才培养摆在重要位置。在文物一经出土、亟待保护的第一时间，相关领导迅速研究、果断决策，将这项攻坚任务交给首都博物馆，力主以修复项目促进首都博物馆文物保护团队人才成长、锤炼人员业务素质，构建可持续发展的首都地区文物保护格局。在圆满完成工作任务、递交满意答卷之时，我们要特别感谢舒小峰、于平、白杰、王有泉、韩更、曹秋月、郑建辉等同志对团队的充分信任与大力支持。

我们亦不忘与考古工作者们共同战斗的日日夜夜。由北京市考古研究院（原北京市文物研究所）主持的明代赵谅墓的清理发掘工作自 2017 年 9 月开始持续至 11 月。在该墓中发现并出土一具基本完整的明代彩绘漆棺后，考古发掘人员与首都博物馆文物保护人员一道，默契配合、并肩协同，将漆棺整体成功搬运至首都博物馆的考古实验室，并着手开展室内考古提取工作。在成功提取了棺内的丝织品、腰带、铜钱等文物后，双方又马不停蹄，共同实施了保湿、除霉等针对文物病害的初步预防性保护措施，为后续的系统性保护与修复奠定了良好的工作基础。在此，要特别感谢白岩、郭京宁、冯双元、刘乃涛、杜侃、孙峥、刘浩洋、何海平、丛尉先、邵芳、倪炎、彭淼淼、王江、范胜利等同志的工作参与和技术支持。

文物的保护修复工作需要多领域、跨学科的团队共同完成。赵谅墓漆棺保护也不例外，在修复过程中遇到了诸如环境突变、霉菌虫害滋生、植物根系附着穿梭、漆皮迅速卷曲脱落、木胎变形开裂糟朽等多种复杂的病害难题。针对这些难题，来自全国各大文博机构和大专院校的专家们不遗余力，给予我们无私的支持和帮助。向我们伸出援手的单位包括：清华大学美术学院、北京城市学院工艺美术系、故宫博物院文保科技部、荆州文物保护中心、北京大学考古文博学院、北京科技大学科技史与文化遗产研究院、北京林业大学生物科学与技术学院、中国林业科学研究院、北京联合大学应用文理学院、上海大学文化遗产保护基础科学研究院、浙江大学艺术与考古学院、北京化工大学材料科学与工程学院、北京工业大学艺术设计学院、京作榫卯艺术馆，等等。为此，要特别感谢来自上述单位的杨佩璋、陈秋荣、闫俊嵘、方北松、胡东波、魏书亚、韩向娜、赵国柱、李颖超、刘波、周华、黄晓、张秉坚、王菊琳、徐佳慧、刘岩松等各位专家的大力帮助。七年来，曾经关心漆棺保护工作并给予技术指导的文博界专家还有王丹华、郭竹云、胡继高、李化元、陆寿麟、周宝中、姚青芳、王武钰、吴顺清、马清林、铁付德、赵西晨、马菁毓等先生。在此，我们一并表达衷心的感谢！

在明代遗存漆工专著《髹饰录》中，勾勒了中国古代髹饰工艺发展的历程，并将明代中晚期漆器制作的艺术成就概括为"千文万华，纷然不可胜识"，可见明人对这一时期漆器制作水准之赞誉称扬。地不爱宝，今人有幸。赵谅墓出土的描金彩绘漆棺，恰恰制作于明代中后期，它的再次"面世"让我们直观、真切地感受到了明嘉靖时期漆器制作的整体概貌及具象细节。管中窥豹，直面明代漆器艺术之技巧精湛、纹饰璀璨、图案内容丰富，"千文万华"之感慨可谓古今尤然！文物保护，功在当代，利在千秋。我们期待并相信，本书的出版不仅是文物保护修复的阶段性成果汇报，更是赵谅墓描金彩绘漆棺——这一珍贵物质文化遗产在未来得以不断继续深入研究的序曲，由这件珍贵文物所能引发出的各种问题研究定将翻开新的华章，这也恰是我们将本书定名"千文万华待胜识"的心愿与初衷！

文物保护工作任重而道远。我们深知，本书中的相关问题探讨仍不全面，部分观点或有偏颇。就其中疏漏之处，恳请有关专家、同仁和读者朋友们批评指正。

编者

2024年9月于北京

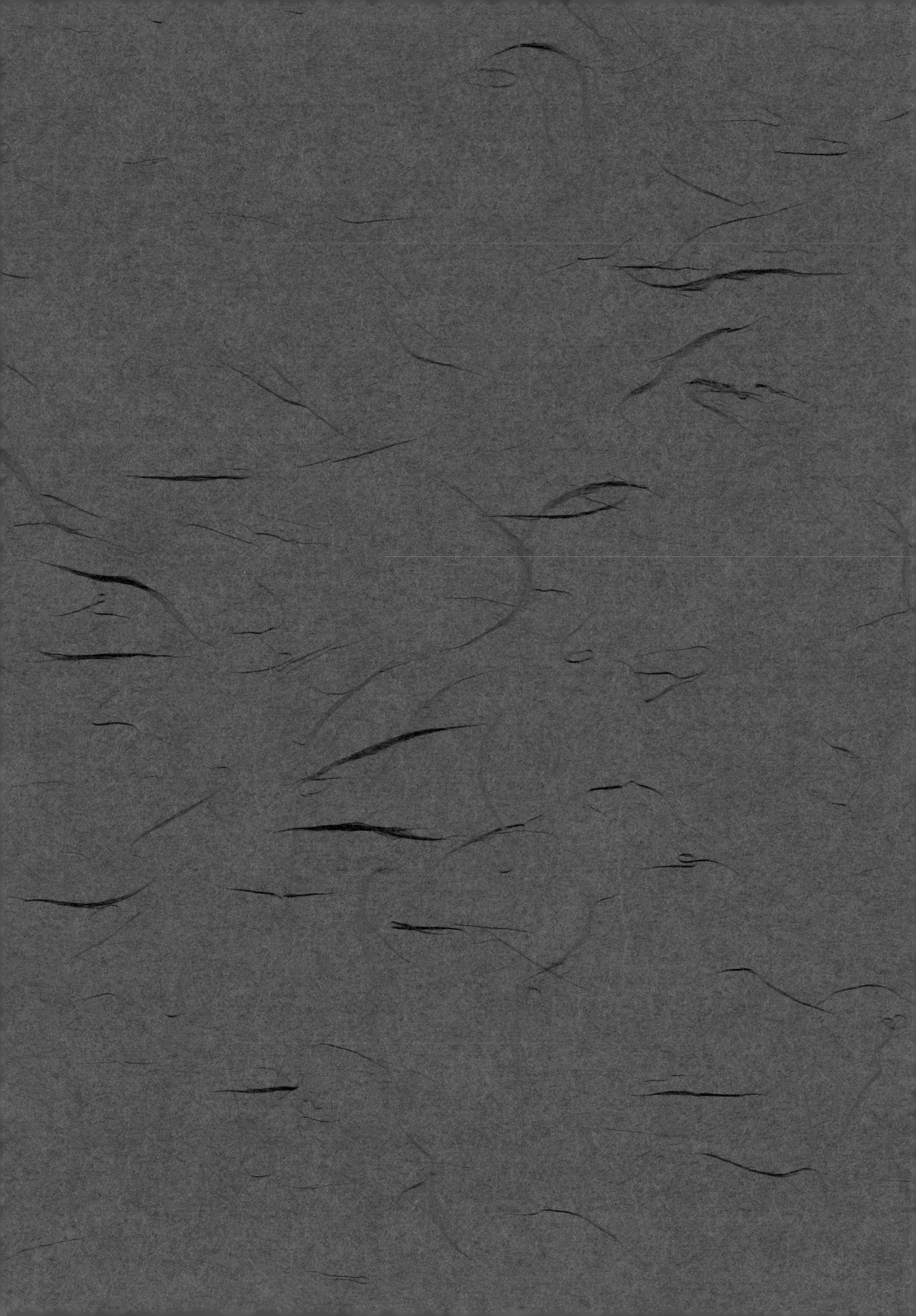